존 파이퍼 목사의 '로마서 강해'는 위대한 본문이 훌륭한 해석자를 만나서 나온 작품이다. 로마서 강해는 영국의 탁월한 강해설교자, 고(故) 마틴 로이드 존스 목사의 강해서 이후로 좀 더 현대적이고 실제적인 설교자를 오랫동안 기다려 왔는데 마침내 좋은 해석자를 만났다. 존 파이퍼 목사는 신학자 출신의 목회자로서 벧엘신학교에서 6년간 가르치다가 설교자로 부르심을 받았다. 그는 로마서의 위대함에 사로잡혀 있었고 그 중에서도 로마서 8장에 붙들려 18년 목회 사역을 감당할 수 있었다고 고백한다. 존 파이퍼의 '로마서 강해'가 마틴 로이드 존스의 '로마서 강해' 이상으로 한국 교회 강단에 큰 영향을 미칠 것으로 기대한다.

김서택 대구동부교회 담임목사

로마서는 성경의 모든 책들 중 가장 방대한 교리적 진술을 담고 있다. 존 파이퍼 목사의 로마서 강해는 교리적 가르침을 세밀하게 소개함과 동시에 그 진리가 주는 뜨거움을 생생하게 전달한다. 이는 불붙는 논리로 설교를 전했던 마틴 로이드 존스를 연상시킨다. 바른 진리는 열정을 발산시키게 하며, 열정은 바른 진리로부터 시작될 수 있다. 저자는 이것을 '구원의 틀'과 '현실을 바라보는 시각'으로 표현한다. 본서의 독자들은 견고한 구원의 진리를 만나게 될 것이며, 구원의 진리에 따라 살도록 도전받게 될 것이다. 이어 출간하게 될 로마서 강해집이 진리의 기반이 약한 한국 교회에 건강한 기초를 놓게 될 것을 기대한다.

송태근 삼일교회 담임목사

로마서에는 하나님과 세상과 우리 인간에 관한 진리와 복음의 중심이 고스란히 녹아 있다. 특별히 16년 간 베들렘헴교회 강단에서 전해진 복음주의 설교자 존 파이퍼 목사의 로마서 강해가 책으로 정리되어 출간되니 무척이나 반갑다. 존 파이퍼 목사의 로마서 강해가 전하는 복음의 메시지는 신학을 전공한 학도들뿐 아니라 평신도들도 쉽고 명쾌하게 이해할 수 있다. 이 책을 통해 모든 성도들이 복음을 깨닫고 그 복음을 살며 열방 가운데 복음을 전하는 그리스도인으로 날마다 자라가길 기도한다.

이찬수 분당우리교회 담임목사

존 파이퍼 목사는 목회자와 저술가로서 그 영성과 지성이 검증된 주님의 사역자다. 로마서는 초대 교회 때부터 성도들의 신앙의 기초를 견고하게 세우는 영적 자양분을 공급하는 보고로 쓰임 받아왔다. 이제 한국 교회 성도들은 예배당 안에서의 영성이라는 편협성을 과감하게 극복해야 할 시대적 소명을 안고 있다. 일상의 예배자로 한걸음 더 개혁적인 발걸음을 내딛기 위해 말씀에 대한 불같은 확신과 진리에 대한 각성 및 생활의 변화가 그 열매로 나타나야 한다. 목회와 말씀의 균형 감각이 탁월한 저자를 통하여 펼쳐지는 로마서의 파노라마가 한국의 목회자들과 성도들의 가슴에 안겨질 때 하나님의 역사하심이 힘 있게 일어날 줄 믿는다. 저자가 금세기 지구촌 그리스도인들을 향한 하나님의 은혜로운 선물인 것처럼 '로마서 강해' 역시 한국 교회를 향한 주님의 마음이 담긴 선물임을 믿어 의심치 않는다.

오정호 새로남교회 담임목사, 제자훈련목회자협의회(CAL-NET) 대표

좋은 강해를 읽는 것은 언제나 감동이다. 이 책은 그런 보기 드문 역작 중의 하나다. 최근 우리에게 큰 유익을 끼치는 외국 작가로 우리는 팀 켈러와 존 파이퍼를 주목한다. 두 분은 모두 목회자요 강해 설교가다. 두 분 다 견고한 신학적 기반에서 설교하는 분들이다. 한 분은 장로교 목회자고, 또 한 분은 침례교 목회자다. 존 파이퍼는 그의 목회의 절정에서 이 로마서를 강해한다고 고백한다. 그는 존 스토트의 로마서 강해에서 영감을 얻었다고 말한다. 그는 이 책에서 그의 회심과 목회의 모든 것을 내놓고 있다. 그래서 어쩌면 존 파이퍼 신학의 절정이라고 할 만한 작품이다. 존 스토트나 마틴 로이드 존스의 로마서와는 또 다른 감동이 있다. 바로 우리 시대의 치유와 해답이라고 할 만한 현장을 느끼게 된다. 나는 이 책에서 한국 교회를 살리는 희망을 느끼며 읽었다. 그래서 이 책을 이 시대의 한국 강단의 동역자들에게 강추하는 바다. 오랫동안 이 책은 설교자의 필수 도서목록으로 남을 가치가 있다. 다른 불필요한 책들 대신에 이 책으로 자리를 대신하기 바란다. 그 대신 우리의 강단은 새로운 부요를 경험하게 될 것이다.

이동원 지구촌교회 원로목사

이 책을 추천하는 나의 마음은 참 행복하고 기쁘다. 저자가 존 파이퍼이기 때문이고, 그가 다루는 주제가 복음이며, 복음이 무엇보다 잘 드러난 로마서이기 때문이다. 로마서는 복음을 가장 잘 담고 있을 뿐 아니라 동시에 성화라는 주제도 칭의와의 관계 안에서 균형 있게 잘 다뤄주는 책이어서 조국 교회에 시의적절한 필요를 가진다. 오늘 조국 교회는 성도들의 삶과 실천 문제와 관련해 깊은 고통을 느끼고 있다. 성도들의 삶을 가능하게 만드는 복음의 진리에 대한 바른 지식의 부재와 그로 인한 성화와 삶에 대한 혼동이 이 모든 문제들의 근원이라고 본다. 죄 많은 세상에 우리의 몸을 입고 오신 예수님의 삶과 죽으심과 부활이 우리의 칭의의 유일한 근거이며 성화의 능력이다. 사람들로 하나님의 진노를 벗어나 은혜에 이르게 하고, 죄의 권세에서 벗어나 거룩과 사랑의 삶으로 들어가게 하는 것이 복음의 능력이다. 이 귀한 책이 그런 복음의 능력을 새롭게 함으로 조국 교회에 많은 유익을 널리 끼칠 것이라 여겨 기쁘게 추천한다.

화종부 남서울교회 담임목사

멋진 음악은 늘 새로이 연주되고 새로이 음미된다. 연주자가 달라지고, 듣는 내 삶의 자리도 달라지기에, 익숙한 아름다움이라도 언제나 그 맛이 새롭다. 로마서라는 멋진 음악 역시 오랜 세월 숱한 설교자들을 만나며 깊고 진한 감동을 선사해 왔다. 오늘날 우리는 존 파이퍼라는 또 한 사람의 능숙한 연주자를 알고 있다. 로마서 연구로 박사학위를 받은 성경학자로서의 기량과 가슴 따스하고 열정적인 목회자로서의 정감을 함께 갖춘 그는 로마서를 연주할 최적의 연주자 중 하나다. 그의 설교를 읽으며 독자들은 복음의 의미에 대한 상세한 해설뿐 아니라 그 복음이 내 삶과 어우러지는 방식에 대해서도 많은 생각을 하게 될 것이다. 특히 복음의 탈을 쓴 욕망의 외침에 지치고 혼란스런 영혼들에게 값진 깨우침과 격려의 통로가 되리라고 확신한다.

권연경 숭실대학교 기독교학과 교수

존 파이퍼 목사의 '로마서 강해'는 그의 신학적 통찰과 목회적 경건성이 잘 조화를 이루고 있으며, 복음의 진수를 배우고자 사모하는 이들에게 설득력 있는 문장으로 다가가는 잘 구성된 이야기다. 로마서는 복음의 비밀을 가장 분명하게 드러내는 성경 중의 성경으로, 최신 유행이나 문화적 흐름에 쉽게 반응하기 쉬운 가벼운 신앙과 신학을 경계하고 기독교 신앙과 신학을 바르게 안내하는 지침서라 할 수 있다. 더불어 이 책은 저자의 신학적 깊이와 목양적 소양이 함께 묻어나는 결과물로 복음의 영광과 복음의 기쁨을 잘 드러내고 있다. 저자는 자신의 회심과 부르심과 신학형성에 이르기까지 로마서에 빚지고 있음을 고백하고 있다. 로마서를 공부하는 이들에게 으뜸 길잡이가 될 책으로 기쁘게 추천한다.

김성희 기독대학인회(ESF) 대표

복음주의적 성경해석으로 이름난 존 파이퍼 목사의 로마서 강해집은 오늘날 행위심판과 행위구원을 강조하는 한국 교회의 도덕주의자들과 윤리주의자들을 향해 울리는 경고와 깨우침의 종소리다. 그는 왜 인간이 자신의 내재적 능력과 자원으로 스스로를 구원할 수 없는지, 왜 인간은 하나님의 은혜로만 구원받을 수밖에 없는지 설득력 있게 설명한다. 그리고 그의 설명은 복잡한 추론이 아니라, 성경 본문이 말하는 바를 직설적으로 지적하는 것이어서 더욱 간명하다. 이 책은 평신도, 신학생, 목회자들에게 두루 도움을 줄 수 있다. 그의 로마서 강해집의 출간을 환영하며 구원에 관해 잘못된 설명을 하고 있는 사람들이 다시 복음으로 돌아오게 되길 기대한다.

김철홍 장로회신학대학교 신약학 교수

존 파이퍼의 로마서 설교는 어느 페이지를 읽어도 그냥 지나칠 수 있는 내용이 없다. 그의 강점은 로마서를 조금씩 잘라 설교하면서 본문을 철저하게 분석하고 있는 것에서부터 시작된다. 본문을 치밀하게 분석하는 것은 이미 하나님의 뜻을 제대로 이해할 확실한 토대를 마련했다는 사실을 의미한다. 그런데 존 파이퍼의 더욱 놀라운 모습은 로마서 전체를 통찰할 뿐 아니라 바울 서신 전부를 섭렵하면서 본문 해석을 종합한다는 것이다. 그래서 존 파이퍼의 로마서 설교를 읽다보면 사도 바울의 영혼에 흐르고 있던 생각의 주류가 무엇인지 깨닫게 된다. 하지만 그의 로마서 설교는 여기서 그 놀라움을 멈추지 않는다. 그는 본문으로부터 우리의 현실을 직시하게 만들면서 때로는 우리의 오류를 맹렬하게 공격하고 때로는 우리의 믿음을 열렬하게 위로한다. 그 결과로 우리는 자신에 대한 명료한 일깨움을 얻는다. 이것이 존 파이퍼의 로마서 강해다.

조병수 합동신학대학원대학교 총장

존 파이퍼 목사는 학식과 영성 그리고 복음에 대한 열정을 겸비한 분이다. 전 세계 많은 그리스도인들로부터 인정과 존경을 받는 훌륭한 목회자요 저술가이기도 하다. 존 파이퍼 목사가 학술적 전문성과 목회 현장 체험을 토대로 집필한 바울 복음의 정수인 로마서 강해가 한국어로 출간되는 것을 매우 기쁘게 생각한다. 본문 해석에 충실하고 적절한 적용이 담긴 풍성한 강해설교를 원하는 목회자들에게 매우 유용한 책이다. 또한 바울의 복음과 로마서를 좀 더 깊이 이해하고 학습하려는 사람들에게도 적극 추천한다.

최흥식 횃불트리니티신학대학원대학교 신약학 부교수

ROMANS 1

John Piper

로마서 강해 1

(롬 1:1-3:20)

로마서 강해 1

복음과 하나님의 의

초판 1쇄 발행 | 2014년 1월 20일
초판 2쇄 발행 | 2014년 6월 12일

지은이 | 존 파이퍼
옮긴이 | 주지현
펴낸이 | 신은철
펴낸곳 | 좋은씨앗
출판등록 | 제4-385호(1999. 12. 21)
주소 | (137-860) 서울시 서초구 효령로 77길 20, 212호(서초동, 현대ESA)
주문전화 (02)2057-3041 주문팩스 (02)2057-3042
홈페이지 | www.gsbooks.org
페이스북 | facebook.com/goodseedbook
ISBN 978-89-5874-220-3 03230
ISBN 978-89-5874-219-7(세트)

로마서 강해 1

복음과 하나님의 의

존 파이퍼 지음 | 주지현 옮김

좋은씨앗

| 차례 |

1장

세상에서 가장 위대한 것

로마서 1-7장 개관

오늘 저의 목표는 1998년 4월부터 시작된 로마서 1-7장에 해당하는 104편의 설교를 요약하는 무리한 모험을 시도하는 것입니다. 제가 간절히 바라고 기도하는 바는 로마서에 담긴 '진리의 틀'(structure of truth), 곧 로마서가 갖추고 있는 '현실을 바라보는 시각'(vision of reality)이 여러분의 소유가 되는 것입니다. 뿐만 아니라 여러분이 하나님과 죄와 그리스도와 생명에 대해서도 사도 바울의 방식, 곧 하나님의 방식을 따라 사고하게 되기를 소망합니다. 그리하여 이 땅에서 겸손하지만 강하고 담대한 마음을 품은 이방인으로 살아가는 동안, 그리스도의 영광과 죄인들의 구원을 위해 자신의 생명을 기꺼이 내려놓을 준비가 되는 것입니다.

로마서 1-7장 요약

로마서에서 말하는 우주의 가장 근본적 문제는 하나님의 피조물인 —우리 모두를 포함한— 인류가 범죄하여 하나님의 영광에 이르지 못하고 이제는 전능하신 하나님의 진노 아래서 사망을 선고받았다는 사실입니다. 인간에게는 '죄'라는 상태적 문제가 있습니다. 그리고 진노의 심판이라는 결과적 문제가 있습니다. 다시 말해, 모든 사람은 죄로 인해 유죄일 뿐 아니라 우주의 심판자요 창조주께서 의롭고 거룩하시므로 심판을 면할 수 없습니다.

바울은 로마서 첫 두 장에서 검사와 같은 입장으로 진술한 끝에 로마서 3장 9절에 이르러 이렇게 결론을 맺습니다. "그러면 어떠하냐? 우리는 나으냐? 결코 아니라. 유대인이나 헬라인이나 다 죄 아래에 있다고 우리가 이미 선언하였느니라. 기록된 바 '의인은 없나니 하나도 없으며.'" 로마서 3장 22-23절에서는 "차별이 없느니라. 모든 사람이 죄를 범하였으매 하나님의 영광에 이르지 못하더니"라고 말합니다. 이 말씀들은 죄가 무엇인지 제대로 정의하고 있을 뿐 아니라, 죄가 사람이 아닌 하나님과 주로 관련된 것임을 보여주고 있습니다.

바울은 자기 민족 유대인의 죄를 지적하면서 2장 24절에 이르러 가장 날카롭게 고소하고 있습니다. "하나님의 이름이 너희 때문에 이방인 중에서 모독을 받는도다." 죄가 죄가 되는 이유는 그것이 인간에게 상처를 주기 때문이 아니라 맨 먼저 하나님을 모욕하기 때문입니다. 이는 온 우주에서 가장 끔찍한 악이자 가장 큰 폭력입니다.

하나님의 영광이 드러나지 못합니다.

하나님의 거룩함이 높임을 받지 못합니다.

하나님의 위대함이 갈채를 받지 못합니다.

하나님의 능력이 찬양을 받지 못합니다.

하나님의 진리가 탐색되지 못합니다.

하나님의 지혜가 존중을 받지 못합니다.

하나님의 아름다움이 향유되지 못합니다.

하나님의 선하심이 귀하게 여김을 받지 못합니다.

하나님의 신실함이 신뢰를 받지 못합니다.

하나님의 약속이 기대를 받지 못합니다.

하나님의 계명이 준행되지 못합니다.

하나님의 의가 주목을 받지 못합니다.

하나님의 진노가 두려움의 대상이 되지 못합니다.

하나님의 은혜가 소중히 여김을 받지 못합니다.

하나님의 임재가 칭송을 얻지 못합니다.

하나님의 성품이 사랑을 받지 못합니다.

무한하고 영광스러운 우주의 창조자, 그에게서 모든 만물이 나오고 만물의 존재 이유가 되시는 분(롬 11:36), 만민에게 생명과 호흡과 만물을 친히 주시는 분(행 17:25), 그 하나님이 세상의 모든 인간에 의해 무시당하고, 의심을 받고, 거역을 당하고, 모독을 받으십니다. 그것은 온 우주에서 가장 극악한 폭력입니다.

사람들은 인간이 인간에게 자행하는 궁핍과 착취와 편견과 부당함에 대해서는 그토록 감정적으로나 도덕적으로 분개를 하면서도, 왜 하나님이 무시를 당하시는 것에는 별 느낌도 가책도 없고 분개하지도 않는 것일까요? 죄 때문입니다. 그것이 죄의 모습입니다. 죄는 하나님보다 인간과 피조물에 대해 더 귀한 가치를 부여하고 높이고 찬양하며 즐기는 것입니다. 따라서 죄로 인한 상처를 보며 인간 중심적인 분노를 내는 것도 죄의 일부입니다. 인간의 삶에 있어서 하나님이 극히 소외된 것, 그것이 우리의 죄이고 우리의 상태입니다.

이러한 상태의 결과는 하나님의 진노입니다. 바울은 로마서 1장 18절에서 "하나님의 진노가 불의로 진리를 막는 사람들의 모든 경건하지 않음과 불의에 대하여 하늘로부터 나타[난다]"고 말합니다. 불의로 진리를 막는 그 사람들이 "하나님을 알되 하나님을 영화롭게도 아니하며 감사하지도 아니"하기 때문입니다(롬 1:21). 하나님의 선하심과 영광을 우리 삶의 중심에 두는 일에서 실패할 때 하나님의 진노가 우리에게 임합니다.

로마서 2장 5절은 "다만 네 고집과 회개하지 아니한 마음을 따라 진노의 날 곧 하나님의 의로우신 심판이 나타나는 그 날에 임할 진노를 네게 쌓는도다"라고 말합니다. 로마서 2장 8절은 하나님께서 "오직 당을 지어 진리를 따르지 아니하고 불의를 따르는 자에게는 진노와 분노로 하시리라"고 경고합니다. 모든 사람이 '죄 아래' 있으며 하나님의 '진노와 분노'가 임하리라는 말씀을 들을 때 우리는 잠잠히 그 말씀을 마음에 담아야 합니다. 정말 끔찍한 말이 아닌가요? 전능하신 하나님께서 진노와 분노를 품으실 때 그보다 더 파괴적인 힘은 없습니다. 건물을 납작하게 눌러 버리는 허리케인이나 나무를 마치 이쑤시개처럼 부러뜨리는 토네이도를 보면서 맹렬한 분노를 떠올리지만, 이것은 하나님의 진노와 분노에 비하면 아무 것도 아닙니다.

요한계시록 14장 10-11절에서 사도 요한은 지옥의 넓이와 깊이를 표현할 말을 찾느라 고민합니다. 그는 죄인들이 "하나님의 진노의 포도주를 마시리니 그 진노의 잔에 섞인 것이 없이 부은 포도주라 거룩한 천사들 앞과 어린 양 앞에서 불과 유황으로 고난을 받으리니 그 고난의 연기가 세세토록 올라가리로다"라고 말했습니다. 현실 속에서든 상상 속에서든, 영원히 끝도 없고 절대적이며 변명조차 할 수 없는 하나님의 공의로운 진노와 분노만큼 두려운 것은 없습니다. 이것 또한 우리 죄의 결과입니다.

죄에 대한 결과로 우리에게 임하는 하나님의 진노와 분노를 우리의 머리와 가슴에 분명하고도 강력하게 새겨 놓지 않는다면, 하나님의 사랑은 한낱 감상에 불과한 것이 되거나 우리의 자력 개선과 회복 프로그램을 위한 보조수단으로 전락하고 말 것입니다. 하나님의 사랑도 무한히 소중하고 두려우리만치 귀한 보화로 인정 받지 못하는 것입니다.

전환점 : 의롭게도 정결하게도 못하는 하나님의 율법

로마서에서 아주 중요한 전환점에 다다랐습니다. 바울은 검사로서의 자기 임무를 수행한 뒤, 로마서 3장 19절에서 이렇게 마무리 짓고 있습니다. "이는 모든 입을 막고 온 세상으로 하나님의 심판 아래에 있게 하려 함이라." 그리고 중요한 한 가지를 덧붙입니다. 우리 자신이 하나님의 계명, 즉 하나님의 율법을 지킬 수 있다거나 그 율법을 하나님 앞에 의롭게 설 수 있는 수단으로 삼으려고 생각조차 하지 말라고 말입니다. "율법의 행위로 그의 앞에 의롭다 하심을 얻을 육체가 없나니 율법으로는 죄를 깨달음이니라"(롬 3:20). 그뿐 아니라, 하나님의 계명을 지켜 이를 통해 새로운 사람으로 거듭날 수 있으리라고도 생각지 말라고 했습니다. 율법으로는 죄 값을 치를 수도 없고 새롭게 변화될 수도 없습니다. 하나님의 율법은 우리를 의롭게 하지도 못하고 정결하게 하지도 못합니다.

이와 반대로 로마서 3-7장의 말씀은 하나님께서 아들 예수 그리스도를 보내어 이 땅에서 살고 죽고 다시 죽음에서 살아나게 하신 것이 칭의의 근거이며 성화의 능력이라고 말합니다. 이 세상 누구라도 하나님과 화목을 이루고 선한 열매를 맺는 사람이 있다면 그건 바로 예수 그리스도를 통해서만 가능한 일입니다. 오직 예수 그리스도만이 영광을 받으실 것입니다. 그분이 우리의 의로움의 근거이고, 성화의 위대한 능력이십니다.

하나님이 행하신 이 두 가지 위대한 사역(칭의, 성화)을 하나씩 다루면서, 그리스도가 어떻게 인간의 죄와 타락을 해결하는 치료제가 되시는지 살펴봅시다. 또 우리가 어떻게 하나님의 진노에서 벗어나 은총으로 들어가며, 죄의 권세에서 벗어나 거룩과 사랑의 삶 속으로 들어가는지 살펴봅시다.

칭의 : 정죄 받은 인간을 위한 하나님의 치료제

삶의 방식을 바꾸는 것 —생각을 바꾸고 가족을 변화시키고 교회를 바로 잡고 사회를 고치는 일— 을 논하기 전에 먼저 해야 할 일, 즉 모든 것의 절대적인 근간이 되는 일은 하나님의 진노에서 벗어나 의롭다고 인정을 받는 일입니다. 하나님을 영화롭게 하는 삶의 변화가 일어나기 전에 먼저 하나님의 정죄함부터 제거되어야 합니다. 즉 이 말은 칭의(justification)가 반드시 선행된 이후에 이를 토대로 성화(sanctification)가 일어난다는 의미입니다.

그래서 바울이 제일 먼저 칭의 부분을 다루고 있는 것이지요. 로마서 3장 24-25절이 핵심 구절입니다. 하나님으로부터 정죄를 당한 죄인 인간이 "그리스도 예수 안에 있는 속량으로 말미암아 하나님의 은혜로 값없이 의롭다 하심을 얻은 자 되었느니라. 이 예수를 하나님이 그의 피로써 믿음으로 말미암는 화목제물로 세우셨으니." 지옥의 경계선상에서 비틀거리는 죄인들에게 참으로 귀한 말씀이 아닐 수 없습니다.

"그리스도 예수 안에 있는"이 소중한 이유는 칭의의 근거가 우리 자신이나 율법이 아니라 예수님임을 의미하기 때문입니다. 그분은 우리의 율법 준수로는 결코 이룰 수 없는 것을 가능하게 하는 견고한 반석이 되십니다.

"속량으로 말미암아"가 소중한 이유는 우리가 우리의 죄를 용서 받고 정죄함으로부터 자유로워진다는 것, 곧 구속(救贖)을 의미하기 때문입니다.

"은혜로"가 소중한 이유는 하나님의 진노 뒤편에서 우리를 향한 하나님의 또 다른 마음, 곧 은혜가 강력하게 꿈틀거린다는 의미이기 때문입니다. 그것은 하나님의 진노로부터 우리를 구원시켜 완전히 자유롭게 만들도록 하나님을 이끌어가는 동력입니다.

"값없이"가 소중한 이유는, 우리 힘으로는 얻을 수 없는 것이라는 의미를 담고 있기 때문입니다. 공짜로 주어진 것입니다. 우리는 그것을 받을 자격이 없습니다. 그것을 얻기 전까지는 우리는 아무 것도 바로잡지 못합니다. 그것은 모든 것을 바로잡기 위한 기초가 됩니다.

"의롭다 하심"이 소중한 이유는, 우리가 죄의 권세에서 벗어나기도 전에 하나님께서 이미 우리를 그분 보시기에 바르고 의롭다고 선언하신다는 의미이기 때문입니다.

"그의 피로써"가 소중한 이유는 예수님이 나를 위해 돌아가셨음을 뜻하기 때문입니다. 그분은 나를 대신해 생명인 피를 쏟으셨고 나를 구원하기 위해 내가 할 수 없는 일을 하셨습니다. 하나님 아들의 죽음만이 나와 같은 죄인을 구해낼 수 있습니다.

"믿음으로 말미암는"이 소중한 이유는 이것이 우리가 하나님의 모든 은혜를 누리는 방도를 가리키기 때문입니다. 우리가 수고한 것이 아니라 믿음을 통해 선물로 받는 것입니다. 바울은 로마서 5장 17절에서 이렇게 강조합니다. "은혜와 의의 선물을 넘치게 받는 자들은 한 분 예수 그리스도를 통하여 생명 안에서 왕 노릇 하리로다." 오직 믿음으로 우리는 사함을 받고 예수님의 의를 전가 받습니다.

"화목제물로"가 소중한 이유는 우리가 받아 마땅했던 하나님의 진노가 제거되었음을 의미하기 때문입니다. 그리스도가 하나님의 진노를 친히 다 받고 말끔히 없애셨습니다. 그분은 우리를 위해 저주받은 자가 되셔서 하나님의 심판을 감당하셨습니다. 하나님의 진노를 달래고 화목을 이루셨습니다.

(공개적이라는 의미의) "세우셨으니"가 소중한 이유는 속량이라는 엄청난 대가 지불이 사람들 몰래, 혹은 신화적인 이야기 속에서 비밀스럽게 이뤄진 것이 아니라 많은 이들이 지켜보는 가운데 로마 제국이 지배하던 실제 역사 속에서 이루어졌음을 의미하기 때문입니다.

그러므로 칭의란 우리를 의롭다고 여기시는 하나님의 행위입니다. 우리가 여전히 죄인인 상태로 있을 때, 오직 은혜로, 오직 믿음을 통해, 오직 그리스도가 하신 일을 근거로, 오직 하나님의 영광을 위해 하나님이 이루십니다. 이것이야말로 세상에서 가장 위대한 일입니다. 그리스도 덕분에 진노는 사라지고 우리는 은혜로 충만한 하나님을 알게 되는 것입니다.

이것이 우리의 정죄함을 해결하고, 하나님의 진노에서 벗어나 은총으로 들어가게 만드는 하나님의 치료제입니다. 우리는 이것을 '칭의'라고 부릅니다.

그렇다면 그리스도가 어떻게 죄로 오염된 우리를 위한 하나님의 치료제라는 말일까요? 우리는 어떻게 죄의 권세에서 벗어나 거룩함과 사랑의 삶 속으로 들어갑니까?

성화 : 오염된 우리를 위한 하나님의 치료제

칭의는 변화의 과정이 아닙니다. 하나님 앞에서 우리가 올바른 신분과 의를 얻었다는 선언입니다. 예수님을 맨 처음 믿는 순간 눈 깜짝할 사이에 일어나는 일입니다. 하지만 성화는 변화의 과정입니다. 칭의라는 흔들리지 않고 견고한 반석을 토대로 평생에 걸쳐 일어나는 일입니다. 이것이 가장 큰 차이점입니다.

또한 이 두 가지를 얻는 열쇠는 율법 준수가 아니라 그리스도입니다. 그리스도에 대한 믿음이 칭의와 성화를 이루는 수단입니다. 이는 칭의 부분에서 이미 다룬 내용입니다. 이번에는 우리가 알고 있는 성화에 대해 다시 한 번 생각해 보겠습니다. 바울은 로마서 6장 19절에서 이렇게 말합니다. "너희 지체를 의에게 종으로 내주어 거룩함[sanctification]에 이르라." 다른 말로 하면 너희 자신을 변화의 과정에 내어주라는 뜻입니다. 하지만 어떻게요? 의롭다 함을 받은 죄인이 열매를 맺는 그리스도의 제자로 어떻게 변화할 수 있을까요? 로마서 7장 4절이 우리에게 핵심이 되는 열쇠를 알려 주고 있습니다. "그러므로 내 형제들아 너희도 그리스도의 몸으로 말미암아 율법에 대하여 죽임을 당하였으니 이는 다른 이 곧 죽은 자 가운데서 살아나신 이에게 가서 우리가 하나님을 위하여 열매를 맺게 하려 함이라."

의롭다 함을 받은 우리는 하나님을 위해 열매를 맺고 싶어 합니다. "사랑과 희락과 화평과 오래 참음과 자비와 양선과 충성과 온유와 절제"의 열매를 원합니다(갈 5:22-23). 겸손하고도 용감하게 이 땅에서 영적인 이방인과 나그네로 살아가면서 언제든 그리스도의 영광과 죄인들의 구원을 위해 우리 삶을 내어 놓을 준비가 된다는 말입니다.

그렇다면 어떻게 그 일이 가능할까요? 율법을 지키려고 애쓰는 것이 아니라 율법에 대해 죽는 것입니다. 율법에 대해 죽을 뿐 아니라 이번에는 죽은 자 가운데서 다시 살아나신 예수님께 속하는 것이 그 방법입니다. 예수님을 붙들어야 합니다. 예수님을 단단히 붙잡아야 합니다. 예수님을 신뢰해야 합니다. 예수님을 귀하게 여겨야 합니다. 예수님과 친밀한 교제를 나누어야 합니다. 예수님이 우리 삶의 열정이 되셔야 합니다. 로마서 7장 4절이 뜻하는 바가 바로 그것입니다. 율법에 대해서는 죽고, 우리 자신을 예수님과의 완전한 연합에 내어드리는 것입니다.

로마서 8장으로 가기 전에 우리가 이르러야 할 곳이 바로 여기입니다. 그리스도 덕분에 더 이상 정죄함은 없습니다. 그리스도 때문에 중대한 변화가 일어납니다. 전자는 '칭의' 라고 하고 후자는 '성화' 라고 합니다. 우리는 그리스도 안에 있는 우리의 '의' 라는 결코 흔들리지 않는 반석 위에 믿음으로 단번에 올라가 그 위에 날마다 굳건히 서 있어야 합니다. 그런 다음 우리 삶 속에서 우리의 성화를 이루시는 예수님의 일하심에 우리 자신을 믿음으로 날마다 내어드려야 합니다. 와서 그분을 신뢰하십시오. 아직 믿음이 없는 분들이 있다면, 예수님께 나아와 그분을 신뢰하십시오. 그분을 여러분의 의와 죄에 대한 사면장과 보화로 받아들이십시오. 이미 믿음을 소유한 분들에게도 말씀드립니다. 그분에게 나아오십시오. 그리고 그분을 여러분의 귀한 보배로, 하나님 앞에 설 수 있는 의의 반석으로, 그리고 사람을 능히 사랑할 수 있는 능력으로 날마다, 날마다, 날마다 삼기 바랍니다.

2장

강력하고도 자비로운 메시지

로마서 1-8장 개관

바울은 스페인 선교 사역에 필요한 교회의 후원을 이끌어내기 위해 로마 교회에 편지를 보냈습니다. 그는 로마서 15장 24절에서 이렇게 적고 있습니다. "이는 지나가는 길에 너희를 보고 먼저 너희와 사귐으로 얼마간 기쁨을 가진 후에 너희가 그리로 보내주기를 바람이라." 바울은 로마에 가본 적이 없으며 그곳 그리스도인 대부분을 만나본 적이 없습니다. 그래서 로마 교인들을 위해 그의 복음을 16장 분량의 편지에 담아 보냈습니다.

모든 선교사들이 로마서를 알 뿐 아니라 로마서의 메시지로 설교를 행할 수 있게 된다면 얼마나 좋을까요? 또한 선교사를 보내는 우리들 역시 로마서를 알 뿐 아니라 그 말씀대로 살면서 바울이 로마에서 스페인으로 후원을 받아 파송되기 원했던 그 방법대로 우리도 선교사를 파송하게 된다면 얼마나 좋을까요? 로마서에 담긴 강력하고도 자비로운 메시지는, 우리의 풍요로운 생활 방식을 전시 상태의 생활 방식으로 바꾸게 하고 복음을 위해 우리가 가진 모든 자원을 기꺼이 쏟아붓게 만들 것입니다. 그리고 로마서에 담긴 강력하고도 자비로운 메시지는 고난당하는 선교사들의 입에서 선포될 때 가장 척박한 곳에 도사린 어둠의 권세를 몰아내고 그곳에 그리스도의 교회가 세워지게 할 것입니다.

다문화적, 세계적 관점으로 쓴 편지

그렇기에 이 편지를 읽어 보면 처음부터 관점이 다(多)문화적일 뿐 아니라 전 세계를 아우르고 있다는 사실을 금방 알아챌 수 있습니다. 로마서 1장 5절에서 바울은 자신이 사도가 된 목적을 이렇게 말하고 있습니다. "우리가 은혜와 사도의 직분을 받아 그의 이름을 위하여 모든 이방인 중에서 믿어 순종하게 하나니." 이것이 바울이 복음을 전하는 이유입니다. 그리고 스페인으로 가려고 하는 이유입니다. 또 이 편지를 쓴 이유이기도 합니다. 즉 "모든 이방인 중에서"(among all nations) 불러내어 그리스도를 믿고 순종하게 하려는 것입니다. 로마서는 이런 이방인들, 즉 아직 그리스도를 믿지 않는 민족들에 관한 책입니다. 복음이 전파되지 않으면 의롭다고 인정받지 못할 뿐더러 성화되지도 못하며 따라서 영화롭게 될 수도 없는 그런 사람들 말입니다.

14절에서 바울은 자신이 사도로서 가지고 있는 의무를 다시 언급합니다. "헬라인이나 야만인이나 지혜 있는 자나 어리석은 자에게 다 내가 빚진 자라." 그리고 바울은 혹 유대인을 일부러 언급하지 않았다는 오해가 일지 않도록 16절에서 이렇게 말합니다. "내가 복음을 부끄러워하지 아니하노니 이 복음은 모든 믿는 자에게 구원을 주시는 하나님의 능력이 됨이라 먼저는 유대인에게요 그리고 헬라인에게로다." 유대인, 헬라인, 야만인, 지혜 있는 자, 어리석은 자! 다른 말로 하면 로마서의 이 강력하고도 자비로운 메시지는 민족과 문화와 교육에 따른 구분과 차별을 모두 무너뜨려 버립니다.

오늘날의 다원주의 사회에서 눈여겨볼 만한 중요한 대목입니다. 지금은 교회가 매우 빠르게 퍼져나가던 1세기의 상황과 아주 유사한 시기이기 때문입니다. 기독교는 어느 한 부족의 종교가 아니며, 모든 족속, 모든 언어, 모든 민족, 모든 나라의 믿음과 충성을 요구합니다. 예수님은 여러 신들 중 하나가 아닙니다. 그분은 만군의 주시며 왕 중의 왕이십니다. 천하 사람 중에 구원을 받을 만한 다른 이름을 우리에게 주신 일이 없습니다. 로마서의 이 강력하고도 자비로운 메시지는 여러 구원의 길 중 하나가 아닙니다. 이것은 유일한 구원의 길입니다. 왜냐하면 예수 그리스도는 하나님의 독생자시며 구원자시기 때문입니다.

이러한 주장은 늘 반대에 부닥쳐 왔습니다. 오늘날 미국 내에서도 많은 반대에 직면하고 있습니다. 무슬림과 유대인들 사이에서는 물론이고 심지어 신앙을 고백하는 그리스도인들 사이에서도 논란이 되고 있습니다. 이번 주 금요일자 〈스타 트리뷴〉지의 경우 '그리스도에 대한 믿음'의 필요성을 부인하는 기사가 실렸습니다. 가톨릭 사제들과 미국인 랍비들로 구성된 한 공동위원회에서 '언약과 선교에 대한 고찰'이라는 제목의 글을 투고했는데, 거기서 주로 강조하는 바는 이것입니다. "유대인들을 개종시키려는 시도는 더 이상 신학적으로 용납할 수 없다 … 유대인들은 이미 '하나님과의 언약 안에 거하고' 있기 때문이다". 다시 말해, 그리스도를 거부하는 유대인들에게도 구원의 길이 있으며, 그리스도를 영접하는 기독교인을 위한 구원의 길이 또 따로 있다는 주장입니다.

"아들을 믿는 자에게는 영생이 있고 아들에게 순종하지 아니하는 자는 영생을 보지 못하고 도리어 하나님의 진노가 그 위에 머물러 있느니라"(요 3:36). 예수님이 하신 이 말씀에 비춰볼 때, 그 사제들의 주장은 참으로 거짓되고 참담한 내용입니다. 예수님을 받아들인 이방인과 예수님을 거부한 유대인들에 대해 예수님은 이렇게 말씀하셨습니다. "또 너희에게 이르노니 동 서로부터 많은 사람[이방인들]이 이르러 아브라함과 이삭과 야곱과 함께 천국에 앉으려니와 그 나라의 본 자손들[예수님을 거부한 유대인들]은 바깥 어두운 데 쫓겨나 거기서 울며 이를 갈게 되리라"(마 8:11-12).

따라서 거짓되고 참담한 주장들이 범람하는 이런 시대에 로마서의 강력하고도 자비로운 메시지가 전하는 보편적인 주장을 잘 아는 것은 무엇보다 중요합니다. 로마서가 다루고 있는 내용은 인간의 의견이나 철학, 자기계발 프로그램에 불과한 것이 아닙니다. 부족 종교나 기타 어느 한 지역에 국한된 제한적인 것도 아닙니다. 우리가 여기서 다루는 내용은 유일하신 한 분 하나님께서 그의 독생하신 아들을 세상에 보내어 죄인들을 위해 죽고 부활하게 하심으로, 자기 백성들을 구원하기 위해 역사 안에서 독특한 일을 행하셨다는 참된 소식입니다. 이 소식을 거부하면 멸망에 이를 뿐입니다.

로마서의 주제 : 로마서 1:16-17

그래서 바울은 로마서 1장 16-17절에서 자신의 논지를 언급한 후에 편지의 나머지 부분에서 하나씩 설명하며 적용하고 있습니다. "내가 복음을 부끄러워하지 아니하노니 이 복음은 모든 믿는 자에게 구원을 주시는 하나님의 능력이 됨이라. 먼저는 유대인에게요 그리고 헬라인에게로다. 복음에는 하나님의 의가 나타나서 믿음으로 믿음에 이르게 하나니 기록된 바 '오직 의인은 믿음으로 말미암아 살리라' 함과 같으니라." 먼저 바울은 자신이 전하려는 메시지, 즉 복음이 구원을 주시는 강력하고 자비로운 것이라고 말합니다. 복음은 구원을 주시는 하나님의 능력이 된다고 말합니다. 그리고 이 구원은 믿음으로 말미암습니다. 예수 그리스도에 대한 믿음이 있을 때 구원을 이루는 복음의 능력이 우리의 영혼 속으로 들어오는 것입니다.

그리고 17절에서는 왜 복음에 이러한 능력이 있는지 설명하고 있습니다. "복음에는 하나님의 의가 나타나서." 복음 안에는 하나님의 의가 나타나기 때문에 그리스도를 의뢰하는 자를 구원하는 능력이 있다는 것입니다. 그것이 무슨 의미일까요?

로마서 1:18-3:20 : 왜 우리 모두가 구원을 받아야 하는가

바울은 복음이 지닌 구원의 능력을 설명하기에 앞서 왜 우리 모두가 구원을 받아야 하는지를 보여주기 위해 로마서 1장 18절에서 3장 19절까지의 지면을 할애하고 있습니다. 3장 9절에 그 요약이 나와 있습니다. "유대인이나 헬라인이나 다 죄 아래에 있다고 우리가 이미 선언하였느니라"(3:9). 그리고 19절에서 "모든 입을 막고 온 세상으로 하나님의 심판 아래에 있게 하려 함이라"고 말합니다. 그러므로 우리는 모두 죄인입니다. 우리는 모두 하나님의 진노 아래 있습니다(1:18). 하나님 앞에 내놓고 자랑할 만한 의(義)가 우리에게는 전혀 없습니다. 3장 20절에서는 우리가 우리 자신을 구원하지도 못하고 의롭게 하지도 못한다는 점을 분명하게 말합니다. "율법의 행위로 그의 앞에 의롭다 하심을 얻을 육체가 없나니 율법으로는 죄를 깨달음이니라." 우리는 죄인입니다. 우리는 하나님의 공의롭고 거룩한 진노 아래 있습니다. 우리는 행위로 스스로를 구원하거나 의롭게 하지 못합니다.

로마서 3:21-31 : 예수님에 대한 믿음으로 하나님의 의가 나타남

이제 바울은 로마서 1장 16-17절의 핵심으로 돌아가, 복음에는 믿음으로 말미암는 하나님의 의가 나타나서 믿는 자들을 구원하는 하나님의 능력이 된다는 것의 의미를 설명하고 있습니다. 바울은 21-22절에서 이렇게 말합니다. "이제는 율법 외에 하나님의 한 의가 나타났으니 〔여기서 바울은 17절의 '하나님의 의가 나타나서' 부분을 가져와 쓰고 있습니다〕 율법과 선지자들에게 증거를 받은 것이라. 곧 예수 그리스도를 믿음으로 말미암아 모든 믿는 자에게 미치는 하나님의 의니 차별이 없느니라."

그러면 복음에 능력을 부여하고 믿는 자들을 구원하게 하는 하나님의 의가 나타났다는 것이 과연 무엇일까요? 이것은 '예수님에 대한 믿음을 통해서 오는 하나님의 의'가 드러났다는 것입니다. 이것은 믿음을 통하여 우리에게 선물로 계시되는 하나님의 의입니다. 이것이 우리가 말하는 칭의입니다. 그래서 바울은 24절에서 그리스도를 의지하는 죄인은 "그리스도 예수 안에 있는 속량으로 말미암아 하나님의 은혜로 값없이 의롭다 하심을 얻은 자"가 되었다고 말합니다. 하나님의 의가 복음에 나타남으로써 이 복음은 믿는 자에게 구원을 주시는 하나님의 능력이 됩니다. 이것은 그리스도를 믿는 죄인들에게 하나님이 의를 나타내시고 선물로 주심으로 이루어지는 일입니다.

로마서 3장 25절에서는 하나님이 불의하게 되지 않고 어떻게 죄인들을 의롭게 하실 수 있는지 설명하고 있습니다. "이 예수를 하나님이 그의 피로써 믿음으로 말미암는 화목제물로 세우셨으니 이는 하나님께서 길이 참으시는 중에 전에 지은 죄를 간과하심으로 자기의 의로우심을 나타내려 하심이니." 다시 말하면, 하나님이 자기 아들을 우리 대신 죽도록 정하셨기 때문에 하나님의 진노와 저주가 믿는 자들 대신 그 아들에게 임하게 되었음을 뜻합니다. 하나님은 이러한 방식으로 죄에 대한 그분의 증오를 드러내실 뿐 아니라 죄를 어떻게 정의롭게 처리하시는지도 보여주십니다. 그러므로 26절에서 말하듯 하나님은 "자기의 의로우심을 나타내사 자기도 의로우시며 또한 예수 믿는 자를 의롭다 하려" 하신 것입니다.

그러므로 그리스도의 죽음은 우리가 칭의를 얻는 근거가 됩니다. 우리가 예수님을 믿으면 하나님께서는 예수님 때문에 우리를 의롭다고 여겨 주십니다. 우리를 의로운 사람으로 봐주시고 그렇게 대해 주시는 것입니다. 이것이 칭의입니다. 그리고 28절에서 바울은 우리가 이처럼 하나님 앞에 설 수 있는 것은 우리의 행위가 아닌 믿음으로 말미암은 것임을 분명하게 말하고 있습니다. "그러므로 사람이 의롭다 하심을 얻는 것은 율법의 행위에 있지 않고 믿음으로 되는 줄 우리가 인정하노라."

여기서 놓치지 말아야 할 점은 이 말씀이 전 세계적이고 선교적이며 다문화적으로 적용된다는 사실입니다. 바울은 3장 29-30절에서 그 점을 지적하고 있습니다. "하나님은 다만 유대인의 하나님이시냐? 또한 이방인의 하나님은 아니시냐? 진실로 이방인의 하나님도 되시느니라. 할례자도 믿음으로 말미암아 또한 무할례자도 믿음으로 말미암아 의롭다 하실 하나님은 한 분이시니라." 그리스도에 대한 믿음으로 얻는 칭의는 모든 나라, 모든 족속, 우리가 만나는 모든 사람들을 위한 강력하고도 자비로운 메시지입니다. 주(主)도 한 분이고, 십자가도 하나고, 부활도 하나며, 한 분 하나님 앞에 의로운 자로 설 수 있는 방법도 오직 하나입니다. 우리가 의롭다고 인정받을 수 있는 것은 예수님에 대한 믿음 때문이지 우리의 행위 때문이 아닙니다.

로마서 4장 : 행위가 아니라 믿음으로 의롭다고 인정받은 아브라함

바울은 로마서 4장에서 아브라함을 예로 들어서, 행위와 상관없이 믿음으로 의롭다 함을 받는 것을 설명하고 있습니다. "성경이 무엇을 말하느냐 아브라함이 하나님을 믿으매 그것이 그에게 의로 여겨진 바 되었느니라"(3절). 로마서에서 가장 귀중한 말씀 가운데 하나가 아브라함의 예에 관한 부분에서 나옵니다. "일을 아니할지라도 경건하지 아니한 자를 의롭다 하시는 이를 믿는 자에게는 그의 믿음을 의로 여기시나니"(5절). 행위가 아니라 믿음이 의롭다 함을 얻습니다. 경건한 자가 아니라 경건하지 않은 자가 의롭다 함을 얻습니다. 그야말로 복된 소식이 아닙니까? 로마서의 강력하고 자비로운 메시지가 바로 이것입니다.

로마서 5장 : 고난과 죽음 앞에서 누리는 소망과 안전

바울은 로마서 5장 1절에서 이렇게 정리합니다. "그러므로 우리가 믿음으로 의롭다 하심을 받았으니 우리 주 예수 그리스도로 말미암아 하나님과 화평을 누리자." 그런 다음, 의롭다 함을 받은 사람들이 받는 고난과 죽음에 대해 잠깐 언급합니다. 이렇게 5장에서 고난을 언급함으로써 8장에서 크게 다룰 고난에 대해 미리 준비시키고 있습니다. 3절은 우리가 환난 중에도 기뻐할 수 있는 이유를 설명합니다. 환난은 인내와 연단과 소망을 이루기 때문입니다.

바울은 5장에서 이 환난과 관련해 8장에서와 동일한 방식으로 자신의 주장을 펼치고 있습니다. 즉 어려운 일을 감당하신 하나님이 쉬운 일을 하시지 못하겠느냐고 말합니다. 로마서 8장 32절에서 바울이 한 말을 살펴봅시다. "자기 아들을 아끼지 아니하시고 우리 모든 사람을 위하여 내주신〔어려운 일〕 이가 어찌 그 아들과 함께 모든 것을 우리에게 주시지〔쉬운 일〕 아니하겠느냐." 로마서 5장 9절에서 바울은 이와 동일한 논리로 말하고 있습니다. "그러면 이제 우리가 그의 피로 말미암아 의롭다 하심을 받았으니〔어려운 일〕 더욱 그로 말미암아 진노하심에서 구원을 받을 것이니〔쉬운 일〕." 이와 비슷한 논증이 10절에서도 이어집니다. "곧 우리가 원수 되었을 때에 그의 아들의 죽으심으로 말미암아 하나님과 화목하게 되었은즉〔어려운 일〕 화목하게 된 자로서는 더욱 그의 살아나심으로 말미암아 구원을 받을 것이니라〔쉬운 일〕."

여기서 핵심은 고난과 죽음 앞에서 우리가 누리는 소망과 안전입니다. 로마서 8장에서와 같습니다. 정상적인 그리스도인이라면 고난이 따르게 마련입니다. "우리가 하나님의 나라에 들어가려면 많은 환난을 겪어야 할 것이라"(행 14:22). 로마서의 강력하고도 자비로운 메시지가 앞으로 우리가 마주치게 될 고난을 염두에 두고 있다는 사실을 잊지 말기 바랍니다.

죽음은 모든 인간이 맞닥뜨리는 엄중한 현실입니다. 복음을 품고 있는 사람이라면, 죽음이 무엇인지 잘 설명할 수 있어야 하며 또 죽음에 직면하고도 소망을 품을 수 있는 이유를 반드시 알아야 합니다. 바울이 로마서 5장 12-21절에서 말하고 있는 바가 그것입니다. 여기서 바울은 불순종으로 죄와 죽음을 초래한 아담과, 순종으로 의와 생명을 주신 그리스도를 비교합니다. 19절 말씀은 그 둘의 대조점을 명확히 보여줍니다. "한 사람[아담]이 순종하지 아니함으로 많은 사람이 죄인 된 것 같이 한 사람[그리스도]이 순종하심으로 많은 사람이 의인이 되리라." 아담이 저지른 죄와 정죄는 우리에게 전가되었습니다. 태어나면서부터 아담과 연합되었기 때문입니다. 마찬가지로 우리가 믿음으로 그리스도와 연합되면 그리스도의 순종과 속죄가 우리에게 전가됩니다.

바울은 21절에서 그리스도를 통해 은혜로 이루는 승리에 대해 요약합니다. "이는 죄가 사망 안에서 왕 노릇 한 것 같이 은혜도 또한 의로 말미암아 왕 노릇 하여 우리 주 예수 그리스도로 말미암아 영생에 이르게 하려 함이라."

로마서 6장 : 그리스도와 연합하여 죄에 대해 죽고 종의 신분에서 벗어남

'믿음으로 말미암는 칭의' 주장으로 인해 새로운 문젯거리가 생겼습니다. 믿음만으로 정말 의롭다고 인정받게 되고 죄가 많은 곳에 은혜가 더한다면, 왜 은혜가 더하도록 죄를 지으면 안 되는 걸까요? 바울은 로마서 6장에서 이에 대해 답하고 있습니다. 믿음은 실제적으로 우리를 그리스도와 연합시키기 때문에 사실상 예수님과 더불어 죽음을 경험하고 죄에 종노릇하는 데서도 해방됩니다(6:6, 17-18). 의롭다고 인정을 받은 모든 사람은 성화의 과정을 걷고 있는 것입니다.

로마서 7장 : 율법에 대해 죽음으로써 다른 이에게 속함

그런 다음 바울은 로마서 7장에서 율법 준수가 우리를 성화시키거나 우리를 예수님을 닮은 사람으로 만들어 준다고 생각해서는 안 된다고 말합니다. 참으로 그렇습니다. "너희도 그리스도의 몸으로 말미암아 율법에 대하여 죽임을 당하였으니 이는 다른 이 곧 죽은 자 가운데서 살아나신 이에게 가서 우리가 하나님을 위하여 열매를 맺게 하려 함이라 … 이제는 우리가 얽매였던 것에 대하여 죽었으므로 율법에서 벗어났으니 이러므로 우리가 영의 새로운 것으로 섬길 것이요 율법 조문의 묵은 것으로 아니할지니라"(7:4, 6).

그리스도인의 삶은 값없이 주어진 선물 안에서 살아가는 것이며, 예수 그리스도와의 친밀한 관계를 추구하는 가운데 살아가는 것입니다. 우리는 "다른 이 곧 죽은 자 가운데서 살아나신 이"(7:4)에게 속해 있기 때문입니다. 예수님은 그리스도인의 삶에 있어서 힘이요 자비요 본보기시며 지상명령이십니다.

로마서 8장 : 어떤 것도 우리를 그리스도의 사랑에서 끊을 수 없음

이 말씀 때문에 최근 몇 주 동안 로마서 8장을 살펴보았습니다. 참으로 위대한 말씀입니다. 그리스도의 사랑에서 누가 우리를 끊어낼 수 있습니까? 로마서 8장 35절과 7장 4절 사이에 있는 연관성을 느낄 수 있습니까? 우리가 율법에 대해 죽은 것은 다른 이에게 속하기 위함입니다. 죽음에서 부활하신 예수 그리스도에게 가서 열매 맺기 위함입니다. 이것이 우리의 삶과 죽음의 열쇠이자 비결입니다. 우리가 이처럼 그리스도에게 속했다면, 어느 누가 우리를 그리스도의 사랑에서 끊어낼 수 있을까요? 그 대답은

'아무도 없다' 입니다. 누가 우리를 그리스도 안에 있는 하나님의 사랑에서 끊어낼 수 있을까요? 역시 아무도 없습니다.

"그러므로 사나 죽으나 우리가 주의 것이로다. 이를 위하여 그리스도께서 죽었다가 다시 살아나셨으니 곧 죽은 자와 산 자의 주가 되려 하심이라"(롬 14:8-9). 살아도 예수님의 주권 아래서 살고, 죽어도 그분의 다스림 아래서 죽으십시오. 그리고 그리스도 안에 있는 하나님의 불굴의 사랑을 늘 찬송하기 바랍니다.

3장

세상에서 가장 위대한 편지의 저자

로마서 1:1

예수 그리스도의 종 바울은 사도로 부르심을 받아 하나님의 복음을 위하여 택정함을 입었으니. _롬 1:1

때가 되다

이곳 베들레헴교회에서 설교자로 18년의 세월을 보내는 동안, 저는 사도 바울의 로마서를 설교할 가장 좋은 시기를 기다려 왔습니다. 그렇게 계속 생각만 하다가 결국 포기하고 말았습니다. 마치 등반가가 에베레스트 산 정상을 휘감은 구름을 올려다보다가 그냥 낮은 봉우리로 고개를 돌리듯 말입니다. 너무 버거운 일이라 여겼기 때문입니다.

하지만 하나님의 인내와 은혜 덕분에 최근 들어 이제는 로마서를 설교할 때가 되었다는 생각이 들었습니다. 우리는 지금 새로운 밀레니엄을 맞이하고 있습니다. 그리고 베들레헴교회에서의 총 30년 목회 중에서 후반기에 접어들었습니다. 물론 하나님의 뜻이 있어야 그렇게 되겠지만 말입니다. 어쨌든 서른네 살에 부임했을 때와 비교해 보면 지금 쉰두 살에 느끼는 시간의 속도는 훨씬 빠릅니다. 그리고 하나님의 형상이신 그리스도의 영광의 복음은(고후 4:4) 그 어느 때보다도 지금 훨씬 영광스럽게 보입니다. 로마서 말씀만큼 하나님의 복음이 위대하게 드러난 책은 없다고 생각합니다.

지금의 저는 예전처럼 긴급한 일들에 휘둘리거나, 미국의 문화적 흐름을 선도하는 모든 최신 유행에 일일이 반응하려고 다급히 움직이지도 않습니다. 중년의 시간을 잘 보낸 뒤 이제는 깊은 확신이 제 안에 자리하고 있습니다. 영속적으로 적절히 대처하며 살아가는 최선의 방법은 실용적인 시대의 흐름을 따라 이리저리 옮겨가기보다 반석처럼 견고하고 내구성 있는 오랜 진리 위에 서는 것임을 알기 때문입니다. 로마서야말로 견고하고 내구성 강하고 믿을 만하고 흔들리지 않고 철저한 진리의 속성을 담고 있습니다.

로마서와 나

저는 로마서와 개인적으로 사연이 깊습니다. 그 얘기를 들으면 여러분도 로마서를 통해 하나님과 깊이 만나고 그분을 알고 예배하고 기뻐하고 순종하고 싶은 열망을 저와 나누실 수 있을 것입니다.

회심

제 나이 여섯 살에 미국 플로리다 주 포트로더데일에 살 무렵, 어머니 옆에서 예수님을 영접했다고 하는데 기억은 나지 않습니다(아버지가 알려주셨습니다). 그저 제가 예수님을 믿었다는 사실만 기억할 뿐입니다. 하지만 회심의 의미가 무엇인지에 대해 배웠다는 것만큼은 분명하게 기억합니다. 로마서를 읽으면서 그 의미를 깨달았습니다. "죄의 삯은 사망이요 하나님의 은사는 그리스도 예수 우리 주 안에 있는 영생이니라"(롬 6:23). "우리가 아직 죄인 되었을 때에 그리스도께서 우리를 위하여 죽으심으로 하나님께서 우리에 대한 자기의 사랑을 확증하셨느니라"(롬 5:8). "네가 만일 네 입으로 예수를 주로 시인하며 또 하나님께서 그를 죽은 자 가운데서 살리신 것을 네 마음에 믿으면 구원을 받으리라"(롬 10:9). 이 위대한 복음을 통해 하나님의 선하심과 영광을 맛본 사람들 가운데 로마서야말로 상상하지도 못할 만큼 귀한 책이라 생각하지 않을 사람이 누구겠습니까?

말씀 사역으로 부르심

저는 의사나 수의사가 될 생각으로 대학에 들어갔습니다. 그러다 1966년 여름, 대학 2학년에서 3학년으로 올라갈 무렵에 제 인생의 방향이 완전히 바뀌게 되었습니다. 고통스럽지만 참으로 귀한 하나님의 섭리였습니다. 하나님은 저를 말씀 사역으로 부르셨습니다. 새 학기가 시작되고 저는 세 명의 친구와 함께 기숙사 생활을 하기로 했습니다. 하지만 반 년쯤 지났을 무렵에는 혼자서 공부할 공간과 열심히 공부하는 만큼 기도에 집중할 장소도 필요함을 느끼고 있었습니다. 그래서 그 다음 해부터 일 년 반 동안은 다른 기숙사에서 혼자 방을 썼습니다. 그리고 그곳에서 — 지금도 눈앞에 있는 듯 생생하고 그 냄새도 느껴지는 것 같습니다— 「새사람」이라는 로마서 5-8장을 강해한 존 스토트 목사님의 노란색 표지로 된 작은 책을 읽었습니다. 그 책을 읽으면서 하나님의 말씀을 연구하는 충직한 사역자가 되겠다는 부르심이 마음속에 깊이 박히고 말았습니다. 로마서는 제가 정말로 예수님을 믿는다는 확신을 주었고, 또한 말씀 사역으로의 부르심도 확정해 주었습니다.

신학적 형성기

이후 1968년에서 1971년까지 신학교 생활을 하는 동안 하나님의 주권에 대해 압도적인 깨달음을 얻었습니다. 그리고 로마서를 공부하며 그 말씀에서 새로운 빛이 발산되고 있음을 발견했습니다. 첫 번째 과목은 로마서 1-8장에 관한 것이었고, 이후 과목은 로마서 9-11장을 중심에 놓고 성경의 모든 것이 하나로 묶인다는 내용이었는데 단연 최고였습니다. 그 당시는 제 인생이 신학적으로 다져지는 결정적인 시기였습니다. 그때 뿌리내린 생각이 지금까지 이어지고 있습니다. 결국 저의 회심, 말씀 사역으로의 부르심, 그리고 하나님에 대한 시각 형성 등이 로마서로 말미암아 각인되고 확정되었습니다.

목회로의 부르심

졸업 후 독일에서 3년간 공부하고 벧엘대학에서 6년간 가르쳤는데, 1980년에 교수직을 그만두고 지금의 베들레헴교회에 목회자로 오게 된 결정적인 계기도 로마서였습니다. 당시 저는 로마서 9장에 드러나는 하나님의 경이로운 모습을 이해하고자 애쓰면서 수년간 고심하며 연구하고 있었습니다. 1979년 가을 무렵 안식년이 허락되어, 할 수 있는 한 일을 정리하고 로마서 9장에 관한 책을 쓰기로 마음먹었습니다. 매일 로마서 9장 말씀에 푹 빠져 지내는 동안 참으로 예상치 못한 일이 벌어졌습니다. 계속 귓가에 이런 말씀이 맴돌았습니다. "나, 로마서 9장의 하나님은 사람들에게 선포되어야 할 뿐, 분석하거나 설명해야 할 대상이 아니다."

1979년 10월 14일, 이미 아내는 깊은 잠에 빠진 늦은 밤에 하나님은 저에게 대학에서 가르치는 일을 떠나 목회자로 섬기라는 부르심을 주셨습니다. 당시 저는 로마서 9장의 칭의에 관해 한창 글을 쓰던 중이었습니다. 그날 쓴 일기의 서두는 이렇게 시작합니다. "오늘밤 나는 벧엘대학을 사임하고 한 번도 경험한 적이 없는 목회의 길을 가기로 거의 마음을 먹었다 … 도저히 대항할 수 없는 부르심이다. 하나님의 실재와 말씀의 능력이 인간을 새롭게 창조하시는 모습에 내 마음을 빼앗겼기 때문이다." 몇 주 후 베들레헴교회로부터 청빙을 받았고 일련의 일들을 거쳐 결국 지금 제가 여기 강단에 서게 되었습니다. 다시금 제 인생의 문이 여닫힐 때 로마서가 경첩 역할을 해준 셈입니다.

지속되는 사역

비록 그동안 로마서 전체를 설교한 적은 없지만, 로마서 8장 28절과 8장 32절은 지금껏 18년간을 여기서 사역할 수 있도록 저를 지탱해준 위대한 진리의 말씀입니다. 그리고 제가 지금까지 장례식에서 수도 없이 전했던 로마서 8장 마지막 승리의 구절과 존 스토트가 "그 구절들이 주는 전율을 잊은 적은 결코 없었다"(never lost the thrill of them)고 한 고백을 통해서도 확실히 말할 수 있습니다.* "내가 확신하노니 사망이나 생명이나 천사들이나 권세자들이나 현재 일이나 장래 일이나 능력이나 높음이나 깊음이나 다른 어떤 피조물이라도 우리를 우리 주 그리스도 예수 안에 있는 하나님의 사랑에서 끊을 수 없으리라"(롬 8:38-39).

이렇듯 저는 개인적으로 로마서와 오랜 사연이 있습니다. 다른 많은 분들도 그러합니다. 앞으로 몇 주, 몇 년에 걸쳐 여러분에게 그들의 이야기를 들려드리려고 합니다(어거스틴, 마틴 루터, 존 웨슬리, 칼 바르트, 그리고 우리 교인들의 이야기입니다). 오늘은 사무엘 콜러릿지(Samuel Coleridge)가 "존재하는 모든 심오한 작품 중에 로마서가 으뜸이라고 생각한다"*고 고백했다는 내용을 전하는 것으로 족할 것 같습니다. 또 존 녹스는 이렇게 말했습니다. "로마서야말로 지금껏 기록된 어떤 것보다 가장 중요한 신학서

* *Romans: God's Good News for the World*, Downers Grove, IL: InterVarsity Press, 1994, p.10.

* *Table Talk*, Oxford: Oxford University Press, n.d., p.232.

임은 의문의 여지가 없다."*

어떻게 이런 일이 가능했을까요? 기독교를 증오하던 전직 유대 바리새인(행 9:1)이 쓴 책이 기독교에서 가장 중요한 신학서가 되다니 어떻게 그럴 수 있었을까요? 그는 첫 기독교 순교자가 생기도록 부추겼던 사람이고(행 7:58, 8:1), 열심을 다해 초대 교회를 핍박하던 사람이었는데 말입니다(딤전 1:13). 그 사람이 쓴 22쪽 분량의 7100개 단어로 이루어진 편지가 "불꽃이 되어 지난 수세기 동안 … 위대한 기독교 지도자들에게 이어지고 … 횃불로 타올라 교회의 부흥과 기독교의 확장을 이끌었다"*는 찬사를 듣게 되다니 어찌 된 일일까요?

이에 대한 답은 로마서의 가장 첫 문장인 로마서 1장 1절에서 시작됩니다. "예수 그리스도의 종 바울은 사도로 부르심을 받아 하나님의 복음을 위하여 택정함을 입었으니." 문장을 세 부분으로 나누어 바울과 그의 편지와 그의 하나님에 관해 말하는 의미가 무엇인지 한 번에 하나씩 살펴보겠습니다. 이 세 부분에서 가장 중요한 사실은 바울이 누구냐가 아니라, 누구에게 속해 있느냐입니다. 이후에는 본문 말씀을 통해 여러분도 자신의 삶이 무엇 때문에 의미가 있는지 알게 될 것입니다. 내가 누구냐가 아니라 내가 누구의 것이냐 때문에 의미가 있다는 사실을 말입니다.

* *The Interpreter's Bible*, Vol. 9, Nashville: Abingdon Press, 1954, p.355.

* A.M. Hunter, *Introducing the New Testament*, Gateshead: SCM Press Ltd., 1972, p.94.

예수 그리스도의 종

제일 먼저, 로마서의 저자 바울은 자신이 "예수 그리스도의 종"이라고 말합니다. 이렇게 되면 우리는 당장 어느 한 입장을 선택해야 합니다. 혹 이 사람, 살짝 정신이 나간 사람은 아닐까요? 그리스도라 불리는 예수는 기원 후 30년에 빌라도라는 로마 총독의 손에 죽었습니다. 이에 관해서는 일반적이고 역사적인 증거 자료가 많습니다. 예수님은 죽었습니다. 그런데 지금 바울은 그리스도 예수가 죽은 것이 아니라면서, 심지어 그분이 자신의 주인이고 자기는 그분의 종이라고 말하고 있습니다. 총 16장에 달하는 로마서는 미친 사람의 넋두리에 불과한 걸까요? 여러분이 직접 선택하셔야 합니다.

바울은 자기가 정신이 나간 것이 아니라, 죽었다가 다시 살아난 동시대 사람인 그리스도 예수에게 자신이 팔리고 소유가 되고 다스림 받는다고 증언하고 있습니다. 여기서 제가 '팔리고 소유가 되고'라는 표현을 쓴 것은 그것이 바로 종의 모습이기 때문입니다. 고린도전서 7장 23절에서 바울은 이렇게 말합니다. "너희는 값으로 사신 것이니 사람들의 종이 되지 말라." 다시 말하면, 예수님이 우리를 위해 죽으심으로써 값을 치르고 우리를 사셨기 때문에 우리를 소유하는 것이 되므로, 그리스도인은 그리스도의 종이라는 것입니다. "너희는 너희 자신의 것이 아니라. 값으로 산 것이 되었으니 그런즉 너희 몸으로 하나님께 영광을 돌리라"(고전 6:19-20). 그리스도께서 바울을 값으로 사서 소유하셨으므로 바울은 그분의 종인 것입니다.

이 말은 또 살아 계신 그리스도께서 바울을 다스린다는 의미도 됩니다. 갈라디아서 1장 10절에서 바울은 이렇게 말합니다. "이제 내가 사람들에게 좋게 하랴 하나님께 좋게 하랴 사람들에게 기쁨을 구하랴 내가 지금까지 사람들의 기쁨을 구하였다면 그리스도의 종이 아니니라." 다른 말로 하면, 그리스도의 종이 된다는 것은 다른 어느 누구도 아닌 그리스도를 즐겁게 하는 일에 온전히 순복해야 한다는 의미입니다.

바울은 자신이 그리스도 예수께서 값 주고 산 소유물이며 그분의 다스림을 받는 사람이라고 이해하고 있습니다. 로마서가 기록되기 25년 전에 범죄자로 몰려 사형당한 한 사람, 바울이 4절에서 언급했듯 죽은 사람들 가운데서 다시 살아나고 하나님의 유일한 독생자로서 권세를 지닌 바로 그 사람이 자신의 소유주라는 사실을 말입니다. 다시 말해 이 역사적인 편지에서 우리가 다루는 것은 한 남자와 그의 천재성에 관한 내용이 아닙니다. 우리는 그 사람과 그의 주인이자 다스리는 분인 하나님에 관해 다루고 있습니다. 로마서가 단순한 편지가 아니라는 사실은 바로 여기서 시작됩니다.

사도로 부르심 받음

두 번째로 바울은 자신이 "예수 그리스도의 종[일 뿐 아니라] 바울은 [또한] 사도로 부르심을" 받았다고 말합니다. 예수님은 값을 치르고 사서 소유하고 다스리실 뿐 아니라 그를 부르셨습니다. 바울의 존재 가치는 자신이 했던 일이 아니라 자신에게 행해진

일 —예수님이 자기를 사서 소유하신 일— 에 근거하고 있습니다. 그리고 이제는 부르심을 받고 택정함을 입었다고 말합니다. 이것 역시 자신이 행한 일이 아니라 자신에게 행해진 일입니다. 여기서 주인공은 바울이 아니라 다른 분입니다. 그러므로 우리는 로마서를 통해 한 사람의 업적을 살피는 것이 아니라 그를 통해 역사하신 하나님의 사역을 살펴보게 될 것입니다.

바울이 생각할 때, 사도의 자격은 예수 그리스도께서 죽음에서 일어나신 것을 직접 눈으로 보고 증거할 수 있는 증인이라는 데 있습니다. 그리고 사도는 그리스도를 대신해 말씀을 전하고 권세 있는 진실한 가르침을 통해 교회의 기초를 세우도록 예수님으로부터 권위를 위임받은 사람입니다.

바울은 다메섹으로 가는 길에서 예수님을 만났습니다. 거기서 예수님은 그를 사도의 사역으로 부르셨습니다. 바울은 고린도전서 15장 7-8절에서 이렇게 말합니다. "그 후에 야고보에게 보이셨으며 그 후에 모든 사도에게와 맨 나중에 만삭되지 못하여 난 자 같은 내게도 보이셨느니라." 거기서 예수님은 바울에게 이렇게 말씀하셨습니다. "내가 네게 나타난 것은 곧 네가 나를 본 일과 장차 내가 네게 나타날 일에 너로 종과 증인을 삼으려 함이니"(행 26:16). 이 같은 사명을 받아 바울은 기독교의 초석이 된 이들 중 하나가 되었습니다. 에베소서 2장 20절에 나오듯 교회는 "사도들과 선지자들의 터 위에 세우심을 입었고, 그리스도 예수께서 친히 모퉁잇돌이" 되셨습니다.

오늘날의 교회와 교회 생활과 사역에 대한 사도직의 기초가 어디에 있는지 묻는다면, 그들이 남긴 글에 있다는 것이 그 답입니다. 그리고 모든 사도들의 글 중에 그 어떤 것도 로마서만한 것은 없습니다. 로마서는 그 자체로 위대한 복음을 성경적으로 잘 요약하고 있기 때문에 그리스도를 모퉁잇돌로 삼은 교회의 탁월한 기초가 됩니다. 바울은 자신이 '사도로 부르심'을 받았으므로, 교회는 —그리고 우리는— 로마서를 단순한 사람의 말이 아니라 그리스도의 말씀으로 받아야 한다고 말합니다. 로마서는 어느 천재의 말이라서가 아니라 하나님의 말씀이므로 위대한 것입니다(살전 2:13, 고전 2:13). 이것이 사도로 부르심 받은 사실의 중요한 의미입니다.

하나님의 복음을 위하여 택정함을 입음

마지막으로 바울은 자신이 "예수 그리스도의 종〔일 뿐 아니라〕 바울은 〔또한〕 사도로 부르심을 받아 〔뿐만 아니라〕 하나님의 복음을 위하여 택정함을 입었으니"라고 말합니다.

하나님의 복음을 위해 택정함을 입었다는데 언제 그 일이 일어난 것일까요? 갈라디아서 1장 15절에서 바울은 이렇게 말합니다. "내 어머니의 태로부터 나를 택정하시고 그의 은혜로 나를 부르신 이가." 이 말은 바울이 예수님의 종이 되기 전에, 다메섹 도상에서 부르심을 받기 전에, 심지어 태어나기도 전에 하나님의 복음을 위해 선택 받았다는 의미입니다. 즉 하나님께서 사도직을 수행할 사람을 찾아 이리저리 수소문한 게 아니라는 뜻입니다. 오히려 어머니 뱃속에 있던 바울을 복음을 섬길 자로 준비시키셨다는 말입니다. 어머니 뱃속으로부터 다메섹에서 예수님을 만나기까지의 인생 노정 속에서 바울이 얼마나 교회를 박해하던 믿음 없는 사람이었는지를 생각해볼 때 참으로 충격적인 말입니다.

이 위대한 서신서의 가장 첫 머리에서부터 우리는 바울이 11장 33-36절에서 찬양했던 하나님의 그 심오한 지혜의 광대함을 조금이나마 맛볼 수 있습니다. "깊도다 하나님의 지혜와 지식의 풍성함이여, 그의 판단은 헤아리지 못할 것이며 그의 길은 찾지 못할 것이로다"(11:33). 하나님은 우연히 교회를 세우신 것이 아닙니다. 바울의 서신서를 통해서도 알 수 있듯, 하나님은 바울이 태어나기 전부터 그를 선택하셨고, 아들의 죽음으로 그를 사셨으며, 다메섹으로 가는 길 위에서 그를 분명하게 불러내셨습니다.

로마서, 하나님에 관한 서신

1절을 보면 마치 로마서가 저자인 바울에 관한 서신인 듯이 보이지만, 모든 문구 하나하나마다 그 이면에 더 위대한 분이 계십니다. 하나님은 아들의 죽음으로 바울을 사셨고, 사도로 부르셨으며(갈 1:15, 고전 1:1), 태어나기 전부터 택정하셨습니다. 다음 주에 살펴보겠지만, 이 모든 것은 "하나님의 복음"을 위해 행해진 일입니다. 즉 로마서 1장 1절에서도 로마서 11장 36절의 내용을 들을 수 있습니다. "이는 만물이 주에게서 나오고 주로 말미암고 주에게로 돌아감이라. 그에게 영광이 세세에 있을지어다."

레온 모리스는 이에 관해 아주 정확히 짚었습니다. "로마서에서 가장 중요한 단어는 하나님이다. 로마서는 하나님에 관한 서신이다. 하나님에 대해서만큼 자주 언급된 주제는 없다. 이 서신서에서 바울은 언급하는 모든 내용을 다 하나님과 연관시켰다. 의와 칭의 그리고 그밖의 주제들에 대해 무엇을 말하는지 이해하기 위해, 우리는 바울이 하나님에게 엄청나게 집중하고 있다는 사실을 간과하지 말아야 한다. 다른 어떤 책에서도 찾아볼 수 없는 부분이다."*

그렇습니다. 로마서에 놀라운 영향력이 있는 것이 바로 그 이유입니다. 로마서는 하나님에게서 나왔고 하나님을 통해서 왔으며 하나님에게로 향하고 있습니다. 하나님은 로마서의 저자가 태어나기도 전에 그를 택정하셨습니다. 하나님은 독생자의 죽음을 통해 그의 자유를 사셨습니다. 하나님은 그를 사도로 부르셨습니다. 그런 후에 그에게 복음을 주셨습니다. 다른 복음이 아닌 하나님 그분의 복음을 말입니다. 그러므로 하나님은 이 모든 일의 처음이요 중간이요 나중이십니다.

교회인 우리가 모든 사람의 기쁨을 위해 만물의 으뜸이신 최고의 하나님을 향한 열정을 힘써 전하려 한다면, 이제는 로마서에 계신 하나님을 만나야 할 때라고 저는 믿습니다. 하나님이 우리를 선택하셨고 불러내셨으며 바로 그 일을 위해 구별하셨기 때문입니다. 하나님의 말씀이 흥왕하여 많은 이들을 구원하고 하나님의 이름의 영광을 위해 교회가 세워지도록 함께 기도합시다.

* Leon Morris, *The Epistle to the Romans*, Grand Rapids: Wm. B. Eerdmans Publishing Co., 1988, p.40.

4장

그의 아들에 관한 하나님의 복음

로마서 1:1-4

예수 그리스도의 종 바울은 사도로 부르심을 받아 하나님의 복음을 위하여 택정함을 입었으니 이 복음은 하나님이 선지자들을 통하여 그의 아들에 관하여 성경에 미리 약속하신 것이라. 그의 아들에 관하여 말하면 육신으로는 다윗의 혈통에서 나셨고 성결의 영으로는 죽은 자들 가운데서 부활하사 능력으로 하나님의 아들로 선포되셨으니 곧 우리 주 예수 그리스도시니라. _롬 1:1-4

지난 주에는 1절을 통해 바울이 하나님의 종이라는 내용을 살펴보았습니다. 즉 그리스도께서 바울을 직접 사시고 소유하며 다스리신다는 말입니다. 바울은 그리스도를 기쁘게 하기 위해 사는 사람입니다. 하지만 혹이라도 그리스도께서 바울이 하는 사역과 섬김에 의존한다는 잘못된 오해를 품지 않도록 로마서 15장 18절 말씀에 주의해야 합니다. "그리스도께서 이방인들을 순종하게 하기 위하여 나를 통하여 역사하신 것 외에는 내가 감히 말하지 아니하노라." 바울은 그리스도를 섬기는 모든 일에서 그리스도를 온전히 의지했습니다. 다시 말해 바울은 주께서 자신을 섬겨주신 능력 안에서 주님을 섬겼습니다. "인자가 온 것은 섬김을 받으려 함이 아니라 도리어 섬기려 하고"(막 10:45. 고전 15:10, 벧전 4:11 참조). 바울이 그리스도께서 공급하시는 힘으로만 그분을 섬겼기에 그리스도께서 그의 사역을 통해 영광을 받으신다는 사실을 보지 못하면, 이 구절로 인해 로마서의 전체적인 의미를 곡해하게 됩니다(벧전 4:11 참조).

"사도로 부르심을 받아." 바로 이 구절에서 우리는 모든 것을 공급하시는 전능자 그리스도를 만났습니다. 그리스도는 다메섹으로 가는 길 위에서 바울을 부르시고, 참된 가르침으로 교회를 세우도록 권위를 허락하시고, 복음을 전하는 대리인으로 세우셨습니다. 그리고 다음 부분인 "하나님의 복음을 위하여 택정함을 입었나니"에서는 모든 것을 계획하고 실행하시는 전능자의 손을 보았습니다. 갈라디아서 1장 15절에 나오듯 하나님은 바울이 태어나기도 전에 그를 따로 택정하셨습니다. 복음이 이 땅에 임하고 드러나는 일에 열심이신 하나님께서 결코 우연이 아니라 주도적으로 실행하신 일입니다.

이제 오늘은 "하나님의 복음"(1:1)이라는 용어를 바울이 2-4절에서 어떻게 풀어내는지 살펴보도록 합시다.

> 이 복음은 하나님이 선지자들을 통하여 그의 아들에 관하여 성경에 미리 약속하신 것이라.

바울이 첫 번째로 말하고자 하는 바는 방금 살펴본 대로 하나님은 복음이 임하기 오래 전부터 복음을 드러내는 일에 열심이셨다는 점입니다. 2절을 보십시오. "[바울은] 사도로 부르심을 받아 하나님의 복음을 위하여 택정함을 입었으니 이 복음은 하나님이 선지자들을 통하여 그의 아들에 관하여 성경에 미리 약속하신 것이라."

이 구절에서 세 가지를 살펴보고자 합니다.

1) 하나님의 복음은 구약 언약의 성취다

복음은 새로운 종교가 아닙니다. 이전에 있던 것의 성취입니다. 구약의 하나님은 신약의 하나님이기도 합니다. 그분이 준비하고 약속하신 바를 예수님의 오심으로 성취하신 것입니다.

2) 하나님은 언약을 지키신다

수많은 세월이 흐르면서 유대인들은 과연 메시아가 오시는 게 맞는지 의아해했습니다. 그들은 끔찍한 환난도 겪었습니다. 그런 후에 하나님께서 일하시고 언약을 성취하셨습니다. 이를 보면 하나님이 신뢰할 만한 분이심을 알 수 있습니다. 마치 그분이 언약을 잊은 듯 보일 때가 있습니다. 그러나 하나님은 결코 잊지 않으십니다. 그러므로 로마서 1장 2절은 복음의 내용에 대한 설명이 아니라 복음이 왜 믿을 만한 것인지 그 이유를 보여주는 구절입니다. 그리스도가 오시기 아주 오래 전부터 하나님이 약속하셨고 또 이 약속을 하나님이 구체적으로 성취하셨음을 알게 된다면,

우리의 믿음은 더욱 강건해질 것입니다.

3) 성경은 우리가 경외하고 신뢰해야 할 거룩하고 영감 있는 기록이다

2절 말씀은 성경에 대한 우리의 절대적 신뢰를 담고 있는 매우 중요한 구절이라는 점에 주목하기 바랍니다. 우선 하나님이 계십니다. 그리고 하나님이 행하시는 약속이 있습니다. 그리고 하나님이 약속을 말씀하시는 '통로'인 선지자가 있습니다(주의! 선지자에 의해서가 아니라 선지자를 통해 약속하셨습니다. 말하는 주체는 하나님이십니다). 그 다음에 약속이 기록된 말씀이 있으며, 이 기록된 말씀은 거룩하다고 불립니다. 왜 성경은 다른 기록들과 달리 구별되고 유일하며 소중한 것일까요? 그 안에서 말씀하는 분이 하나님이시기 때문입니다. 그래서 거룩한 것입니다. 2절을 잘 살펴봅시다. "이 복음은 하나님이 선지자들을 통하여 성경에 미리 약속하신 것이라." 하나님은 성경에 약속하셨습니다. 그리고 지금도 성경을 통해 말씀하고 계십니다. 그래서 성경이 거룩한 것입니다. 바울은 그렇게 이해했으며 우리 역시 그렇게 보아야 할 것입니다. 왜 성경을 굳이 거룩한(聖) 책(經)이라고 부르는지 궁금하다면 로마서 1장 2절이 그 답입니다.

로마서를 공부하면서 이와 관련해 우리가 놓치지 말아야 할 다음 세 가지가 있습니다. 첫째, 로마서 1장 1절에서 바울은 자신을 그리스도 예수의 사도로 보았습니다. 즉 교회를 세우신 예수님의 권위를 받아서 말하고 글 쓰는, 옛 선지자(엡 2:20)와 같은 위치로 본 것입니다. 둘째, 바울은 고린도전서 2장 13절에서 이렇게 말했습니다. "우리가 이것을 말하거니와 사람의 지혜가 가르친 말로 아니하고 오직 성령께서 가르치신 것으로 하니." 바울은 그의 가르침 안에 성령의 감동하심이 있음을 주장했습니다. 셋째, 베드로후서 3장 16절에서 베드로는 "무식한 자들과 굳세지 못한 자들이 다른 성경과 같이 그것도[바울의 서신도] 억지로 풀다가"라고 말했습니다. 베드로 역시 바울의 편지를 우리가 지금 읽고 있는 성경의 범주에 포함시켰다는 의미입니다.

이는 또한 우리 삶에 있어서 설교가 얼마나 중대한 문제인가에 대한 이유도 됩니다. 로마 교회에 보내는 바울의 편지는 단순한 인간의 말이 아닌 하나님의 말씀임을 우리는 믿습니다. 복음은 하나님의 영감으로 된 거룩한 책 안에 약속되어 있었습니다. 그리고 이제 우리 앞에 펼쳐지고 우리를 위해 보존되어 있습니다. 이것이 우리가 믿는 바이며, 이러한 믿음 때문에 진리와 교리와 설교와 예배에 대한 우리의 관점은 세상의 것과 너무나 다릅니다.

그러므로 바울이 하나님의 복음과 관련해 말하고자 하는 첫 번째는 복음은 이미 오래 전에 계획되고 예정되었다는 사실입니다(1:2). "하나님이 선지자들을 통하여 성경에 미리 약속하신 것"이 바로 복음입니다.

"그의 아들에 관하여"

바울이 하나님의 복음과 관련해 말하는 두 번째는(1:3) 하나님의 아들에 관한 사실입니다. "복음은 하나님이 선지자들을 통하여 그의 아들에 관하여 성경에 미리 약속하신 것이라." 하나님의 복음은 하나님의 아들에 관한 것입니다. 여기서 먼저 하나님의 아들에 관한 두 가지를 명백히 짚고 갑시다. 그렇지 않으면 혹 엉뚱한 길로 빠질지 모르기 때문입니다.

1. 하나님의 아들은 인간이 되기 이전부터 존재하셨다

로마서 8장 3절을 보십시오. "율법이 육신으로 말미암아 연약하여 할 수 없는 그것을 하나님은 하시나니 곧 죄로 말미암아 자기 아들을 죄 있는 육신의 모양으로 보내어 육신에 죄를 정하사." 하나님께서는 자기 아들을 육신의 모양으로 보내셨습니다. 그러므로 아들은 인간이 되시기 전에는 하나님의 아들로 계셨습니다. 이것은 그리스도가 이전에나 지금이나 한결같이 하나님의 아들이심을 의미합니다. 그것은 아주 유일하고 독특한 방식이어서 우리가 하나님의 아들들이 되는 것 하고는 전혀 같지 않습니다(롬 8:14, 19).

2. 그리스도 그분이 하나님이시다

바울은 로마서 9장 5절에서 이스라엘의 특권에 대해 언급하면서 이렇게 말합니다. "조상들도 그들의 것이요 육신으로 하면 그리스도가 그들에게서 나셨으니 그는 만물 위에 계셔서 세세에 찬양을 받으실 하나님이시니라. 아멘." 또한 골로새서 2장 9절에서는 "그〔그리스도〕 안에는 신성의 모든 충만이 육체로 거하시고"라고 했습니다. 그러므로 바울이 복음은 하나님의 아들에 관한 것이라고 말할 때, 이는 만세 전부터 존재하시는 거룩한 하나님의 아들과 관련됨을 뜻합니다. 하나님의 복음이란 인간의 모든 일을 효과적으로 운영하시는 하나님에 관한 것이 아닙니다. 하나님의 복음이란 아버지의 완전한 형상이자 하나님 자체이신 아들을 통해 인간들 속으로 들어오시는 하나님에 관한 것입니다.

그래서 바울은 '하나님의 복음'이라는 말에 큰 무게를 두고 다음과 같이 말했습니다. 첫째, 복음은 이미 오래 전부터 하나님께서 약속하고 계획하신 바이며 둘째, 복음은 거룩한 아들에 관한 것이라고 말입니다. 우주의 전능한 창조자 하나님께서 세상을 위해 선한 일을 계획하셨는데 그 계획의 중심에는 바로 아들이 있었습니다.

"육신으로 하면 그리스도가 그들에게서 나셨으니"

바울이 세 번째로 말한 것은 복음은 하나님의 아들이 육신을 따라 다윗의 자손으로 태어나셨다는 점입니다. 이 말씀에 언급된 두 가지를 살펴봅시다.

1. 하나님의 아들이 사람이 되셨다

아들은 사람으로 태어나셨습니다. 그리고 그가 맡은 사명을 수행하기 위해서는 인성과 신성 모두를 사용해야 했습니다. 하나님이 인간을 선택해서 아들로 삼은 것이 아닙니다. 영원한 독생자이신 아들을 사람으로 태어나도록 선택하셨습니다.

2. 그분은 구약의 다윗 왕의 계보를 따라 태어나셨다

왜 이것이 하나님의 복음의 일부가 되는 겁니까? 왜 이것이 좋은 소식인가요? 구약 성경에 나오는 모든 언약은 기름부음을 받은 자, 오실 메시아에 관한 약속이기 때문입니다. 그 메시아는 다윗의 후손으로서 왕으로 다스리며, 하나님 백성의 원수를 정복하고, 영원한 의와 평화를 가져오실 자입니다. 또한 그분은 모든 하나님의 언약을 성취하실 자입니다.

구약에 나오는 두 가지 약속을 예로 살펴봅시다. 예레미야 23장 5절, "여호와의 말씀이니라. 보라 때가 이르리니 내가 다윗에게 한 의로운 가지를 일으킬 것이라 그가 왕이 되어 지혜롭게 다스리며 세상에서 정의와 공의를 행할 것이며." 그리고 이사야 11장 10절, "그 날에 이새의 뿌리[즉 이새의 후손, 다윗의 아들]에서 한 싹이 나서 만민의 기치로 설 것이요 열방이 그에게로 돌아오리니 그가 거한 곳이 영화로우리라."

'하나님의 복음'이 좋은 소식이 되는 이유는 하나님께서 다윗의 자손인 한 왕이 오리라고 약속하고 계획하셨던 바를 오랜 세월이 흐른 시점에 이르러 실행하셨기 때문입니다. 이사야서 9장 6-7절에 말씀하신 대로 말입니다. "그의 어깨에는 정사를 메었고 그의 이름은 기묘자라, 모사라, 전능하신 하나님이라, 영존하시는 아버지라, 평강의 왕이라 할 것임이라. 그 정사와 평강의 더함이 무궁하며…"

'하나님의 복음'이 좋은 소식이 되는 이유는 약속한 그 때가 찼고 하나님의 나라가 가까이 임했기 때문입니다(막 1:14-15, "예수께서 갈릴리에 오셔서 하나님의 복음을 전파하여 이르시되 때가 찼고 하나님의 나라가 가까이 왔으니 회개하고 복음을 믿으라 하시더라.") 하나님의 아들이 이 땅에 오신 것은 약속하신 왕인 "다윗의 자손"이 오신 것을 뜻합니다. 그분은 열방을 다스리고 하나님의 원수들을 제압하며 의와 평화로 통치하실 것입니다. 또한 이사야 35장 10절에서 예언한 대로 "여호와의 속량함을 받은 자들이 돌아오되 노래하며 시온에 이르러 그들의 머리 위에 영영한 희락을 띠고 기쁨과 즐거움을 얻으리니 슬픔과 탄식이 사라지리로다." 그래서 3절의 말씀이 "하나님의 복음"이 되는 것입니다. 하나님의 아들이 다윗의 자손으로 오신다는 것은 여호와의 속량을 받은 사람들이 그분의 임재 안에서 영원한 기쁨을 누리게 된다는 것을 의미합니다.

"성결의 영으로는 죽은 자들 가운데서 부활하사 능력으로 하나님의 아들로 선포되셨으니."

하지만 바울은 여기서 '하나님의 복음'에 관해 한 가지를 더 언급하고 있습니다. 복음은 성취되기 이전에 계획되고 약속된 것이며, 창세 전부터 존재한 하나님의 아들에 관한 것이기도 하고, 그 아들이 하나님 나라의 의와 평강과 기쁨을 가져올 것이라는 구약의 소망과 꿈을 성취하기 위해 다윗의 자손인 사람으로 태어나셨다는 소식이기도 합니다. 하지만 바울은 4절에서 참으로 충격적이고도 가슴 뛰게 하는 한 가지를 더 말하고 있습니다. 그는 하나님의 아들이 "성결의 영으로는 죽은 자들 가운데서 부활하여 능력으로 하나님의 아들로 선포된다"고 말합니다.

왜 그것이 충격적일까요? 바울 시대의 대다수 유대인들은 메시아가 큰 소요를 일으킬 만한 권세와 정치력을 가지고 나타나 세계를 압제하던 로마제국을 무너뜨리고 예루살렘에 지상 왕국을 건설하여 그의 백성들과 영원히 살 것이라 기대했습니다. 그런데 바울이 4절에서 하는 말을 보면 3절과 4절 사이에서 다윗의 자손이 죽었음을 암시하고 있습니다. 왕이 죽었다니요! 그가 메시아라고 믿던 이들에게 엄청난 충격이 되는 것입니다. 그들이 생각하는 메시아는 죽지 않습니다. 그들이 생각하는 메시아는 죽지 않고 정복하며 다스립니다. 체포당하지도 얻어맞지도 모욕을 당하지도 십자가에 못 박히지도 백성들을 비참한 처지에 내버려두지도 않습니다. 그러니 참으로 충격적인 말이 아니겠습니까. (눅 24:21, "우리는 이 사람이 이스라엘을 속량할 자라고 바랐노라.")

바울은 로마서 3장, 5장, 8장에서도 그리스도의 죽음을 언급합니다. 하지만 여기서는 곧장 하나님의 복음이 전하는 승리를 얘기합니다. 가슴 뛰는 말입니다. 바울은 4절에서 죽음을 당한 메시아가 죽은 자들 가운데서 일어났다고 말합니다. 이것은 하나님의 복음의 핵심입니다. 그리고 바울은 이 부활에 관해 두 가지를 말하고 있습니다.

1. 죽은 자들 가운데서 일어나는 이 부활은 "성결의 영으로" 일어난다

그게 무슨 의미일까요? 이것을 두 가지로 나눠 설명하고자 합니다. 첫째, 하나님의 영이 예수님을 죽은 자들 가운데서 일으키셨습니다. 저는 로마서 8장 11절 말씀에서 이에 대한 단서를 잡으려고 합니다. "예수를 죽은 자 가운데서 살리신 이의 영이 너희 안에 거하시면 그리스도 예수를 죽은 자 가운데서 살리신 이가 너희 안에 거하시는 그의 영으로 말미암아 너희 죽을 몸도 살리시리라." 이 말씀은 우리 안에 거하시는 하나님의 영이 그리스도를 일으키셨듯이 우리를 일으키실 것이라고 가르칩니다. 따라서 예수님을 죽은 자 가운데서 일으키는 일에는 성령이 관련되어 있습니다.

둘째, 그런데 왜 바울은 "성결의 영" —신약성경에서 유일하게 나오는 단어— 이라는 특이한 표현을 썼을까요? 제 생각은 이렇습니다. 죽은 자를 만난다는 것은 매우 부정한 일이었습니다. 사울 왕이 죽은 사무엘과 이야기하고 싶어서 엔돌에 있는 신접한 여자를 찾아갔을 무렵(삼상 28:7) 신접하는 일은 비밀리에 이루어지는 불법 행위였고, 영매와 점쟁이, 무당은 이스라엘에서 혐오 대상이었습니다. 죽은 사람은 죽은 사람이니 산 사람은 더 이상 죽은 자와 관계해서는 안 됩니다. 과거나 지금이나 믿는 자들에게 강신 행위는 옳지 않은 행동입니다. 죽은 사람과 관계하는 것은 흑마술일 뿐 아름답고 깨끗하고 거룩한 일은 아닌 것입니다. 결코 말입니다. 하물며 사형을 당한 사람이 죽었다가 살아났다는 얘기는 흑마술이나 강신술처럼 끔찍하고 역겹고 더럽고 지저분한 일이 아니겠습니까?

이에 반해 바울은 완전히 반대의 것에 강조점을 두고 있습니니다. "그리스도께서 죽은 자들 가운데서 살아나셨다. 하지만 어둠의 영이나 악령, 더러운 영이 아니라 성결의 영으로 사신 것이다. 그 무엇보다 거룩하신 하나님 그분의 영으로 살아나셨다." 성결의 영은 예수님을 살리시는 일로 더러워지지 않았습니다. 거룩한 일이기 때문이었습니다. 하나님을 깎아내리는 일이 아니라 오히려 하나님을 영화롭게 하는 참으로 올바르고 선하고 깨끗하고 아름다운 일이었습니다. 거룩한 일이었습니다.

2. 부활하사 "능력으로 하나님의 아들로 선포[또는 확정]" 되셨으니

여기서 핵심 구절은 "능력으로"입니다. 여러 번역본에서 이 부분에 "하나님의 아들"이라는 문구를 추가한 것이 도리어 올바른 번역이라고 봅니다. 이 구절에서 말하려는 점은 그리스도가 부활 전에는 하나님의 아들이 아니었다는 것이 아니라, 그리스도께서 부활하심으로 말미암아 비천하고 한계가 있고 연약한 인간의 육신을 입은 하나님의 아들에서 능력을 지닌 하나님의 아들 자리로 옮기셨다는 것입니다. 그래서 핵심 구절이 "능력으로"가 되는 것입니다.

이것은 부활하신 예수님이 마태복음에서 하신 말씀의 의미이기도 합니다. "하늘과 땅의 모든 권세를 내게 주셨으니"(마 28:18). 바울이 고린도전서 15장 25-26절에서 부활하신 그리스도에 대해 언급하면서 의도한 바이기도 합니다. "그가 모든 원수를 그 발아래에 둘 때까지 반드시 왕 노릇 하시리니 맨 나중에 멸망받을 원수는 사망이니라." 다시 말해 예수님은 메시아인 왕이십니다. 지금 온 세계를 다스리고 계십니다. 그의 발아래 모든 원수를 두고 계십니다. 그리고 지금은 보이지 않으나 곧 모든 사람의 눈앞에 명백한 영광으로 통치하시고 이 땅에 공개적으로 영광스러운 하나님 나라를 세우실 날이 올 것입니다. 그것이 바울이 말한 "능력을 입으신 하나님의 아들"이 의미하는 내용입니다. 예수 그리스도는 지금도 통치하고 계십니다. 성령과 교회를 통해 그분의 계획을 성취해 가고 계십니다. 그리스도께서 모든 원수를 물리치고, 그 발 앞에 무릎 꿇리며 예수님을 주로 시인하고 아버지께 영광을 돌리게 할 날이 임할 것입니다(빌 2:11).

그날이 하나님의 복음이 완성되는 날입니다. 그날을 바라며 이렇게 외칩시다. "아멘, 주 예수여 오시옵소서."

5장

그의 은혜로, 그의 이름을 위해, 믿음의 순종을 통해

로마서 1:1-5

예수 그리스도의 종 바울은 사도로 부르심을 받아 하나님의 복음을 위하여 택정함을 입었으니 이 복음은 하나님이 선지자들을 통하여 그의 아들에 관하여 성경에 미리 약속하신 것이라. 그의 아들에 관하여 말하면 육신으로는 다윗의 혈통에서 나셨고 성결의 영으로는 죽은 자들 가운데서 부활하사 능력으로 하나님의 아들로 선포되셨으니 곧 우리 주 예수 그리스도시니라. 그로 말미암아 우리가 은혜와 사도의 직분을 받아 그의 이름을 위하여 모든 이방인 중에서 믿어 순종하게 하나니." _롬 1:1-5

오늘은 5절을 "은혜와 사도의 직분", "그의 이름을 위하여", "믿어 순종하게", 이렇게 세 부분으로 나누어 집중적으로 살펴보려 합니다. 사역을 감당할 수 있도록 값없이 주시는 능력으로서 은혜의 속성에 대해, 믿음으로 순종하게 하는 일에 있어서 은혜의 효력에 대해, 그리고 모든 사람들 앞에 그리스도의 이름을 영화롭게 하려는 은혜의 궁극적 목적에 대해 살펴보겠습니다.

은혜의 핵심

은혜는 매우 고귀한 실체입니다. 여러분도 로마서를 통해 과연 은혜란 무엇인지 그리고 왜 그렇게 소중한지 깨닫게 되기 바랍니다. 은혜라는 말은 신약 성경에서 155번이나 사용되었습니다. 그 중 바울의 서신서에서 1백여 차례 사용되었는데, 로마서에서만 4분의 1에 해당하는 24차례가 사용되었습니다. 은혜가 무엇인지 제대로 이해하지 못하고서는 로마서를 이해할 수 없습니다. 따라서 앞으로 은혜에 관해 반복적으로 살펴보겠습니다. 은혜는 로마서의 중심이며, 복음의 핵심이자, 하나님의 마음입니다.

그런데 지금은 은혜(grace)라는 단어 자체만으로는 성경이 말하는 소중한 참 의미를 알기 힘듭니다. 오늘날 일반적으로 사용하는 은혜라는 단어는 그저 피겨 스케이트 선수들의 아름답고 우아한 동작 정도의 의미인 것 같습니다. 아니면 식사 기도용으로 짤막하게 사용하는 말 정도로만 봅니다. 기껏해야 사람들은 은혜를 예기치 못하게 받는 친절 정도로 생각합니다.

하지만 성경이 말하는 은혜란 대체 무엇일까요? 로마서 1장 5절과 그 앞의 구절들이 어떻게 연결되는지 살펴봅시다. 바울은 1절에 자기 소개를 시작하면서 자신이 예수 그리스도의 종이고 사도로 부르심을 받았으며 하나님의 복음을 위해 따로 구별되었다고 밝혔습니다. 그런 다음 2-4절에 걸쳐 하나님의 복음이 무엇인지 설명하고 있습니다. 하나님의 복음은 실제로 일어나기 오래 전부터 계획되었고, 하나님의 아들에 관한 것이며, 다윗의 후손 메시아가 오시리라는 구약의 소망을 성취하는 것입니다. 또 하나님의 복음은 죽은 자들 가운데서 일어나 승리하시고 하나님의 아들로서 능력으로 다스리시는 그리스도에 관한 것입니다.

바울은 위대한 승리의 주님, 통치하는 메시아이신 예수님의 모습을 우리 앞에 그려 보이고 나서 그것을 기초로 은혜에 관해 설명하기 시작합니다. 5절에서 이렇게 말합니다. "그로 말미암아 우리가 은혜와 사도의 직분을 받아." 즉 다윗의 자손으로 태어나시고 하나님의 아들로서 능력으로 부활하신 주 예수 그리스도를 통해 하나님의 은혜가 바울에게 임했다는 말입니다. 이후에도 바울은 우리가 육신으로 오신 메시아의 순종과 죽음을 통해 은혜를 입었다고 씁니다(롬 3:24-25, 5:18-21). 그리고 능력으로 죽음에서 살아나 다스리시는 하나님의 아들을 통해 은혜가 우리에게 부어진다고 말합니다. 예수 그리스도의 삶과 죽음과 부활이 없다면, 죄인들에게는 어떤 은혜도 없습니다. 5절 말씀은 분명하게 말합니다. 하나님께서 "그로 말미암아" 은혜를 부어주신다고 말입니다. 또 그가 "우리 주 예수 그리스도"라는 점은 4절 끝 부분에 언급되어 있습니다.

그러므로 은혜란 하나님으로부터 나오는 실제입니다. 예수님과 그분이 우리를 위해 행하신 일을 통해 임하는 것입니다. 우리가 당연히 받아야 하는 권리 같은 것이 아닙니다. 예수님이 우리를 위해 획득하신 것입니다. 내가 아니라 다른 이의 순종과 죽음 덕분에 값없이 얻었을 뿐입니다.

무엇이 은혜인가?

그렇다면 은혜는 무엇입니까? 이 구절에서는 바울의 사역, 즉 그의 사도직과 연결되어 있습니다. "그로 말미암아 우리가 은혜와 사도직의 직분을 받아." 저는 이 말씀을 바울이 사도로 부르심을 받은 것이 은혜의 선물이고, 바로 그 은혜의 능력으로 사역을 감당해낼 수 있다는 의미로 받아들입니다. 그러므로 은혜란 단지 바울의 죄를 용서하시는 하나님의 자비하심(clemency)일 뿐 아니라, 바울이 사도로서의 부르심을 감당하도록 내려주시는 능력이기도 합니다.

저는 은혜와 사역의 관련성을 설명하는 로마서 12장과 15장에서 그 근거를 찾습니다. 한 예로 로마서 12장 6절에서 바울은 이렇게 말합니다. "우리에게 주신 은혜대로 받은 은사가 각각 다르니." 그리고 로마서 12장 3절에서는 이렇게 말합니다. "내게 주신 은혜로 말미암아 너희 각 사람에게 말하노니." 다시 말해 은혜란 은사를 통해 다양한 사역을 감당하게 하는 하나님의 능력이며, 사도로서 말씀을 전하는 일이 바울의 은사 중 하나라는 말입니다. 이와 비슷한 내용이 로마서 15장 15-16절에도 나옵니다. "하나님께서 내게 주신 은혜로 말미암아 … 이방인을 위하여 그리스도 예수의 일꾼이 되어." 따라서 바울이 1장 5절에서 말한 "그로 말미암아 우리가 은혜와 사도의 직분을 받아"라는 말씀은 다음과 같이 결론지을 수 있습니다. 하나님은 바울을 죄에서 구원하셨을 뿐 아니라 또한 권세 있는 대언자가 되어 능력으로 부활하신 하나님의 아들을 전할 수 있는 은혜도 주셨다고 말입니다.

은혜는 어떻게 받는가?

하나님이 바울에게 주셨다는 것은 어떤 의미일까요? 바울이 은혜를 받을 만한 선한 일이라도 했다는 뜻일까요? 아닙니다. 바울은 자신이 태어나기도 전에 복음을 위하여 택정함을 입었다고 말했습니다(갈 1:15, 롬 1:1). 은혜는 우리가 받을 만한 일을 했다거나 가치가 있기 때문에 하나님께서 주시는 것이 아닙니다. 은혜란 우리가 어떤 선한 일을 하기도 전에 값없이 주시는 선물이고, 우리가 선한 일을 행할 수 있도록 허락하시는 능력이기도 합니다. 로마서 4장 4절을 예로 들어 봅시다. "일하는 자에게는 그 삯이 은혜로 여겨지지 아니하고 보수로 여겨지거니와." 다시 말해, 은혜란 내가 누군가를 위해 일할 때 받는 보상이 아닙니다. 보상이라면 상대가 나에게 빚을 진 셈이 되는 것입니다. 은혜는 빚이 아닙니다. 선한 마음이 넘쳐흘러 값없이 더 부어주는 것입니다.

그러므로 은혜란 언제나 믿음으로 받는 것이지 일한 대가가 아닙니다. 은혜는 선물로 받는 것이므로 값없이 주어진다는 사실을 인정해야 합니다. 은혜를 구하기 위해 혹은 은혜를 획득하기 위해 무언가 해야 하는 것이 아닙니다. 로마서 11장 6절에 그 원리가 언급되어 있습니다. "만일 은혜로 된 것이면 행위로 말미암지 않음이니 그렇지 않으면 은혜가 은혜 되지 못하느니라." 내 힘으로 애써서 얻는 것이라면 은혜가 아닙니다. 은혜는 믿음으로 얻습니다. 그저 하나님이 주시는 선물로 받아들이고 그것에 의지하면 되는 것입니다.

그래서 로마서 4장 16절에 이런 말씀이 나옵니다. "그러므로 상속자가 되는 그것이 은혜에 속하기 위하여 믿음으로 되나니." 바울은 은혜란 절대적으로 값없이 주어지는 것이지 그럴 가치가 있는 행동이나 자격 때문에 주어지지 않는다는 것을 이런 식으로 표현하고 있습니다. 은혜가 우리에게 임할 때 그것은 믿음을 통해서일 뿐 다른 통로는 없습니다.

은혜에는 고유한 능력이 있습니다. 우리가 수고하여 능력이 발휘되는 게 아닙니다. 사실상 1장 4절에서 "〔예수님이〕 죽은 자들 가운데서 부활하사 능력으로 하나님의 아들로 선포되셨으니"라고 말할 때 나오는 능력이 그 일부입니다. 은혜는 인간의 죄에 대한 용서와 인간이 처한 비참함에 대한 긍휼일 뿐 아니라, 예수님을 통해 철저히 값없이 우리에게 임하여 사역을 감당하게 하는 하나님의 능력이기도 합니다. 바울은 로마서 5장 21절에서 이렇게 말합니다. "이는 죄가 사망 안에서 왕 노릇 한 것 같이 은혜도 또한 의로 말미암아 왕 노릇 하여 우리 주 예수 그리스도로 말미암아 영생에 이르게 하려 함이라." 은혜는 왕의 능력입니다. 은혜는 왕 노릇 할 뿐 아니라 그리스도를 통해 영생에 이르도록 강하게 이끌어 줍니다.

은혜란 우리가 사역을 (바울의 사도직처럼) 감당할 수 있도록 하나님으로부터 오는 능력임을 살펴보았습니다. 값없이 주시는 것이며 우리의 힘으로 노력해서 얻거나 어떤 자격이 있어서 받는 것이 아닙니다. 믿음을 통해 선물로 받는 것이지 행위로 얻는 것이 아닙니다.

은혜의 효력

이제는 잠시 바울이나 우리 자신에게 은혜가 의미하는 바가 무엇인지 생각해 봅시다. 지난 주에 그 중 한 가지를 언급했는데, 로마서 1장 1절에서 바울이 자기 자신을 가리켜 "예수 그리스도의 종"이며 "사도"라고 소개할 때, 그 말은 자신이 사도로서 부활하신 주님을 섬긴다는 의미라고 했습니다. 그런데 여기 5절 이하부터는 바울의 섬김에 관해 매우 중요한 사실이 나옵니다. 그 사역은 은혜로 임하고 은혜로 감당할 수 있다는 것입니다. 바울은 로마서 15장 18절에서 말합니다. "그리스도께서 이방인들을 순종하게 하기 위하여 나를 통하여 역사하신 것〔즉 은혜의 능력〕 외에는 내가 감히 말하지 아니하노라." 1장 5절에서 말하고자 하는 목적과 동일한 내용입니다.

제가 이 주제를 계속 반복하는 이유는 여러분이 이 부분을 처음부터 충분히 이해할 경우 로마서가 마치 꽃봉오리처럼 여러분 앞에 활짝 열릴 것이기 때문입니다. 잘 이해하지 못하면 아무 것도 얻지 못할 것입니다. 또한 이 말씀은 여러분의 삶을 향한 하나님의 뜻을 핵심적으로 보여주기 때문에 자꾸 언급하는 것이기도 합니다. 하나님은 여러분이 1장 5절 말씀을 읽고 '사도의 직분' 대신 각자의 부르심을 넣어 보기를 원하십니다. '사도의 직분'은 바울의 부르심이지 저나 여러분의 부르심이 아닙니다. 여러분이 직접 넣어보기 바랍니다. "그리스도로 말미암아 내가 은혜와 가르침의 직분을 받아," 혹은 "은혜와 노래하는 직분을 받아," 또는 "은혜와 학생의 신분을 받아," 또 "은혜와 독신의 신분을 받아,"

혹 "은혜와 미망인의 신분을 받아," 그리고 "은혜와 엄마의 신분을 받아." 이것은 다음과 같은 고백으로 해석되어야 합니다. "하나님은 저를 값없이 용서해 주셨고 부르심을 감당할 능력을 주셨으며 믿음으로 받은 그 역할을 이룰 수 있게 하셨습니다."

인생에 있어서 하나님이 주시는 은혜의 힘이 없어도 감당할 수 있도록 허락된 역할은 없습니다. 경건한 어머니가 되는 일이든, 사도가 되는 일이든 은혜의 능력 없이는 불가능합니다. 그래서 바울은 고린도전서 15장 10절에서 사도로서 모든 수고가 은혜로 된 것이라고 했습니다.

여러분도 여러분 자신의 부르심을 넣어서 읽어보기 바랍니다. "내가 나 된 것은 하나님의 은혜로 된 것이니 내게 주신 그의 은혜가 헛되지 아니하여 내가 모든 사도보다 더 많이 수고하였으나 내가 한 것이 아니요 오직 나와 함께 하신 하나님의 은혜로라." 모든 사역과 모든 섬김을 가능하게 하는 결정적인 능력은 하나님의 은혜입니다.

바울은 자신의 삶에서 그리고 여러분의 삶에서 그분의 은혜를 높이는 일에 엄청난 열심을 보이고 있습니다. 우리도 그 일에 동참해야 합니다. 로마서 1장 5절의 그 다음 문구를 보면 그것이 더욱 명확해질 것입니다.

"믿어 순종하게 하나니"

"그[능력으로 부활하신 살아 계신 하나님의 아들]로 말미암아 우리가 은혜와 사도의 직분을 받아 그의 이름을 위하여 모든 이방인 중에서 믿어 순종하게 하나니." 그러므로 은혜는 믿음으로 얻을 뿐 아니라, 은혜의 목표가 믿음이 되기도 합니다. 하나님은 우리에게 은혜의 선물을 주셔서 '믿어 순종하게 하는 일에' 하나님의 도구로 쓰임 받게 하십니다. 저는 앞에서 이것을 은혜의 효력이라고 말했습니다.

그렇다면 "믿어 순종하게 한다"(obedience of faith)는 말이 정확히 무슨 의미일까요? 두 가지 의미가 가능합니다. "믿음 '에서 나오는' 순종"(영어 NIV판, obedience that comes from faith)이든지, 또는 (복음이 요구하는 것이 믿음인 까닭에) "믿음 '이기도 한' 순종"(obedience which is faith)으로 볼 수도 있습니다. 이것은 마치 "용기 있는 행동"(acts of courage), 즉 용기에서 나는 행동을 말할 때나 "나무 토막"(block of wood), 즉 토막으로 된 나무를 말할 때와도 비슷합니다. 양쪽 모두 —믿음이든, 믿음에서 나는 순종이든— 바울이 실제로 사역에서 바라던 목표입니다. 여기서 바울이 정확히 어느 쪽에 중점을 두고 있는지 가려내기란 매우 어렵습니다.

저는 레온 모리스가 던진 질문에 공감이 갑니다. 바울이 '믿음' 에만 의미를 두었다면 왜 굳이 믿어 순종하게 한다고 두 가지를 언급했겠습니까?* 다시 말해, 바울이 정말 하고 싶었던 말이 "우리가 은혜와 사도의 직분을 받아 모든 이방인 중에서 믿게 한다"는 말이었다면 왜 굳이 "믿어 순종하게 한다"는 식으로 복잡

* Leon Morris, *The Epistle to the Romans*, Grand Rapids: Eerdmans Publishing Company, 1988, p.50.

하게 말했을까요? 제가 보기에 바울이 정말로 말하고 싶었던 바는 믿음인 순종(obedience which is faith)뿐 아니라, 믿음이 만들어 내는 사랑의 순종(딤전 1:5)까지도 생각하라는 것입니다. 로마서 6장에서 보겠지만 바울은 그리스도인의 순종을 매우 중요시했습니다. 그리고 로마서 9장 32절에 보면 순종은 믿음을 의지하는 것이지 행위를 의지하는 것이 아니라고 했습니다. 그리고 14장 23절에서는 "믿음을 따라 하지(믿음에서 나오지) 아니하는 것은 다 죄"라고 했습니다. 즉 진정한 순종은 믿음의 열매라는 것이 바울의 생각입니다.

그러면 다음과 같은 의문이 생깁니다. 왜 그런 것일까요? 왜 모든 참된 순종은 믿음에서만 나옵니까? 제가 지금까지 은혜와 믿음에 대해 설명했던 내용과 비교하면 답을 찾을 수 있습니다. 하나님은 사역을 감당할 능력으로서 은혜를 허락하셨습니다. 즉 은혜란 순종을 가능하게 하는 능력이라는 뜻입니다. 그러므로 모든 참된 순종은 나 자신의 힘이 아니라 은혜의 힘으로만 가능합니다.

그렇다면 어떻게 은혜를 받고 은혜를 의지하며 살 수 있을까요? 답은 '믿음으로'(by faith)입니다. 따라서 모든 참된 순종이 믿음의 열매인 이유를 알 수 있습니다. 하나님의 은혜가 주어져야 순종할 수 있게 되므로 순종은 믿음의 열매이고, 믿음은 우리가 그 은혜를 의지할 수 있는 유일한 길이므로 순종은 그 믿음의 열매가 되는 것입니다.

지금까지 살펴본 내용에 따르면, 하나님은 이러한 관계 안에서 주시는 자(Giver)가 되기를 원하십니다. 은혜로운 하나님이 되기를 원하십니다. 우리의 섬김과 순종과 사역이 사도직이든, 목회자든, 학생이든, 어머니든, 그밖에 다른 어떤 것이든 우리의 섬김과 순종과 사역에 있어서 마르지 않는 샘의 근원이 되기 원하십니다. 하나님은 은혜를 주실 뿐 아니라 은혜의 능력이 공급되고 또 그 은혜가 계속 유지되도록 하는 근원이 되고자 하십니다. 우리가 할 일은 주님을 신뢰하고 그분을 의지하여 행동하는 것입니다. 이것이 그리스도인의 삶의 핵심입니다.

왜 모든 것이 믿음으로 말미암는 은혜에 달렸는가?

마지막 질문은 이것입니다. 왜 하나님은 모든 것이 우리의 믿음으로 말미암는 그분의 은혜를 의지해야만 되도록 하셨을까요? 로마서 1장 5절의 마지막 구절이 그 답을 제시합니다. "그로 말미암아 우리가 은혜와 사도의 직분을 받아 그의 이름을 위하여 모든 이방인〔모든 사람들〕 중에서 믿어 순종하게 하나니." 이 모든 일에서 하나님이 원하시는 최종 목표는 하나님의 이름이 —혹은 하나님의 형상인 그리스도의 이름이— 다른 어떤 것보다도 알려지고 존경받고 소중히 여김 받고 찬양받는 것입니다.

로마서 9장 17절은 이런 식으로 설명합니다. "성경이 바로에게 이르시되 내가 이 일을 위하여 너를 세웠으니 곧 너로 말미암아 내 능력을 보이고 내 이름이 온 땅에 전파되게 하려 함이라." 역사와 그 속에서 일어나는 모든 일에 있어서 하나님의 목적은 그분의 이름이 전파되고 경배를 받는 것입니다. 5절 말씀에서 볼 때 바울의 사도 직분이 갖는 목적은 "그의 이름을 위하여"입니다. 즉 (예수님의 성품을 드러내는) 예수님의 이름이 전파되고 사랑받고 귀하게 여김을 받고 높임을 받고 영광을 받는 것입니다.

하나님이 우리의 모든 구원과 사역과 순종이 오로지 하나님의 은혜에만 의지하도록 하시고, 모든 구원과 사역과 순종이 은혜 속에서 믿음의 열매가 되게 하신 이유가 바로 그것입니다. 주시는 자가 모든 영광을 받기 때문입니다. 우리의 모든 사역과 순종이 믿음을 통한 은혜에만 의존할 때, 하나님은 영광을 받으시고 우리는 도움을 얻습니다. 만일 바울이 사도로 섬기기 위해 자기 스스로를 의지했다면, 그리고 이방인들이 믿음으로 순종하는 것이 아니라 행위로 순종하게 하는 것이 사역의 결과였다면, 그리스도의 이름이 영광을 받는 것이 아니라 바울이 영광을 얻어야 할 것입니다.

능력을 주시는 자, 순종하도록 힘주시는 자가 영광을 받습니다. 베드로전서 4장 11절도 그렇게 말하고 있습니다. "만일 누가 말하려면 하나님의 말씀을 하는 것 같이 하고 누가 봉사하려면 하나님이 공급하시는 힘으로 하는 것 같이 하라. 이는 범사에 예수 그리스도로 말미암아 하나님이 영광을 받으시게 하려 함이니 그에게 영광과 권능이 세세에 무궁하도록 있느니라." 베드로가 전체를 어떻게 연결시키고 있는지 분명하게 나타나 있습니다. 우리가 섬길 수 있도록 은혜를 주시는 분이 하나님이라면 하나님은 우리의 섬김을 통해 영광을 받으시고, 우리가 그 은혜 안에서 믿음으로 섬긴다면 그것은 우리의 힘이 아니라 은혜의 능력입니다.

하나님 자신을 높일 목적이라면, 그것이 사랑인가?

하나님께서 이 모든 일에 자신의 이름을 높이기 원하신다는 성경의 가르침과 관련해 사람들이 자주 하는 질문은 자신의 이름을 높이는 것이 목적인 그분이 과연 사랑의 하나님인가 하는 것입니다. 로마서는 이 질문에 대해 두 가지로 답하고 있습니다. 첫째, 로마서 10장 13절에서 바울은 말합니다. "누구든지 주의 이름을 부르는 자는 구원을 받으리라." 그렇습니다. 주의 이름을 부르는 자만이 구원을 받을 수 있다면, 하나님의 이름과 영광을 널리 알리는 것이야말로 사랑입니다. 하나님이 인간의 바람대로 그분의 이름을 널리 전파하지 않으시고 이름을 높이지 않으시면 그야말로 사랑 없는 하나님이 되는 것입니다.

두 번째 답은 로마서 5장 2절 후반부에 나옵니다. 바울은 "우리가 … 하나님의 영광을 바라고 즐거워하느니라"고 말합니다. 다시 표현하면, 하나님의 영광은 우리의 소망이고 구원이며 기쁨입니다. 다른 무엇을 얻기 위해서 하나님의 이름을 부르는 것이 아닙니다. 우리가 그분의 이름을 부르는 이유는 우리와 하나님 사이를 분리시키는 모든 것을 하나님의 은혜로 극복하고 하나님 앞에 나아갈 수 있게 되기 때문입니다. "우리는 하나님의 영광을 바라고 즐거워합니다." 그러므로 하나님께는 하나님의 이름 —즉 하나님의 영광— 을 알리는 것을 그분의 모든 은혜의 목표로 삼는 것이야말로 사랑입니다. 우리가 간절히 바라는 모든 것의 목적이기 때문입니다.

여러분이 간절히 원하는 것의 목표도 '하나님' 입니까? 그렇다면 은혜의 복음을 제대로 이해하고 받아들인 것입니다. 혹 그렇지 않다면 주님의 이름을 부르십시오. 주께서 여러분의 눈을 열어 주셔서 하나님의 형상인 그리스도의 영광스러운 복음의 빛을 볼 수 있게 해달라고 간구하기 바랍니다(고후 4:4).

6장

하나님의 사랑과 그리스도의 부르심 (1부)

로마서 1:6-7

너희도 그들 중에서 예수 그리스도의 것으로 부르심을 받은 자니라. 로마에서 하나님의 사랑하심을 받고 성도로 부르심을 받은 모든 자에게 하나님 우리 아버지와 주 예수 그리스도로부터 은혜와 평강이 있기를 원하노라. _롬 1:6-7

하나님께서 바울에게 하신 일

바울은 로마의 교인들에게 자신이 성취한 것을 내세우는 대신 하나님께서 자신의 삶에서 행하신 일을 드러내는 것으로 그의 위대한 편지의 서두를 시작했습니다. 1절에서 바울은 자신이 그리스도의 종이라는 사실, 즉 그리스도가 자신을 값 주고 사셨으므로 이제는 그분의 소유이고 그분의 다스림을 받는다고 말했습니다(고전 6:19-20). 이제 바울은, 1장 5절에 말한 대로, "그의 이름을 위하여" 존재합니다. 그런 후에 그는 자신이 사도로 부르심을 받았다고 했습니다. 다시 한 번 그는 이 모든 것은 자신이 아니라 그리스도께서 하신 일이고 그것이 먼저라고 말합니다. 그 말을 5절에서 반복하며 강조하고 있습니다. "우리가 은혜와 사도의 직분을 받아." 바울이 사도로 부르심 받은 것은 전적으로 은혜였습니다. 받을 만한 자격이 없지만 값없이 주어졌습니다. 그리스도인들을 박해하러 다메섹으로 향하던 바울에게 그리스도는 먼저 임하셔서 그의 삶에 개입하셨고 그를 붙잡아 주셨습니다. 1장 1절 마지막 부분에서 바울은 자신이 "하나님의 복음을 위하여 택정함을 입었으니"라고 언급합니다. 다시금 바울 자신이 아니라 다른 이가 그에게 사명과 정체성을 부여한 것입니다. 앞에서도 보았지만 이 모든 일은 바울이 태어나기도 전에 하나님이 정하신 일이었습니다(갈 1:15).

바울은 자신의 경험에 기초하여 하나님의 주권적인 은혜에 대해 심도 있게 설명합니다. 그는 스스로 자신을 죄인 중의 괴수라고 여겼습니다(딤전 1:15). 그리고 바울의 뜻이 아니라 오로지 하나님의 뜻에 따른 특별한 이유 때문에, 하나님은 바울을 택하여 구원하시고 그리스도인이 되게 하시고 복음을 섬기는 사도와 종으로 삼으셨습니다.

따라서 바울은 마침내 6-7절에 이르러 로마 교인들 —함축된 의미상 모든 그리스도인들— 에게 말하면서, 당연히 우리가 해낸 일보다는 하나님이 하신 일에 강조점을 두고 있습니다. 우리가 하는 일이 중요하지 않다는 말이 아닙니다. 5절에도 보면 바울이 이방인 중에 사도로 부르심을 받은 목적은 "믿어 순종하게" 하려는 것이라고 했습니다. 그러므로 우리가 하는 일은 너무나도 소중합니다. 우리가 삶 속에서 (우리 자신의 삶뿐 아니라 모든 이방인들의 삶 속에서, 더 좋은 표현으로는, 모든 나라와 백성 중에서!) 믿어 순종하게 하는 일을 행하지 않으면 모든 사역이 실패하고 말 것입니다. (그러므로 하나님께서 열방을 향한 부담을, 이 땅에 아직 복음을 듣지 못한 사람들을 향한 부담을 우리에게 계속해서 부어 주시기를 기도합니다. 뿐만 아니라 하나님께서 우리 가운데 바울과 같은 선교사들을 계속해서 일으키시기를 기도합니다.) 하지만 6-7절에서 그리스도인으로서의 정체성을 갖는다는 것의 의미를 설명할 때 바울은 우리가 하는 사역에 가장 큰 강조점을 두지 않았습니다. 오히려 바울은 자신을 하나님의 종이며 사도이고 복음을 받은 종이라고 표현했듯이, 하나님이 우리에게 행하시고 우리를 위해 이루신 일에 초점을 두었습니다.

부르심 받고 사랑을 받은 자의 당당함

바울은 이 책 로마서뿐 아니라 하나님과 구원에 대한 그의 총체적 견해를 설명하면서 매우 중요한 두 가지 단어를 사용하고 있습니다. 참으로 장중한 주제이기에 오늘은 그 중 한 가지만 다루기로 하겠습니다. 우리는 이 두 단어를 우리 자신의 정체성과 그리스도인이 된다는 것의 의미를 이해하는 열쇠로 보고 깊이 살펴볼 필요가 있습니다. 그 두 단어는 바로 "부르심 받다"(called)와 "사랑받다"(beloved)입니다. 6-7절 말씀입니다. "너희도 그들 중에서 예수 그리스도의 것으로 부르심을 받은 자니라. 로마에서 하나님의 사랑하심을 받고 성도로 부르심을 받은 모든 자에게 하나님 우리 아버지와 주 예수 그리스도로부터 은혜와 평강이 있기를 원하노라."

두 단어의 뜻에 관해 말하기에 앞서 담대함에 관해 먼저 언급해야 할 것 같습니다. 당당함이 없으면 다른 사람이 담대하게 나올 때 우리는 흔들리게 됩니다. 지금 우리는 미니애폴리스라는 도시 전체와 비교할 때 아주 작은 이곳 공간에 모여 있습니다. 미니애폴리스는 미국이라는 나라 전체와 비교할 때 무척이나 작은 도시입니다. 나라 전체 인구와 비교할 때 겨우 인구의 4퍼센트가 거주하는 도시지요. 지금 전 세계적으로 엄청난 일들이 일어나고 있습니다. 세계에서 네 번째로 큰 나라인 인도네시아가 거의 무정부 상태입니다. 그리고 두 번째로 큰 나라인 인도는 세계 최고의 거대 국가 중국의 면전에서 핵무기로 시위를 하고 있습니다. 이스라엘과 팔레스타인은 언제 터질지 모르는 일촉즉발의 상태입니다. 아프리카의 여러 국가들은 불안정한 소요로 들끓고 있습니다. 이 거대한 지구촌 상황과 비교할 때 너무나도 작은 제가 오늘 이곳 강단에 서서 우주를 만드신 하나님이 온 나라와 군대와 무기와 체제를 다스리시고 통치하시며, 각 사람을 불러내어 예수님의 복음을 통해 하나님의 백성이 되도록 역사하신다고 선포하고 있습니다.

여러분도 그 중 한 사람입니다. 하나님이 여러분을 사랑하셔서 그리스도께로 불러주신 그 모든 일들이 인도네시아의 정치 지도자가 누구인가 하는 것이나, 인도가 핵무기를 보유했나 안 했나 하는 것보다 훨씬 중요한 불멸의 가치를 지니고 있습니다. 담대하다 못해 너무 당돌해 보이는 말인가요? 하지만 오늘날 우리에게도 너무 당돌해 보이는 이 사실이 초대 그리스도인들에게는 얼마나 당황스러운 말이었을지 상상해 보십시오. 그들은 거대한 로마 제국 안에 살고 있었습니다. 로마 제국 밖으로는 사방이 수많은 야만인들로 겹겹이 둘러싸여 있었습니다. 이 웅장한 제국에서 바울은 아무 존재감도 없는 사람입니다. 게다가 그가 전파하고 다니는 것은 지금까지 외부에 전혀 알려지지 않은 예수라는 생소한 인물입니다. 바울은 이 거대한 도시 로마에 사는 소규모 그리스도인들을 향해 하나님이 그들을 사랑하셔서 불러내시고 특별히 관심을 두어 구원하셨다는 사실을 말하고 있는 것입니다. 이들은 그리스도가 부르셨고 하나님의 사랑을 받았습니다. 다시 말해, 이 거대한 제국과 거대한 세상에서 하나님이 특별하게 이들을 다루고 계신다는 것입니다. 얼마나 담대한 선포입니까!

우주를 만든 주인의 장엄함

바울이 2-4절에서 복음과 그리스도에 대한 내용을 삽입한 이유가 이것입니다. 예수 그리스도는 이스라엘에게 장차 다스릴 자가 오실 것이라는 고대 언약의 성취입니다. 또한 그리스도는 죽은 자 가운데서 부활하사 능력으로 하나님의 아들로 선포되셨습니다. 따라서 오늘날 눈앞에 보이는 상황과 상관없이 하늘과 땅의 모든 권세는 그리스도께 속했습니다. 우리가 그것을 마음으로 깨닫고 믿지 않는다면, 온 세계에서 일어나는 너무나도 큰 일들 때문에 압도당할 것입니다. 그러한 진리가 없다면 기독교는 아무 소망과 의미도 없는 것이고 그리스도인들은 어리석은 사람들일 뿐입니다. 그러므로 온 우주의 주인이신 그리스도의 장엄하심과 온 우주를 창조하고 계획하고 다스리시는 하나님의 능력과 지혜에 마음을 기울입시다. 보다 정확히 말하면, 주께서는 열방 가운데서 그의 이름을 위하여 믿어 순종하게 함으로써 그의 교회, 그의 백성들을 세우시기 위해 이 모든 일들을 행하고 계십니다.

다시 앞에서 말한 두 핵심 단어로 돌아갑시다. 바울은 로마 교인들에게 —그리고 여러분과 저에게— 우리가 한 일이 아니라 하나님이 하신 일에 초점을 맞춰 설명합니다. 우리가 하나님의 부르심을 받았고 사랑을 받은 대상이라고 말입니다. 그 사실이 우리를 그리스도인으로 만들어 줍니다. 우리 자신에 대해 반드시 알아야 할 사실이기도 합니다. 알아야 할 다른 중요한 일들이 많지만 이보다 더 중요한 사실은 없습니다.

먼저 6절에서 바울은 우리가 "예수 그리스도의 것으로 부르심을 받았다"고 말합니다. 그리고 7절에서는 "성도로 부르심"을 받았다고 말합니다. 두 구절에서 최소 두 번이나 반복할 정도로 바울이 강조하는 점은 우리가 행한 일이 아니라 우리를 부르신 분이 행하신 일 때문에 우리가 그리스도인이 된다는 사실입니다.

하나님의 부르심은 민주주의의 개념이 아니다

하지만 민주주의에 익숙한 전형적인 미국인의 시각을 견지하는 한, 위의 사실 때문에 하나님께 감사나 놀라움, 혹은 경배심을 갖기란 쉽지 않습니다. 미국인들은 국민의, 국민에 의한, 국민을 위한 정부를 굳게 믿습니다. 인간이 인간을 다스리는 데 있어서는 괜찮은 생각일 것입니다. 하지만 하나님이 온 세상을 다스리는 방식이라는 측면에서 보면 아주 나쁜 생각입니다. 마치 인간의 권리와 특권이 온 우주의 중심이고, 인간이 다른 사람과 구별되어 드러날 수 있는 방법은 그 사람의 노력이나 지식이나 용기뿐이라는 인상을 주기 때문입니다. 아주 탁월한 면이 없는 이상 누구나 동등하게 대우받아야 하며 하나님은 모든 사람을 평등하게 대하셔야 한다고 생각하는 게 우리의 민주주의적 개념입니다.

하지만 인간의 마음이 부패하고 완고하고 반항적이고 눈까지 멀어 사실상 영적으로 죽어 있는 상태라면 어떻게 할까요?(엡 4:18) 그러한 경우 자기 신뢰의 결과는 죽음뿐입니다. 인간을 타락 상태에서 구할 수 있는 유일한 길은 신성하고 초자연적이고 강력하며 깨우침을 주는 하나님의 부르심뿐입니다. 혹 하나님이 특정인을 부르실 때 (민주주의 방식으로) 나머지 모든 사람도 동일한 방식으로 불러야 한다고 말하는 사람이 있다면, 그 사람은 인간이 얼마나 죄성이 깊고 반항적이며 가치 없는 존재인지 제대로 이해하지 못한 것입니다. 하나님이 인간을 부르신다는 것은 값없이 주시는 은혜일 뿐 그에게 받을 권리가 있어서가 결코 아닙니다. 또한 하나님이 누군가를 부르신다고 해서 나머지 사람들까지 불러야 할 의무는 없습니다. 인간의 공로나 특출함 때문에 부르시는 게 아니기 때문입니다. 민주주의는 보편적인 인간의 권리를 바탕으로 시작됩니다. 하지만 거역하는 죄성을 지닌 인간에게는 하나님과 함께 할 수 있는 권리가 전혀 없습니다. 하나님의 정죄는 마땅하고, 하나님의 구원은 은혜롭습니다. 로마서 9장 15절에 나온 대로입니다. "내가 긍휼히 여길 자를 긍휼히 여기고 불쌍히 여길 자를 불쌍히 여기리라." 누구든 어둠 속에서 빛으로 부르심을 받았다는 그 사실 자체로 놀라운 은혜입니다.

여기서 성경에 제시된 몇 가지 사실을 간추려 봅니다. 첫째, 하나님은 부르시는 자입니다. 둘째, 구원의 부르심은 죄인의 삶에 허락되는 특별한 은혜의 행위지만, 모든 이를 부르시는 것은 아닙니다. 셋째, 하나님의 부르심에는 능력이 있어서 명하신 대로 실현됩니다.

하나님은 부르시는 자다

바울이 6절에서 "너희도 그들 중에서 예수 그리스도의 것으로 부르심을 받은 자"라고 말한 것은 "예수 그리스도가 부르셨다"는 의미가 아니라 "예수 그리스도와의 교제 가운데로 하나님이 부르셨다"는 의미일 것입니다. 로마서뿐 아니라 여러 서신서에서 바울이 그렇게 가르치고 있기 때문에 드리는 말씀입니다. 한 예로 고린도전서 1장 9절을 보면 이렇게 나옵니다. "너희를 불러 그의 아들 예수 그리스도 우리 주와 더불어 교제하게 하시는 하나님은 미쁘시도다." 하나님은 우리를 부르시는데, 그 부르심의 목적은 하나님의 아들인 예수 그리스도와 우리가 교제하는 것입니다. 그러므로 로마서 1장 6절의 "예수 그리스도의 것으로"라는 표현은 "예수 그리스도께 속해서 그와 더불어 교제를 누리도록 하나님이 부르신 자"라는 의미입니다.

하나님의 부르심은 일부 죄인들을 향한 은혜의 행위다

또 한 가지 알아야 할 사실은 예수 그리스도와 교제를 누리라는 하나님의 부르심이 모든 사람에게 주어지는 것이 아니며, 이는 결코 부당한 일이 아니라는 것입니다. 어떤 인간도 부르심을 받을 권리가 없기 때문입니다. 로마서 8장 28-30절을 봅시다. "우리가 알거니와 하나님을 사랑하는 자 곧 그의 뜻대로 부르심을 입은 자들에게는 모든 것이 합력하여 선을 이루느니라." 여기서 분명한 사실은 모든 사람이 부르심을 받지 않는다는 점입니다. 모든 것이 합력하여 선을 이루는 일은 모든 사람에게 허락된 것이 아니라 오직 부르심을 받은 이들에게만 해당되는 일입니다. 30절에서 다시금 언급됩니다. "미리 정하신 그들을 또한 부르시고 부르신 그들을 또한 의롭다 하시고." 여기서도 모든 사람에게 해당되는 일이 아닙니다. 바울이 사용하고 있는 하나님의 '부르심'이라는 단어는 특별하면서도 까다롭습니다. 그렇다면 어떻게 할까요? 우리가 모든 사람에게 복음을 전하지 말아야 하는 걸까요?

아니, 물론 전해야 합니다. 예수님은 토질의 종류를 가리지 않고 말씀의 씨앗을 뿌리셨습니다(마 4:14). 바울 역시 그러했습니다. 각 도시마다 유대인 회당과 광장을 막론하고 찾아가서 복음을 전했습니다. 아무 예외 없이 모든 이들을 회개하도록 불렀습니다(행 17:30).

그러나 전도와 선교 같은 복음의 보편적인 부르심(마 22:14 참조)은 바울이 로마서 1장 6-7절과 8장 28-30절(혹은 로마서 9장 24절)에서 말하는 부르심과는 다릅니다. 그렇다면 예수님과 교제하라는 부르심은 과연 무엇일까요? 바울이 "부르신 그들을 또한 의롭다 하시고"라고 말했던 부르심은 무엇일까요? 하나님은 모든 사람을 의롭게 하시지 않습니다. 하지만 '부르신' 사람들은 모두 의롭게 하십니다. 그렇다면 그 '부르심'이란 무엇일까요?

명하신 대로 실현되는 부르심

이제 앞에서 정리했던 세 번째 사항으로 들어가서, 말 그대로 예수님과 교제하게 하시는 하나님의 부르심이 과연 효력이 있고 유효한지 살펴보아야 하겠습니다. 과연 그 부르심이 요구한 바를 성취했는지, 명령한 바를 실현해 냈는지 보겠습니다. 복음은 그리스도의 영광을 보고 그에게로 이끌려 주의 아름다움을 자신의 삶 속에 받아들이고 영광스러운 그리스도를 신뢰하면 누구나 구원받을 수 있도록 모든 사람에게 주신 것입니다. 이 믿음을 토대로 복음을 듣고 받아들이는 모든 사람은 하나님 앞에 의롭다고 인정을 받게 됩니다.

하지만 복음이 전파될 때 결과적으로 왜 누구는 믿는데 누구는 믿지 않는 일이 발생하는 걸까요? 여러분은 왜 복음을 믿으셨습니까? 고린도전서 1장 23-24절에서 바울이 하는 말에 귀 기울여 봅시다. "우리는 십자가에 못 박힌 그리스도를 전하니 (즉 우리는 사랑으로 자기를 희생하신 그리스도의 영광을 모든 사람에게 전합니다) 유대인에게는 거리끼는 것이요 이방인에게는 미련한 것이로되 오직 부르심을 받은 자들에게는 유대인이나 헬라인이나 그리스도는 하나님의 능력이요 하나님의 지혜니라." 바울은 로마서 1장 5절에서 "모든 이방인"을 언급했듯 차별하지 않고 모든 이에게 복음을 전파합니다. 복음이 모든 민족에게 전파되는 것이 하나님의 뜻이기 때문입니다. 모든 사람에게 구원과 복음을 전할 때 유대인들 대다수는 십자가에 못 박힌 메시아를 거침돌로 보고 거부합니다. 그리고 대다수 이방인들도 십자가에 박힌 예수님을 어리석게 여기며 거부하지요. 하지만 양쪽 무리 중 복음을 들은 사람들 가운데에는 —혹은 복음을 들은 사람들로부터 나온— 부르심(모든 이들에 대한 보편적인 '부르심'과는 다른 의미의 부르심)을 받은 이도 있습니다. 부르심을 받은 그들에게 더 이상 그리스도는 거침돌이 아니었고 어리석은 것도 아니었습니다. 도리어 하나님의 능력과 지혜로 보였습니다. 고린도전서 1장 24절입니다. "오직 부르심을 받은 자들에게는 유대인이나 헬라인이나 그리스도는 하나님의 능력이요 하나님의 지혜니라."

왜 그럴까요? 부르심에는 능력이 있어서, 그 부르심을 통해 죽은 자들이 잠에서 깨어나고, 영적으로 눈 먼 자들의 눈이 열리며, 영적 귀머거리들의 귀가 트이고, 교만한 자는 겸손하게 되고, 마음이 굳은 사람들은 부드러워지고, 믿음이 생기기 때문입니다. 그래서 바울은 로마서 8장 30절에서 이렇게 말하고 있습니다. "부르신 그들을 또한 의롭다 하시고." 물론 믿음을 통해 의롭다는 인정을 받습니다(롬 5:1). 그러나 하나님의 부르심은 교만의 방해물을 모두 걷어내고 믿음을 갖게 하며, 그리스도를 거부할 수 없이 아름다운 존재로 받아들이게 하기 때문에 우리가 기꺼이 자유롭게 믿게 되는 것입니다.

"잠자는 자여, 죽은 자 가운데서 일어나라"

고린도후서 4장 4-6절에 나오는 기적과 같은 장면을 살펴보며 마무리 짓겠습니다. 바울은 이렇게 말합니다. "이 세상의 신이 믿지 아니하는 자들의 마음을 혼미하게 하여 그리스도의 영광의 복음의 광채가 비치지 못하게 함이니 그리스도는 하나님의 형상이니라." 인간의 거역과 불신은 진리와 생명을 증오하는 마귀로 인해 더욱 단단해졌습니다. 그럼에도 불구하고, 인간인 우리가 그 반항심 때문에 복음 안에 계신 '그리스도의 영광'을 보지 않는다면, 그 복음을 믿을 수가 없습니다. 그리스도는 거치는 돌과 어리석은 장애물로만 보이게 될 것입니다.

그러면 무슨 일이 있어야 하는 것입니까? 우리는 당연히 그리스도를 전파하고 사람들을 사랑해야 합니다(5절). "우리는 우리를 전파하는 것이 아니라 오직 그리스도 예수의 주 되신 것과 또 예수를 위하여 우리가 너희의 종 된 것을 전파함이라." 이것은 (특별한 신적 부르심이 아니라) 보편적인 복음의 부르심에 관한 것입니다. 하지만 누가 구원을 받는가에 대한 결정적 차이는 어디에서 오는 걸까요? 하나님의 초자연적인 신적 부르심입니다. 태초에 하나님께서 빛을 만들 때 빛을 향해 부르셨던 것과 유사합니다. 6절을 봅시다. "어두운 데에 빛이 비치라 말씀하셨던 그 하나님께서 (이와 동일한 방법으로) 예수 그리스도의 얼굴에 있는 하나님의 영광을 아는 빛을 우리 마음에 비추셨느니라."

이렇게도 말할 수 있습니다. 하나님이 태초에 빛을 부르셨던 방식으로 우리를 부르실 때까지 우리는 "복음 안에 있는 하나님의 영광을 아는 빛을" 보지 못한다고 말입니다. 빛을 보지 못하면 빛을 사랑할 수도 없고 빛으로 나아갈 수도 없습니다(요 3:19-20). 하지만 빛을 보면 빛으로 나아가게 됩니다. 그리스도가 더 이상 넘어지는 거침돌이나 어리석음이 아닌 것입니다. 그분은 우리에게 "하나님의 능력과 하나님의 지혜"가 되어 주십니다. 그리고 우리는 그분께 나아가 그분 옆에 머물고 그분을 사랑하고 그분을 신뢰하게 됩니다.

바울이 로마서 1장 6절에서 말하고자 한 바가 바로 그것입니다. "너희도 그들 중에서 예수 그리스도의 것으로 부르심을 받은 자니라." 하나님이 여러분의 마음속에 "빛이 있으라"고 말씀하셨고, 여러분은 그의 영광을 보고 그에게로 나아와 그의 이름을 불렀고, 그분은 여러분을 구원하시고 죄를 사하시고 받아들여 주시고 마음에 사랑을 부어 주셨습니다. 이것이 그리스도인들 안에 일어난 일입니다. 우리 자신이 누구인지 깨달읍시다. 하나님께 어떻게 감사해야 할지 생각해 보고, 겸손히 은혜를 누리며 살아갑시다.

그리고 저와 함께, 그리스도를 대신해서, 믿지 않는 모든 사람들에게 성령의 능력으로 말해 봅시다. "잠자는 자여 깨어서 죽은 자들 가운데서 일어나라. 그리스도께서 너에게 비추이시리라"(엡 5:14).

7장

하나님의 사랑과 그리스도의 부르심 (2부)

로마서 1:6-7

너희도 그들 중에서 예수 그리스도의 것으로 부르심을 받은 자니라. 로마에서 하나님의 사랑하심을 받고 성도로 부르심을 받은 모든 자에게 하나님 우리 아버지와 주 예수 그리스도로부터 은혜와 평강이 있기를 원하노라. _롬 1:6-7

"예수 그리스도의 것으로 부르심을 받은 자"

지난 주에는 6절에 나온 "예수 그리스도의 것으로 부르심을 받은" 부분을 중점적으로 보았습니다. 로마에 있는 그리스도인이나 이곳 미니애폴리스에 있는 그리스도인 모두 "예수 그리스도의 것으로 부르심"을 받았습니다. 하나님이 그리스도인들을 부르신 것은 예수 그리스도의 것이 되게 하기 위해서(롬 8:30, 고전 1:9)라고 말씀드렸습니다. 그리고 하나님의 부르심은 단순한 초대가 아니라 명한 바를 실현하는 능력을 지닌 부르심이라는 것도 말씀드렸습니다. 고린도후서 4장 4-6절을 참고로 설명하며 그 주제는 마무리 짓도록 하겠습니다. 이 구절에서 바울은 사람들이 복음에 담긴 그리스도의 진리를 보지 못하는 이유를 다음과 같이 설명했습니다. "이 세상의 신[사탄]이 믿지 아니하는 자들의 마음을 혼미하게 하여 그리스도의 영광의 복음의 광채가 비치지 못하게 함이니 그리스도는 하나님의 형상이니라." 달리 표현하면 인간의 불신과 마귀의 음모가 복음을 거침돌이나 어리석은 말처럼 보이게 만든다는 것입니다(고전 1:23).

그렇다면 인간은 어떻게 믿음으로 나아갈 수 있습니까? 바울은 두 가지가 필요하다고 말했습니다. 고린도후서 4장 5절에서 이렇게 말합니다. "우리는 … 오직 그리스도 예수의 주 되신 것과 또 예수를 위하여 우리가 너희의 종 된 것을 전파함이라." 첫 번째로 필요한 것은 종으로서 섬기는 삶을 통해 그리스도가 전파되는 일입니다. 복음을 듣지 않고서 믿음을 갖게 되는 사람은 없습니다. 그리스도인들은 사람들에게 복음을 전하고 보여주어야 합니다.

하지만 바울은 뼈아픈 경험을 통해 배운 것이 있습니다. 여러분 중에도 비슷한 경험이 있으시겠지만, 사랑하는 사람에게 복음을 들려주고 우리의 섬김도 보여주지만 이들이 구원에 이르는 믿음을 갖지는 못한다는 사실입니다. 그래서 바울은 고린도후서 4장 6절에서 믿음에 이르게 하기 위해 필요한 두 번째가 무엇인지 언급합니다. "어두운 데에 빛이 비치라 말씀하셨던 그 하나님께서 예수 그리스도의 얼굴에 있는 하나님의 영광을 아는 빛을 우리 마음에 비추셨느니라."

이 말씀이 바로 하나님의 부르심을 받는다는 말의 의미입니다(고전 1:23-24). 천지를 창조하실 때 "빛이 있으라" 말씀하셨던 그 단순한 부르심으로 빛을 만드신 것과 같습니다. 따라서 믿음이 없고, 마귀의 방해로 마음이 어두워진 사람들에게 하나님은 빛을 허락하시는 전능자의 부르심을 보내 주십니다. 그 부르심의 결과로 우리는 더 이상 복음을 거침돌이나 어리석은 것으로 여기지 않게 되고, 오히려 "그리스도의 얼굴에 있는 하나님의 영광을 아는 빛"으로 보는 것입니다. 달리 표현하면, 한때 어리석고 지겹고 의미 없고 말도 되지 않고 기이하기만 했던 것이 이제는 아름답고 귀하고 간절히 바라는 것이 되어서, 자연스레 손을 뻗어 받아들이게 되는 것입니다.

조금 다르게 표현해 볼까요? 바울이 로마서 1장 7절에서 그리스도인이 "예수 그리스도의 것으로 부르심을 받았다"고 한 말의 의미는 하나님이 우리의 마음 가운데 너무도 강력히 말씀하셔서 우리가 불신의 잠에서 깨어나고, 닫혔던 눈이 열려 그리스도가 누구신지 보게 되고, 굳은 마음이 풀어지고, 그뿐 아니라 영적인 죽음에서 일어나게 되었다는 것입니다. 마치 예수님이 "나사로야, 나오라"(요 11:43)고 부르셨을 때 나사로가 살아난 일처럼 말입니다. 이 모든 일의 결과로 우리는 지금 복음 안에 있는 예수님의 위대하심을 볼 수 있고, 그분을 믿으며 사랑하고 그 어떤 것보다도 예수님을 아는 일에 큰 가치를 두게 되었습니다. 그래서 우리도 "예수 그리스도의 것으로 부르심"을 받은 자들입니다. 우리는 (로마서 1장 6절에서 말하듯) 이방인 중에 살고 있지만 예수님께

속해 있습니다. 마치 사람들이 정당에 가입하고 노동조합이나 로터리 클럽에 가입하는 식으로 속하는 것이 아니라, 명령한 바를 그대로 실현하시는 하나님의 전능한 부르심에 의해 예수 그리스도께 속하게 되는 것입니다.

우리를 향한 하나님의 사랑에서 나오는 부르심

오늘은 여러분이 받았던 부르심의 경험을 좀 더 깊이 있고 아름답게 하기 위해 두 가지 사실을 살펴볼까 합니다. 첫째, 하나님은 여러분을 향한 특별한 사랑 때문에 여러분을 부르셨다는 점입니다. 둘째, 그 덕분에 여러분은 하나님의 사랑을 받지 못한 자는 결코 알 수 없는 사랑의 왕국으로 인도하심을 받았다는 점입니다. 이 두 가지 사실을 강조하기로 결정한 이유는 다음에 살펴볼 구절의 핵심적인 단어가 "하나님의 사랑하심을 받고"이기 때문입니다. 7절입니다. "로마에서 하나님의 사랑하심을 받고 성도로 부르심을 받은 모든 자에게 하나님 우리 아버지와 주 예수 그리스도로부터 은혜와 평강이 있기를 원하노라."

"로마에서 하나님의 사랑하심을 받고." 로마 교인들은 "예수 그리스도의 것으로 부르심"을 받았고 "하나님의 사랑하심"을 받았습니다. 그리스도인인 여러분들 역시 그렇습니다! 여러분은 "예수 그리스도의 것으로 부르심"을 받고 "하나님의 사랑"을 받았습니다.

이게 무슨 말일까요? 하나님의 사랑에 대한 여러분의 시야가 넓어졌으면 좋겠습니다. 여러분의 시야가 좁아지지 않았으면 좋겠습니다. 저는 여러분의 눈을 넓히고 싶습니다. 많은 사람들이 하나님의 사랑을 단지 한 가지 방식의 사랑으로만 생각하고 있습니다. 하나님은 세상을 사랑하시므로 당연히 모든 사람도 사랑하신다고 말입니다. 물론 하나님은 세상을 사랑하십니다. 마태복음 5장 44-45절에서 예수님은 이렇게 말씀하셨습니다. "너희 원수를 사랑하며 너희를 박해하는 자를 위하여 기도하라. 이같이 한즉 하늘에 계신 너희 아버지의 아들이 되리니 이는 하나님이 그 해를 악인과 선인에게 비추시며 비를 의로운 자와 불의한 자에게 내려주심이라." 즉 하나님의 사랑은 하늘에 떠오르는 태양이나 하늘에서 내리는 비처럼 보편적이고 일반적이라는 뜻입니다.

요한복음 3장 16절에서도 이렇게 말씀하십니다. "하나님이 세상을 이처럼 사랑하사 독생자를 주셨으니 이는 그를 믿는 자마다 멸망하지 않고 영생을 얻게 하려 하심이라." 지구상의 모든 사람들 중 하나님의 아들 예수님을 믿는 사람에게는 영생이 주어진다는 말입니다. 세상에 영생이 임하게 된 것은 바로 아들을 보내신 하나님의 사랑 때문이었습니다.

그러므로 적어도 이 두 가지 면으로 볼 때 하나님의 사랑은 보편적이고 일반적입니다. 즉 하나님은 믿지 않는 이 세상에도 햇빛과 비를 내려주실 뿐 아니라, 그분을 믿는 자들에게는 누구에게라도 아들을 희생하면서까지 영생을 주십니다.

부르신 자들을 위한 하나님의 사랑

하지만 바울이 로마서 1장 7절에서 "로마에서 하나님의 사랑하심을 받은 모든 자"라고 말한 의미는 그게 다일까요? 혹 이렇게 말하고 있는 것같이 들리지 않습니까? "로마에 살고 있는 모든 사람들 중에 하나님의 사랑을 받은 자들에게 내가 편지를 쓰고 있다"라고 말입니다. 다시 말해, "하나님의 부르심을 받아 예수 그리스도께 속한 사람들은 특별한 방법으로 사랑을 받고 있다. 그들이 사랑을 받는 것은 하나님께서 로마에 있는 모든 사람을 사랑하시기 때문에 더불어 사랑을 받는 것과는 다르다"라고 들리지는 않습니까? 제가 아내에게 "사랑하는 노엘, 하나님의 은혜로 강하고 담대해지길 바라오"라고 쓴다면 과연 사람들은 이렇게 말할까요? "목사님이 '사랑하는' 이라는 단어를 쓴 이유는 그리스도가 그러셨듯 모든 여성들을 사랑하기 때문이다. 모든 여성을 사랑하는 목사님에게 사모님도 여성이니까 당연히 사랑한다고 말하는 것이다"라고 말입니다. 절대, 어떤 사람도 그렇게 말하지는 않겠지요. 제가 "사랑하는 노엘"이라고 쓴다면 다들 우리가 특별히 사랑하는 사이라고 여기지 않겠습니까?

저는 바울이 로마서 1장 7절에서 그 점이 간과되기를 원한다고 생각하지 않습니다. 혹 그리스도인들이 "하나님은 모든 사람을 동일하게 사랑하시니까 저도 '사랑받도록' 부르셨겠지요. 저도 모든 사람의 범주에 들어가니까 사랑을 받는 것입니다"라고 말하는 것을 바울도 원하지 않는다고 생각합니다. 바울은 "로마에서 하나님의 사랑하심을 받은 모든 자"라고 했지 로마에 있는 모든 자라고 말하지 않았습니다. 그는 지금 "예수 그리스도의 것으로 부르심 받은" 사람들에게 편지를 쓰고 있습니다. 따라서 그가 여기서 말하는 사랑은 로마의 모든 사람들을 향한 하나님의 보편적이고 일반적인 사랑과는 분명 다릅니다. 제가 아내에게 "사랑하는 노엘"이라고 말할 때 마음속에 품은 사랑이 다르듯이 말입니다. 그렇다고 다른 사람을 사랑하지 않는다는 말이 아니지요. 아내에 대한 특별한 사랑이 있음을 강조해서 하는 말입니다. 저는 아내를 향한 사랑의 언약을 품고 있습니다. 노엘을 제 아내로 선택했고 그와 언약을 맺었습니다. 그리고 신성한 서약으로 인증까지 했습니다. 하늘에서도 하나님이 이를 인증하셨습니다(마 19:6). 이제 저와 아내 사이의 사랑은 제가 여느 사람들에 대해 품는 사랑과는 완전히 다른 것입니다. 심지어 제가 다른 사람을 위해 목숨을 바친다 하더라도 말입니다.

앞서 저는 하나님의 사랑에 대한 여러분의 시야를 넓히고 싶다고 말했습니다. 저는 여러분의 시야를 좁히고 싶지 않습니다. 다시 말해, 하나님이 특별한 언약적 사랑을 통해 "예수 그리스도의 것으로 부르셨다"는 말을 여러분이 듣고서, '신부인 교회와 언약을 맺기보다 오히려 온 세상을 일반적으로 동일하게 사랑하는 하나님이 더 큰 사랑의 하나님이다'라는 결론을 내리지 않기를 바란다는 뜻입니다. 저는 하나님이 온 세상에 대한 사랑을 멈추지 않되, "예수 그리스도의 것으로 부른" 신부를 선택하고 (그리스도인인 여러분을) 사랑하며, 특별하고 귀한 사랑의 언약을 맺으셨다는 사실을 성경 말씀으로 증거하려고 합니다.

하나님을 경외하게 하는 하나님의 사랑

그 사실은 7절의 "로마에서 하나님의 사랑하심을 받고"라는 표현 속에 잘 담겨 있는 것 같습니다. 지금은 여러분의 눈에 선명하게 보이지 않을지 모르겠습니다. 그래서 성경에 나오는 좀 더 큰 그림을 잠깐 살펴보기로 하겠습니다.

구약 성경에서 하나님은 장차 그의 백성과 영원한 "새 언약"을 맺겠다고 약속하셨습니다(렘 31:31). 놀라운 점은 이 언약 안에 있는 하나님의 사랑이 백성들에게 안전함을 줄 뿐 아니라 멸망으로부터 안전하게 지켜줄 것도 약속한다는 것입니다. 예레미야 32장 40절을 예로 들어보겠습니다. "내가 그들에게 복을 주기 위하여 그들을 떠나지 아니하리라 하는 영원한 언약을 그들에게 세우고 나를 경외함을 그들의 마음에 두어 나를 떠나지 않게 하고."

어떠한 사랑인지 느껴지십니까? 단순히 무언가를 초대하고 제공하는 일반적 사랑 이상입니다. "사람들의 마음에 하나님을 경외함을 넣어 주는" 사랑입니다(고후 4:6과 유사). 그래서 "[우리가] 하나님을 떠나지 않도록" 강력한 역할로 작용하는 사랑인 것입니다. 이것은 모든 사람을 향한 하나님의 일반적인 사랑과 다릅니다. 우리의 마음에 하나님을 경외함을 넣어 주고 하나님에게서 돌아서지 않도록 지켜 주는 특별한 사랑입니다. 이것이 바로 새로운 언약입니다.

예수님이 세상에 오신 것은 우리를 위해 죽임을 당하고 그의 피로 우리와 새로운 언약을 맺는 특권을 얻기 위해서였습니다. 그래서 누가복음 22장 20절에서 예수님은 마지막 만찬을 베푸시고 이렇게 말씀하셨습니다. "이 잔은 내 피로 세우는 새 언약이니 곧 너희를 위하여 붓는 것이라." 그러므로 예수님의 피는 예레미야 32장 40절의 언약 —즉 우리의 마음에 하나님 경외함을 부어 주시고 하나님을 떠나지 않도록 지켜 주시겠다는 언약— 을 지키기 위해 아주 특별한 방법으로 부어졌습니다. 참으로 특별하고도 귀한 사랑입니다. 매일 마음에 되새겨야 할 사랑입니다. 참으로 달콤하면서도 강력한 사랑입니다. 내가 이렇듯 사랑을 받는다는 사실을 아는 것이 그리스도인이 지녀야 할 확신 중에서도 가장 핵심에 해당합니다. 하나님께서 나를 부르셨다는 것, 하나님이 내 마음 속에 그리스도의 영광이 깃든 복음의 빛을 비춰 주셨다는 것, 그래서 나를 안전하게 지켜 주고 영원한 영광으로 이끌기 위해 전능자의 능력으로 일하신다는 것, 그것이 "하나님의 사랑을 받는 자"가 된다는 말의 의미입니다.

누가 우리를 그리스도의 사랑에서 끊으리요?

로마서 8장에서 그 사실을 살펴보겠습니다. 8장 35절에서 바울이 질문합니다. "누가 우리를 그리스도의 사랑에서 끊으리요?" 다시 말해, "예수 그리스도의 것으로 부르심 받은 이들의 삶 속에서 예레미야 32장 40절에서 나오는 새 언약을 파기하거나 무효화 시킬 방법이 있는가?"(로마서 8:30 참조)라는 질문입니다. 예레미야 32장 40절에서 하나님은 그분의 언약 백성들 안에 역사하셔서 "그들이 나를 떠나지 않게" 하겠다고 약속하셨음을 기억하십시오. 그것이 여기서 제시하는 바울의 대답입니다.

바울은 로마서 8장 35절에서 이렇게 묻습니다. "[우리를 그리스도의 사랑에서 끊는 것이] 환난이나 곤고나 박해나 기근이나 적신이나 위험이나 칼이랴?" 그리고 37절에서 이렇게 대답합니다. "그러나 이 모든 일에 우리를 사랑하시는 이로 말미암아 우리가 넉넉히 이기느니라." 우리를 그리스도의 사랑에서 끊어지지 않게 지키는 것이 무엇인지 주목하십시오. 우리는 "우리를 사랑하시는 하나님으로 말미암아" 끊어지지 않도록 보호받습니다. 그래서 35절에서는 "누가 우리를 그리스도의 사랑에서 끊는가?"라고 물은 후에 37절에서 "우리를 끊어놓을 것은 아무 것도 없다!" 라고 답하는 것입니다. 이는 "우리를 사랑하시는 이로 말미암아" 우리가 넉넉히 이기기 때문입니다. 좀 더 간단하면서도 명료하게 표현해 볼까요? "하나님의 사랑은 우리가 그리스도의 사랑에서 끊어지지 않도록 지켜주십니다." "예수 그리스도의 것으로 부름받은 사람들"이 그분에게서 끊어질 수 있을까요? 아닙니다! 왜입니까? 하나님께서 우리를 사랑하시기 때문입니다! 언약으로 맺은 하나님의 사랑이 그분의 소유가 된 백성을 지키는 일에서 승리합니다.

다시 한 번 확인해 봅시다. 로마서 8장 38-39절은 이러한 총체적인 승리의 원인이 우리의 삶 속에 있는 강력한 하나님의 사랑에 있다고 말합니다. "내가 확신하노니 사망이나 생명이나 천사들이나 권세자들이나 현재 일이나 장래 일이나 능력이나 높음이나 깊음이나 다른 어떤 피조물이라도 우리를 우리 주 그리스도 예수 안에 있는 하나님의 사랑에서 끊을 수 없으리라." 이를 달리 표현하면, 우리를 향한 하나님의 특별한 언약적 사랑은, 우리의 믿음을 파괴하고 하나님에게서 끊어 내려는 모든 것을 이겨낸다는 뜻입니다.

이것은 세상에 영생을 허락하시는 일반적인 사랑, 혹은 원수에게까지 햇빛과 비를 허락하시는 하나님의 지속적인 사랑이 아닙니다. 하나님의 신부인 선택받은 백성들을 향한 사랑입니다. 하나님은 우리를 죽음에서 생명으로 불러주시고, 멀리 떨어져 나가지 않도록 지켜 주십니다. 로마서 8장 30절에 나온 말씀처럼 하나님은 우리를 영화롭게 하실 것입니다. "부르신 그들을 또한 의롭다 하시고 의롭다 하신 그들을 또한 영화롭게 하셨느니라."

이것은 바울이 로마서 1장 7절에서 말하고 있는 바이기도 합니다. "로마에서 하나님의 사랑하심을 받은 … 모든 자에게." 또 이것은 하나님이 오늘 우리에게 하시는 말씀이기도 합니다. "너희는 예수 그리스도의 것으로 부르심을 받았으니 너희는 내 사랑하는 사람들이다. 나는 너희를 내 것으로 택했으며, 너희를 불렀고, 의롭게 했다. 내가 너희를 지킬 것이고 내 눈에 기쁜 대로 너희에게 행할 것이다(히 13:21). 그 어떤 것도 너희를 내게서 끊어내지 못할 것이다. 내가 영원한 사랑으로 너희를 사랑하기 때문이다. 너희는 내 사랑하는 자들이다."

하나님이 여러분에게 이 사랑을 깨닫게 해주시기를 빕니다. 하나님의 사랑을 받아들이십시오. 그 사랑을 맛보십시오. 그 안에서 쉼을 누리십시오. 그 사랑으로 자유함을 누리고 다소 급진적으로 그리고 기꺼이 위험을 감수하며 살아가십시오. 그리고 남은 인생을 주변의 모든 사람들에게 그 사랑을 알리는 데 사용하십시오. 아직 그 사랑을 알지 못하는 분이 있다면 지금 받아들이기 바랍니다. 지금 여러분 마음에 말씀하시는 하나님이 느껴지지 않습니까? 죄인을 위해 죽으시고 그분을 믿는 자를 구원해 주시는 그리스도의 아름다움과 진리가 보이지 않습니까? 하나님을 신뢰하십시오. 하나님을 대신해 말씀드립니다. 하나님의 아들을 믿으십시오!

8장

널리 전파된 믿음에 감사하다

로마서 1:7-8

로마에서 하나님의 사랑하심을 받고 성도로 부르심을 받은 모든 자에게 하나님 우리 아버지와 주 예수 그리스도로부터 은혜와 평강이 있기를 원하노라. 먼저 내가 예수 그리스도로 말미암아 너희 모든 사람에 관하여 내 하나님께 감사함은 너희 믿음이 온 세상에 전파됨이로다. _롬 1:7-8

오늘은 로마서 1장 7-8절을 기반으로 말씀을 전하도록 하겠습니다. "로마에서 하나님의 사랑하심을 받고 성도로 부르심을 받은 모든 자에게 하나님 우리 아버지와 주 예수 그리스도로부터 은혜와 평강이 있기를 원하노라. 먼저 내가 예수 그리스도로 말미암아 너희 모든 사람에 관하여 내 하나님께 감사함은 너희 믿음이 온 세상에 전파됨이로다." 오늘 설교의 제목은 8절 내용에서 따와서, "널리 전파된 믿음에 감사하다"입니다. 바울은 "너희 믿음이 온 세상에 전파됨이로다"라고 말하며 하나님께 감사하고 있습니다. 다시 말해, 로마 교인들의 믿음이 널리 알려졌고 바울은 그것을 놓고 하나님께 감사드렸습니다.

저의 목표는 바울이 그토록 감사했던 그런 믿음이 여러분 안에도 생겨나도록 돕는 것입니다. 여러분이 그리스도를 믿는 신자라면 믿음이 더욱 강건해지도록 돕는 것이 저의 목표이며, 이것은 바울이 여기 로마 교회에 편지를 썼던 동일한 목적이기도 합니다(12절). "이는 곧 내가 너희 가운데서 너희와 나의 믿음으로 말미암아 피차 안위함을 얻으려 함이라." 혹 아직 그리스도를 믿지 않는 분이 있다면, 오늘 말씀을 통해 그리스도를 참되고 신실하며 아름다운 분으로, 그리고 죄를 용서하시는 유일한 분이자 영생의 소망이 되시는 분으로 발견하시기 바랍니다.

왜 바울은 로마 교회의 믿음이 알려진 것에 감사했는가?

본문에서 한 가지 질문을 던진 후 성경과 우리의 일반 경험을 토대로 여섯 가지 답변을 제시하려고 합니다. 질문은 단순합니다. 왜 바울은 로마 교회의 믿음이 알려진 것을 감사했을까요? 바울은 "너희 모든 사람에 관하여 내 하나님께 감사함은 너희 믿음이 온 세상에 전파됨이로다"라고 했는데, 왜 그런 것일까요?

여기 로마에 한 번도 가보지 못한 한 남자가 있습니다. 그는 이렇게 말하지 않았습니다. "여러분의 믿음이 알려진 것을 보니 참으로 기쁩니다. 내가 수고한 것이 헛되지 않았으니 말입니다." 그 사람들의 믿음은 (여러 모로 볼 때) 그가 수고한 결과가 아니었습니다. 바울은 로마에 가본 적이 없었습니다. 바울에 의해 회심한 사람들 중 몇몇이 로마로 건너가기는 했습니다(16장 참조). 하지만 바울이 로마 교회를 직접 개척하지는 않았습니다.

따라서 바울이 기뻐한 것은 자신의 성공이나 사역의 열매 맺음 때문이 아니었고, 분명 다른 이유 때문이었습니다. 그것이 바로 오늘 제가 저 자신과 여러분을 위해 찾아내고자 하는 바입니다. 로마 교회의 믿음이 세상에 알려진 것을 바울은 왜 그리도 감사하게 여겼을까요? 그 해답을 찾는 가운데 그와 동일한 믿음이 우리 안에서 일깨워지고 강건해지기를 기도합니다.

바울이 로마 그리스도인들의 믿음이 널리 알려진 것을 기뻐한 데는 여섯 가지 이유가 있는 것 같습니다.

첫째, 바울이 로마 교회의 믿음이 널리 알려진 것을 감사한 이유는 그리스도가 그들이 믿는 유일한 대상이었기 때문입니다.

로마서 3장 21-22절에서 바울은 말합니다. "이제는 율법 외에 하나님의 한 의가 나타났으니 … 곧 예수 그리스도를 믿음으로 말미암아 모든 믿는 자에게 미치는 하나님의 의니." 갈라디아서 2장 16절에서는 더욱 분명하게 말하고 있습니다. "사람이 의롭게 되는 것은 율법의 행위로 말미암음이 아니요 오직 예수 그리스도를 믿음으로 말미암는 줄 알므로 우리도 그리스도 예수를 믿나니 이는 우리가 율법의 행위로써가 아니고 그리스도를 믿음으로써 의롭다 함을 얻으려 함이라."

따라서 바울이 로마 교회의 믿음이 알려진 것으로 기뻐한다고 말할 때 그 믿음은 예수 그리스도에 대한 믿음을 뜻합니다. 알라

나 힌두 신, 불교의 원리, 뉴에이지의 영매 같은 잡다한 신에 대한 믿음도 아니고, 더욱이 죄인을 구하기 위해 세상에 오신 하나님의 아들과 전혀 관련 없는 모호한 개념의 신에 관한 믿음도 아닙니다. 바울은 예수 그리스도에 대한 믿음이 로마 세계에 널리 알려진 것을 감사하고 있습니다.

둘째, 바울이 로마 교회의 믿음이 널리 알려진 것을 감사한 이유는 그리스도의 이름이 온 세계에서 높임을 받는 것을 보고 싶은 열망과 부르심이 그에게 있었기 때문입니다. 로마서 1장 4-5절의 본문으로 돌아가 봅시다. "성결의 영으로는 죽은 자들 가운데서 부활하사 능력으로 하나님의 아들로 선포되셨으니 곧 우리 주 예수 그리스도시니라. 그로 말미암아 우리가 은혜와 사도의 직분을 받아 그의 이름을 위하여 모든 이방인 중에서 믿어 순종하게 하나니." 마지막 구절에 주목하시기 바랍니다. "그의 이름을 위하여 모든 이방인 중에서 믿어 순종하게 하나니." 누구의 이름을 위해서라고요? 예수 그리스도의 이름입니다.

5절에 하나님이 바울에게 복음을 전하고 가르치고 고난도 받는 은혜와 사도의 직분을 주셔서, 믿음으로 순종하는 일이 널리 퍼지게 했다는 말씀이 나옵니다. 거기에 "그의 이름을 위하여 모든 이방인 중에서"라는 문구를 덧붙인 것입니다. 달리 표현하면, 바울은 믿음이 널리 퍼지면 예수님의 이름이 높임을 받고 영광을 받는다고 생각한 것입니다. 그것이 바울이 "그의 이름을 위하여"라고 말한 의미입니다.

여기서 예수님의 이름이란 그분의 진리와 지혜와 능력과 아름다움과 신실하심을 함의하고 있습니다. 바울은 예수 그리스도를 보았고 알고 사랑하며, 또한 다른 이들도 자신처럼 주를 알고 사랑하고 높이는 것을 보고 싶은 열망이 있었습니다. 그래서 그런 일이 일어났을 때, 감사했던 것입니다. 이것이 바울의 삶이고 부르심이며 사명이었습니다. 모든 것이 주의 이름을 위하여 행해져야 합니다. 우리가 계획하고 결정하는 모든 것이 지향하는 목표는 예수 그리스도를 널리 알리는 것이어야 합니다. 예수님이 가장 위대한 분이며, 세상 최고의 보물이라는 것을 보여주어야 합니다.

셋째, 바울이 로마 교회의 믿음이 널리 알려진 것을 기뻐한 이유는 로마 교인들의 믿음이 올바로 세워졌기 때문입니다.

바울에게 있어서 믿음이란 어둠 속에서 애쓰는 행위가 아니라, 계시되는 밝은 빛에 대한 응답입니다. 여기서 이 믿음은 결코 주관적인 느낌이 아닙니다. 이 믿음은 역사적 사실에 기초하며 하나님의 말씀을 통해 성립됩니다. 이 믿음은 경험됩니다. 그것이 아니라면 인간에게 아무런 소용도 없고 유익도 없습니다. 그렇지만 여기서 말하는 널리 알려진 믿음이란 경험되는 것 그 이상의 것입니다. 인간에게는 다양한 부류의 경험이 있는데, 그 중 일부는 역사적 사실에 기초하지도 않고 하나님의 말씀 안에서 믿을 만한 보증을 갖고 있지도 않습니다. 바울은 그런 종류의 믿음 때문에 감사한 것이 아닙니다. 세상에 퍼지는 신화적인 믿음을 보며 감사하고 있지 않습니다.

오늘날 그 점을 강조하는 것이 중요한 이유는 사람들이 복음을 거부하는 원인을 이해하고 이를 극복하는 데 도움을 줄 수 있기 때문입니다. 일례로, 사람들이 복음을 거부하는 이유는 복음을 믿을 만큼 교만해져야 하거나, 복음을 믿을 만큼 어리석게 되어야 한다고 생각하기 때문입니다. 도심지와 조금만 가까워져도 그런 양극의 성향을 볼 수 있습니다. 가까운 곳에 제가 이름도 알고 친분도 있는 성직자 한 분이 있습니다. 아마 그분도 지금 설교 중일 텐데, 그분은 우리가 천국에 가는 유일한 길은 하나님의 아들 예수 그리스도뿐이고 그것에 대한 역사적으로 신뢰할 만한 증거도 있다고 믿는 것이 너무나도 교만하다고 생각합니다.

어제 아침에는 제가 시내 방향으로 조깅을 하다가 흥미로운 책을 읽는 어느 남자 분 옆을 지나게 되었습니다. 그래서 달리기를 멈추고 책에 대해 물어보았습니다. 하나 둘 이야기를 나누다 보니 그리스도에 대해서도 대화를 하게 되었습니다. 그 남자분의 이름은 조나단이었습니다. 저는 조나단을 교회로 초청했고, 바라기는 지금 이 자리에서 이 설교를 듣고 있으면 좋겠습니다. 오늘 이 이야기를 하겠다고 그분에게 미리 말해 두었습니다. 조나단은 예수님을 믿지 않는다고 말하면서 제법 날카로운 이야기를 덧붙였습니다. "천사가 내려와서 처녀에게 우주의 창조자를 임신시켰다고 믿는 사람이 있다면 분명히 맛이 간 사람일 겁니다." 그때 제가 던진 말 때문에 사태가 악화되고 말았습니다. "예, 세상을 창조하신 하나님의 아들이 (천사가 아니라 성령으로) 처녀의 몸에서 태어나서 완전한 삶을 살았고 우리의 죄를 대신하여 용서하기 위해 십자가에서 돌아가셨습니다"라고 말입니다. 그러자 조나단이 말했습니다. "저는 안 믿습니다. 다른 사람을 위해 죽을 수 있는 인간은 없습니다." 그때 제가 좀 더 상황을 악화시켰지요. 하나님은 정의로우시기 때문에 당신과 저 같은 죄인들에게 분노하시지만, 그리스도를 믿으면 우리를 받아주시고 영생을 주신다고 말입니다. 조나단이 말했습니다. "당신네들은 겁이 많군요. 하나님도 무서워하고 뭐든 다 무서워하니 말입니다."

저는 조나단에게 사람들이 미친 거라고 속단하지 말고 마음을 조금 열어보라고 설득했습니다. 그리고 제가 말한 바를 기억하라고 말했습니다. 혹 저처럼 하나님 앞에 죄가 있다는 사실을 깨닫고 두려운 마음으로 밤에 잠자다 깨어날 수도 있다고 말입니다. 그리고 길 잃은 죄인인 우리는 하나님을 두려워해야 하지만, 예수 그리스도를 믿으면 모든 두려움이 사라질 거라고 말했습니다. 그리고 우리가 서서 이야기하던 곳에서 우리 교회 쪽을 가리키며 한번 찾아오라고 청했습니다.

어제 아침에 일어난 이 짤막한 이야기 속에 핵심이 담겨 있습니다. 조나단이 기독교를 거부한 이유는 기독교가 너무 허황되고 거의 정신 나간 이야기거나 입증할 수도 없는 이야기같이 들리기 때문이었습니다. 사실 어쩌면 그 사람은 이렇게 말한 거라고도 볼 수 있습니다. "진실이라고 믿기에는 너무 좋은 이야기군요." 그렇다면 조나단이나 혹은 조나단과 비슷한 느낌을 가지고 있는 분들에게 한번 이야기해 보겠습니다. 당장 지금 하는 설교로 기독교에 대한 온전한 신뢰성을 안겨 주기는 힘들겠지만 이 사실만 은 제시할 수 있습니다. 로마서를 쓴 바울 사도는 로마 교인들이 역사적인 실제 증거를 바탕으로 믿음을 갖기를 바라고 있습니다. 특히 죽은 자들 중에서 살아나신 예수님의 부활에 대해서 그러합니다. 고린도전서 15장 3-8절을 보겠습니다.

> 내가 받은 것을 먼저 너희에게 전하였노니 이는 성경대로 그리스도께서 우리 죄를 위하여 죽으시고 장사 지낸 바 되셨다가 성경대로 사흘 만에 다시 살아나사 게바에게 보이시고 후에 열두 제자에게와 그 후에 오백여 형제에게 일시에 보이셨나니 그 중에 지금까지 대다수는 살아 있고 어떤 사람은 잠들었으며 그 후에 야고보에게 보이셨으며 그 후에 모든 사도에게와 맨 나중에 만삭되지 못하여 난 자 같은 내게도 보이셨느니라.

넷째, 바울이 로마 교회의 믿음이 널리 알려진 것을 기뻐한 이유는 그 믿음이 그리스도의 신실하심과 귀하심을 드러내기 때문입니다. 5절 말씀에서 보았듯이 바울은 모든 나라 가운데 그리스도의 이름을 높이고자 하는 열정과 부르심이 있었습니다. 그리스도가 위대하게 드러나기를 바랐습니다. 그것이 바울의 인생이었습니다. 그는 말했습니다. "내 안에 사는 이는 그리스도시다." 그렇다면 어떻게 그리스도의 위대하심을 드러낼 수 있을까요? 답은 그 분을 믿는(신뢰하는) 것입니다. 누군가를 믿는다는 것은 그를 신뢰할 만한 사람이라고 말하는 것이기도 합니다. 따라서 교회의 믿음이 온 세상에 알려졌다는 것은 "그리스도는 신뢰할 만한 분이시다! 그리스도는 내 죄를 용서하고 구원하셔서 하나님께로 나아가게 하실 만큼 지혜롭고 강하며 사랑이 많으시다"라고 선포하는 것이 됩니다.

하지만 그것이 믿음이 보여주는 전부는 아닙니다. 그리스도인의 믿음은 단순히 그리스도께서 구원해 주실 것이라는 사실을 믿는 게 아닙니다. 그리스도가 바로 구원 자체라는 사실에 대한 기쁨과 만족을 뜻합니다. 다시 말해, 우리는 그리스도 외에 다른 무언가를 얻으려는 목적으로 그리스도를 믿는 게 아닙니다. 그리스도를 믿는다는 것은 그분을 우리의 보화로 받아들인다는 의미입니다. 그분이 우리의 신뢰 대상 그 자체입니다. 그리스도를 믿을 때, 우리는 최고의 것을 얻습니다. 그리고 그 최고의 것이란 그리스도 그분이십니다. 그러므로 믿음이 전파될 때 무언가를 해내시는 그리스도의 신실하심만 알려지는 것이 아니라 우리 영혼의 만족이 되시는 그리스도 그분 자체의 가치와 소중함도 알려지는 것입니다.

다섯째, 바울이 로마 교회의 믿음이 널리 알려진 것을 기뻐한 이유는 믿음으로 인해 희생적인 사랑의 행위가 나타나기 때문입니다. 이 세상을 향한 하나님의 목적은 단순히 인간의 마음속에 보이지 않는 믿음을 심는 것만이 아닙니다. 하나님의 목적은 그분의 영광이 우리 눈에 보이도록 드러나는 것입니다. 그래서 예수님은 이렇게 말씀하셨습니다. "이같이 너희 빛이 사람 앞에 비치게 하여 그들로 너희 착한 행실을 보고 하늘에 계신 너희 아버지께 영광을 돌리게 하라"(마 5:16). 바울은 사랑의 착한 행실이 믿음의 열매임을 알고 있습니다. 5절에서 바울이 했던 말을 기억하십시오. "우리가 은혜와 사도의 직분을 받아 그의 이름을 위하여 모든 이방인 중에서 믿어 순종하게 하나니." 그냥 믿게 하는 게 아니라 믿어 순종하게 하는 것입니다.

바울은 로마 교회의 믿음이 널리 알려지는 것에 감사했습니다. 눈에 보이는 무엇인가가 있다는 것입니다. 믿음에는 반드시 사랑이 따라옵니다. 박해를 당하는 거의 모든 곳에서 사랑을 행합니다. 「기독교 선교 역사」를 쓴 스테판 닐은 이렇게 말했습니다. "모든 그리스도인은 언젠가는 생명을 걸고서라도 자신의 믿음을 시험해야 할 때가 온다는 것을 알았다." 하지만 그런 상황조차도 교회의 성장과 회심을 막지 못했습니다. 율리아누스 황제는 4세기경 교회에 관해서 쓰면서 사랑 때문에 회심자가 발생한다고 말했습니다.

> 무신론(기독교 신앙을 말함)은 전혀 모르는 사람들도 사랑으로 섬기고 죽은 사람을 곱게 장사지내 주면서 그 세력을 확대했다. 유대인들 중에는 거지가 한 사람도 없고, 신을 믿지 않는 갈릴리 사람들(그리스도인)이 자기네뿐 아니라 우리네 빈자들까지 돌봐준다는 사실은 참으로 수치다. 우리네 빈자들은 우리가 제공해야 할 아무런 도움을 받지도 못하고 있는데 말이다.*

바울이 믿음으로 순종하게 한다고 말한 의미가 바로 그것입니다. "사랑으로써 역사하는 믿음뿐이니라"(갈 5:6). 그래서 바울은 로마 교회의 믿음이 온 세상에서 널리 알려지는 것을 감사했습니다. 그 믿음이 사랑을 만들어 냈고, 그리스도께서 참으로 백성들을 구원하시고 힘주시고 마음에 만족을 주셨으며 사랑할 수 있도록 자유케 하시고 또한 "내게 사는 것이 그리스도니 죽는 것도 유익함이라"(빌 1:21)는 사실도 보여주었습니다.

여섯째, 바울이 로마 교회의 믿음이 널리 알려진 것을 기뻐한 이유는 믿음을 주시는 분은 하나님이시고, 하나님이 모든 영광과 감사를 받으셔야 하기 때문입니다.

우리 교회 브렌트 목사님이 차를 타고 우리 집을 지나다가 제 아내가 펑크 난 타이어를 갈아 끼우는 것을 보고서 차를 세워 도와주었다고 칩시다. 그런데 나중에 제가 그 사실을 알고는 엉뚱한 릭 목사님에게 전화해서 "우리 집사람을 도와줘서 고맙습니다"라고 말했다고 해봅시다. 제가 정신이 나갔다고 생각하지 않겠습니까? 왜일까요? 감사는 실제 선한 행동을 한 사람에게 하는 법이기 때문입니다. 따라서 바울이 8절에서 "내가 예수 그리스도로 말미암아 너희 모든 사람에 관하여 내 하나님께 감사함은 너희 믿음이 온 세상에 전파됨이로다"라고 말한 것은 하나님이 그들의 믿음을 알려지게 했다는 의미입니다.

* Stephen Neill, *History of Christians Missions*, Penguin History of the Church, 1991, p.42.

이렇게 말하는 사람도 있겠지요. "그게 그 말이 아니잖아요. 하나님이 그들의 믿음이 알려지도록 하셨는지는 몰라도 믿음 자체가 생겨나도록 하신 건 아닙니다. 그러니 로마 교인들 스스로가 믿음을 만들어낸 것이고 그 믿음이 널리 알려지는 것을 하나님이 지켜본 거라는 뜻이지요. 그러니 바울은 '예수 그리스도를 통해 여러분에 대해 하나님께 감사드린다. 여러분의 믿음이 온 세상에 알려졌으니 말이다' 라고 말한 겁니다." 하나님께서 믿음을 주셨다고 바울이 말하지 않은 것은 사실입니다. 하지만 다른 글에 보면 그렇게 언급된 부분이 있습니다. 그래서 저는 바울이 여기서도 그들에게 믿음을 주시고 널리 그 믿음이 알려지게 하신 하나님께 감사하고 있다고 생각합니다.

빌립보서 1장 29절을 예로 들겠습니다. "그리스도를 위하여 너희에게 은혜를 주신 것은 다만 그를 믿을 뿐 아니라…." 에베소서 2장 8절에서는 이렇게 말합니다. "너희는 그 은혜에 의하여 믿음으로 말미암아 구원을 받았으니 이것은 너희에게서 난 것이 아니요 하나님의 선물이라." 디모데후서 2장 25절에서는 이렇게 말합니다. "거역하는 자를 온유함으로 훈계할지니 혹 하나님이 그들에게 회개함을 주사 진리를 알게 하실까 하며." 고린도전서 4장 7절입니다. "누가 너를 남달리 구별하였느냐 네게 있는 것 중에 받지 아니한 것이 무엇이냐 네가 받았은즉 어찌하여 받지 아니한 것 같이 자랑하느냐." 그리고 마지막으로 고린도전서 3장 6-7절에서는 한 사람이 일을 시작하고 다른 사람이 뒤이어 일할 때 믿음이 심기어 널리 퍼져 나가는 교회를 다음과 같이 묘사합니다.

"나는 심었고 아볼로는 물을 주었으되 오직 하나님께서 자라나게 하셨나니. 그런즉 심는 이나 물 주는 이는 아무 것도 아니로되 오직 자라게 하시는 이는 하나님뿐이니라."

따라서 우리는 믿음이 하나님의 선물임을 확신하며 기뻐할 수 있습니다. 여기서 '기뻐한다' 라고 말한 이유는 지금 여기에 있는 우리 중 어느 누구도 자기 힘으로 그리스도를 믿을 수 없기 때문입니다. 우리는 반항적이고 자기중심적이고 교만한 사람들입니다. 하지만 구원의 믿음은 순종적이고 그리스도를 높이며 어린아이와 같아야 합니다. 그래서 그리스도를 믿으려면 도움이 필요한 것입니다.

오늘 예배를 마치고 감사와 신뢰의 마음으로 이 자리를 떠날 수 있는 한 가지 소망이 바로 그것입니다. 이 자리에 우리를 부르신 이는 하나님입니다. 하나님이 우리에게 들을 귀를 주셨습니다. 지금도 우리를 이끌고 계십니다. 그래서 저는 그분과 하나가 되어 그리스도를 믿으라고 말하는 것입니다. 더 이상 자신을 의지하지 말고 이렇게 고백하시기 바랍니다. "회개합니다. 용서해 주세요. 예수 그리스도를 저의 주인이며 구주로, 귀한 보화로 받아들입니다."

루이스의 간증

영국의 작가이자 옥스퍼드의 학자였고, 미국의 케네디 대통령과 같은 날 사망한 C. S. 루이스의 간증을 들으면서 여러분도 위로를 얻고 하나님을 신뢰하게 되시길 소망합니다.

사실 젊은 무신론자로서 믿음을 잘 지키기란 쉽지 않다. 그를 기다리는 위험이 온 사방에 도사리고 있기 때문이다 … 처음으로 나는 진지하게 실질적인 목적을 품고 나 자신을 살펴보았다. 그리고 거기서 충격적인 것을 발견했다. 탐욕으로 들뜬 동물원, 야망 덩어리들의 정신병동, 두려움에 떠는 고아원, 애증 가득한 궁녀의 방. 내 이름은 군대였다(막 5:9) … 어떻게 내 쪽에서 먼저 시작한다는 말인가 … 세익스피어와 햄릿이 만날 수 있다면 먼저 시도하는 건 세익스피어가 감당할 몫이다. 햄릿은 아무 것도 먼저 시작할 수 없다 … 1929년 3학기 무렵에 나는 두 손을 들고 하나님을 하나님으로 인정했다. 그리고 무릎을 꿇고 기도했다. 분명 그날 밤 나는 영국 전역에서 가장 풀이 죽고 마뜩찮아 하는 회심자였을 것이다 … 적어도 탕자가 제 발로 집을 찾아오기는 했다. 하지만 언제든 도망갈 기회만 보며 발길질을 하고 몸부림치고 분을 내고 눈을 굴려대는 탕자를 맞이하기 위해 널찍한 대문을 열어줄 만큼 사랑이 풍성한 사람이 어디에 있겠는가?*

이상은 C. S. 루이스의 간증입니다. 여러분의 간증도 이와 비슷하리라 생각합니다. 혹 여러분도 직접 찾아 들어왔다면, 아니면 하나님이 직접 여러분을 데려오셨다 하더라도, 하나님께 감사의 기도를 드릴 수 있기를 바랍니다. 아멘.

* 「예기치 못한 기쁨」(Surprised by Joy), C. S. 루이스, 홍성사, 226-229쪽.

9장

교회의 삶에서 드러난 보화, 믿음

로마서 1:8-15

먼저 내가 예수 그리스도로 말미암아 너희 모든 사람에 관하여 내 하나님께 감사함은 너희 믿음이 온 세상에 전파됨이로다. 내가 그의 아들의 복음 안에서 내 심령으로 섬기는 하나님이 나의 증인이 되시거니와 항상 내 기도에 쉬지 않고 너희를 말하며 어떻게 하든지 이제 하나님의 뜻 안에서 너희에게로 나아갈 좋은 길 얻기를 구하노라. 내가 너희 보기를 간절히 원하는 것은 어떤 신령한 은사를 너희에게 나누어 주어 너희를 견고하게 하려 함이니 이는 곧 내가 너희 가운데서 너희와 나의 믿음으로 말미암아 피차 안위함을 얻으려 함이라. 형제들아 내가 여러 번 너희에게 가고자 한 것을 너희가 모르기를 원하지 아니하노니 이는 너희 중에서도 다른 이방인 중에서와 같이 열매를 맺게 하려 함이로되 지금까지 길이 막혔도다. 헬라인이나 야만인이나 지혜 있는 자나 어리석은 자에게 다 내가 빚진 자라. 그러므로 나는 할 수 있는 대로 로마에 있는 너희에게도 복음 전하기를 원하노라. _롬 1:8-15

바울의 사명 선언

모든 편지 중에서 가장 위대한 이 편지의 목적은 편지를 쓴 사람의 목적, 혹은 편지를 쓴 그 사람을 향한 하나님의 목적과 동일합니다. 우리 삶에서도 사역의 목적과 자기 인생의 목적이 동일하다면 그것처럼 놀라운 일이 있을까요? 제 인생의 목적은 제가 섬기는 교회의 목적과 동일합니다. 이것은 하나님이 주신 말로 표현할 수 없는 특권이자 선물입니다. "우리는 모든 사람의 기쁨을 위해 모든 것 중에 최고가 되시는 하나님을 향한 열정을 전하고자 이 땅에 존재한다." 이것이 우리 교회의 사명이고 제 인생의 부르심입니다. 이 두 가지가 같아서 얼마나 감사한지요.

바울도 그러했습니다. 로마서 1장 8-15절에서 우리는 바울의 삶의 목적이 어떻게 실현되고 있는지 볼 수 있습니다. 잠시 5절 말씀으로 돌아가겠습니다. 거기서 바울은 자신의 삶을 향한 하나님의 목적이 무엇인지 언급합니다. "그〔예수 그리스도〕로 말미암아 우리가 은혜와 사도의 직분을 받아 그의 이름을 위하여 모든 이방인 중에서 믿어 순종하게 하나니." 여기서 바울은 자신의 사명을 다음과 같이 선언하고 있습니다. "나는 그리스도의 이름의 영광을 위해 모든 이방인(혹은 모든 사람들)이 믿고 순종하게 하기 위해 (하나님의 은혜로 말미암아) 존재한다."

모든 민족이 믿고 순종하게 하여 그리스도의 이름을 영화롭게 하는 것이 바울의 인생 사명이라면 그가 쓴 로마서의 목적도 이와 동일할 것이라 기대할 수 있습니다. 이것은 로마서 1장 8-15절에서도 볼 수 있습니다. 바울은 아직 로마 교회를 방문하지 못한 상황이었지만 그럼에도 예전이나 지금이나 로마 교회가 믿음으로 순종하는 삶을 살게 하고 또 그들의 삶에서 바울 자신의 사명을 이루기 위해 온전히 헌신하고 있음을 말하고 있습니다.

로마 교인들의 삶 속에서 사명을 이루려는 바울의 헌신

바울은 세 단계로 자신의 헌신을 언급합니다. 첫째, 8절에서 바울이 로마 교인들에 관하여 하나님께 감사하는 데서 드러납니다. 둘째, 9-12절에서 바울이 이들을 위한 자신의 열망에 대해 하나님이 증인이 되시도록 요청하는 데서 알 수 있습니다. 셋째, 13절에서 바울이 몇 번씩이나 로마 교회를 방문할 계획을 세운 이유에서 드러납니다.

1. 하나님께 감사하다

그렇다면 바울이 하나님의 영광을 위하여 로마 교회 사람들을 믿어 순종하게 하는 일에 헌신했다는 사실을 보여주는 첫 번째 방법은 무엇이었을까요? 그 첫 방법은 8절에서 로마 교인들에 관해 하나님께 감사드리는 모습에서 나타납니다. "먼저 내가 예수 그리스도로 말미암아 너희 모든 사람에 관하여 내 하나님께 감사함은 너희 믿음이 온 세상에 전파됨이로다."

여기서 바울의 감사를 네 가지로 나누어볼 수 있습니다.

첫째, 바울은 로마 교인들에 관해 하나님께 감사한다고 말합니다. "너희 모든 사람에 관하여 내 하나님께 감사함은." 믿음은 추상적으로 존재하는 게 아닙니다. 믿어 순종하게 하겠다는 바울의 인생 목표는 특정 부류의 사람들을 세우겠다는 목표이기도 합니다. 그들은 믿음을 소유한 사람들입니다. 그들은 믿음으로 말미암아 하나님께 순종하는 사람들입니다. 믿음은 바울이 만들어

낸 상품이 아닙니다. 믿음은 특정 부류의 사람, 특정한 마음에서 맺히는 열매입니다. 우리가 "믿음의 진보와 기쁨"(빌 1:25)이라고 말할 때 그것은 사람들의 믿음과 기쁨이 점점 자라간다는 의미입니다.

둘째, 바울은 로마 교인들의 견고한 믿음 때문에 하나님께 감사하고 있습니다. "먼저 내가 예수 그리스도로 말미암아 너희 모든 사람에 관하여 내 하나님께 감사함은 너희 믿음이 온 세상에 전파됨이로다." 바울은 로마 교인들에게 믿음이 있다는 것으로 기뻐하고 있습니다. 바울이 로마 교인들과 관련해서 자신의 사명에 헌신하고 있음을 8절은 이런 방식으로 보여 주고 있습니다. 직접 로마에 머물면서 그들이 믿음으로 순종하게 하는 일을 위해 수고할 수 없었지만, 바울은 차선책으로 멀리서나마 자신이 임무에 매진하고 있습니다. 즉 그들의 믿음을 보며 기뻐하고 하나님께 감사를 드리는 것입니다. 바울은 로마 교회를 뒤에서 지원하고 있으며 하나님께서 그들의 삶에 믿음을 세우기 위해 행하시는 일에 자신도 헌신하고 있음을 이렇게 나름의 방식으로 알리고 있습니다.

셋째, 로마 교인들의 믿음은 일정 부분 눈에 보이게 드러나서 사람들이 알 수 있는 믿음이었습니다. "먼저 내가 예수 그리스도로 말미암아 너희 모든 사람에 관하여 내 하나님께 감사함은 너희 믿음이 온 세상에 전파됨이로다." 믿음은 눈에 보이지 않습니다. 믿음은 마음의 행위입니다(롬 10:9). 눈에 보이지 않는 것이 어떻게 널리 알려질 수 있을까요? 믿음은 눈에 보이는 순종으로 드러납니다. 나무는 그 열매로 알 수 있습니다. 그래서 바울은 더욱 감사하고 있는 것입니다. 그의 인생 사명은 믿음이라는 보이지 않는 마음의 행위를 열매로 드러내는 일뿐이 아니었습니다. (5절에 나오는) 바울의 인생 목적은 "온 세상 사람들을 믿음으로 순종하게" 하는 것이었습니다. 믿음이 로마에서 드러나서 알려졌고, 또한 사방에 널리 퍼졌습니다. 이것은 단순한 개인적 사건이 아니었습니다.

넷째, 바울은 믿음으로 순종의 열매를 맺은 사람들에 관해 하나님께 감사하고 있습니다. "내가 예수 그리스도로 말미암아 너희 모든 사람에 관하여 내 하나님께 감사함은." 바울은 로마 교인들이 믿음을 갖게 되고 눈에 보이는 순종으로 열매를 맺은 일로 인해 로마 교회에 감사하고 있지 않습니다. 바울은 하나님께 감사하고 있습니다. 이것은 5절에 나오는 바울의 사명 선언과 어떻게 연관되는 것일까요?

다음과 같습니다. 사명 선언에서 보면 바울은 "주의 이름을 위하여" 모든 이방인들이 믿음으로 순종하게 하기 위해 자신이 존재한다고 했습니다. 다시 말해, 바울의 부르심이 갖고 있는 궁극적인 목적은 믿음이 아니라 그리스도의 이름을 영화롭게 하는 것, 즉 하나님께 영광을 돌리는 것입니다(빌 1:11, 2:11, 벧전 4:11). 믿음은 최소 두 가지 방식으로 하나님을 영화롭게 합니다. 그 중 하나가 여기에서 암시되고 있는데, 믿음은 하나님의 선물이라는 것입니다. 그러므로 믿음을 주시는 분, 창조주 하나님이 영광을 받으십니다. 그래서 바울은 로마 교회와 관련해 하나님께 감사를 드렸던 것입니다. 그들이 지금의 그들이 된 것은 다 하나님의 은혜입니다. 그들의 삶에서 이루신 하나님의 역사 때문에 그들은 지금 모습과 같은 신자들이 되었습니다.

그 점을 정확히 확인하고 싶다면 로마서 6장 17절을 보시기 바랍니다. "하나님께 감사하리로다 너희가 본래 죄의 종이더니 너희에게 전하여 준 바 교훈의 본을 마음으로 순종하여." 감사는 하나님께 드려야 합니다. 여러분 자신이 아니라 하나님께 말입니다. 그럼 무엇을 감사드려야 합니까? 우리가 죄의 노예임에도 불구하고 순종하게 된 것을요? 우리는 어떻게 죄의 사슬에서 자유롭게 풀려나, 마음으로부터 기꺼이 믿음의 '순종'을 하게 된 것일까요? 그 답은 바로 하나님입니다. 바울이 에베소서 2장 8-9절에서 의미하는 바가 그것입니다. "너희는 그 은혜에 의하여 믿음으로 말미암아 구원을 받았으니 이것은 너희에게서 난 것이 아니요 하나님의 선물이라. 행위에서 난 것이 아니니 이는 누구든지 자랑하지 못하게 함이라."

우리는 그리스도인이라는 이유로 자랑해서는 안 됩니다. 오직 감사해야 합니다. 그래서 바울이 여기서 감사하고 있는 것입니다. 바울은 감사하는 중에 하나님께 모든 신뢰와 영광을 돌리고 있습니다. 이것은 바울이 "주의 이름을 위하여" 믿음으로 순종하게 하기 위해 자신이 존재한다는 5절의 인생 사명과도 연결됩니다. 바울은 8절에서는 온 세상에 알려진 순종의 믿음을 가진 백성들로 인해 하나님께 감사드림으로써 주의 이름을 높이고 영광을 돌립니다.

여기에서 반드시 깨달아야 할 것은 우리가 하는 사역의 가장 큰 목적이 바울의 그것과 같아야 한다는 점입니다. 즉 그리스도의 이름과 하나님의 영광을 위해 믿음으로 순종하게 하는 일을 행해야 한다는 것입니다. 조금 전에 믿음은 최소 두 가지 방식으로 하나님을 영화롭게 한다고 말씀드렸습니다. 한 가지는 방금 보았듯 하나님은 주시는 분이므로 주시는 분이 영광을 얻는다는 것입니다. 다른 한 가지는, 믿음은 그 속성상 하나님께 전적으로 의존하며 그분의 신실하심에 집중하도록 만든다는 것입니다. 그 점이 로마서 4장 20-21절에 잘 나와 있습니다. "[아브라함은] 믿음이 없어 하나님의 약속을 의심하지 않고 믿음으로 견고하여져서 하나님께 영광을 돌리며 약속하신 그것을 또한 능히 이루실 줄을 확신하였으니." 큰 역경 앞에서도 하나님의 약속을 신뢰할 때, 그것은 하나님의 신실하심과 진실하심에 영광을 돌리는 것입니다.

따라서 우리 베들레헴교회 성도들이 모든 일마다 하나님의 위대하심을 전파하려는 열정에 온전히 헌신하고자 한다면, 모든 일에 믿음으로 순종하게 하는 일에도 헌신해야 할 것입니다. 믿음은 그 믿음을 주시는 자에게서 나올 때, 그리고 그 믿음으로 하나님의 신실하심과 진실하심을 드러낼 때 하나님을 영화롭게 하기 때문입니다.

2. 이들을 위한 자신의 열망에 대해 하나님이 증인이 되어 주시기를 요청하다

이제 바울이 하나님의 영광을 위하여 로마 교회 사람들을 믿어 순종하게 하는 일에 헌신했다는 사실을 보여주는 두 번째 방법은 무엇이었을까요? 첫 번째는 그들에 관해 하나님께 감사드리는 것이라고 했습니다. 두 번째는 이들을 향한 바울의 간절함을 하나님이 증거해 주시기를 요청하는 데서 드러납니다.

> 내가 그의 아들의 복음 안에서 '내 심령으로'[in my spirit] 섬기는 하나님이 나의 증인이 되시거니와 항상 내 기도에 쉬지 않고 너희를 말하며 어떻게 하든지 이제 하나님의 뜻 안에서 너희에게로 나아갈 좋은 길 얻기를 구하노라. 내가 너희 보기를 간절히 원하는 것은 어떤 신령한 은사를 너희에게 나누어 주어 너희를 견고하게 하려 함이니 이는 곧 내가 너희 가운데서 너희와 나의 믿음으로 말미암아 피차 안위함을 얻으려 함이라.

제가 이해하기로 바울은 9절에서 하나님께 증인이 되어달라고 요청하고 있습니다. 오직 하나님만 보실 수 있는 부분, 즉 "바울의 심령 안에"(in Paul' s spirit) 있는 어떤 것에 대해 언급하고 있기 때문입니다. 바울은 "내 심령으로"(in my spirit) 복음을 섬긴다고 말합니다. 저는 그 부분을 영어 NIV 판에 나오는 "내 마음을 다해"(with all my heart)라는 의미나 NASB 판에 나오는 실제로 내 심령이 복음을 전한다(my spirit is really in the preaching of the gospel)

는 의미로 보지 않습니다. 여기서 바울이 의도하는 바는 그가 기도 가운데 복음을 섬기고 있으며 이 일은 어떤 사람도 볼 수 없고 오직 하나님만 보신다는 뜻인 것 같습니다. 따라서 그가 할 수 있는 일이란 하나님께서 모든 일에 증인이 되어달라고 간구하는 것입니다. 바울 사도의 끊임없는 영혼의 외침을 볼 수 있는 이는 오직 하나님뿐이시기 때문입니다. "내가 그의 아들의 복음 안에서 내 심령으로 섬기는[serve] 하나님이 나의 증인이 되시거니와 항상 내 기도에[in prayer] 쉬지 않고 너희를 말하며."

그런데 여기서 한 가지 의문점이 있습니다. 과연 바울은 어떻게 기도로 하나님을 섬겼을까요? (9절에 나오는) 바울의 대답은 그가 기도할 때 지속적으로 로마의 신자들을 언급한다는 것입니다. "쉬지 않고 너희를 말하며." 하지만 그들에 대해 언급할 때 대체 무슨 말을 한 것일까요? 이것이 핵심 질문입니다. 바울은 10절에서 이에 답합니다. "어떻게 하든지 이제 하나님의 뜻 안에서 너희에게로 나아갈 좋은 길 얻기를 구하노라." 바울이 기도할 때마다 쉬지 않는 것은 간절한 마음으로 로마 교회를 언급하는 것이며, 하나님이 보시기에 하나님의 주권에 합한 일이라면 — "하나님의 뜻 안에서"라는 부분을 주목하십시오— 자신을 로마로 보내달라고 간구하는 것이었습니다. 그런데 왜 그렇게 하는 걸까요? 더 핵심적인 질문은 이것입니다. 왜 바울은 로마에 가려고 했을까요?

바울의 대답을 보면 5절에 나온 그의 인생 사명이 그대로 떠오릅니다. 바울은 11절에서 로마로 가려고 하는 이유를 다음과 같이 말합니다. "어떤 신령한 은사를 너희에게 나누어 주어 너희를 견고하게 하려 함이니." 그렇다면 "너희를 견고하게 한다"는 것이 의미하는 바는 무엇일까요? 그 사람들의 믿음이 강해질 뿐 아니라 더욱 견고해져서 열매를 맺도록 한다는 의미입니다. (데살로니가전서 3장 2절과 연결되는 내용입니다.) 따라서 바울이 복음 안에서 심령으로 섬기는(9절) 방식은 자신이 로마 교회를 방문하여 믿음을 견고하게 할 수 있도록 지속적으로 기도하는 일이었음을 알 수 있습니다. 이것은 5절에 나오는 바울의 인생 사명, 즉 모든 이방인 중에서 믿어 순종하게 하는 것과도 같은 내용입니다. 믿음으로 순종하게 되려면 반드시 믿음이 성장하고 강건해져야 합니다. 그래서 바울은 하나님을 섬깁니다. 즉 로마 교회의 믿음을 위해 로마로 보내달라고 하나님의 도움을 간구함으로써 하나님을 영화롭게 하기를 구하는 것입니다(이것이 기도입니다!). 믿음으로 순종하게 하는 일이 여전히 주된 관심사입니다. 그리고 바울이 그 일을 가능하게 해달라고 하나님께 기도하며 의지하는 것으로 하나님의 이름은 높임을 받으십니다.

하지만 여기서 바울은 이렇게 말하는 것으로 끝내지 않습니다. 바울은 12절에서 덧붙이기를, 자신이 그토록 간절히 기도하는 이유를 분명하게 설명합니다. 바울의 믿음과 영적 은사로 말미암아 그들의 믿음이 굳건해지고 격려를 얻을 뿐 아니라, 그들의 믿음으로 말미암아 바울 자신의 믿음도 강건해지고 격려를 얻기 위해서입니다. 12절을 봅시다. "이는 곧 내가 너희 가운데서 너희와 나의 믿음으로 말미암아 피차 안위함을 얻으려 함이라."

정리하면, 바울의 인생 사명은 이방인들을 믿음으로 순종하게 하는 일입니다. 그리고 바울이 심령으로 하나님을 섬기는 방법은, 하나님이 그를 로마로 보내 주셔서 그들의 믿음을 굳건히 세우게 할 뿐 아니라 그들로 말미암아 자신의 믿음도 강해지게 해달라는 기도를 지속하는 것이었습니다.

3. 로마 교회가 믿음의 열매 맺는 것을 보기 원하다

바울이 하나님의 영광을 위하여 로마 교회 사람들을 믿어 순종하게 하는 일에 헌신했다는 사실을 보여주는 세 번째 방법은 13절에 나옵니다. 이는 그가 로마 교회를 방문하려고 자주 시도했던 이유이기도 합니다. "형제들아 내가 여러 번 너희에게 가고자 한 것을 너희가 모르기를 원하지 아니하노니 이는 너희 중에서도 다른 이방인 중에서와 같이 열매를 맺게 하려 함이로되."

무슨 열매입니까? 지금까지 일관되게 언급했던 그 열매, "믿음의 순종"을 이루는 믿음의 열매입니다. 바울은 로마서 6장 22절에서도 이와 같은 방식으로 '열매'라는 단어를 사용하고 있습니다. "그러나 이제는 너희가 죄로부터 해방되고 하나님께 종이 되어 거룩함에 이르는 열매를 맺었으니 그 마지막은 영생이라."

결론 : 바울이 자신의 인생 사명을 말하는 방식

바울은 로마의 그리스도인들과 관련해 자신의 인생 사명을 이루기 위해 온전히 헌신하고 있음을 지금까지 언급한 세 가지 방법으로 강조합니다. 그의 인생 사명은 하나님의 영광을 위해 믿어 순종하게 하는 것입니다(5절). 바울은 8절에서 로마 교회의 살아 있는 믿음이 순종으로 드러나 널리 알려진 것으로 인해 하나님께 감사드림으로써 이것을 강조합니다. 그리고 여기서 하나님의 이름이 높임을 받으십니다. 믿음이라는 보화를 주신 하나님만이 우리의 감사를 받을 분이시기 때문입니다.

바울은 9-12절에서는 아무도 볼 수 없는 바울의 내적 섬김, 즉 자신을 로마로 보내어 사람들의 믿음을 굳건하게 하고 자신의 믿음도 강건해지도록 해달라고 지속적으로 기도한 것에 대해 하나님이 증인이 되시기를 요청함으로써 자신의 헌신을 강조하고 있습니다. 여기서 다시 한 번 바울의 목표는 강한 믿음임을 알 수 있으며, 그가 로마로 가서 이들의 믿음을 세울 수 있도록 신령한 은사를 나누게 해달라고 온전히 의지할 대상이 오직 하나님이시기에, 하나님은 영광을 받으셔야 합니다.

마지막으로 바울은 자신의 사명이 하나님의 영광을 위하여 믿음으로 순종하게 하는 일이라는 사실을 13절에서도 강조하고 있습니다. 그가 오랫동안 로마에 가려고 한 이유가 다른 이방인들에게서와 마찬가지로 그들에게서도 '열매'를 맺게 하기 위해서였다는 것입니다. 그 열매는 믿음의 열매, 즉 '믿음의 순종'을 의미합니다. 여기서 우리가 얻는 교훈은 분명합니다. 우리가 모든 사람의 기쁨을 위하여 모든 일에서 최고의 하나님을 섬기는 일에 헌신하고 있다면 또한, 우리 각자와 이웃과 열방 가운데 '믿음의 순종'이 일어나도록 헌신해야 한다는 사실입니다.

10장
신령한 은사를 통한 믿음의 순종
로마서 1:8-15

먼저 내가 예수 그리스도로 말미암아 너희 모든 사람에 관하여 내 하나님께 감사함은 너희 믿음이 온 세상에 전파됨이로다. 내가 그의 아들의 복음 안에서 내 심령으로 섬기는 하나님이 나의 증인이 되시거니와 항상 내 기도에 쉬지 않고 너희를 말하며 어떻게 하든지 이제 하나님의 뜻 안에서 너희에게로 나아갈 좋은 길 얻기를 구하노라. 내가 너희 보기를 간절히 원하는 것은 어떤 신령한 은사를 너희에게 나누어 주어 너희를 견고하게 하려 함이니 이는 곧 내가 너희 가운데서 너희와 나의 믿음으로 말미암아 피차 안위함을 얻으려 함이라. 형제들아 내가 여러 번 너희에게 가고자 한 것을 너희가 모르기를 원하지 아니하노니 이는 너희 중에서도 다른 이방인 중에서와 같이 열매를 맺게 하려 함이로되 지금까지 길이 막혔도다. 헬라인이나 야만인이나 지혜 있는 자나 어리석은 자에게 다 내가 빚진 자라. 그러므로 나는 할 수 있는 대로 로마에 있는 너희에게도 복음 전하기를 원하노라. _롬 1:8-15

어떻게 빚을 지는가?

잠시 저와 함께 14절 말씀에 집중해 봅시다. "헬라인이나 야만인이나 지혜 있는 자나 어리석은 자에게 다 내가 빚진 자라." 글자 그대로 말해 "나는 빚쟁이다"(debtor, 영어 KJV 판)입니다. 무엇을 빚진 것일까요? 다음 구절을 보면 그 답이 나와 있습니다(15절). "그러므로 나는 할 수 있는 대로 로마에 있는 너희에게도 복음 전하기를 원하노라." 그 빚이란 복음을 전하는 일인 듯 보입니다. 그것이 바울의 의무 혹은 빚입니다.

14절("헬라인이나 야만인이나 … 다 내가 빚진 자라")에서 제가 특히 '빚진 자'라는 말에 주목하려는 이유는 우리가 어떻게 그런 빚을 지고 빚을 갚는지 생각해 보기 위함입니다.

1절에서 바울이 자신을 "사도로 부르심을 받아[called] 하나님의 복음을 위하여 택정함"을 입었다고 했고, 5절에서는 "은혜와 사도의 직분을 받아[received] 그의 이름을 위하여 모든 이방인 중에서 믿어 순종하게" 한다고 말했는데 그보다 더 분명한 사실이 무엇이냐고 반문하실 분이 있을지도 모르겠습니다. 맞습니다. 바울에게는 이방인에게 복음을 전하고 믿음의 순종을 일깨우라는 부르심을 받은 사도로서의 의무가 있습니다. 이것은 부활하신 그리스도의 명령으로 생겨난 의무입니다. 마찬가지로 우리에게도 주께서 말씀하신 일을 감당해야 하는 의무가 있습니다.

다 맞는 말입니다. 하지만 바울은 자신의 부르심에 대해 그것이 명령이 아니라 오히려 은혜라고 강조합니다. 5절을 보십시오. "그로 말미암아 우리가 은혜와 사도의 직분을 받아 그의 이름을 위하여 모든 이방인 중에서 믿어 순종하게 하나니." 따라서 제 생각에는 '그리스도께서 말씀하셨으니 당연히 한다. 그것이 우리의 의무이고 빚이다'라는 단순한 논리 이상의 깊은 것이 있지 않을까 질문해 보는 것이 도움이 될 것 같습니다.

빌려서 빚지기, 훔쳐서 빚지기

14절에서 바울은 하나님이 아니라 사람들에게 빚진 자라고 말하고 있는 점에 유의합시다. "헬라인이나 야만인이나 … 다 내가 빚진 자라." 통상 누군가에게 무엇을 빌렸을 때 빚을 지게 됩니다. 하지만 헬라인과 야만인들은 바울에게 무엇을 빌려준 적이 없습니다. 즉 주변 나라들이 바울에게 돌려받을 무언가를 빌려준 상황이 아닙니다. 지금 이 구절이 말하는 바는, 하나님이 바울에게 무언가를, 즉 은혜를 거저 주신 상황입니다(5절 "우리가 은혜를 받아"). 구원의 은혜와 사도가 되는 은혜를 모두 주신 것이지요. 하지만 우리가 하나님께 은혜를 받는다고 해서 하나님께 빚진 자가 되지는 않습니다. 은혜는 빚처럼 빌려 주거나 갚는 것이 아니니까요. 실제로 그럴 수도 없고 그래서도 안 됩니다. 그렇지 않다면 은혜는 더 이상 은혜가 될 수 없는 법입니다. 제가 여러분에게 공짜로 선물을 주었는데 여러분이 저에게 돈을 주겠다고 하면, 그것은 선물이 아니라 돈 주고 구입한 물건이 되는 것입니다. 그러므로 이런 의미에서 볼 때 은혜는 빚을 지도록 만들지 않습니다.

사실 은혜의 가장 좋은 점은 빚을 갚아준다는 데 있습니다. 우리는 하나님께 빚진 자입니다(마 6:12, "우리가 우리에게 죄 지은 자〔빚진 자〕를 사하여 준 것 같이 우리 죄〔빚〕를 사하여 주시옵고." 영어로는 죄지은 자를 debtor〔빚진 자〕로, 죄를 debt〔빚〕로 표현한다—옮긴이). 하나님의 은혜는 빚(죄)을 탕감해 줍니다. 우리가 하나님께 빚진 자(죄인)가 되는 이유는 하나님이 우리에게 은혜를 주셔서가 아니라 우리가 그분의 영광을 도둑질했기 때문입니다. 도둑질 역시 우리를 빚지게 만듭니다. 하나님의 영광을 우리가 향유할 보화로 보는 대신 우리가 원하는 다른 것으로 대체한 것입니다(롬 1:23, 3:23). 결국 우리가 도둑질한 것이지요. 그것이 죄의 본질입니다. 그래서 우리가 하나님께 일종의 빚을 지게 되는 것입니다.

그러므로 복음 안에서 하나님으로부터 우리에게 은혜가 임할 때 우리가 하나님께 지불해야 할 빚이 탕감됩니다. 은혜는 우리를 하나님 앞에 빚진 자로 만들지 않습니다. 하지만 은혜는 우리처럼 은혜가 필요한 다른 사람들에게 우리를 빚진 자로 만듭니다. 바울이 14절에서 강조하는 바가 그것입니다. "나는 구원의 은혜와 사도직의 은혜를 받았다. 그래서 지금 나는 헬라인과 야만인들에게 빚진 자가 되었다. 내가 그들에게 빚진 것은 은혜의 복음이다. 그것이 나의 빚이다."

우리가 진 빚은 은혜의 복음이다

왜 그런 것일까요? 그 답은 이렇습니다. 끔찍한 재앙에서 벗어날 수 있는 기쁜 소식을 들었다면, 우리는 그 소식을 다른 사람에게 전하여 그들도 재앙에서 벗어나도록 해야 하는 빚을 지게 되는 것입니다. 즉 그들에게 빚진 자가 되는 겁니다. 왜 그렇습니까? 복음의 기쁜 소식을 자기만 알고 있는다면, 그래서 마치 나는 복음을 받을 자격이 있으나 그들은 자격이 없다는 식이 돼버린다면, 결국 나는 은혜를 모르는 자임을 드러내는 것이니까요. 그러므로 우리를 흑암에서 불러내고(6절) 영원한 사랑의 언약을 주신 (7절) 하나님의 은혜에는 명령도 담겨 있는 셈입니다. 우리는 그 은혜를 받을 자격이 없었습니다.

따라서 나는 자격이 있지만 다른 사람들은 자격이 없다는 듯이 은혜를 전하지 않는다면, 나는 세상을 향한 채무를 불이행한 셈이 되고 사실상 은혜가 무엇인지 모르는 사람이 되고 맙니다. 은혜는 말로 표현할 수 없을 만큼 귀합니다. 죄인을 위한 유일한 소망입니다. 우리는 하나님께 은혜를 받을 자격이 없습니다. 어떤 인간도 우리로부터 그 은혜를 전해 받을 자격이 없습니다. 하지만 우리에게 거저 주신 은혜이므로, 우리가 거저 나눠 주어야 하는 빚입니다.

바울이 14절에서 자신이 "헬라인이나 야만인이나 지혜 있는 자나 어리석은 자에게" 빚진 자라고 강조하는 이유가 그것입니다. 문화나 지식이나 교육이 은혜의 복음을 받을 수 있는 자격이 되지 않습니다. 미개하고 교육을 받지 못한 문맹인이라고 해서 은혜의 복음을 받을 자격에 미달하는 것이 아닙니다. 은혜에 있어서는 아무런 자격 요건이 없습니다.

누구도 은혜 받을 자격은 없다

자격이 있는 사람들이라면 바울은 그들에게 빚진 자가 아닙니다. 하지만 은혜 받을 자격이 있는 사람은 아무도 없습니다. 받을 자격이 있다면 그것은 더 이상 은혜가 아니니까요. 바울이 헬라인과 야만인에게 빚진 자인 이유는 그 자신 역시 받을 자격이 없는

데도 은혜가 임했고, 앞으로도 그의 삶에 장래의 은혜가 물결처럼 날마다 끊임없이 임할 것이기 때문입니다(고전 15:10). 그러므로 바울보다 자격이 더 많거나 더 부족한 사람은 없다는 말이 됩니다. 그래서 바울은 모든 사람에게 빚진 자가 되는 것입니다.

과거와 장래의 인생에 철저히 거저 주어진 은혜의 실체가 우리를 사로잡는다면, 세상은 얼마나 달라지겠습니까! 오늘 그 말씀을 깊이 묵상하기 바랍니다. 인종주의, 민족갈등, 자기 의(義)에서 비롯된 모든 것들, 이기적인 결혼 생활 등에 관해 이 말씀이 의미하는 바를 생각해 보시기 바랍니다. 내가 은혜의 복음을 얼마나 값없이 나누었는지 그것이 의미하는 바도 생각해 보십시오. 오, 주님. 우리의 마음을 더욱 더 열어주셔서 그리스도의 것으로 부름 받고 하나님의 사랑을 (영원히) 입는다는 것이 얼마나 놀라운 일인지 느끼게 하여 주시옵소서. 그리고 그 모든 것이 우리 안에 특별한 게 있어서가 아니라 주께서 정말로 값없이 주신 은혜 때문이라는 것을 깨닫게 해주시옵소서.

여러분, 지금부터 잠시 동안만이라도 제가 말씀드린 바를 생각해 보는 시간을 갖기 바랍니다.

믿는 자들에게 은혜의 복음을 전하다

저는 죄인을 위해 십자가에 죽으시고 죽음에서 살아나신 예수님으로 인해 좋은 소식이 되고(고전 15:1-4), 이후로도 우리에게 날마다 값없이 내려주시는 은혜의 복음을 여러분 앞에 말씀드리면서 한 가지 확신이 들었습니다. 여러분이 은혜의 복음을 이해한다면 —정말로 이해한다면— 그리고 복음을 믿고 신뢰하고 귀하게 여기고 그 은혜 안에 살아간다면, 인종주의나 교만, 자기 의, 결혼 생활과 같은 영역에서 여러분의 삶에 엄청난 변화가 있을 것이라고 말입니다.

한 마디로 말해, 저는 여러분에게 은혜의 복음을 설교했습니다. 그리고 여기서 제가 목표하는 바는 '믿음의 순종' 입니다. 즉 하나님의 은혜에 대한 믿음에서 우러나오는 겸손과 친절과 용기와 인내와 사랑입니다. 그 사실에 주목하는 것이 왜 중요할까요?

15절의 내용은 바울이 로마에서 하고 싶은 일이 과연 맞는지 생각하며 보시기 바랍니다. 14절에서는 모든 이방인 사회의 여러 계층에게 자신이 빚진 자라고 했는데, 그 다음에는 이렇게 말하고 있습니다. "그러므로 나는 할 수 있는 대로 로마에 있는 너희에게도 복음 전하기를 원하노라." 바울은 로마에 있는 그리스도인들에게 복음을 전하기를 간절히 바라고 있습니다.

보통의 경우 우리는 이미 믿고 있는 자들에게 복음을 전한다는 생각은 하지 않습니다. 믿지 않는 사람들에게 전합니다. 하지만 저는 믿는 자들에게 복음을 설교합니다. 따라서 여러분은 바울이 로마에서 하려고 하는 15절 내용을 이상하게 여기지 않았으면 좋겠습니다. 5절에 따르면 바울의 목적은 이방인들을 믿음의 순종으로 이끄는 것입니다. 베들레헴교회에서 목회하는 저의 목적도 그와 동일합니다. 믿어 순종하게 하는 것입니다. 그렇다면 이 순종은 어떻게 만들어집니까? 믿음을 통해서 만들어집니다. 그리스도를 통해 주어지는 하나님의 값없는 은혜에 대한 믿음 말입니다. '믿음의 순종(믿어 순종하게 하는 것)' 이라고 말하는 이유가 거기에 있습니다. 하지만 그러한 믿음은 어디서 나옵니까? 복음을 통해서 옵니다. "그러므로 믿음은 들음에서 나며 들음은 그리스도의 말씀으로 말미암았느니라"(롬 10:17).

우리의 믿음은 은혜의 복음에서 시작되며, 그리스도인으로서의 삶 역시 계속해서 주어지는 동일한 은혜의 복음으로 말미암아 지속됩니다. 로마서 15장 15-16절을 보시기 바랍니다. "그러나 내가 너희로 다시 생각나게 하려고 하나님께서 내게 주신 은혜로 말미암아 더욱 담대히 대략 너희에게 썼노니, 이 은혜는 곧 나로 이방인을 위하여 그리스도 예수의 일꾼이 되어 하나님의 복음의 제사장 직분을 하게 하사 이방인을 제물로 드리는 것이 성령 안에서 거룩하게 되어 받으실 만하게 하려 하심이라."

믿어 순종하게 하다

여기서 바울은 그가 단지 복음을 (모르는 사람들에게) 처음으로 전하는 믿음 사역에만 (이것도 매우 중요한 일이지만) 관심이 있는 것이 아니라고 말합니다. 바울은 거룩하게 된 이방인을 하나님께 제물로 드리는 일, 즉 이방인들이 믿어 순종하게 하는 일(1:5)에 관심이 있다고 말합니다. 그리고 (로마서 15장 16절에 따르면) 바울은 "하나님의 복음의 제사장 직분"을 감당하는 것, 즉 하나님의 은혜의 복음을 전함으로써 이 목표를 이루려 하고 있습니다. 말하자면, 회심하게 하는 것(convert)도 은혜의 복음이며, 거룩하게 하는 것(sanctify)도 은혜의 복음이라는 것입니다. 우리도 복음을 듣지 못한 사람들에게 처음으로 복음을 전해야 하겠지만, 동시에 값없이 주신 은혜의 복음이 지닌 의미와 뜻을 날마다 사람들에게 '다시 생각나게' 하는 일에도 힘써야 합니다(15:15).

따라서 은혜의 복음(행 20:24)은 믿지 않는 자들에게도 전하지만 믿는 자들에게도 전해야 합니다. 그래서 바울은 로마서 1장 15절에서 이렇게 말했습니다. "나는 할 수 있는 대로 로마에 있는 너희에게도 복음 전하기를 원하노라." 그들을 구원하려는 목적이 아니라, 거룩하게 함으로써 구원을 지키도록 하려는 목적입니다. 우리의 믿음은 은혜의 좋은 소식에서 비롯됩니다. 그리고 순종은 믿음에서 나옵니다. 그러므로 믿어 순종하게 하려면 반드시 은혜의 복음을 날마다 계속 들어야 합니다.

지금까지 두 가지를 살펴보았습니다. 첫째, 바울은 하나님의 은혜로 값없이 복음과 사도직을 받았으므로 헬라인과 야만인들에게 빚진 자입니다. 그 빚을 갚지 않는다면, 마치 자신은 받을 자격이 있으나 그들은 자격이 없다는 식으로 복음을 취급하는 것이나 다름없습니다. 이는 은혜의 복음을 거부하는 것이나 마찬가지입니다. 둘째, 은혜의 복음은 믿는 자나 믿지 않는 자 모두에게 전해야 합니다. 값없이 주시는 은혜에 대한 믿음은 구원에 이르게 하고 또한 거룩하게 하기 때문입니다. 값없이 주시는 은혜의 복된 소식은 믿음을 가져오고 또한 순종에 이르게 합니다. 이 모든 일은 하나님의 영광을 위한 것입니다(1:5). 은혜를 주시는 자가 영광을 받으셔야 하기 때문입니다.

설교자만이 은혜의 복음을 전하는가?

마지막 질문입니다. 설교자들만 은혜의 복음을 전하는 것으로 교회가 할 일을 다 하는 것일까요? 존 파이퍼 목사만 은혜의 복음을 전하는 것으로 베들레헴교회에서 믿음의 순종이 잘 이뤄지고 있다고 말할 수 있을까요?

저는 11-12절 말씀 이면에 제기된 것이 바로 이 질문이 아닐까 생각합니다. "내가 너희 보기를 간절히 원하는 것은 어떤 신령한 은사를 너희에게 나누어 주어 너희를 〔즉 너희의 믿음과 믿음의 순종이〕 견고하게 하려 함이니 이는 곧 내가 너희 가운데서 너희와 나의 믿음으로 말미암아 피차 안위함을 얻으려 함이라."

바울이 말하는 바가 무엇일까요? 그는 이렇게 말하고 있습니다. "그렇습니다. 나는 하나님의 은혜의 복음을 가지고 갑니다. 나는 믿음으로 그 은혜 안에 서 있고, 그 은혜의 능력으로 살아갑니다. 믿음으로, 나는 가르침과 설교 같은 신령한 은사와 다른 은사들을 통해 여러분과 그 은혜를 나누려 합니다. 하지만 여러분도 같은 은혜 안에 서 있음을 아십시오. 여러분 역시 그 능력으로 살아갑니다. 여러분 역시 성령의 은사를 가지고 있습니다. 그러므로 나와 여러 사람들과 더불어 하나님의 은혜를 나눕시다. 그래서 서로 믿음을 강하게 세우고 위로를 얻도록 합시다. 그래서 교회와 온 세상에서 믿음으로 순종하게 하는 일들이 넘쳐나도록 합시다."

앞서 던진 질문에 대한 대답은 '아니요' 입니다. 교회 안에서 한 사람만 하나님의 은혜의 복음을 전하는 것으로는 믿음의 순종을 온전히 이루는 일에 충분하지 않습니다. 그래서 우리 베들레헴교회에서는 소그룹 모임을 중요하게 여깁니다. 소그룹이야말로 11-12절에 나오는 일이 일어나는 주된 장소입니다. 교회 안에서 믿음의 순종(=사랑)이 일어나게 하는 것은 모든 그리스도인이 하나님의 은혜를 귀하게 여기고 신령한 은사를 통해 서로 나누게 하려는 하나님의 구상입니다.

그러므로 바울은 로마서 12장 6-8절에서 이렇게 말합니다. "우리에게 주신 은혜대로 받은 은사가 각각 다르니 혹 예언이면 믿음의 분수대로, 혹 섬기는 일이면 섬기는 일로, 혹 가르치는 자면 가르치는 일로, 혹 위로하는 자면 위로하는 일로, 구제하는 자는 성실함으로, 다스리는 자는 부지런함으로, 긍휼을 베푸는 자는 즐거움으로 할 것이니라." 신령한 은사는 하나님의 이름을 위하여 믿음으로 순종하게 하기 위해 몸을 세우도록 교회에 허락하신 은혜의 다양한 형태입니다.

각각 받은 다양한 은사를 사용하기

베드로는 베드로전서 4장 10절에서 이같이 말하고 있습니다. "각각 은사를 받은 대로 하나님의 여러 가지 은혜를 맡은 선한 청지기 같이 서로 봉사하라." 하나님의 은혜는 다양한 형태와 방법으로 교회에 임합니다. 사람들 수만큼이나 다양합니다. 또한 믿음으로 순종하는 일에 은혜를 활용하는 것도 신령한 은사의 역할입니다.

따라서 가장 위대한 편지인 로마서의 첫머리에서, 바울이 우리에게 영적인 은사를 언급하고, 또한 하나님의 은혜 때문에 우리 모두가 지혜로운 자나 어리석은 자에게, 그리고 교회 밖의 믿지 않는 자들이나 교회 안의 각 사람에게 서로 빚진 자라는 사실을 상기시키고 기도하게 하는 것은 전혀 놀랍지 않습니다. "피차 사랑의 빚 외에는 아무에게든지 아무 빚도 지지 말라"(롬 13:8).

여기에 모든 것이 요약되어 있습니다. "은혜는 하나님이 우리를 그의 것으로 부르시고 사랑하셨을 때에 아무 조건 없이 철저히 거저 주신 것입니다"(1:6-7). 이 은혜가 우리처럼 은혜가 필요한 모든 이들에 대해 우리를 빚진 자로 만들었습니다. 우리가 받은 은혜를 나누지 않는다는 것은 우리에게만 복음을 받을 자격이 있을 뿐 그들에게는 없다는 의미가 되며, 이는 결국 은혜를 무효화시키는 행위이기 때문입니다. 또한 우리가 나누는 것은 거저 주시는 위대한 은혜의 복음입니다. 우리가 다른 사람에게 빚을 갚는 방법은 이것입니다. 거저 받았으니, 거저 주는 것입니다. 또한 하나님 은혜라는 좋은 소식을 나누는 방법 중 하나는 신령한 은사를 활용하는 것입니다. 교회가 소그룹 안에서 지체로서의 삶을 나누고, 그 안에서 모든 교인들이 주의 이름을 위해 믿음의 순종을 이루는 은혜의 청지기가 된다는 것을 깨닫는 것이 얼마나 중요한지 모릅니다.

11장

교만한 자들은 감사하지 않는다

로마서 1:16-23

내가 복음을 부끄러워하지 아니하노니 이 복음은 모든 믿는 자에게 구원을 주시는 하나님의 능력이 됨이라. 먼저는 유대인에게요 그리고 헬라인에게로다. 복음에는 하나님의 의가 나타나서 믿음으로 믿음에 이르게 하나니 기록된 바 오직 의인은 믿음으로 말미암아 살리라 함과 같으니라. 하나님의 진노가 불의로 진리를 막는 사람들의 모든 경건하지 않음과 불의에 대하여 하늘로부터 나타나나니 이는 하나님을 알 만한 것이 그들 속에 보임이라. 하나님께서 이를 그들에게 보이셨느니라. 창세로부터 그의 보이지 아니하는 것들 곧 그의 영원하신 능력과 신성이 그가 만드신 만물에 분명히 보여 알려졌나니 그러므로 그들이 핑계하지 못할지니라. 하나님을 알되 하나님을 영화롭게도 아니하며 감사하지도 아니하고 오히려 그 생각이 허망하여지며 미련한 마음이 어두워졌나니 스스로 지혜 있다 하나 어리석게 되어 썩어지지 아니하는 하나님의 영광을 썩어질 사람과 새와 짐승과 기어다니는 동물 모양의 우상으로 바꾸었느니라.
_롬 1:16-23

로마서 1장 18-23절은 복음의 능력 아래로 들어오지 않은 모든 인간의 보편적 실체를 묘사하고 있습니다. 이들은 피조물을 통해 하나님에 대한 진리를 알고 있으면서도 본성상 진리를 강하게 거부하고 도리어 억압합니다(18절). 죄를 사랑하는 사람들은 빛을 싫어하고, 자신의 행위가 드러날까 봐 빛으로 나아오지 않습니다(요 3:20). 하지만 하나님의 진리의 빛은 예수 그리스도의 복음 안에서 계속 빛나며(고후 4:4-6), 복음 밖에 있는 사람들을 위해 모든 피조물 가운데서도 드러납니다.

피조물은 모든 감사를 받으실 하나님을 드러낸다

하늘은 하나님의 영광을 선포하고 궁창도 그분의 놀라운 솜씨를 알려줍니다. 낮이 이 사실을 낮에게 말하고 밤도 이 지식을 밤에게 전하고 있습니다(시 19:1-2). 하나님이 세상을 창조하신 그때부터 그분의 보이지 않는 속성, 곧 그분의 영원하신 능력과 신성이 그분이 만드신 만물을 통해 분명히 나타나서 알 수 있게 되었으므로 이제 사람들은 변명할 수가 없습니다(롬 1:20).

피조물은 눈부신 신학 교본이다

하나님의 은혜로 진리를 사랑하고 억압하지 않기를 원하는 사람들에게 모든 피조물은 뛰어난 신학 교본 역할을 합니다. 모든 피조물은 천지를 창조한 무한히 경이로운 존재, 즉 하나의 신적 존재가 있다는 열린 생각을 가르쳐 줍니다. 또 그 존재는 놀라운 능력을 갖고 있고 영원하다는 것도 가르쳐 줍니다. 분자로 구성된 세상과 눈부신 은하계의 구조와 질서는 분명 우주를 기획한 건축자가 있음을 보여줍니다. 그가 이 모든 만물의 건축자라면, 그는 다른 어떤 존재로 인해 비롯된 존재가 아니며 그 자체로 영원합니다. 이런 영원한 힘과 무한한 능력을 지닌 만물의 창조자가 피조물이라는 교본을 통해 명백히 드러납니다. 하지만 그것이 우리가 이 교본에서 읽을 수 있는 전부는 아닙니다.

만물을 창조한 전능하고 영화로운 하나님이 존재한다면 저도 그분의 피조물이 됩니다. 저에게 있는 모든 것도 그분에게서 나온 것입니다. 모든 인간에게 생명과 호흡과 모든 것을 준 이는 다름 아닌 그 창조자가 아니겠습니까?(행 17:25) 피조물이라는 교본이 제시하는 거부할 수 없는 논리 앞에서 저는 이 모든 것이 선물이라는 사실을 인정하지 않을 수 없습니다. 창조자가 저에게 무언가를 빚지고 있다는 생각은 품을 수조차 없습니다. 과연 제가 먼저 창조자에게 무언가를 드릴 수 있을까요? "이는 만물이 주에게서 나오고 주로 말미암고 주에게로 돌아감이라"(롬 11:35-36). 저는 제 것이 아니라 저를 만드신 이의 소유입니다. 그분으로 인해 지금 제가 존재하고 있으므로 반드시 그분을 위해 존재해야 합니다.

그렇다면 저는 언제 저의 창조자에게 드릴 수 있을까요? 온 세상과 그 안에 있는 것이 다 그분 것이므로 혹 그분이 배가 고프시다 하더라도 저에게 말씀하지는 않을 것입니다. 공중의 새와 들판의 벌레와 언덕의 짐승들이 모두 그분의 것입니다(시 50:10-12). 그 모든 것이 하나님의 소유입니다. 저는 그분을 더 개선시킬 수 없습니다. 더 풍성하게 해드리거나 무엇을 보탤 수도 없습니다. 저는 절대적으로 그리고 필연적으로 늘 받는 자입니다. "무엇이 부족한 것처럼 사람의 손으로 섬김을 받으시는 것이 아니니"(행 17:25). 그렇다면 저는 그분을 위해 어떻게 살아야 합니까? 어떻게 그분을 기쁘시게 할 수 있을까요?

피조물이 전하는 메시지, 감사

그에 대한 답 역시 우리의 양심에 비친 피조물의 교본에 적혀 있습니다. 그분께 드리는 감사입니다! 하나님의 영광에 내가 무언가를 보탤 수 없다면 그저 그 영광을 높이면 됩니다. 이 감사는 우리의 선택사항이 아니라 당위입니다. 이 모든 것을 만드신 놀랍고 무한한 능력의 하나님이 계시다면 피조물이 마땅히 해야 할 숙명은 그분의 영광을 찬양하기 위해 사는 것입니다. 우리는 온 세상으로 하여금 그분의 능력과 영광을 알게 하고 사랑하게 하려는 창조주의 목적에 동참해야 합니다. 한낱 피조물이 어떻게 창조주의 영광을 높일 수 있을까요? 그에 대한 답은 우리 모두가 알고 있습니다. 창조주의 영광을 귀히 여기고 감사하는 존재가 됨으로써 그분의 영광을 높이는 것입니다. "감사로 제사를 드리는 자가 나를 영화롭게 하나니"(시 50:23).

감사는 하나님을 영광스럽게 합니다. 감사는 인간의 마음 깊은 곳에서 울려 나오는 은혜의 메아리입니다. 감사는 값없이 주신 선물을 받아들이는 당당한 고백이며, 우리 힘으로 살 수 없는 것을 소중히 간직하고 있다는 진실한 선포입니다. 그러므로 감사는 거저 주시는 하나님의 은혜를 높이고, 가난하여 기꺼이 받아들이려는 겸손한 마음을 표현해 줍니다.

피조물이라는 교본을 정직한 마음으로 읽는 것만으로도 하나님을 알 수 있고 우리의 본분을 알 수 있다는 것은 굉장한 일입니다. 피조물이라는 교본은 만물을 창조한 무한하고 경이로운 존재가 계심을 알려줄 뿐 아니라, 그분이 영원한 능력으로 우리에게 생명과 호흡과 모든 것을 주셨으므로 우리가 할 일은 밤낮으로 마음에서 우러나오는 감사를 드리고 그분께 영광을 돌리는 일임을 가르쳐 줍니다. 자신이 살고 있는 세상의 이런 실체를 인정하는 사람이라면 하나님의 영광을 높이고 감사하기 위해 성경을 들여다볼 필요는 없습니다. 하늘을 보고 자기 마음을 보면 거기에 다 나와 있기 때문입니다. 하지만 그렇게 하는 사람은 하나도 없습니다.

부르심에 이르지 못하는 인간

사람들은 하나님을 알면서도 그분을 하나님으로서 영광스럽게 하지 않고 감사하지도 않으며 그들의 생각은 쓸모없고 그들의 어리석은 마음은 어두워졌습니다(롬 1:21). 그들은 스스로 지혜로운 체하지만 사실은 어리석어서 영원히 살아 계시는 하나님을 섬기지 않고 오히려 썩어 없어질 사람이나 새나 짐승이나 기어다니는 동물 형상의 우상을 섬기고 있습니다(롬 1:22-23).

하나님의 영광을 다른 것으로 바꾸는 죄

모든 인간이 하나님의 영광에 이르지 못한다는 로마서 3장 23절의 내용이 로마서 1장 23절에 설명되어 있습니다. 즉 모든 인간이 하나님의 영광을 우상으로 바꾸었다는 의미입니다. 따라서 죄의 의미는 다음과 같이 간단히 표현할 수 있습니다. 죄란 하나님의 영광이라는 다이아몬드를 교만이라는 전당포에 저당 잡히고 자기 의존(self-reliance)이라는 금이 간 대리석으로 바꾸는 일입니다. 22-23절을 주의해서 봅시다. "스스로 지혜 있다 하나 어리석게 되어 … 하나님의 영광을 우상으로 바꾸었느니라." 인간은 영원한 능력과 모든 영광의 창조주로부터 나온 피조물이며 그 어떤 것보다 그분의 영광을 높이고 매일 마음 깊은 곳에서 감사를 드려야 한다는 사실을 온 우주의 피조물들은 증거하고 있습니다. 하지만 웬일인지 인간의 마음은 그 진리를 거부하고 억압하며(18절) 때로는 25절의 말씀처럼 반응합니다. "하나님의 진리를 거짓 것으로 바꾸어." 왜일까요? 우리 자신이 지혜롭게 보이고 싶기 때문입니다. "스스로 지혜 있다 하나 어리석게 되어 … 하나님의 영광을 우상으로 바꾸었느니라."

피조물의 교훈을 싫어하는 교만한 사람들

인간의 마음이 피조물이 가르치는 진리를 싫어하는 이유는 그것이 너무 초라해 보이기 때문입니다. 온 세상 피조물들은 하나님께 영원한 능력이 있고, 그분이 무한히 경이로운 존재이며, 만물의 창조자이심을 외치고 있습니다. 인간은 우리의 생명을 창조하고 유지시키시는 그분의 절대적인 자유 선택에 철저히 의지할 수밖에 없으므로, 우리 자신이 아닌 하나님께 영광을 돌리고 감사를 드려야 마땅합니다. 우리 자신의 공으로 돌려서는 안 됩니다.

하지만 교만한 자들은 감사를 이야기하지 않습니다. 감사는 인간의 마음 깊은 곳에서 울려 나오는 은혜의 메아리입니다. 하지만 교만한 자들은 은혜를 필요로 하지 않습니다. 하나님 없는 인간의 마음은 공허할 뿐임을 인정하지 않습니다. 스스로 지혜가 충만하다고 생각합니다! 그래서 이 말씀처럼 행합니다. "스스로 지혜 있다 하나 어리석게 되어 … 하나님의 영광을 우상으로 바꾸었느니라." 교만한 자는 입을 벌려 감사를 말하지 않습니다. 입은 굳게 다문 채, 하나님의 영광이라는 다이아몬드를 집어 들고서는 교만의 전당포로 들어가 저당 잡힌 뒤 자기 의존이라는 금이 간 대리석으로 바꿔옵니다. 그런 다음 이 보잘것없는 우상을 집에 가지고 가서 마음 중심에 잘 세워두고는 날마다 몇백 번이고 다른 방법으로 그 앞에 머리를 조아립니다. "하나님을 알되 하나님을 영화롭게도 아니하며 감사하지도 아니하고 오히려 그 생각이 허망하여지며 … 스스로 지혜 있다 하나." 교만한 자들은 감사하지 않습니다.

누구도 비난의 손가락질을 하지 못한다

여기서 우리가 경계할 점은 매들린 머레이 오헤어(무신론 활동가)나 휴 헤프너(〈플레이보이〉 지 사장), 혹은 이교도 종족을 향해 그들에게 죄가 있다고 비난해서는 안 된다는 것입니다. 동일한 맥락에서 볼 때, 하나님을 아는 우리 역시 비난 받아 마땅하기 때문입니다. 제가 하나님 앞에서 겸손하게 서기 위해 가끔씩 해보는 테스트가 있습니다. 여러분께도 추천합니다. 누가 나에게 욕을 하거나, 한창 집중하고 있는데 훼방을 놓거나, 분주한 식료품점에서 새치기를 할 경우, 내가 어느 정도로 즉각 화를 내는지 돌아보기 바랍니다. 그리고 누군가 하나님을 욕하거나 계명을 어기고 하나님 앞에서 자신을 앞세우는 것을 볼 경우에도, 내가 얼마나 분노하는지 살펴보기 바랍니다. 그러면서 앞의 감정과 비교해 보기 바랍니다. 또는 월급이 오르거나 예상하지 못했던 세금 감면을 받을 때, 상사에게 칭찬을 들었을 때 내 안에 자연스럽게 얼마나 큰 감정적인 반응이 일어나는지 살펴보기 바랍니다. 그리고 내가 그리스도의 성품과 하나님의 영광을 묵상할 때 어느 정도로 자연스레 기분이 좋아지는지 비교해 보기 바랍니다.

잠깐이라도 이렇게 자신을 되돌아보면 사실상 모든 사람이 고개를 떨구게 됩니다. 우리의 마음은 자신의 물질적 즐거움과 자아에 관해서는 생생하고 즉각적이며 예민하게 반응하고 다양한 감정을 자연스럽게 분출합니다. 하지만 하나님의 실체에 관한 우리의 태도는 얼마나 느리고 둔하고 반응이 미온적이고 메마르고, 머리에만 국한되어 있는지요. 그러므로 하나님의 영광을 저당 잡히고 자기 의존이라는 금간 돌덩이로 바꿔버리는 사람들을 향해 감히 비난의 손가락질을 할 수 없습니다. 우리 역시 하나님의 영광이라는 다이아몬드를 깊이 사모하는 경우가 거의 없다는 사실은 생활 속 우리의 모습을 보면 너무나 극명합니다.

통회하는 믿음으로 구원 받는 죄인

우리에게는 깊은 통회와 회개가 필요합니다. 일 년 중 가장 행복한 추수감사절을 앞둔 주일에 제가 이것을 강조하는 이유는 여러분이 목요일에 감사로 가득한 마음에서 나오는 최고의 기쁨을 맛보기를 원하기 때문입니다. 교만한 사람은 감사하다고 말하지 않으며, 우리는 그 교만 때문에 큰 고통을 겪습니다. 다가오는 절기를 통회로 시작하지 않는다면, 이 세상과 마찬가지로 우리는 자기 의존이라는 금이 간 돌덩이를 앞에 놓고 진정한 감사의 감정을 맛보려 시도하는 아이러니한 절기를 보내게 될 것입니다.

자기 찬사가 아닌 수술로 맛보게 되는 기쁨

저 역시도 여느 유명 작가들과 설교자들처럼 인간의 아름다움을 매일같이 찬양할 수 있습니다. 여러분의 돌덩이를 번쩍거리게 닦아드릴 수도 있습니다. 죄는 매섭게 지적하면서 기쁨에 대해서는 별 관심을 두지 않는 어떤 설교자들의 시선을 피해 안전한 곳에 그것을 숨겨드릴 수도 있습니다. 혹은 "다 자기 하기 나름"이라는 슬로건 아래 감싸드릴 수도 있습니다. 그러면 성경에 대해서나 인간의 마음에 대한 지식이 얕은 분들은 이렇게 말할지도 모르겠습니다. "얼마나 따듯한 말씀인가. 목사님이 얼마나 사람들을 사랑하시는지, 깨트리는 대신 온전하게 싸매어 주시는구나." 하지만 하나님께서는 예레미야 6장 14절의 말씀으로 저를 질책하실 것입니다. "그들이 내 백성의 상처를 가볍게 여기면서 말하기를 평강하다, 평강하다 하나 평강이 없도다."

이런 것과 같습니다. 제가 의사인데 여러분이 진흙 구덩이 속에 감춰진 깨진 유리조각을 밟아 발바닥 깊숙이 찢어진 채로 제게 왔다고 합시다. 여러분의 친구가 옆에 서서 제가 상처 주변의 피부를 조심스레 닦고 꿰매는 모습을 지켜봅니다. 두 사람은 제가 자애로운 얼굴로 민감한 상처부위를 조심스레 다루고 멋지게 살갗을 봉합하는 전문적인 실력에 감탄합니다. 그런데 한참 뒤 아주 딱딱한 표정을 한 상급 의사가 와서는 이렇게 말합니다. "이봐, 환자들 비위 맞추는 법을 잘도 아는구만. 그렇게 솜씨 있게 봉합했으니 환자들이야 좋아하겠지. 헌데 상처 속 진흙은 씻지도 않고 닫아 버리지 않았나. 이번 추수감사절에는 감염 때문에 엄청 고통스러울 거라고." 백성은 교만하고 또 교만한데, 이들의 상처를 아무렇지 않게 대충 치료하고는 '평안하라, 평안하라' 고 말한 셈입니다. 먼저 상처 속에 박힌 이물질을 씻어내야 합니다. 오늘 당장은 아프겠지만 목요일쯤 되면 우리에서 나온 양처럼 팔짝팔짝 뛸 수 있을 것입니다.

겸손하고 통회하는 자에게 은혜를 주시는 하나님

저는 여러분이 이번 추수감사절에 하나님께 드리는 감사가 더욱 깊이 있고 진실하고 즐거우면 좋겠습니다. 자신의 교만함을 미워하고 죄로 인해 통회하는 마음을 지닌 사람들에게 하나님은 은혜에 은혜를 더하시기 때문입니다. 다윗은 그 은혜를 맛본 뒤 이렇게 고백했습니다. "하나님께서 구하시는 제사는 상한 심령이라 하나님이여 상하고 통회하는 마음을 주께서 멸시하지 아니하시리이다"(시 51:17). 하나님도 이사야 57장 15절에 나오는 이와 비슷한 말씀으로 하나님의 은혜를 증거하십니다. "내가 높고 거룩한 곳에 있으며 또한 통회하고 마음이 겸손한 자와 함께 있나니 이는 겸손한 자의 영을 소생시키며 통회하는 자의 마음을 소생시키려 함이라."

진정한 하나님의 자녀는 계속해서 자신의 죄를 발견하면 경건한 근심을 느끼게 되는데, 결국 이로 인해 회개에 이르고 구원을 얻으며 후회하지 않는 삶을 얻게 됩니다(고후 7:10). 죄도 용서받고, 내주하시는 그리스도로 말미암아 새로운 피조물이 된 사람들에게 굳이 심령의 애통함과 가난함을 강요하지 말라고 말하는 사람들을 저는 이해하지 못합니다. 그리스도께서 저를 몹시 사랑하시기 때문에 제 생활에서 기도와 묵상과 예배와 전도에 대한 열심이 식어질 때면 마음에 근심이 생기는 것입니다. 하나님은 마음이 너그러우시니까 우리가 절반만 헌신해도 괜찮은 것일까요? 자신의 죄를 용서받았다고 해서 그 뒤로는 참회의 눈물을 흘린 적이 없습니까?

이번 주에는 각자 가정에서 하나님께 마음 중심으로부터 나오는 깊은 감사를 드리기 바랍니다. 하나님께 찬양을 드리거나, 일기에 찬양의 기도를 기록하거나, 감사의 시를 짓거나, 기도 응답에 대한 목록을 작성하거나, 홀로 주님과 특별한 시간을 보내거나, 배우자나 친구들에게 "당신이 있어서 하나님께 감사드려요"라고 고백하는 시간이 되길 기도합니다.

감사를 위한 세 가지 진리

하지만 교만한 사람들은 감사하지 않습니다. 그래서 여러분이 제대로 감사를 드릴 수 있도록 우리를 겸손하게 하는 세 가지 진리를 말씀드리려고 합니다.

첫째, 자연은 모든 만물과 우리를 만드신 전능하시고 영원한 능력의 하나님이 어떤 분인지 가르쳐 줍니다. 우리는 하나님의 소유입니다. 우리의 생명, 호흡, 가진 모든 것이 하나님의 선물입니다. 우리가 할 일은 그저 마음을 다해 하나님께 감사를 드리고 그분의 영광을 높이는 것입니다.

둘째, 하지만 우리 모든 사람은 이러한 인간의 도리를 다하지 못했습니다. 하나님의 영광이라는 다이아몬드를 귀하게 보지도 않았고 그 가치를 인정하지도 않은 채, 계속해서 금이 간 돌덩이와 바꾸고서는 자신의 위대한 '지혜'로 더 귀한 것을 찾아냈다고 자랑합니다.

셋째, 긍휼이 풍성하신 하나님은 심령이 깨어지고 통회하며 하나님을 의뢰하는 사람들을 대신하여 심판을 받도록 그의 아들을 보내 주셨습니다.

교만한 사람은 감사하지 않습니다. 하지만 위의 세 가지 진리를 믿는 사람들은 마음 깊은 곳에서 우러나오는 감사를 경험합니다. 우리는 창조주께 의존할 수밖에 없는 피조물입니다. 우리는 극히 타락한 죄인입니다. 하지만 통회하는 믿음으로 나음을 얻고 용서를 받습니다. 이 세 가지 진리가 오늘 여러분의 마음을 꿰뚫고 들어간다면, 여러분의 마음에 가득하던 교만을 깨끗이 씻어내고 대신 하나님께 드리는 감사로 채워 놓을 것입니다.

12장

복음을 부끄러워하지 아니하노니

로마서 1:16

내가 복음을 부끄러워하지 아니하노니 이 복음은 모든 믿는 자에게 구원을 주시는 하나님의 능력이 됨이라. 먼저는 유대인에게요 그리고 헬라인에게로다. _롬 1:16

오늘은 "하나님의 복음"에 대해 다루고 하나님을 찬양한 뒤, 다 같이 거리로 나가도록 하겠습니다. 함께 찬양하고 기도하면서 우리에게 귀를 기울이는 사람들에게 우리의 믿음과 사랑을 선포할 것입니다. 우리 중 많은 사람들이 이런 질문을 하겠지요. '내가 이 일을 부끄러워하나?' 그래서인지 하나님은 로마서 설교의 순서를 정확히 맞아떨어지게 해주셨습니다. 오늘 말씀은 로마서 1장 16절인데 특히 첫 시작 부분을 보십시오. "내가 복음을 부끄러워하지 아니하노니." 이 구절과 다음 구절은 로마서의 핵심 중의 핵심입니다. 책의 주제 문장과도 같습니다. 따라서 적어도 앞으로 3주 동안 16절 말씀을 살펴보겠습니다.

사람은 무엇으로 수치심을 느끼는가?

오늘은 "내가 복음을 부끄러워하지 아니하노니"라는 문장을 중점적으로 보겠습니다. 15절 말씀과도 연결되는 구절입니다. 바울이 로마에 복음 전하는 일에 그토록 간절한 이유는 그가 "복음을 부끄러워하지 아니하"기 때문입니다. 일반적인 질문으로 시작해 볼까요? 사람은 어떤 일에 수치심을 느낍니까? 다음의 예들을 살펴보겠습니다.

한 소년이 친구들 앞에서 거들먹거리면서 옆집에 새로 이사 온 빼빼마른 아이보다 빨리 달릴 수 있다며 잘난 척을 한다고 칩시다. 그래서 아이들은 동네 한 바퀴를 돌아오는 달리기 시합을 하기로 합니다. 먼저 두 아이는 코스를 따라 걸으며 장애물은 없는지 어디서 돌아야 하는지 살펴봅니다. 그런 뒤 출발선에 섭니다. 동네 아이들이 죄다 나와서 구경합니다. 어떤 아이가 외칩니다. "제자리. 준비. 땅!" 잘난 척하던 아이가 뒤처집니다. 옆집의 빼빼마른 아이는 벌써 저만치 앞서 있습니다. 이런 일이야말로 허풍쟁이들이 수치심을 느낄 만한 상황이겠지요. 스스로 자초해서 바보가 된 느낌일 겁니다.

학교에 내가 싫어하는 아이가 있는데 그 애 아버지는 지금 교도소에 있다고 칩시다. 나는 그 사실을 가지고 아이를 놀리고 그 애 아버지가 사기꾼임을 뜻하는 별명을 지어 붙이면서 괴롭힙니다. 그리고 나의 아버지는 유명 은행에서 잘나가는 임원이라고 자랑합니다. 그런데 어느 날 집에 가보니 아버지가 수억대 횡령 혐의로 체포되었다고 합니다. 그 다음날 학교에 가고 싶은 마음조차 안 들겠지요. 나 자신과 아버지가 너무 부끄럽게 느껴질 테니 말입니다.

많은 돈을 들여서 멋지게 몸치장을 한다고 해봅시다. 머리도 제대로 다듬고 옷도 완벽히 갖추어 입습니다. 파티에 초대를 받았으니 조언을 해줄 믿을 만한 친구한테 무엇을 어떻게 차려입고 가야 할지 물어보고 확인합니다. 그런데 막상 파티 장소에 도착해 보니 완전히 분위기를 잘못 파악했음을 깨닫습니다. 너무 부끄러운 나머지 파티장에 들어가고 싶지도 않습니다.

마지막으로, 연극에서 역할을 하나 맡았다고 칩시다. 쉽게 긴장하고 연기 실력도 없어서 그저 작은 배역 하나를 맡았습니다. 중요한 시점에 두 줄 정도 대사를 하는 배역입니다. 열심히 대사를 외웁니다. 연극이 시작되자 심장이 밖으로 튀어나올 듯 요동칩니다. 관객도 많습니다. 다들 맡은 배역을 수준 높게 연기합니다. 내 순서가 다가옵니다. 마침내 대사를 해야 할 순간, 나는 얼어붙고 맙니다. 대사를 하려고 애는 써봅니다. 모든 사람들이 나만 쳐다보고 있습니다. 하지만 입이 떨어지지 않습니다. 옆에서 누가 대사를 읽어 주지만 소용이 없습니다. 연기자들이 옆으로 다가오자 나는 무대를 뛰쳐나갑니다. 정말 부끄러워 지구를 떠나고만 싶습니다.

우리 모두가 경험하는 감정, 수치심과 부끄러움

그렇다면 그런 상황에서 수치와 부끄러움을 당하지 않게 해줄 방도는 무엇일까요? 달리기에서 지지 않고 옆집 말라깽이 녀석한테 부끄러운 일을 안 당하려면 더 튼튼한 다리가 그 답이겠지요. 그리고 횡령 같은 건 저지르지 않을 정직한 아버지만 있으면 수치심을 느끼지 않을 겁니다. 파티에 엉뚱한 옷을 입고 가지 않으려면 제대로 조언해줄 친구가 필요합니다. 또한 많은 사람들 앞에서 떨지 않고 멋지게 대사를 잘 외울 수 있는 담력도 필요합니다. 다시 말하면, 나와 내 가족과 친구들이 언제나 나의 형편을 최상으로 유지해 주고, 남들이 내게 나쁜 인상을 갖지 않도록만 한다면 부끄러운 일을 당하지 않으리라는 것입니다.

수치심을 유발하고 또한 거기서 자유롭게 해주는 복음

바울이 로마서 1장 16절에서 "복음을 부끄러워하지 않는다"라고 했는데, 그것 때문에 바울은 아무런 수치를 당하지 않습니까? 바울은 언제나 최상의 형편을 유지할 수 있어서 수치를 당하지 않습니까? 아니, 정확히 그 반대입니다. 복음을 믿고 전하는 일 때문에 바울은 항상 곤경에 처했습니다. 복음은 늘 사람들을 격분시켰고, 그로 인해 바울을 부끄럽게 하는 일이 일어났습니다. 바울은 복음 사역 중에 수치를 당한 일들이 무엇이었는지 우리에게 보여주고 있습니다(고후 11:23-26).

나는 더욱 그러하도다 내가 수고를 넘치도록 하고 옥에 갇히기도 더 많이 하고 매도 수없이 맞고 여러 번 죽을 뻔하였으니 유대인들에게 사십에서 하나 감한 매를 다섯 번 맞았으며 세 번 태장으로 맞고 한 번 돌로 맞고 세 번 파선하고 일 주야를 깊은 바다에서 지냈으며 여러 번 여행하면서 강의 위험과 강도의 위험과 동족의 위험과 이방인의 위험과 시내의 위험과 광야의 위험과 바다의 위험과 거짓 형제 중의 위험을 당하고.

다시 말해, 바울이 복음을 부끄러워하지 않을 수 있었던 것은 그가 최상의 형편에 처해서도 아니고, 주변에 그를 좋아하고 그가 하는 일을 지지해 주는 사람들이 있어서도 아니었습니다. 로마서 1장 14절을 다시 봅시다. "헬라인이나 야만인이나 지혜 있는 자나 어리석은 자에게 다 내가 빚진 자라." 바울은 당시 온 세계의 믿지 않는 이들을 보면서 빚진 것 같은 마음을 품었습니다. 주변 이교도들을 멸시하는 눈으로 바라보지 않았습니다. 그 사실을 염두에 두기 바랍니다. 하지만 우리의 보수적인 생활 방식이 미국 내에서 정치적인 색깔을 띠기 시작하면서, 우리는 믿지 않는 사람들을 빚진 마음 대신 멸시의 눈초리로 바라보게 되었습니다. 바울은 죄는 미워했지만 믿지 않는 사람들을 결코 그런 시선으로 바라보지 않았습니다. 오히려 자격 없이 받은 은혜에 압도된 나머지 헬라인과 야만인, 지혜로운 사람들과 어리석은 사람들 모두에게 빚을 진 것 같은 부담감을 느꼈습니다.

하지만 그 사람들이 바울에게 빚을 갚으라고 재촉했습니까? 지금 우리 주변의 믿지 않는 이웃과 동료들이 우리가 가진 것을 달라고 합니까? 그런 이들은 많지 않습니다. 고린도전서 1장 22-23절에서 바울은 말합니다. "유대인은 표적을 구하고 헬라인은 지혜를 찾으나 우리는 십자가에 못 박힌 그리스도를 전하니 유대인에게는 거리끼는 것이요 이방인에게는 미련한 것이로되." 바울은 유대인과 헬라인과 야만인들에게 갚아야 할 빚이 있었지만, 그들 대다수는 —오늘날과 마찬가지로— 바울이 전하는 사랑과 은혜와 소망의 메시지를 듣고 싶어 하지 않았습니다. 그들에게는 미련하고 거리끼는 것이었으니까요.

그러므로 로마서 1장 16절에서 바울이 부끄러워하지 않을 수 있는 근거가 복음이었다는 사실을 보기에 앞서, 복음이 그가 수치를 당해야 하는 근거였다는 점을 보게 됩니다. 복음은 두 가지 역할을 합니다. 복음은 믿지 않는 사람들로부터 수치심을 겪을 만한 행동을 끌어냅니다. 그리고 복음은 믿는 자들을 수치심에서 벗어나게 해줍니다.

바울은 그 두 가지 사실을 알고 있었습니다. 마치 예수님과 같았습니다. 예수님은 친구들에게 배신을 당하고, 신성모독이라는 누명을 쓰고, 몽둥이로 얻어맞고, 놀림과 조롱을 당하고, 옷을 벗기우고, 채찍질 당하고, 사람들 앞에서 고문을 당하고, 십자가에 못 박혀 "다른 사람을 구원하는 자야, 네 자신이나 구원해라" 하고 소리치는 사람들 앞에서 어리석은 바보가 되셨습니다.

예수님과 바울은 수치를 어떻게 당했는가?

그렇다면 이런 수치를 —수치를 주는 행동을— 겪으신 예수님은 어떻게 하셨을까요? 여러분이라면 어떻게 하시겠습니까? 예수님이 어떻게 하셨는지 히브리서 12장 2절이 말해 줍니다. "그 앞에 있는 기쁨을 위하여 십자가를 참으사 부끄러움을 개의치 아니하시더니 하나님 보좌 우편에 앉으셨느니라." 예수님은 부끄러움을 개의치 않으셨습니다. 그게 무슨 말입니까? 수치가 그분의 마음을 위협하고, 하나님과 복음을 증거하는 명백한 순종의 사역을 포기하고픈 유혹을 주기 시작할 때 주님은 수치심에게 이렇게 말씀하셨습니다. "수치심아, 나는 너를 경멸한다. 나는 너에게 굴복하지 않겠다. 너를 만족시키는 일은 하지 않을 것이다. 잠시 동안은 네 마음대로 나를 괴롭힐 수 있을지 모르지만, 나는 결코 너에게 복종하지도 않고 따르지도 않고 어떤 여지도 주지 않을 것이다. 나는 너를 개의치 않는다. 네가 나를 다스리게 하지 않겠다."

어떻게 그렇게 하실 수 있었을까요? 여러분은 어떻게 하시겠습니까? 히브리서 12장 2절에서 말하길 예수님은 "앞에 있는 기쁨을 위하여" 그렇게 하셨다고 합니다. 수치심은 예수님이 이 땅에서 맺으신 모든 도움의 손길을 다 끊어 놓았습니다. 친구들은 수치심에 모든 것을 버리고 떠났고 예수님의 이름은 수치스러운 조롱거리가 되었으며, 완전히 발가벗긴 채 체면도 구겨지고, 수치스러운 고문 속에 누구의 위로도 받지 못했습니다. 이처럼 수치스러운 박해 아래 도움의 손길이 모두 끊어진 상황인데도, 어떻게 수치심 앞에 무릎 꿇지 않으실 수 있었을까요? 히브리서 12장 2절은 말합니다. 예수님께서는 지금 당장 절실한 도움의 손길에 마음을 두신 게 아니라 앞으로 다가올 미래의 기쁨, 즉 "하나님의 보좌 우편에 앉는" 것에 집중하셨습니다.

비록 수치를 당하지만 하나님 아버지를 부끄러워하지 않으셨습니다. 왜 그렇습니까? 하나님께서는 예수님을 죽음에서 일으키시고 그분의 오른편에서 모든 영광을 받게 하실 능력을 소유하고 계시기 때문입니다.

바울도 그와 같았다고 말씀드리고 싶습니다. 로마서 1장 16절에서 바울이 뭐라고 했던가요? "나는 부끄러워하지 않는다"고 했습니다. 비록 문명인인 헬라 사람들이 그를 조롱하며 복음을 어리석게 여기고, 또 믿지 않는 유대인들이 거짓 그리스도를 전한다며 그를 조소하더라도 바울은 복음을 부끄러워하지 않았습니다. 왜 그렇습니까? "이 복음은 모든 믿는 자에게 구원을 주시는 하나님의 능력이 됨이라." 다시 말해, 죄인을 위해 십자가에 못 박히신 그리스도를 전하는 메시지, 죽은 자 가운데서 하나님의 아들로서 능력으로 살아나신 그리스도에 대한 메시지(1:4), 예수님을 믿는 자들에게 값없이 주어지는 은혜를 전하는 메시지, 이 복음의 메시지가 믿는 모든 자들에게 영원한 구원을 가져다주기 때문입니다.

부끄러움을 당하나 부끄러워하지 않다

그렇다면 우리는 복음을 믿고 전한다는 이유로 수치를 당할 때 어떻게 수치심을 극복할 수 있습니까? 그에 대한 답은 이것입니다. 용서받은 죄인들에게 최후의 영원한 기쁨을 주는 복음의 능력을 깊이 묵상하십시오. 예수님의 복음 외에 이 세상에서 그런 일을 할 수 있는 것은 아무 것도 없습니다. (예수님을 인정하지 않는) 유대교, 불교, 힌두교, 이슬람에는 죄로 인해 거룩한 하나님과 분리돼 버린 인간의 문제를 해결하고, 행위 대신 믿음으로 은혜를 얻을 수 있는 소망을 전해 주는 구원자가 없습니다. 죄인을 구원하고, 하나님의 임재 안으로 안전하게 들어갈 수 있게 사람들을 인도하는 유일한 메시지는 예수 그리스도의 복음뿐입니다. 오직 이 유일한 복음만이 우리를 구원에 이르게 하는 하나님의 능력이 됩니다.

그래서 바울은 예수님이 그러셨듯이 고통도 받아들이고, 오해도 받아들이고, 수치도 감내했습니다. 하지만 부끄러워하지 않았습니다. 우리도 부끄러운 일을 당하겠지만 부끄러워할 필요가 없습니다. 그리스도 안에서 구원을 이루시는 하나님에 대한 복음이야말로 온 세계에서 최후의 승리를 누릴 메시지이기 때문입니다. 지금 당장은 고통이지만 장래에는 유익이 됩니다. 우리 앞에 (구원의) 기쁨이 놓여 있으니 자기 십자가를 지고, 수치를 당하더라도 수치심을 개의치 말고 예수님을 따릅시다.

마지막으로 최근에 우리가 처한 상황에 대해 짚고 가려고 합니다. 오늘날 사람들은 우리가 복음을 믿고 나누는 것에 대해 어떤 식으로 수치심을 줍니까? 60년대의 방식과는 다릅니다. 앨리스터 벡 목사님이 최근에 이런 말씀을 하시는 것을 들었습니다. 60년대에는 주변의 믿지 않는 친구들이 복음이 진리인지 믿을 수 없다는 이유로 비난을 퍼부었답니다. 그런데 최근에 들어서는 진리가 있다고 말하는 것 자체를 트집 잡아 비난을 한다고 합니다.

다시 말해, 오늘날에는 그리스도인들에게 틀렸다고 말하는 대신, 그리스도인이 다른 사람은 틀렸다고 생각하는 것 자체가 교만이라며 수치심을 줍니다. 우리가 나쁜 생각을 한다는 게 아니라, 나쁜 태도를 가졌다는 것이지요. 오늘날 종교계에서 사용되는 가장 강력한 수치심의 무기는 기독교가 다른 종교를 관용하지 못하고 비열하고 독선적이라는 비난입니다.

이에 대해서는 반드시 확고하게 반응해야 합니다. 세상을 향한 최고의 사랑은 구원의 길에 관한 진리를 전하는 일이라고 말입니다. 예수님이 "내가 곧 길이요 진리요 생명이니 나로 말미암지 않고는 아버지께로 올 자가 없느니라"(요 14:6)고 말씀하셨다면, 우리는 사랑으로 세상에 빚을 갚아야 합니다. '관용'을 강요하는 수치심을 이겨내고 이렇게 말하십시오. "다른 이로써는 구원을 받을 수 없나니 천하 사람 중에 구원을 받을 만한 다른 이름을 우리에게 주신 일이 없음이라"(행 4:12). 그리스도의 복음만이 구원을 주시는 하나님의 능력이 됩니다.

13장

복음은 구원을 주시는 하나님의 능력이 됨이라

로마서 1:16

내가 복음을 부끄러워하지 아니하노니 이 복음은 모든 믿는 자에게 구원을 주시는 하나님의 능력이 됨이라 먼저는 유대인에게요 그리고 헬라인에게로다. _롬 1:16

부끄러움을 당하나 부끄러워하지 않다

지난 주에는 로마서 1장 16절의 "내가 복음을 부끄러워하지 아니하노니" 부분을 집중적으로 살펴보았습니다. 복음을 위해 부끄러움을 당하는 것과 복음을 부끄러워하는 것의 차이를 쉽게 설명하고자 했습니다. 우리가 신실한 그리스도인이라면 복음을 위해서 부끄러움을 당하게 됩니다. 즉 수치스러운 일을 당하는 대상이 되는 것입니다. 하지만 그런 일을 당할 때도 부끄러워할 필요가 없는 이유가 있습니다.

저는 복음 때문에 수치를 당할 때에도 부끄러워하지 않는 이유가 무엇인지 바울과 예수님을 통해 살펴보았습니다. 히브리서 12장 2절은 이렇게 말합니다. "그 앞에 있는 기쁨을 위하여 십자가를 참으사 부끄러움을 개의치 아니하시더니." 예수님은 참으로 추하고 잔인하며 비열한 모욕적 처사를 겪으셨습니다. 하지만 예수님은 수치감에 사로잡히거나 부끄러워하거나, 모욕하는 그들처럼 어그러지고 나약한 모습으로 작아지는 대신, 앞에 있는 기쁨에 마음을 두셨습니다. 다시 말해, 자신의 죽음과 부활로 죄인들이 구원을 얻고 자신의 의로움도 드러날 것이며 하나님께로 돌아가게 될 것이라는 승리의 확신이 그분을 모든 수치심과 불순종에서 건져내었습니다. 수치심을 느끼려는 유혹이 올 때 예수님은 앞에 있는 기쁨에 집중하셨습니다. 장차 있을 크나큰 유익 때문에 잠시의 고통을 견뎌내신 것입니다.

바울도 마찬가지였습니다. 그는 이렇게 고백했습니다. "내가 복음을 부끄러워하지 아니하노니." 저는 예수님께서 죄인들을 위해 십자가에 죽으시고 능력으로 부활하셔서 그분을 믿는 모든 자를 구원하신다는 사실과 복음의 메시지를 부끄러워하지 않습니다. 왜일까요? "이 복음은 모든 믿는 자에게 구원을 주시는 하나님의 능력이" 되기 때문입니다. 복음을 부끄러워하게 만드는 상황에서도 수치심을 극복하셨던 예수님과 다르지 않습니다. 예수님은 십자가와 부활이 가져다줄 기쁨의 승리를 바라보셨습니다. 마찬가지로 바울은 영원한 '구원'을 가져오는 복음의 승리와 그 기쁨을 바라보았습니다.

복음을 사람들이 좋아할 만하고 기분 나빠하지 않을 형태로 바꾼다고 해서 수치심을 피해갈 수 있는 것이 아닙니다(고전 1:18 참조). 마지막 날에 결국 복음이 옳았음이 드러날 것을 기억할 때 수치심을 피할 수 있습니다. 복음만이 용서받은 죄인들에게 영원하고 최종적인 기쁨을 준다는 사실을 기억해야 합니다. 예수 그리스도의 복음이 아니고서는 이 세상 어떤 것도 그런 일을 할 수 없습니다. 유대교나 불교나 힌두교나 이슬람에는 죄 때문에 거룩한 하나님과 분리되어 버린 문제를 해결하고 행위가 아닌 은혜로 구원을 얻게 해줄 구원자가 없습니다. 죄인이 하나님의 임재 앞에 안전하게 나아가 구원받도록 해줄 메시지는 오직 그리스도의 복음뿐입니다. 구원에 이르는 하나님의 능력은 오직 복음에만 있습니다.

그래서 바울은 예수님이 그러셨듯 고통을 기꺼이 받아들였습니다. 오해도 기꺼이 감내했습니다. 수치도 기꺼이 당했습니다. 하지만 부끄러워하지는 마십시오. 그리스도 안에서 구원을 이루시는 하나님의 복음의 메시지가 세상에서 최종 승리를 가져오는 유일한 메시지이기 때문입니다. 잠시 동안은 고통스럽습니다. 하지만 결국에는 유익이 됩니다. 우리 앞에 있는 기쁨을 위해, 복음만이 줄 수 있는 구원을 위해, 우리의 십자가를 지고 예수님을 따릅시다. 부끄러움은 개의치 맙시다.

복음은 구원을 주시는 하나님의 능력

오늘은, "이 복음은 모든 믿는 자에게 구원을 주시는 하나님의 능력이 됨이라"는 말씀을 살펴보고 싶습니다. 여기서 한 가지 질문을 해봅니다. 복음의 능력을 통해 임하는 구원이란 과연 무엇일까요? 구원을 임하게 하는 복음이 우리의 믿음과 어떻게 연결되는지 답하면서 살펴보겠습니다.

중요한 질문이 몇 가지 더 있는데 그 중에서도 특별히, 복음은 어떻게 구원을 주시는 강력한 능력이 되는 것일까요? 그것은 17절 말씀의 핵심이기도 합니다. "복음에는 하나님의 의가 나타나서 믿음으로 믿음에 이르게 하나니." 이것이 바로 복음이 구원을 주시는 하나님의 능력이 되는 이유입니다.

따라서 오늘 생각해볼 질문은 "복음의 능력을 통해 임하는 구원이란 과연 무엇인가?" 입니다. "복음은 구원을 주시는 하나님의 능력이 됨이라"는 말씀이 "복음은 회심하게 만드는 하나님의 능력이다"라는 의미도 될까요? 맞는 말이긴 하지만 똑같은 의미는 아닌 것 같습니다.

복음이 사람들을 회심하게 한다 —즉 믿음과 회개에 이르게 한다— 는 말이 참이라고 제가 생각하는 이유는 로마서 10장 17절에 "그러므로 믿음은 들음에서 나며 들음은 그리스도의 말씀으로 말미암았느니라"고 했기 때문입니다. 그리고 베드로전서 1장 23-25절에서는 "너희가 거듭난 것은 썩어질 씨로 된 것이 아니요 썩지 아니할 씨로 된 것이니 살아 있고 항상 있는 하나님의 말씀으로 되었느니라 … 너희에게 전한 복음이 곧 이 말씀이니라"고 했습니다. 따라서 우리가 강력한 하나님의 말씀인 복음을 '듣는' 방법을 통해 거듭 나고 회심하게 되는 것이 맞습니다.

그리고 신약 성경에서 이러한 회심을 '구원'이라고 부르는 것도 맞습니다. 예를 들어 에베소서 2장 8-9절을 보면 "너희는 그 은혜에 의하여 믿음으로 말미암아 구원을 받았으니 이것은 너희에게서 난 것이 아니요 하나님의 선물이라. 행위에서 난 것이 아니니 이는 누구든지 자랑하지 못하게 함이라"고 했습니다. 그러므로 믿음으로 그리스도께 회심하는 것을 '구원 받는다'고 합니다. 여러분 가운데 그리스도를 믿는 분들은 '구원받은' 사람들입니다. 로마서야말로 우리에게 무엇보다 귀한 말씀이라고 말할 수 있는 이유는, 다른 말씀서와 달리 로마서는 하나님께서 어떻게 우리의 구원을 이루셨는지 우리 앞에 자세히 설명하기 때문입니다. 즉 로마서에는 하나님께서 우리를 택하시고 미리 예정하시고 부르시고 의롭다 하시고 정결하게 하시고 믿음으로 순종하게 하신다는 내용이 고스란히 담겨 있습니다. 이 모든 것이 믿음으로 이미 우리 가운데 이루어진 구원입니다.

복음의 최종적인 승리

그렇다면 로마서 1장 16절에서 바울이 "이 복음은 모든 믿는 자에게 구원을 주시는 하나님의 능력이 됨이라"고 말했을 때, 바울이 생각하는 구원이란 과연 무엇일까요? 제 생각에 바울은 첫 회심의 사건을 언급한다기보다 거룩하고 영광스러운 하나님 앞에서 영원한 안전과 기쁨을 누리게 하는 복음의 최종적 승리를 주로 염두에 두고 있는 것 같습니다. 제가 그렇게 생각하는 데는 네 가지 이유가 있습니다. 이 구절의 의미를 하나씩 풀어가려면 그 네 가지를 하나씩 살펴보는 게 가장 좋은 방법인 것 같습니다.

1. 복음의 능력은 우리가 복음을 부끄러워하지 않게 해준다

첫 번째 이유는 구원을 이루는 복음의 능력이 우리가 복음을 부끄러워하지 않게 해주기 때문입니다. "내가 복음을 부끄러워하지 아니하노니 이 복음은 모든 믿는 자에게 구원을 주시는 하나님의 능력이 됨이라." 그런데 이 말씀이 구원에는 오로지 회심하게 만드는 능력만 있다는 뜻이라면, 과연 수치심의 문제는 어떻게 풀 수 있다는 말일까요? 사람들을 회심하게 만드는 종교는 많습니다. 여러 다양한 종교와 세속적 활동도 사람들을 자기네 쪽으로 포섭합니다. 복음에는 우리가 부끄러워할 필요가 없는 놀라운 영향력이 있다고 말할 때, 바울은 단지 다른 종교들도 하는 일, 즉 사람들을 포섭해서 회심시키는 일만 지적한 것일까요? 저는 그렇게 생각하지 않습니다.

십자가에서 죽음을 당하시던 예수님은 그 앞에 놓인 미래의 기쁨을 바라봄으로써 수치심을 이겨내셨습니다. 저는 바울이 로마서 1장 16절에서 의도한 바도 이와 같다고 생각합니다. 복음에는 단지 회심하게 만드는 능력이 있어서가 아니라, 회심하는 자들을 반드시 구원하는 능력이 있기 때문에 복음을 부끄러워할 필요가 없다는 것입니다. 복음은 영광스럽고 거룩하신 하나님 앞에서 최종적인 안온과 날마다 커지는 기쁨을 영원토록 누리게 합니다. 그래서 복음으로 담대해질 수 있는 것입니다. 복음이 여느 종교들처럼 사람들을 회심시켜서가 아니라, 정말로 사람들에게 영원한 구원을 제공하고 하나님과 더불어 영원한 기쁨을 누릴 수 있게 하는 세상 유일의 진리이기 때문입니다.

2. 바울 서신서와 신약 성경에서 '구원'은 미래 지향적이다

16절에 나오는 '구원'이 거룩한 영광의 하나님 앞에서 영원한 안온과 기쁨을 누리는 복음의 최종적 승리를 가리킨다고 생각하는 두 번째 이유는 "구원을 주시는"(for salvation, 또는 unto salvation)이라는 문구가 바울의 다른 서신서와 신약 성경에서는 미래 지향적으로 나오기 때문입니다.

예를 들어 데살로니가후서 2장 13절에서 바울은 이렇게 말합니다. "하나님이 처음부터 너희를 택하사 성령의 거룩하게 하심과 진리를 믿음으로 구원을 받게 하심이니." 여기서 말하는 구원이란 단지 회심하는 순간에 일어나는 것이 아닙니다. 회심을 통해 성화로 나아가기는 하지만 구원은 '성화를 통해' 이후에 오는 것으로서 미래의 일입니다. 다시 말해, 구원은 성도를 하나님의 임재로 이끌어 영원한 기쁨을 누리게 하는 미래의 승리입니다.

또한 고린도후서 7장 10절에서 바울은 이미 회심을 하고 구원을 받았으나 자기의 죄를 다시금 새롭게 회개해야 했던 그리스도인들을 향해 말하고 있습니다. "하나님의 뜻대로 하는 근심은 후회할 것이 없는 구원에 이르게 하는 회개를 이루는 것이요 세상 근심은 사망을 이루는 것이니라." 여기서 "구원에 이르게"(unto salvation)라는 문구 역시 회심이 아니라, 훗날 최종적으로 하나님 앞에서 안온함과 기쁨을 누리게 될 미래의 상태에 대해 언급하고 있습니다(디모데후서 3장 15절도 보십시오).

히브리서 9장 28절에서도 이와 비슷한 말이 나옵니다. "그리스도도 … 구원에 이르게 하기 위하여 죄와 상관없이 자기를 바라는 자들에게 두 번째 나타나시리라." 이 최종적이며 완전한 구원은 그리스도의 재림 때 일어납니다. 베드로전서 1장 5절을 보겠습니다. "너희는 말세에 나타내기로 예비하신 구원을 얻기 위하여 믿음으로 말미암아 하나님의 능력으로 보호하심을 받았느니라." 여기서 구원은 "말세에 나타내기로 예비되었다"고 나옵니다. 이것은 회심이 아닙니다. 우리를 구해 내어 영원히 그분 앞에서 안온함과 기쁨을 누리게 하는 최종적인 하나님의 위대한 역사입니다.

로마서 5장 9-10절에서 바울은 장차 있을 구원을 하나님의 마지막 진노에서 건짐 받는 것으로 표현합니다. "그러면 이제 우리가 그의 피로 말미암아 의롭다 하심을 받았으니〔구원의 현재 상태〕 더욱 그로 말미암아 진노하심에서 구원을 받을 것이니〔미래 상태〕, 곧 우리가 원수 되었을 때에 그의 아들의 죽으심으로 말미암아 하나님과 화목하게 되었은즉〔현재 상태〕 화목하게 된 자로서는 더욱 그의 살아나심으로 말미암아 구원을 받을 것이니라〔미래 상태〕." 다시 말해, 바울이 생각하는 온전한 구원의 경험은 여전히 미래에 있습니다. 로마서 13장 11절입니다. "이제 우리의 구원이 처음 믿을 때보다 가까웠음이라."

따라서 바울이 로마서 1장 16절에서 "〔복음은〕 구원을 주시는 하나님의 능력이 됨이라"고 말했을 때, 그가 의미하는 바는 복음은 단지 사람들을 회심시킬 뿐 아니라 거룩하고 영광스러운 하나님 앞에서 영원한 안온함과 기쁨을 누리게 하는 온 세상의 유일한 메시지라는 점입니다.

3. 지속되는 믿음이 이러한 구원의 조건이다

16절에 나오는 '구원'이 거룩하고 영화로운 하나님 앞에서 영원한 안온함과 기쁨을 누리게 하는 복음의 최종 승리를 뜻한다고 생각하는 세 번째 이유는 구원의 조건은 지속적인 믿음이기 때문입니다. 16절이 "복음은 … 믿음과 구원을 주시는 하나님의 능력이 됨이라"고 말하지 않음에 주의하시기 바랍니다. 16절은 다음과 같이 말합니다. "복음은 모든 믿는〔헬라어로 계속 진행되는 행위를 뜻하는 현재형〕 자에게 구원을 주시는 하나님의 능력이 됨이라." 다시 말해, 바울이 여기서 가리키는 바는 복음의 능력이 믿음을 만들어내는 것이 아니라, 믿음이 있는 자들에게 구원을 준다는 사실입니다. 따라서 여기서 말하고자 하는 요지는 복음이란 회심하여 믿음에 이르게 하는 능력이라는 것이 아니라, 믿음의 삶을 통해 장래의 구원에 이르게 하는 능력이라는 것입니다.

여기서 "믿는"(believe)이라는 동사의 시제가 매우 중요합니다. 회심을 일으키는 믿음의 첫 행위가 아니라 지속적인 행위를 의미합니다. 그래서 "복음은 모든 믿고 있는[who is believing]는 자에게 구원을 주시는 하나님의 능력이 됨이라"고 읽어야 합니다. 계속해서 믿고 있는 자라는 의미입니다. 고린도전서 15장 1-2절에서 바울이 말하는 바와 동일합니다. "형제들아 내가 너희에게 전한 복음을 너희에게 알게 하노니 이는 너희가 받은 것이요 또 그 가운데 선 것이라. 너희가 만일 내가 전한 그 말을 굳게 지키고 헛되이 믿지 아니하였으면 그로 말미암아 구원을 받으리라." 계속되지 못하는 믿음은 헛되고 텅 빈 믿음입니다. 야고보서에서는 이를 “죽은 믿음”이라고 부릅니다(약 2:17, 26).

따라서 로마서 1장 16절이 말하는 바는 이렇습니다. 우리가 복음을 부끄러워할 필요가 없는 것은 복음이야말로 세상의 유일한 진리이기 때문이고, 우리가 날마다 복음을 의지해 살아간다면 장차 모든 난관을 이겨내고 영광스럽고 거룩하신 하나님 앞에서 영원한 안온함과 기쁨을 누리게 하기 때문이라는 것입니다.

4. 바울은 복음이 믿지 않는 자들뿐 아니라 믿는 자들을 위한 것이라고 말한다

16절의 ‘구원’을 첫 회심 사건이 아닌 미래의 최종 상태로 해석하는 네 번째 이유는 바울이 (믿지 않는 자들만 아니라) 이미 믿는 자들에게도 복음을 전하려는 이유로 16절 내용을 제시했기 때문입니다. 이 사실은 이미 살펴보았지만 다시 보도록 하겠습니다. 15절에서 바울은 이렇게 말합니다. “로마에 있는 너희에게도 복음 전하기를 원하노라.” 바울은 “너희들”, 즉 믿지 않는 사람들이 아니라 믿는 사람들에게도 복음 전하기를 간절히 원하고 있습니다. 그리고 그 이유를 다음과 같이 말합니다. “〔왜냐하면〕 내가 복음을 부끄러워하지 아니하노니 이 복음은 모든 믿는 자에게 구원을 주시는 하나님의 능력이 됨이라.”

바울이 복음을 부끄러워하지 않는 이유는 우리가 그 복음에 인생을 걸었을 때 온 세계의 유일한 진리인 그 복음만이 우리를 결코 실망시키지 않을 것이기 때문입니다. 복음은 우리로 하여금 시험과 핍박과 죽음과 심판을 지나 영광스럽고 거룩하신 하나님 앞에서 영원한 안온과 날마다 배가되는 기쁨을 누리게 할 것입니다. 그러나 많은 회심자를 포섭한 세상의 다른 '복음들'은 결국에 가서는 우리를 배신하고 말 것입니다. 마지막 날에 하나님의 진노에서 우리를 구해내고 하나님 오른편에서 온전한 기쁨을 맛보게 해줄 복음은 오직 하나뿐입니다. 그러므로 다른 사람들이 뭐라고 하든 무슨 일을 행하든, 복음을 부끄러워할 필요가 없습니다. 그리고 믿는 자나 믿지 않는 자 모두에게 복음을 전하는 일에 열심을 품어야 할 것입니다.

날마다 복음을 먹으며 살라

앞서 말한 내용과 관련해 한 가지만 언급하며 설교를 마칠까 합니다. 여러분은 복음이 최종 승리하리라는 약속을 붙잡고서 날마다 믿음을 키우고 계십니까? 믿는 자로서 매일 복음으로 나아가 로마서 8장 32절에 나오는 대로 그 능력을 맛보고 계십니까? "자기 아들을 아끼지 아니하시고 우리 모든 사람을 위하여 내주신 이가 어찌 그 아들과 함께 모든 것을 우리에게 주시지 아니하겠느냐." 복음은 하나님께서 그분의 아들을 우리에게 내주셨으며 그뿐 아니라, 그 결과로, 우리에게 유익한 다른 모든 것들을 내어주도록 하셨다는 기쁜 소식입니다. 그러므로 복음은 우리에게 유혹과 절망과 교만과 탐욕과 정욕을 극복하고 승리하는 능력이 됩니다. 오직 복음만이 모든 장애물을 넘어 승리를 거두고, 우리를 영원한 기쁨으로 인도해 줍니다. 복음으로 인해 어떤 대가를 지불하든, 그 안에 서서 든든히 붙잡고 신뢰하며 먹고 맛보고 은이나 금보다도 귀하게 여기시기 바랍니다. 그 복음이 우리를 구원할 것입니다. 오직 복음만이 말입니다.

이 말씀 들은 사람 또 듣기 원하고
목말라 사모하니 그 말씀 진리라
그 나라 영광중에 나 부를 새 노래
예부터 좋아하던 이 말씀뿐일세
예부터 전한 말씀 주 예수 크신 사랑
나 항상 전파하기 참 좋아하도다*

* 찬송가 497장, 〈주 예수 넓은 사랑〉.

14장

먼저는 유대인에게요 그리고 헬라인에게로다

로마서 1:16

내가 복음을 부끄러워하지 아니하노니 이 복음은 모든 믿는 자에게 구원을 주시는 하나님의 능력이 됨이라 먼저는 유대인에게요 그리고 헬라인에게로다. _롬 1:16

모든 자에게 주시는 복음

바울은 로마서 1장 16절에서 "모든 자"(everyone)라는 놀라운 단어를 사용했습니다. "복음은 모든 믿는 자에게 구원을 주시는 하나님의 능력이 됨이라." 오늘 우리 가운데 누군가를 배제시키는 기준들에 의해 소외당한 경험이 있다면 참으로 기분 좋은 단어가 아닐 수 없습니다. 그런 기준들은 너무나 많았습니다. 가정 환경, 성장 배경, 교육 수준, 언어의 차이, 인종과 문화 장벽, 심지어 성적 취향이나 도덕적인 기준들에 의해서도 우리는 배제를 당해 왔습니다. 그런데 "모든 믿는 자"라는 말을 들으니 정말이지 가슴

이 뛰니다. 말 그대로 모든 사람에게 주신다는 겁니다. 여기서 딱 하나 예외가 있다면 불신앙입니다. 예수님을 믿지 않는 사람은 제외됩니다. 하지만 그 밖에는 아무 제한이 없습니다. 그리스도께서 우리 죄를 위해 죽으시고 죽음에서 다시 살아나 영생의 길을 여셨으며, 믿음을 통해 은혜로 말미암아 구원이 허락된다는 이 복음은 모든 믿는 자들을 위한 좋은 소식입니다. 유대인이나 헬라인이어서도 아니고, 인종, 사회적 지위, 문화에 관계없이 믿기만 하면 모든 사람에게 주어집니다.

유대인은 어떤 면에서 우선권을 갖는가?

그런데 바울은 "모든 자"라는 기분 좋은 단어를 사용한 뒤, 왜 곧바로 "먼저는 유대인에게"라고 말했을까요? "복음은 모든 믿는 자에게 구원을 주시는 하나님의 능력이 됨이라. 먼저는 유대인에게요 그리고 헬라인에게로다." 바울이 말하는 "먼저는[first] 유대인에게"라는 의미는 무엇입니까? 유대인에게는 어떠한 첫 자리의 우선권이 있는 것입니까? 왜 바울은 이렇게 말하고 있는 것일까요? 오늘날 우리에게 어떠한 영향을 주고자 하는 것일까요?

이 질문에 답하기 위해 유대인이 가장 먼저 하나님의 구원을 경험하게 되는 이유를 6가지로 소개하도록 하겠습니다. 그런 다음에는 그들이 먼저가 아닌 부분에 대해서도 살펴보겠습니다. 마지막으로는 이 사실이 오늘날 우리에게 미치는 영향을 살펴보겠습니다. 그렇다면 첫째, 유대인은 어떻게 '먼저'가 되는 것일까요?

1. 선택받은 하나님의 백성으로서 우선권이 있다

어떻게 이방인보다 앞서는 우선권이 있는 것일까요? 창세기 12장을 보면 하나님은 열방의 모든 민족 중에 아브라함과 그 자손을 그분의 뜻대로 선택하셔서 언약과 약속으로 축복하고 계십니다. 느헤미야 9장 7절을 보겠습니다. "…하나님 여호와시라 옛적에 아브람을 택하시고 갈대아 우르에서 인도하여 내시고." 그리고 신명기 14장 2절에서는 유대 민족 전체에 관해 말하고 있습니다. "너는 네 하나님 여호와의 성민이라 여호와께서 지상 만민 중에서 너를 택하여 자기 기업의 백성으로 삼으셨느니라." 또한 아모스 3장 2절에서도 말합니다. "내가 땅의 모든 족속 가운데 너희만을 알았나니." 그리고 로마서 11장 28-29절에서 바울은 말합니다. "복음으로 하면 그들〔유대인〕이 너희〔이방인〕로 말미암아 원수 된 자요 택하심으로 하면 조상들로 말미암아 사랑을 입은 자라. 하나님의 은사와 부르심에는 후회하심이 없느니라."

유대인에게는 헬라인(모든 이방인을 뜻함)보다 앞서는 우선권이 있습니다. 하나님의 선택을 받은 또는 택하심을 입은 민족으로서 특별한 역할이 있기 때문입니다. 하나님은 모든 민족 중에서 유대인에게 은총을 베푸시고 따로 구별하셨습니다. 그분의 뜻대로 말입니다! 유대인이 특별히 잘한 일이 있거나 가치가 있어서가 아니라 하나님의 임의에 따른 택하심이었습니다. "여호와께서 너희를 기뻐하시고 너희를 택하심은 너희가 다른 민족보다 수효가 많기 때문이 아니니라. 너희는 오히려 모든 민족 중에 가장 적으니라. 여호와께서 다만 너희를 사랑하심으로 말미암아,

또는 너희의 조상들에게 하신 맹세를 지키려 하심으로 말미암아…"(신 7:7-8).

2. 하나님의 특별 계시인 구약 성경을 맡은 자로서 우선권이 있다

로마서 3장 1절에서 바울은 질문을 던집니다. "그런즉 유대인의 나음이 무엇이며 할례의 유익이 무엇이냐?" 그에 대한 답은 2절에 나옵니다. "범사에 많으니 우선은 그들이 하나님의 말씀을 맡았음이니라." 다시 말해, 하나님께서 모세와 예언자들을 통해 이스라엘에게 특별한 계시와 약속들을 주셨다는 말입니다. 로마서 9장 4절에서는 이렇게 표현하고 있습니다. "그들은 이스라엘 사람이라 그들에게는 … 언약들과 율법을 세우신 것과 … 약속들이 있고." 구원의 복음을 알리는 모든 위대한 말씀과 예시들을 하나님의 말씀인 구약 성경에 담아 유대인에게 주신 것입니다. 그러므로 유대인은 말씀을 맡았다는 점에서 우선권을 갖습니다.

3. 메시아이신 예수님이 처음에는 유대인으로서 유대인에게 임하셨다는 점에서 유대인은 이방인보다 우선권이 있다

로마서 9장 5절에서 바울은 다음과 같은 말로 유대인이 지닌 특권의 정점을 찍습니다. "육신으로 하면 그리스도가 그들에게서 나셨으니 그는 만물 위에 계셔서 세세에 찬양을 받으실 하나님이시니라. 아멘." 메시아이신 예수님은 다윗의 자손인 유대인이셨습니다(롬 1:3). 그리고 이 땅에 계시며 사역하시는 동안 유대인에게 초점을 두셨습니다. 예수님의 사역에 있어 유대인은 최

우선이었습니다. 마태복음 10장 5-6절에서 예수님은 살아 계실 동안 열두 제자들을 파송하면서 이렇게 말씀하셨습니다. “이방인의 길로도 가지 말고 사마리아인의 고을에도 들어가지 말고 오히려 이스라엘 집의 잃어버린 양에게로 가라.” 그리고 마태복음 15장 24절에서는 이렇게 말씀하셨습니다. “나는 이스라엘 집의 잃어버린 양 외에는 다른 데로 보내심을 받지 아니하였노라.” 따라서 공생애 기간 동안 예수님은 유대인에게 집중하셨습니다. 사역의 최우선이 유대인에게 있었던 것입니다.

4. 유대인에게 우선권이 있는 이유는 구원이 유대인에게서 나기 때문이다

요한복음 4장 22절에서 예수님이 직접 하신 말씀입니다. 우물가에서 만난 사마리아 여인에게 이렇게 말씀하십니다. “너희는 알지 못하는 것을 예배하고 우리는 아는 것을 예배하노니 이는 구원이 유대인에게서 남이라.” 이 간단한 문장으로 지금까지 살펴본 모든 내용이 정리됩니다. 유대인은 선택된 민족이며, 하나님의 특별한 계시를 맡았고, 메시아이신 구세주 예수님이 태어나신 민족입니다. 따라서 분명 구원은 “유대인에게서” 납니다.

구원이 유대인에게서 난다는 사실을 조금 다른 면으로 보는 것이 로마서 11장 17-24절입니다. 여기서 바울은 유대 민족을 참감람나무에 비유합니다. 본래의 가지가 꺾이자 돌감람나무 가지가 접붙임 받았다고 말하는데, 순수 유대인들은 믿지 않아 약속의 언약에서 떨어져 나갔고, 믿는 이방인들은 접붙임을 받아 약속의 언약으로 구원을 받았다는 의미입니다. 17-18절 말씀이 우리에게 아주 중요합니다. "또한 가지 얼마가 꺾이었는데 돌감람나무인 네가 그들 중에 접붙임이 되어 참감람나무 뿌리의 진액을 함께 받는 자가 되었은즉 〔따라서〕 그 가지들을 향하여 자랑하지 말라 자랑할지라도 네가 뿌리를 보전하는 것이 아니요 뿌리가 너를 보전하는 것이니라." 다시 말해, 구원은 유대인과 맺은 하나님의 언약의 뿌리에서 이방인들에게로 임했다는 것입니다. 마찬가지로 (큰 의미에서) 이방인인 우리 역시 하나님의 백성이 될 아무런 역사적 근거도 없는 돌감람나무가 접붙임 받은 것에 불과합니다. 하나님은 우리가 믿음으로 아브라함의 후손이 되었다고 보고 구원해 주시는 것입니다. 바울이 갈라디아서 3장 7절에서 말하고 있는 바와 같습니다. "그런즉 믿음으로 말미암은 자들은 아브라함의 자손인 줄 알지어다."

따라서 "구원이 유대인에게서 나기" 때문에 유대인에게 우선권이 있습니다. 모든 구원은 하나님께서 아브라함과 맺은 언약을 통해 이루어지는 구원입니다.

5. 바울이 새로운 지역에 복음을 전할 때 제일 먼저 유대인에게 전했다는 점에서 유대인에게 우선권이 있다

예를 들어 사도행전 13장 46절에서 바울과 바나바는 비시디아 안디옥에서 말씀을 전하던 중, 유대인들이 복음을 들으려 하지 않자 이렇게 말합니다. "하나님의 말씀을 마땅히 먼저 너희에게 전할 것이로되 너희가 그것을 버리고 영생을 얻기에 합당하지 않은 자로 자처하기로 우리가 이방인에게로 향하노라." 다시 말해, 하나님께서 먼저 이스라엘을 선택하시고 그 아들을 계시하시고 메시아를 이스라엘에게 보내어 구원이 이스라엘에서 시작되게 하셨으므로, 복음을 새로운 곳에서 전할 때에도 먼저 유대인에게 메시아와 구원의 기쁜 소식을 알렸다는 것입니다. 따라서 복음을 새로운 곳에 전하는 최전방 사역이 진행될 때 가장 우선되는 대상은 유대인입니다.

6. **유대인은 최후의 심판과 마지막 축복에 있어서 이방인보다 우선권이 있다**

로마서 2장 9-10절에서 놀랍게도 바울은 다음과 같이 말합니다. "악을 행하는 각 사람의 영에는 환난과 곤고가 있으리니 먼저는 유대인에게요 그리고 헬라인에게며 선을 행하는 각 사람에게는 영광과 존귀와 평강이 있으리니 먼저는 유대인에게요 그리고 헬라인에게라." 달리 표현하자면, 유대인에게 우선권이 있지만 그들이 이를 거부하고 버린다면 심판도 우선적으로 받게 되리라는 것입니다. 그리고 혹 유대인이 자신들의 우선권에 감사하고 메시아가 주시는 은혜를 신뢰한다면, 하나님의 복을 받을 때도 우선적으로 받게 될 것이라는 뜻입니다. 이들의 우선권에는 엄청난 위험도 따릅니다. "많이 받은 자에게는 많이 요구할 것이요 많이 맡은 자에게는 많이 달라 할 것이니라"(눅 12:48).

따라서 로마서 1장 16절에서 바울이 "이 복음은 모든 믿는 자에게 구원을 주시는 하나님의 능력이 됨이라 먼저는 유대인에게요 그리고 헬라인에게로다"라고 말하는 부분을 읽을 때는 유대인이 이방인보다 우선적으로 가지고 있는 6가지에 대해 꼭 기억해야 할 것입니다.

· 유대인은 역사적으로 하나님이 선택하신 민족입니다.
· 유대인은 하나님의 특별 계시인 구약 성경을 맡았습니다.
· 메시아이신 주 예수님은 유대인의 왕으로 이 땅에 오셨습니다.
· 구원받은 모든 사람은 믿음으로 아브라함의 언약과 연결되어 구원을 받는 것이므로, 구원은 유대인에게서 오는 것입니다.
· 새로운 지역에 복음을 전할 때 먼저 유대인에게 전했습니다.
· 마지막 심판과 축복도 유대인이 먼저 받습니다.

유대인들이 우선권을 갖지 못하는 부분은 무엇인가?

바울이 왜 이런 말을 하는지 그리고 우리에게는 어떠한 영향을 주는지 질문하기에 앞서 먼저 유대인이 우선권을 갖지 못하는 부분에 관해 살펴보아야 하겠습니다. 아주 중요한 내용입니다.

1. 유대인은 의로움이나 행한 공적에 있어서 우선권이 없다

이방인도 마찬가지입니다. 우리도 동일한 기반 위에 서 있습니다. 로마서 1-2장에서 가리키는 주된 주제 중 하나이기도 합니다. 바울은 로마서 3장 9-10절에서 다음과 같이 결론을 짓습니다. "그러면 어떠하냐 우리[유대인]는 나으냐 결코 아니라 유대인이나 헬라인이나 다 죄 아래에 있다고 우리가 이미 선언하였느니

라. 기록된 바 '의인은 없나니 하나도 없으며'." 로마서 3장 22-23절에서도 동일하게 짚어주고 있습니다. "…차별이 없느니라 모든 사람이 죄를 범하였으매 하나님의 영광에 이르지 못하더니."

2. 유대인은 구원을 받는 방법에 있어서 우선권이 없다

유대인도 이방인과 똑같은 방법으로 구원을 얻습니다. 그 사실이 로마서 3장 29-30절에 분명하게 나와 있습니다. "하나님은 다만 유대인의 하나님이시냐? 또한 이방인의 하나님은 아니시냐? 진실로 이방인의 하나님도 되시느니라. 할례자도 믿음으로 말미암아 또한 무할례자도 믿음으로 말미암아 의롭다 하실 하나님은 한 분이시니라." 로마서 10장 12절에도 나옵니다. "유대인이나 헬라인이나 차별이 없음이라 한 분이신 주께서 모든 사람의 주가 되사 그를 부르는 모든 사람에게 부요하시도다." 왜냐하면 "누구든지 주의 이름을 부르는 자는 구원을" 받기 때문입니다. 그러므로 유대인이나 이방인이나 구원 얻는 방법에 있어서는 누구도 우선권이 없습니다. 양쪽 모두 그리스도에 대한 믿음으로 구원을 얻는 것이지 민족적, 종교적 차이로 우선권을 갖지는 않습니다.

3. 유대인은 하나님의 언약의 축복에 참여하는 데 있어서 우선권이 없다

바울이 선포했던 복음의 신비란 그가 말했듯이 이방인이 유대인의 구원의 복음에 함께 참여한다는 점입니다. 에베소서 2장 12-

13절과 18-19절에 귀 기울여 보시기 바랍니다. "그 때에 너희[이방인]는 그리스도[메시아] 밖에 있었고 이스라엘 나라 밖의 사람이라 약속의 언약들에 대하여는 외인이요 세상에서 소망이 없고 하나님도 없는 자이더니 이제는 전에 멀리 있던 너희가 그리스도 예수 안에서 그리스도의 피로 가까워졌느니라 … 이는 그로 말미암아 우리 둘이 한 성령 안에서 아버지께 나아감을 얻게 하려 하심이라 그러므로 이제부터 너희는 외인도 아니요 나그네도 아니요 오직 성도들과 동일한 시민이요 하나님의 권속이라." 에베소서 3장 4-6절에도 다시 나옵니다. "그것을 읽으면 내가 그리스도의 비밀을 깨달은 것을 너희가 알 수 있으리라 … 이는 이방인들이 복음으로 말미암아 그리스도 예수[메시아 예수] 안에서 함께 상속자가 되고 함께 지체가 되고 함께 약속에 참여하는 자가 됨이라."

따라서 유대인이 하나님의 언약의 축복에 참여하는 데 있어서는 우선권이 없습니다. 이방인 역시 하나님의 모든 언약을 '함께' 상속받습니다.

왜 바울은 유대인의 우선권을 언급했는가?

드디어 이번 질문까지 이르렀습니다. 바울은 로마서 1장 16절에서 왜 유대인의 우선권을 언급했을까요? "이 복음은 모든 믿는 자에게 구원을 주시는 하나님의 능력이 됨이라 먼저는 유대인에게요 그리고 헬라인에게로다." 이것은 어떤 효과가 있을까요?

로마서 11장 17-32절을 읽으면서 저는 그에 대한 답을 다음과 같이 생각하게 되었습니다. 바울은 유대인이나 헬라인 모두 겸손해지기를 바란 것 같습니다. 그래서 그들 모두가 자기 자신을 의지하거나 자신들의 전통 및 민족적 우월감에 의지하는 대신 철저히 은혜에 의지해야 한다는 점을 깊이 깨닫게 되기를 바란 것 같습니다.

바울은 이방인을 향해서는 구원이 본질적으로는 유대인의 것이었다는 점을 말하고 있습니다. 헬라 문화든 어떤 문화로든 우리는 구원을 받지 못합니다. 우리는 유대인이라 불리며 경멸받던 셈족을 통해 임한 구원으로 건짐을 받았습니다. "네가 〔아브라함 언약의〕 뿌리를 보전하는 것이 아니요 뿌리가 너를 보전하는 것이니라." 그러므로 가지들을 보면서 자랑하지 말아야 합니다(롬 11:18). 우리 이방인들은 영적인 유대인이 됨으로써 구원을 받는 것입니다(롬 2:28-29). 이 사실이 우리를 겸손하게 하고, 민족적 우월감에 대한 교만과 자랑에서 벗어나게 만듭니다. 또한 그 사실이 반유대주의를 제거하고 우리 안에 유대인을 향한 복음 전도의 열정을 품게 합니다.

이와 유사하게 바울은 또한 유대인을 향해 구원은 너희의 것이 아니라고 말합니다. 구원은 하나님께 속했고, 그분이 기뻐하시는 자에게만 선물로 주시는 것입니다. 하나님은 돌이라도 일으켜 —이방인 돌이라도!— 아브라함의 자손이 되게 하실 수 있습니다(마 3:9). 로마서 1장 16절에서 "먼저는 유대인에게요"라는 말이 이방인에게 불쾌감을 주었듯, "그리고 헬라인에게로다"라는 말도 유대인에게 불쾌감을 주었을 것입니다. 유대인에게 주어진 특권을 낮고 낮은 이방인 그리스도인들과 나눠야 한다는 생각 때문에 말입니다. 그러므로 유대인과 이방인, 양쪽 모두 겸손해져야 합니다. 우리 이방인은 유대인 메시아와 유대인의 언약을 통해 구원받는다는 사실 앞에 스스로 겸손해져야 합니다. 유대인 역시 부정한 이방인을 함께 언약을 상속받는 자로 받아들이고 아브라함 언약의 모든 축복을 나눌 수 있도록 스스로를 낮춰야 합니다.

여기서 말하는 전체적인 핵심은 하나님은 은혜로운 분이라는 점입니다. 여기서 민족이나 출신은 아무 것도 결정하지 못합니다. 아무런 이득을 주지 않습니다. 우리는 모두 죄인입니다. 그래서 우리가 처음 출발했던 1장 16절에서 사실상 "모든 자에게"라는 단어를 강조하고 있는 것입니다. "이 복음은 모든 믿는 자에게 구원을 주시는 하나님의 능력이 됨이라." 그러므로 유대인이든 이방인이든 믿으십시오! 그리고 우리를 죄와 죄책과 죽음과 심판과 지옥에서 건져내시고 영원히 그분 앞에서 기쁨을 누리도록 본향으로 인도하시는 하나님의 능력을 받아들이시기 바랍니다.

15장

복음이 믿는 자들을 어떻게 구원하는가? (1부)

로마서 1:16-17

내가 복음을 부끄러워하지 아니하노니 이 복음은 모든 믿는 자에게 구원을 주시는 하나님의 능력이 됨이라. 먼저는 유대인에게요 그리고 헬라인에게로다. 복음에는 하나님의 의가 나타나서 믿음으로 믿음에 이르게 하나니 기록된 바 오직 의인은 믿음으로 말미암아 살리라 함과 같으니라._롬 1:16-17

16절은 "복음은 모든 믿는 자에게 구원을 주시는 하나님의 능력이 됨이라"고 말합니다. 지난 설교에서 복음은 사람들을 회심하게 하는 하나님의 능력이 아니라 (물론 그러한 능력도 포함합니다만) 믿음을 계속해서 지켜가는 사람들이 하나님 앞에서 장차 영원한 안온과 기쁨을 누리게 하는 하나님의 능력을 의미한다는 점을 말씀드렸습니다.

인간의 궁극적인 문제 : 하나님의 진노

그 가운데 제가 분명하게 말씀드리지 못한 것 중 하나가 왜 우리에게 구원이 필요한가에 대한 것입니다. 대체 무엇으로부터 구원을 받는다는 말입니까? 무엇이 문제입니까? 로마서 전반에 걸쳐 제시하는 답은 바로 이것입니다. "우리는 하나님의 진노에서 구원받아야 한다"는 것입니다. 로마서 1장 18절을 보시기 바랍니다. "하나님의 진노가 불의로 진리를 막는 사람들의 모든 경건하지 않음과 불의에 대하여 하늘로부터 나타나나니." 우리가 구원을 받아야 하는 이유가 바로 이것입니다. 하나님은 우리의 불의와 우리 자신을 정당화하느라 진리를 억압하고 왜곡하는 것을 보며 크게 진노하십니다.

다음 장인 로마서 2장 8절에서도 이와 유사한 내용이 나옵니다. "오직 당을 지어 진리를 따르지 아니하고 불의를 따르는 자〔불의를 따르는 자라는 말에 주목하시기 바랍니다. 1장 18절에서는 불의로 진리를 막는다고 표현합니다〕에게는 진노와 분노로 하시리라." 이것이 인간의 문제입니다. 하나님은 우리의 불의와 부정에 대해 진노와 분노를 쏟으십니다.

앞으로 가서 로마서 2장 5절을 보겠습니다. "다만 네 고집과 회개하지 아니한 마음을 따라 진노의 날 곧 하나님의 의로우신 심판이 나타나는 그 날에 임할 진노를 네게 쌓는도다." 하나님의 진노는 의로운 심판입니다. 우리가 불의할 때 하나님의 의는 진노와 분노로 타오릅니다. 그분은 인간이 결코 무시할 대상이 아닙니다.

마지막 날에 우리에게 구원이 필요해진 이유가 이것입니다. 인간의 궁극적인 문제는 마지막 날에 하나님의 진노가 우리와 하나님 사이를 가르고 우리를 지옥에 던져 넣는다는 사실입니다. 혹 여러분이 로마서를 향해 과연 무엇으로부터 구원을 받아야 하는 것인지 묻는다면 이런 답을 들을 수도 있습니다. "그렇습니다, 우리의 죄와 죄책감, 분열과 깨어진 관계, 파괴적인 습관과 해로운 삶의 방식으로부터 구원을 받아야 합니다." 하지만 가장 핵심적인 답변은 이것입니다. "우리는 하나님의 진노에서 구원 받아야 합니다." 요즘 시대에는 그렇게 생각하는 사람이 적을지 몰라도, 분명 우리의 궁극적인 문제는, 우리가 무한하고 전능하며 진노로 가득한 하나님의 손 안에 놓인 죄인이라는 사실입니다.

복음 : 하나님이 하나님의 진노에서 우리를 구하셨다

복음은 하나님이 직접 우리를 하나님의 진노에서 구하셨다는 복된 소식입니다. 나 스스로 엉망으로 만든 쓰레기 같은 삶과 나 자신에게서 구원받은 것이 아니라 하나님의 진노와 의로운 심판에서 구원받은 것입니다. 복음은 하나님의 진노에서 구원하시는 하나님의 능력입니다. 그 능력이 우리를 하나님 앞에서 영원한 안온과 기쁨을 누리게 합니다.

로마서 5장 9절에서 그 점이 가장 명확히 드러나 있습니다. "그러면 이제 우리가 그의〔예수님의〕 피로 말미암아 의롭다 하심을 받았으니 더욱 그로 말미암아 진노하심에서 구원을 받을 것이니." 결국 모든 것은 하나님의 진노를 피하거나, 혹은 하나님의 진노를 나에게서 다른 곳으로 돌려서 하나님이 나의 원수가 아니라 친근한 왕이 되게 하시는 것에 관한 문제입니다.

따라서 16절에서 "복음은 모든 믿는 자에게 구원을 주시는 하나님의 능력이 됨이라"는 말은 복음이란 믿는 자들을 "하나님의 진노" 혹은 "하나님의 의로운 심판"에서 구해 내는 하나님의 능력이 된다는 의미입니다(2:5).

복음이 어떻게 믿는 자를 구원하는가?

오늘 설교 중에 여러분께 드릴 또 다른 질문은 이것입니다. 복음은 어떻게 믿는 자를 구원할까요? 어떻게 복음이 구원을 위한 하나님의 능력이 되는 것일까요? 그 대답은 17절에 나와 있습니다. 때때로 우리는 그 구절을 조금 다르게 해석해서 우리가 좋아할 만한 내용으로 풀어 보고 싶기도 합니다. 하지만 그것이 본래의 뜻은 아니므로, 다시 올바로 고쳐서 읽도록 하겠습니다. 우선 잘못된 번역으로 읽어 보겠습니다. 16절부터 시작합니다. "내가 복음을 부끄러워하지 아니하노니 이 복음은 모든 믿는 자에게 구원을 주시는 하나님의 능력이 됨이라 먼저는 유대인에게요 그리고 헬라인에게로다 복음에는 하나님의 '사랑이' 나타나서 믿음으로 믿음에 이르게 하나니."

이 해석은 본문의 원래 의미와 다릅니다만, 우리가 복음에 관해 생각할 때 이 대목이 중요하다는 것을 알 수 있게 합니다. 앞에서도 말했지만 복음은 좋은 소식입니다. 그 안에서 하나님의 사랑이 드러나기 때문입니다. 참으로 그러합니다. 로마서 5장 8

절에서도 말합니다. "우리가 아직 죄인 되었을 때에 그리스도께서 우리를 위하여 죽으심으로…" 이것 역시 복음입니다. 예수님의 복음은 죄인에게 보이고 계시하신 하나님의 사랑입니다. 하지만 이것은 17절에서 말하려는 내용이 아닙니다.

제가 이런 식으로 잘못된 번역부터 설명하는 데는 두 가지 이유가 있습니다. 첫째, 하나님의 사랑은 인간의 불의와 하나님의 진노를 식탁보처럼 슬쩍 덮어두고는 더 이상 아무 문제가 없다는 듯이 할 수 없다는 점입니다. 하나님의 사랑은 인간의 불의를 반드시 다뤄야 했고 하나님의 진노도 해결해야 했습니다. 하나님의 사랑은 "내가 널 좋아하니까 이제부터는 친절하게 대해 주마"라는 식의 감상적인 느낌이 아닙니다. 하나님의 사랑이 그런 정도였다면 로마서가 이보다는 훨씬 짧았어야 했습니다. 그러면 성경 자체도 훨씬 얇아져야 할 것이고, 하나님의 아들이 죽임을 당하는 그런 끔찍한 이야기들은 생략되어야 했을 겁니다.

하나님의 사랑은 지혜와 공의와 진리로 가득한 사랑입니다. 사랑은 하나님의 여러 속성을 어지럽히는 대신 오히려 뒷받침해 줍니다. 하나님의 사랑은 지혜롭고 합법적이고 정의롭고 진실되게 행하며 무엇을 숨기거나 억압하지 않습니다. 사랑은 우리의 불의와 하나님의 의로움을 모두 고려하여, 예수님의 죽음과 부활 안에서 이 문제를 다룹니다. 로마서가 주로 다루는 내용이 바로 사랑이 어떻게 그런 일을 하는가에 관해서입니다.

제가 바울이 하지 않은 말로 시작하는 또 다른 이유는 강조하고 싶은 것이 있기 때문입니다. 바울은 우리 그리스도인들이 어떻게 하나님의 진노에서 구원 받는지 온전히 이해하기를 바랐습니다. 바울은 하나님이 우리를 사랑하셔서 우리 대신 죽도록 예수님을 보내셨다는 사실 그 이상을 우리가 알기 원했습니다. 생각해 보십시오! 참으로 단순하면서 명료합니다. 그리스도와 그분의 사도인 바울에게 있어서 복음이 어떻게 구원을 이루는 하나님의 능력이 되는지 그리스도인들로 하여금 잘 알게 하는 것은 중요한 일입니다. 왜냐하면 바울이 그 점에 대해 1장 17절에서 말하고 있으며 이후 16장에 걸쳐서 다시 언급하기 때문입니다!

복음에 대한 강력한 깨달음

제가 왜 그렇게 이 점을 강조할까요? 그것은 오늘날 많은 그리스도인들이 성경적이지 않은 내용을 그저 어설프게 알고 있기 때문입니다. 그들은 은혜가 없을 때 인간이 어떠한 상태인지, 하나님이 인간의 구원을 어떤 식으로 계획하셨는지, 하나님이 그리스도 안에서 우리를 어떻게 구하셨는지, 성령이 우리 안에 어떻게 역사하시고 회심하게 하셨는지, 하나님이 어떻게 지금도 (복음으로) 우리를 지키시고 성결하게 하셔서 하늘 백성에 걸맞게 만들어 가시는지 잘 알지 못하고 있습니다. 이러한 사실은 신약 성경, 특히 로마서가 모든 그리스도인들에게 애써 강조하는 내용인데, 그 사실에 관심도 없고 잘 알지 못하는 그리스도인들이 얼마나 많은지 놀라울 따름입니다.

그래서 저는 "하나님께서 그분의 '사랑'으로 우리를 구하셨으니 여러분은 그 사실만 알면 됩니다"라고 말하는 대신 17절을 강조하고 있는 것입니다. 바울은 복음이 어떻게 믿는 자들을 구원하는지 설명하기 시작합니다. 단지 "복음은 하나님의 사랑을 보여준다"고 말하지 않습니다. 바울은 하나님의 사랑 안으로 들어가 하나님께서 온 우주의 당면한 문제를 어떻게 해결하시는지 보여줍니다. 그래서 우리는 우주의 실질적인 현안들이 무엇인지 깨닫기 시작합니다. 우리가 생각한 것 이상으로 문제는 깊고 심각합니다. (1998년 케냐 나이로비와 탄자니아 다르에스살람에서 일어난 미국 대사관 폭파사건은 비교도 안 됩니다.) 우주의 문제는 하나님을 향한 증오와 진리에 대한 억압, 영혼 깊숙이 박힌 불의, 그리고 이 모든 것에 대한 하나님의 가공할 진노입니다. 이 모든 문제를 해결할 우주 유일의 능력이 있다면 그것은 예수 그리스도의 복음입니다.

17절에서 시작한 바울은 하나님의 사랑 안으로 들어가서, 그리고 복음 안으로 들어가서 그 복음이 어떻게 그와 같은 능력이 되는지 보여주고 있습니다. 우리 그리스도인이 반드시 알아야 할 사실이기에 이렇게 기록하고 있는 것입니다. 저는 지금 여러분에게 신학 과정을 밟으라고 말하려는 것이 아닙니다. 로마서 1장 17절에 나오는 영감 있는 하나님의 말씀 그대로를 자세히 살펴 읽어 보라는 것입니다. 이를 위해 그리스도께서 그분의 사도인 바울을 우리에게 보내 복음이 어떻게 믿는 자를 구원하고 천국으로 안전하게 이끄는지 가르치게 하셨습니다.

이것은 의사가 언젠가 우리에게 "최선을 다했습니다만, 유감이군요"라고 말할 때 우리가 알고 싶어 하게 되는 내용입니다.

"얼마나 남았습니까?" 우리가 물으면, 의사는 이렇게 대답합니다. "일주일? 어쩌면 2주일 정도?" 그러면 그 다음에 남은 것은 무엇입니까? 곧 무한히 거룩하고 정의로운 온 우주의 창조자이자 심판자이신 그분과 직접 대면하는 일입니다. 사랑하는 여러분, 마지막 순간에 이르러 우리가 알고 싶어 해야 하는 것이 바로 이것입니다. 제가 어떻게 해야 여러분이 세상에서 가장 중요한 것에 관심을 두게 되실까요?

하나님이 어떻게 역사하시는지 깨닫는 특권과 위로

하나님을 아는 지식에서 자라가는 것(골 1:10)뿐 아니라 하나님이 불의한 자들을 어떻게 살리시는가에 관해 여러분이 진지하게 생각해 보시길 간곡히 요청합니다. 하나님께서 바울에게 영감을 주시면서까지 우리에게 말씀하기 원하시는 거라면, 우리가 반드시 알아야 하지 않겠습니까? 그것을 깨닫는 것이 얼마나 큰 특권인지요! 그리고 얼마나 큰 위안인지요! 얼마나 큰 기쁨인지요! 로마서 연속 강해야말로 보석 같은 기회입니다. 기회의 창이 활짝 열렸습니다. 이렇게 속도를 내지 않고 천천히 살펴보는 것은 여러분이 제게 들은 바를 직접 생각하고 연구하고 읽고 논의하고 되새기고 확인하고 기도해 보라는 뜻입니다. 이번 강해는 여러분을 하나님의 마음과 생각 깊은 곳으로 인도해 주는 잠재력과 같습니다. 단, 여러분이 가고자 한다면 말입니다. 여러분에게 부탁드립니다. 부디 수동적으로 따라오지 마십시오. 주변을 맴돌기만 하지 말기 바랍니다. 로마서의 말씀을 여러분의 것으로 만드십시오. 여러분의 사고와 감정의 전반적인 틀을 위대한 로마서 말씀의 벽돌로 세워 가시기 바랍니다.

그렇다면 여러분도 저와 함께 다음의 질문을 해보시겠습니까? 복음은 어떻게 믿는 자를 구원합니까? 18절에도 나왔듯 이미 하나님의 진노가 하늘에서 나타났는데도, 어떻게 복음은 진노를 받아야 할 우리로 하여금 하나님 앞에서 영원한 안온과 기쁨을 누릴 수 있게 하는 것일까요? 대체 복음은 어떻게 지난 두 주간 절망과 두려움에 빠져 있는 여러분의 인생을 구출해 하나님의 집으로 인도하는 일을 성공적으로 해낼 수 있을까요?

17절에 나오는 답은 이것입니다. 복음은 모든 믿는 사람을 구원으로 이끄는 하나님의 능력인데, 왜냐하면 "복음에는 하나님의 의가 나타나서 믿음으로 믿음에 이르게" 하기 때문입니다.

여기서 의아한 부분이 있습니다. 하나님의 의가 우리 인간에게는 문제가 되는데 복음이 어떻게 좋은 소식이 될 수 있다는 말일까요? 하나님은 의로우시고 나는 불의하다는 사실은 문제가 됩니다. 18절에서도 말하듯, 하나님의 진노가 불의한 인간에게 드러났다고 하니까요. 마틴 루터는 이전에 깨닫지 못했을 때 로마서 1장 17절 말씀을 매우 싫어했다고 합니다. 그는 이렇게 기록했습니다.

> 나는 … 로마 교회에 보내는 바울 서신서를 읽으면서 바울을 이해하고 싶은 특별한 열정에 사로잡혔다. 하지만 … 로마서 1장(17절)에 나오는 한 문구, "하나님의 의가 나타나서"가 나를 가로막았다. 나는

'하나님의 의' 라는 말이 너무도 싫었다 … 하나님의 의가 불의한 죄인을 벌하신다고 배웠기 때문이다.*

우리에게 요구하시는 것을 우리에게 주시는 하나님

그렇다면 복음에 하나님의 의가 나타났다는 말이 어떻게 좋은 소식이 될 수 있습니까? 그에 대한 답은 이것입니다. 하나님은 우리에게 의를 요구하시지만 우리에게는 의가 없습니다. 그래서 우리 인간이 붙드는 한 가지 소망은 하나님이 직접 우리에게 필요한 의를 주시는 것입니다. 그것이 바로 좋은 소식입니다. 그것이 복음입니다. 하나님이 원하시는 바이기도 합니다. 복음에 드러난 것은 하나님이 우리에게 요구하시는 하나님의 의입니다. 그래서 복음은 구원하는 하나님의 능력이 됩니다. 복음이 믿는 자를 구원하는 방법은 하나님이 우리에게 요구하시는 의를 우리에게 직접 드러내시는 것입니다. 우리가 직접 해야 하는 일이었지만 스스로 만들어 내지도 공급하지도 실행하지도 못하기 때문에 말 그대로 하나님께서 자신의 의를 우리에게 거저 주신 것입니다.

이것이 바로 복음이 하나님의 진노로부터 우리를 구하는 방법입니다. 18절을 보십시오. "하나님의 진노가 불의로 진리를 막는 사람들의 모든 경건하지 않음과 불의에 대하여 하늘로부터 나타나나니." 그런데 무엇이 우리를 구해 냅니까? 우리가 경건하지

* John Dillenberger, ed. *Martin Luther: Selections from His Writings*, Garden City, New York: Doubleday and Co., 1961, p.11.

않고 불의한 자일 때 하나님의 진노를 피할 수 있는 소망은 무엇입니까? 우리에게 없는 의로움을 하나님이 직접 간섭하셔서 우리에게 주시는 것이 그 답입니다. 하나님께서 우리에게 요구하시는 의를 직접 우리에게 주십니다. 하나님이 그렇게 하시면 그분의 진노를 돌이키고 하나님과 화목할 수 있게 됩니다. 사실상, 하나님이 직접 행하신 일입니다. 그것이 복음입니다. 그것이 우리를 구원하는 방법입니다.

"복음은 모든 믿는 자에게 구원을 주시는 하나님의 능력이 됨이라." 왜냐하면 복음 안에서 하나님이 우리에게 요구하시는 하나님의 의를 직접 우리에게 주시기 때문입니다. 하나님은 한때 우리에게 요구하셨던 것을 그리스도 예수 안에서 선물로 주셨습니다. 이것이 하나님이 우리를 구원하시는 방법입니다. 죽음에서 부활하신 예수님의 복음 안에서 하나님은 우리에게 요구하시는 의를 우리에게 주십니다.

앞으로 두 주 동안 우리는 이 구절을 통해 복음에 대해 좀 더 살펴보려고 합니다. 다음 주에 던질 질문은 이것입니다. 과연 하나님이 선물로 주시는 '의'란 무엇일까요? 첫째, 우리를 대신하여 예수님을 징계하심으로 하나님의 정의가 나타나는 것일까요? 둘째, 혹은 죄를 사함 받고 용서받은 죄인으로서 죄책 없이 하나님 앞에 바로 서는 것을 말하는 것일까요? 셋째, 혹은 우리의 본성이 순종적이고 의로운 하나님의 자녀가 되도록 실제로 우리 안에서 일어나는 도덕적 변화를 말하는 것일까요? 아니면 이 세 가지 모두를 일컫는 것일까요?

그 다음 주에는 하나님의 의가 구원으로 드러나는 데 있어서 믿음이 어떠한 역할을 하는지 살펴볼 예정입니다. 17절에 나오는 "믿음으로 믿음에"라는 문구의 의미는 무엇일까요? 하박국 2장 4절에서 인용된 이 말씀은 우리가 믿음으로 위대한 진리를 받아들이는 데 어떠한 도움을 줄까요?

오늘 말씀을 마치면서 다시 마틴 루터의 이야기로 돌아가고 싶습니다. 아마도 하나님은 오늘 마틴 루터의 간증을 통하여 여러분이 단순히 설교를 듣는 자에서 하나님의 의의 선물인 복음 안에서 사랑하고 살아가는 자가 되게 하시려는 것 같습니다. 마틴 루터가 로마서 1장 17절의 말씀을 싫어했다는 사실을 기억하실 겁니다. 하지만 그는 하나님의 의 앞에서 자신의 죄책감과 두려움과 싸워갔던 일을 계속 설명하고 있습니다.

> 그래서 나는 맹렬하게 고통 받는 양심 때문에 분노했다. 그럼에도 불구하고 나는 (로마서 1장 17절에 나오는) 바울에게 끈덕지게 매달렸다. 과연 그가 하려던 말이 무엇인지 알고 싶은 열망 때문이었다. 마침내 밤낮으로 묵상하던 중 하나님의 은혜로 다음 문구에 주목하게 되었다. "복음에는 하나님의 의가 나타나서 믿음으로 믿음에 이르게 하나니 기록된 바 '오직 의인은 믿음으로 말미암아 살리라' 함과 같으니라." 여기서 나는 하나님의 의가 무엇인지 이해하기 시작했다 … 그 의로 말미암아 은혜로운 하나님은 믿음으로 우리를 의롭게 하신다 … 여기서 나는 다시 태어나 열린 문을 지나서 낙원으로 들어갔음을 느꼈다.*

여러분 중에 많은 사람들이 이 말씀을 통해 천국으로 향한 길을 찾게 되기를 간절히 기도합니다.

* John Dillenberger, ed. *Martin Luther: Selections from His Writings*, Garden City, New York: Doubleday and Co., 1961, p.11-12.

16장

복음은 믿는 자들을 어떻게 구원하는가? (2부)

로마서 1:16-17

내가 복음을 부끄러워하지 아니하노니 이 복음은 모든 믿는 자에게 구원을 주시는 하나님의 능력이 됨이라. 먼저는 유대인에게요 그리고 헬라인에게로다. 복음에는 하나님의 의가 나타나서 믿음으로 믿음에 이르게 하나니 기록된 바 오직 의인은 믿음으로 말미암아 살리라 함과 같으니라. _롬 1:16-17

복음은 믿는 자를 구원한다

우리의 질문은 "복음이 어떻게 믿는 자들을 구원하는가?"입니다. "복음이 어떻게 사람들을 믿게 하는가?"가 아닙니다. 성령의 능력으로 증거되는 복음은 사람들의 눈을 열고 마음을 변화시키고 믿음으로 이끌어 구원하는 능력이 있습니다. 그것이 이번 여름 화요일과 수요일 밤마다 일어났던 일입니다. 사람들은 복음의 능력과 아름다움을 통해 그리스도께로 나아오고 있습니다. 그런데 제가 강조하고자 하는 점은 여기 16-17절에서 바울이 말하는 그대로 "이 복음은 모든 믿는 자에게 구원을 주시는 하나님의 능력"이 된다는 사실입니다. 믿는 자들은 구원을 받아야 합니다. 복음은 우리를 구원하시는 하나님 능력의 도구입니다. 그리고 복음이 어떻게 우리 믿는 자들을 구원하는지 잘 알아야 제대로 사용할 수 있습니다.

16절로 이어지는 15절에 주목하시기 바랍니다. "그러므로 나는 할 수 있는 대로 로마에 있는 너희에게도 복음 전하기를 원하노라." 여기서 "너희"란 누구입니까? 6, 7절에서는 "로마에서 하나님의 사랑하심을 받고 성도로 부르심을 받은 모든 자"라고 언급되어 있습니다. 그렇다면 15절에서 바울이 그토록 복음을 전하기 원하는 "너희"라는 대상은 하나님의 부르심과 사랑을 받고, 그 "믿음이 온 세상에 전파된"(8절) 성도들입니다. 왜일까요? 16절을 봅시다. "내가 복음을 부끄러워하지 아니하노니 이 복음은 모든 믿는 〔문자적으로, 믿고 있는〕 자에게 구원을 주시는 하나님의 능력이 됨이라." 말 그대로 그 대상은 믿는 자들, 즉 여러분인 것입니다. 그리고 우리 베들레헴교회의 신자들입니다.

저 존 파이퍼 목사는 바울과 더불어 말씀드립니다. 저는 믿는 여러분에게 —정확히는, 믿고 있는 여러분에게— 복음을 전하기를 간절히 소망합니다. 로마서라는 책에 담긴 이 복음은 여러분을 구원하는 하나님의 능력이 되기 때문입니다. 믿는 여러분이 구원을 받으려면 복음을 들어야 합니다. 바울은 로마서 전체를 통하여 복음이 무엇인지, 복음이 어떻게 믿는 자들을 구원하는 역사를 이루는지 마음을 다해 우리에게 열심히 설명해 줍니다.

믿는 자들은 날마다 복음을 의지한다

바울이 이렇게 하는 이유는 우리 믿는 자들이 복음의 핵심을 알고 그대로 살아가고 사랑할 때, 복음으로 충만해지고 복음으로 다듬어지고 복음에 의존하고 복음을 따라 행동하고 복음을 소망하고 복음을 기뻐하게 되어, 복음을 왜 나눠야 하고 어떻게 나눠야 하는지에 대해 굳이 말해 줄 필요조차 사라지기 때문입니다. 우리는 영생에 대한 소망을 위해, 그리고 우리의 온전함과 안전함과 각자의 삶을 위해 날마다 간절히 복음에 의존하고 감사하게 될 것입니다. 그러면 사람들이 복음을 필요로 한다는 것과 왜 복음을 필요로 하는지, 그들의 가장 큰 필요와 복음이 어떻게 연관되는지도 모를 수가 없게 됩니다. 왜냐하면 우리 스스로가 자신에게 복음이 필요하다는 사실을 알 뿐 아니라, 복음이 왜 필요한지, 그 복음이 어떻게 매일의 가장 큰 필요들을 채워 주는지 잘 알기 때문입니다.

바울이 믿는 자들에게 그토록 간절히 복음을 전하려 했던(15절) 가장 큰 이유 중 하나이자 또한 제가 여러분에게 복음을 전하려 애쓰는 이유가 바로 이것입니다. 우리가 날마다 복음의 핵심을 따라 분투하며 살고, 복음이 매일 매시간 우리 삶 속에서 우리를 구원하는 하나님의 능력의 도구가 된다면, 우리가 가족과 친구와 주변 사람들에게 전하는 복음의 메시지는 더 이상 허울뿐인 홍보로 그치지 않을 것입니다. 대신 우리의 생각과 감정, 그리고 믿음의 선한 싸움과 사랑을 진정성 있게 드러내는 핵심이 될 것입니다.

바울은 믿는 자들에게 복음을 전하는 일이 분명 열매를 맺으리라 깊이 확신했습니다. 우리 역시 그래야 할 것입니다. 13절 말씀을 다시 보겠습니다. "형제들아 내가 여러 번 너희에게 가고자 한 것을 〔지금까지도 막혀 있는 것을〕 너희가 모르기를 원하지 아니하노니 이는 너희 중에서도 다른 이방인 중에서와 같이 열매를 맺게 하려 함이로되 지금까지 길이 막혔도다." 믿는 자들에게 복음을 전하면 열매가 맺힙니다! 여러 다양한 열매입니다. 의와 평강과 기쁨(롬 14:7)의 열매가 맺히고, 하나님의 사람들에게서 복음을 듣고 지켜보는 사람들 중에 회심하는 자들도 일어납니다.

복음은 어떻게 믿는 자들을 구원하는가?

그래서 저는 3주 동안 17절의 말씀을 집중적으로 살펴보고 있습니다. 17절에 그 답이 있기 때문입니다. 복음은 어떻게 믿는 자들을 구원할까요? 우리 믿는 자들이 복음을 따라 살아가는 것이 이를 실현하는 방법입니다. 우리는 하나님의 말씀을 통해 복음이 어떻게 우리를 구원하는지 배웁니다. 그리고 우리는 그 복음을 믿고 순복하고 소중히 여기게 됩니다. 그뿐 아니라 우리를 멸망시키는 모든 것, 특히 "하나님의 의로운 심판"(롬 2:5)과 다가올 진노(롬 5:9)로부터 우리를 구원하기 위해 하나님이 의도하신 계획을 따라 날마다 살아가게 됩니다. 이것이 16절에서 "구원"이 언급하는 주된 내용입니다. "복음은 모든 믿는 자에게 구원을 주시는 하나님의 능력이 됨이라." 해를 거듭하면서 그 믿음을 붙잡고 지키는 사람은 복음 안에 있는 하나님의 능력으로 진노하심에서 구원받게 될 것입니다(막 13:13 참조).

어떻게 가능할까요? 복음은 어떻게 다가올 진노에서 믿는 자들을 건져내어 하나님의 기쁨 안으로 안전히 들어가게 할 수 있습니까?(마 25:21, 23)

17절에서는 이렇게 설명합니다. "복음에는 하나님의 의가 나타나서 믿음으로 믿음에 이르게 하나니." 마틴 루터가 처음에는 이 구절을 싫어했다는 것을 지난 주에 살펴보았습니다. 하나님의 의가 나타난다는 것을 좋은 소식이 아니라 나쁜 소식으로 여겼기 때문입니다. 하나님의 '의'는 우리 인간에게 문제를 초래합니다. 우리는 불의하고 진리를 막아서기 때문입니다(롬 1:18). 그래서 우리는 하나님의 '의' 때문에 정죄를 당합니다.

하나님은 우리에게 '의'를 요구하십니다. 그것이 하나님의 본성이고 하나님의 율법이 요구하는 바입니다. 그분은 의로우십니다. 하지만 우리에게는 내놓을 것이 없습니다. 그래서 우리는 죄인이 되고 정죄를 당하며 멸망하고, 하나님에게서 멀리 떨어져나가 이 세상에서 아무 소망 없이 사는 것입니다. 그렇다면 무엇이 좋은 소식입니까? 무엇이 복음입니까? 좋은 소식이란 하나님이 우리에게 요구하시는 의를 하나님이 직접 우리에게 주신다는 것입니다. 그것이 지난 주 살펴본 내용의 핵심입니다. 17절이 뜻하는 바이기도 합니다. 복음은 믿는 자들을 구원하는 하나님의 능력입니다. 날마다 우리의 삶 전반을 통해 그리스도의 죽음과 부활에 관한 복음 안에서 하나님이 우리에게 요구하시는 거룩한 '의'의 선물이 드러나는 것을 보기 때문입니다.

'하나님의 의'란 무엇인가?

마지막으로 언급한 내용, 즉 '하나님의 의'라는 선물이 말하는 바는 무엇입니까? 그에 관해 신뢰할 만한 세 가지 가능성도 앞에서 말씀드렸습니다. 그래서 오늘은 그 세 가지에 대해 바울이 말하고자 하는 바와 그 이유를 설명 드리고자 합니다.

하나님의 의가 의미하는 바는 무엇일까요? 첫째, 죄사함을 위해 우리의 대속자 예수님을 징계하셨으므로 하나님 그분만의 의가 입증된다(또는 드러난다)는 것일까요? 혹은 하나님 앞에 더 이상의 죄(죄책) 없는, 사함 받고 무죄로 방면된 죄인으로서 하나님과 더불어 바로 서는 것을 말하는 것일까요? 혹은 우리가 순종적이며 의로운 하나님의 자녀가 되도록 우리 안에서 실제로 일어나는 도덕적 변화를 말하는 것일까요?

우리는 앞으로 로마서를 찬찬히 살펴보면서 사실상 이 세 가지가 모두 하나님의 의에 대한 진정한 의미이며, 세 가지 모두 예수님의 대속으로 우리에게 거저 주어진 선물이라는 사실이 복음의 일부라는 것을 알게 될 것입니다. 어쩌면 17절에서 바울은 이 세 가지 전체를 염두에 두고 있었던 것 같습니다. 하나님의 의가 세 가지 방식으로 복음에 나타나서 믿음에 이르게 하는 것, 그래서 모든 믿는 자를 구원하는 하나님의 능력이 된다는 것 말입니다. 실제로 우리는 하나님께서 우리를 의롭게 여기시고 의롭다고 선언하시고 점차 의롭게 만들어 가시는 데 필요한 모든 것을 복음 안에서 날마다 발견합니다. 이는 복음이 우리에게 날마다 보여주고 있는 바이기도 합니다. 그리고 우리가 믿음으로 붙잡고 있는 바입니다. 또한 우리의 믿음을 지키고 믿음의 싸움을 싸워 구원을 얻게 될 마지막까지 인내하게 해주는 것입니다.

하나님 앞에 바로 서다

하지만 저는 17절에서 바울이 주로 말하고자 하는 내용은, 우리가 죄 용서와 사함을 받은 죄인으로서 하나님 앞에 바르게 선다는 의미가 있는 "하나님의 의"라고 생각합니다. 즉 하나님의 의를 우리에게 전가시켜 주심으로 의롭게 된 또는 의롭다고 선언을 받은 백성으로서 하나님과 함께 서는 것을 말합니다. 이렇게 생각하는 몇 가지 이유를 앞으로 말씀드리겠습니다. 그리스도 안에서, 우리는 하나님과 함께 서 있습니다. 하나님은 우리가 아직 경건하지 못한 때에 자신의 의를 우리에게 전가시키십니다. 그리고 우리를 그분의 의를 소유한 자로 간주하십니다. 17절에서 바울이 주로 말하려고 하는 내용이 그것입니다. 그 내용이 바로 복음에 드러나 있습니다.

제가 그렇게 생각하는 이유를 설명하고자 합니다.

1. 하나님이 자신의 의를 인간에게 부여하신다

로마서 1장 17절의 전반부와 하박국 2장 4절을 인용한 후반부의 연결 관계에 주목하십시오. "복음에는 하나님의 의가 나타나서 믿음으로 믿음에 이르게 하나니." 그런 다음에는 "기록된 바"라는 말로 구약 성경에서 가져온 내용이 소개됩니다. 다시 말하면, 바울이 복음에 나타난 하나님의 의에 관해 말한 내용은 사실

하박국 2장 4절의 "오직 의인은 믿음으로 말미암아 살리라"는 인용문과 거의 흡사하다고 볼 수 있습니다.

그런데 "의"라는 말이 어떻게 다르게 사용되었는지 보이십니까? 17절의 앞부분에는 의가 하나님의 것("하나님의 의가 나타나서")으로 표현되지만, 뒷부분에서는 사람의 것으로 표현됩니다("의인은 믿음으로 말미암아 살리라"). '하나님'의 의와 '사람'의 의. 비교되는 두 용례가 이렇게 큰 차이가 있어 보이는데, 왜 바울은 자신이 하고픈 말을 설명하기 위해 구약 성경을 인용한 것일까요? 답은 이렇습니다. 둘 사이에는 그다지 큰 차이가 없다는 것입니다. 구약 성경의 인용문은 바울이 말하려고 하는 바를 보여주고 있는데, 즉 "하나님의 의"가 드러난 복음이란 하나님 자신이 의로우시다는 걸 뜻하는 것이 아니라, 하나님이 그분의 의를 인간에게 허락하셔서 그 인간이 "의로운 자"라 불리게 된다는 것을 말하고 있습니다. 바울은 말합니다. 하나님의 의의 선물로 의롭게 된 사람, "의인은 믿음으로 말미암아 살리라."

따라서 17절이 의미하는 바는 이것입니다. 복음 안에 하나님의 의가 나타났는데, 그 의는 우리가 의롭다 하심을 받고 하나님과 함께 설 수 있는 권리를 얻도록 죄인에게 허락된 것입니다. 우리 스스로는 만들어낼 수 없고 하나님이 우리에게 전가시켜 주시는 것이므로 우리는 죄사함을 받아 그분 앞에 의로운 자, 무죄 방면된 자로 설 수 있습니다. 이제 또 다른 이유를 살펴보겠습니다. 첫 번째에 이어 또 다른 이유를 추가해 보겠습니다.

2. 하나님의 의가 믿음을 통해 나타난다

바울이 17절에서 말하고자 하는 내용에 관한 저의 견해를 뒷받침하는 두 번째 이유는 이것입니다. 로마서 3장 20절로 넘어가 보실까요? 로마서 3장 20절과 로마서 1장 17절을 비교해 보면 얼마나 비슷한지 축약된 1장 17절을 3장 20절로 채워 놓고 싶을 정도입니다.

로마서 3장 20절, "율법의 행위로 그의 앞에 의롭다 하심을 얻을 육체가 없나니 율법으로는 죄를 깨달음이니라." 여기서의 화제는 "어떻게 죄인이 '의롭다 하심'을 얻는가" 하는 것임을 여러분도 아실 것입니다. 즉 우리 스스로 아무런 의가 없는 상황에서 어떻게 하나님과 함께 바로 설 수 있는가 하는 것입니다. 분명 유죄인데 어떻게 법정에서 죄가 없다고 인정받을 수 있습니까? 바울은 로마서 3장 21절에서 로마서 1장 17절과 아주 유사한 말로 계속 이어갑니다. "이제는 율법 외에 하나님의 한 의 〔1장 17절에 나오는 동일한 문구〕가 나타났으니 〔1장 17절의 '나타나서'와 매우 유사한 단어〕 율법과 선지자들에게 증거를 받은 것이라." 그래서 바울은 "의롭다 하심"(20절)을 "하나님의 한 의가 나타났으니"(21절)로 설명합니다. 그리고 다시 22-24절에서 이어가는데, 이 구절은 1장 17절의 "하나님의 의가 나타나서"를 명쾌하게 설명하고 있습니다.

바울은 (3장 22-24절의 말씀 전체를 한 덩어리로 보시기 바랍니다) 여기서 하나님의 의를 다음과 같이 설명합니다. "곧 예수 그리스도를 믿음으로 말미암아 모든 믿는 자에게 미치는 하나님의 의니 차별이 없느니라. 모든 사람이 죄를 범하였으매 하나님의 영광에 이르지 못하더니 그리스도 예수 안에 있는 속량으로 말미암아 하나님의 은혜로 값없이 의롭다 하심을 얻은 자 되었느니라." 바울은 생각의 흐름을 이어갑니다. 24절의 "하나님의 은혜로 값없이 의롭다 하심을 얻은 자"라는 문구는 그가 22절에서 "믿음으로 말미암아 모든 믿는 자에게 미치는 하나님의 의"라고 말한 부분에 대한 설명이며 재선언입니다. 따라서 20절과 24절에는 죄인을 의롭게 하시는 하나님의 역사가 나오고, 그 두 구절 사이에는 믿음을 통해 하나님의 의가 나타난다는 두 번의 언급이 나옵니다(20, 22절).

따라서 저는 바울이 이런 말을 하고 있다고 생각합니다. 예수님의 죽으심 안에서(24-25절) 하나님은 죄인에게 의를 전가하시고 (혹은 의롭다 인정하시고) 하나님 자신의 의로 그들을 의롭다고 선언하심으로써 하나님 자신의 의를 나타내셨습니다. 이것을 칭의라고 부릅니다. 율법 외에 하나님의 의가 나타났다는(21-22절) 말은 1장 17절에서 하나님의 의가 나타났다는 말과 아주 유사합니다. 저는 그 둘이 같은 내용이라고 생각합니다.

이상은 로마서 1장 17절이 칭의의 사역(예수님에 대한 믿음을 통해 죄인을 의롭다고 선언하는 행위)을 통해 인간에게 부여된 하나님의 의를 언급한다는 주장에 대한 저의 두 번째 설명이었습니다.

인위적인 구분에 대한 부정적 견해

하지만 저는 하나님의 의에 대한 여러 관점을 굳이 억지로 구분하고 싶지는 않습니다.

복음은 "예수님을 믿는 죄인을 의롭게 하시는 것으로 하나님이 자신의 '의'라는 속성을 입증하신다"는 진리를 드러냅니다(롬 3:25-26). 그래서 예수님이 죽으셔야 했습니다. 즉 죄는 공의롭게 다뤄져야 한다는 것을 알리고, 하나님이 "자기도 의로우시며 또한 예수 믿는 자를 의롭다 하려 하심이라"(3:26)는 것을 보여주기 위해서 말입니다.

또한 복음은 예수님의 죽음이 우리를 하나님 앞에 '바로 서게' 할 뿐 아니라 하나님 앞에서 '바로 살게' 한다는 사실을 보여줍니다. 로마서 8장 3-4절입니다. "죄로 말미암아 자기 아들을 죄 있는 육신의 모양으로 보내어 〔하나님이〕 육신에 죄를 정하사 [condemned sin in the flesh] 〔이것이 십자가에서 일어난 일입니다. 즉 죄는 처벌받고 사형 집행을 당했습니다. 십자가가 이루려는 목적이 바로 이것입니다〕 〔그렇게 함으로써〕 육신을 따르지 않고 그 영을 따라 행하는 우리에게 〔의로운〕 율법의 요구가 이루어지게 하려 하심이니라." 그리스도의 죽으심으로 우리의 죄는 단번에 완전히 정죄(심판)를 받았고(condemned), 이제는 성령의 능력으로 하나님의 도덕법을 성취하는 데 있어서 진정한 진보를 이룰 새 힘과 자유를 얻었습니다. 찰스 웨슬리가 쓴 찬송가 〈만 입이 내게 있으면〉에 나오는 내용대로입니다. "내 죄의 권세 깨뜨려 그 결박 푸시고 이 추한 맘을 피로써 곧 정케 하셨네."

복음은 우리를 위한 하나님의 일하심을 우리에게 보여준다

물론 앞으로도 몇 주간 더 살펴보겠지만, 그럼에도 17절에 나오는 영광스러운 핵심을 놓쳐서는 안 됩니다. 복음은 어떻게 믿는 자들을 구원합니까? 어떻게 복음이 우리를 구원합니까? 16절에 말한 대로 복음이 모든 믿는 자를 구원하는 하나님의 능력이 되는 이유는, 복음 안에는 하나님이 우리에게 요구하시던 의를 하나님이 몸소 우리에게 주신다는 귀한 진리가 나타나기 때문입니다. 우리에게 믿음의 격려와 인내를 이루게 하는 내용입니다. 또 하나님은 이 일은 행하시되, 자신에게 있던 의를 가지고 신자들을 의롭다고 선언하시는 방법으로 행하십니다. 즉 하나님은 자신에게만 있는 완전한 의로써 우리를 의롭다고 간주하십니다. 하나님은 우리에게 있는 믿음을 보시고 우리를 용서하시고 무죄를 선언하시며 의롭게 하십니다.

이것이 복음이 어떻게 우리를 구원하는가에 대한 답변입니다. 복음은 이러한 진리를 우리에게 계시함으로써 우리가 보고 믿게 해줍니다.

천국으로 향하는 길을 내기 위해 날마다 우리에게 필요한 것은, 하나님이 주시는 의의 선물을 보고 받아들이고 누리는 것입니다. 이것이 하나님께서 믿는 자들을 구원하시는 길입니다. 하나님의 자녀들이 반드시 붙잡아야 할 진리입니다. 이를 간단히 표현해 볼까요? 우리는 모두 나쁜 일을 행하며 우리는 모두 악합니다. 우리가 행하는 나쁜 일이 우리 속 깊이 박힌 악한 뿌리에서 기인했기 때문입니다. 우리의 나쁜 행동은 악한 마음에서 나옵니다. 하지만 하나님은 우리가 선하지 않으면 우리를 받아들일 수 없다고 말씀하십니다. 우리의 악함 때문에 하나님 그분의 선하심이 더럽혀질 수 있기 때문입니다. 따라서 하나님을 위해 우리가 할 일은 우리의 악함을 예수 그리스도의 십자가에 못 박고 대신 예수님의 (그분에게만 있는) 선하심을 가져와 우리의 것으로 삼는 일입니다.

하나님이 하신 일이 바로 그것입니다. 따라서 예수님을 믿는 모든 자는 하나님의 선하심, 하나님의 의를 선물로 받습니다. 그것을 믿음으로 말미암는 칭의(justification by faith)라고 부릅니다.

매일 복음을 맛보라

날마다 복음을 바라보십시오. 날마다 복음으로 자유를 누리십시오. 날마다 복음으로 위로를 얻으십시오. 날마다 복음으로 담대해지십시오. 날마다 복음으로 힘을 얻으십시오. 내 것이 아닌 하나님의 의로 살아가십시오. 나의 행위가 아닌 하나님의 일하심으로 살아가야 합니다. 우리는 복음으로 말미암아 살 뿐 아니라 이번 한 주간 그 복음을 우리의 가족과 친구에게 나누어야 합니다. 이 복음이 우리를 구원하여 하나님이 계신 본향으로 안전하게 인도할 것입니다.

17장

복음은 믿는 자들을 어떻게 구원하는가? (3부)

로마서 1:16-17

내가 복음을 부끄러워하지 아니하노니 이 복음은 모든 믿는 자에게 구원을 주시는 하나님의 능력이 됨이라. 먼저는 유대인에게요 그리고 헬라인에게로다. 복음에는 하나님의 의가 나타나서 믿음으로 믿음에 이르게 하나니 기록된 바 오직 의인은 믿음으로 말미암아 살리라 함과 같으니라. _롬 1:16-17

인생의 궁극적인 두 가지 관심사

인생에 있어서 궁극적인 관심사는 오직 두 가지입니다. 하나는 '우리가 사는 날 동안 어떻게 하나님을 드러내는가'이고, 다른 하나는 '하나님 안에서 어떻게 영원한 행복을 누릴 수 있는가'입니다. 우리가 인식하든 못하든 이 두 가지는 이 세상 모든 사람과 민족들에게 가장 중대한 관심사입니다. 인간이 하나님의 영광을 드러내려면 어떻게 생각하고 느끼고 행동해야 할까요? 영원토록 하나님 안에서 온전한 행복을 누리려면 어떻게 생각하고 느끼고 행동해야 할까요? 단지 우리 믿는 자만이 아니라 모든 사람들이 고민해야 할 문제입니다.

로마서 1장 16-17절은 로마서 전체의 주제이기도 한 이 두 가지 관심사를 다루고 있습니다. 16절은 우리를 구원하시는 하나님의 능력에 대한 내용입니다. 하나님 안에서 영원히 행복을 누리고자 하는 두 번째 관심사를 다루고 있습니다. "내가 복음을 부끄러워하지 아니하노니 이 복음은 모든 믿는 자에게 구원을 주시는 하나님의 능력이 됨이라 먼저는 유대인에게요 그리고 헬라인에게로다." 구원을 주시는 하나님의 능력이란 다시 말해 하나님 안에서 영원히 우리를 행복하게 하시는 하나님의 능력을 의미합니다. 로마서 14장 17절은 이렇게 말합니다. "하나님의 나라는 먹는 것과 마시는 것이 아니요 오직 성령 안에 있는 의와 평강과 희락이라." 이것은 구원이 포함하고 있는 것이기도 합니다. 따라서 복음이란 믿는 자들에게 영원한 "의와 평강과 희락"을 누리게 하는 하나님의 능력입니다.

17절은 복음 안에 하나님의 의가 드러난 것에 관한 내용입니다. 따라서 이 구절은 가장 큰 첫 번째 관심사, 즉 우리 삶에서 어떻게 하나님을 드러낼 것인가 하는 문제를 다루고 있습니다. 17절은 복음이 —예수님의 죽음과 부활에 대한 기쁜 소식이— 어떻게 믿는 자들을 구원하는가를 설명합니다. 복음은 믿는 자들에게 영원한 기쁨을 주는 하나님의 능력입니다. "복음에는 하나님의 의가 나타나서 믿음으로 믿음에 이르게 하나니 기록된 바 오직 의인은 믿음으로 말미암아 살리라 함과 같으니라." 여기서 말하는 바는 복음이 하나님의 어떠하심을 드러내 주기 때문에 우리를 구원하는 능력이 있다는 것입니다. 즉 복음은 온 우주에서 가장 큰 첫 번째 관심사, 다시 말해 하나님을 드러내고 나타내는 일을 다룹니다.

따라서 16절은 우리의 영원한 기쁨(한 마디로 '구원')에 대한 관심이고, 17절은 하나님을 드러내는 것(특히 하나님의 의)에 대한 내용입니다. 이보다 더 큰 일도 없고 더 중요한 일도 없습니다. 혹 여러분이 자신의 삶에 이보다 더 큰 문제가 있다고 생각한다면 현실을 잘못 보고 있는 것입니다. 클린턴 대통령의 스캔들이나 중동의 미사일 보복 공격이 더 큰 일이라고 생각한다면 텔레비전을 끄고 잠시 생각해 보시기 바랍니다. 여섯 명의 왕비를 거느렸던 헨리 8세에 비하면 빌 클린턴 대통령은 청교도에 가까워 보입니다. 하지만 헨리 8세는 죽으며(1547년) 겨우 역사에 흔적을 남겼을 뿐이고, 클린턴 대통령도 마찬가지겠지요. 한때 온 지구를 휩쓸었던 징기스칸의 공포에 비하면 오늘날의 테러 공격은 구석진 곳에서 일어난 작은 충돌 같을 뿐입니다. 하지만 징기스칸은 죽었고 그가 살았던 당시(1162-1227년)를 제대로 기억하는 사람이 지금 얼마나 있습니까?

당장은 너무 거대하고 중요해 보이는 일들도 실제로는 매우 사소한 일입니다. 하지만 하나님을 어떻게 드러낼 것이며, 우리가 영원한 기쁨에 들어갈 것인지에 관한 것이야말로 정말 중요하고 궁극적인 관심사입니다. 그래서 저는 하나님이 여러분의 눈을 열어 주시고 복음에 대한 열정을 허락해 주시기를 기도합니다.

복음이야말로 믿는 자들을 구원하는 하나님의 능력이고, 믿는 자들을 영원한 생명과 기쁨으로 인도하는 하나님의 의를 드러내기 때문입니다.

"하나님의 진노에서 구원을 얻으리라"

몇 주 전 설교에서 언급했던 내용입니다. 이 구절을 놓고 제가 강조했던 핵심은 사람들이 "어떻게 믿는 자로 회심하느냐"가 아니라 "어떻게 구원을 받는가"였습니다. 즉 "어떻게 마지막 날에 하나님의 진노를 피해 영원한 생명과 기쁨을 얻는가"였습니다. 16절은 복음이 믿는 자를 구원하는 하나님의 능력이라고 말합니다. 그리고 17절은 복음에 하나님의 의가 나타나기 때문에 믿는 자를 구원할 수 있다고 말합니다. '믿는 것'(believing)에 대해 말하는 16절과 '나타남'(revealing)에 대한 17절 말씀 모두 (헬라어로는) 현재형의 지속 동사를 사용합니다. 이렇게 읽을 수 있습니다. "복음은 계속 믿고 있는 모든 자들에게 구원을 주시는 하나님의 능력이 된다. 그 복음에 하나님의 능력이 계속 나타나고 있기 때문이다."

인간 쪽에서 볼 때 앞으로 다가올 진노에서 구원을 받을 수 있는 열쇠는 계속 하나님을 믿고 신뢰하는 것입니다. 그리고 하나님 편에서 볼 때 우리를 구원하시기 위해서는 오늘도 내일도 계속 복음에 하나님의 의를 나타내 보이셔야 합니다.

이 구절들에서 다루는 쟁점은 "하나님이 어떻게 믿는 자들을 마지막 심판에서 건져내어 영원한 의와 평강과 희락으로 무사히

옮기시는가" 하는 것입니다. 로마서 13장 11절은 말합니다. "우리의 구원이 처음 믿을 때보다 가까웠음이라." 최종적인 완전한 구원은 미래의 일입니다. 로마서 5장 9절을 보십시오. "이제 우리가 그의 피로 말미암아 의롭다 하심을 받았으니 더욱 그로 말미암아 진노하심에서 구원을 받을 것이니." 이 구절에서 핵심 쟁점은 이것입니다. "하나님은 어떻게 믿는 자를 생명으로 옮겨 마지막 날에 진노에서 구원을 받고 영원한 생명과 기쁨을 얻게 하시는가?"

사실 로마서 5장 9절은 로마서 1장 16-17절을 순서만 바꿔서 다시 말하고 있습니다. 로마서 5장 9절의 전반부와 후반부를 바꾸면 로마서 1장 16-17절과 순서가 똑같습니다. 즉 "[a] 우리가 그의 피로 말미암아 의롭다 하심을 받았으니, [b] 더욱 그로 말미암아 진노하심에서 구원을 받을 것이니"로 읽는 대신 순서를 바꿔서 보면 "[b] 그리스도로 말미암아 진노하심에서 구원을 받을 것이니 [a] 우리가 그의 피로 말미암아 의롭다 하심을 받았기 때문이라"가 됩니다. 로마서 1장 16-17절과 정확히 일치하는 구조입니다.

칭의는 영화로움의 근거다

복음은 믿는 자들을 구원하시는 하나님의 능력입니다. 복음에 하나님의 의가 나타났기 때문입니다. 즉 우리에게 필요하지만 우리에게는 없는 의로움을 값없이 선물로 주시기 위해 하나님께서 의를 나타내 주신 것입니다. 이미 살펴보았지만 그것이 16, 17절의 의미입니다. 최종적인 우리의 구원은(16절) 우리에게 요구하신 의를 하나님이 직접 우리에게 주시는 것에 근거하고 있습니다(17절). 바울은 이것을 로마서 8장 30절에서 이렇게 말합니다. "의롭다 하신 그들을 또한 영화롭게 하셨느니라." 칭의(justification, 우리에게 완벽히 전가된 하나님의 의)는 영화(glorification, 우리에게 완벽히 나누어진 하나님의 의)의 근거가 됩니다.

혹 같은 순서로 된 구원을 다른 표현으로 보려면 로마서 8장 32절을 보면 됩니다. "자기 아들을 아끼지 아니하시고 우리 모든 사람을 위하여 내주신 이가 어찌 그 아들과 함께 모든 것을 우리에게 주시지 아니하겠느냐?" 다시 말해, 생명과 기쁨과 구원에 관한 우리의 모든 미래의 소망은 하나님이 우리 대신 죽도록(그로 말미암아 우리의 죄는 아들에게, 아들의 의는 우리에게로 옮겨지도록) 내어주신 하나님의 아들에 근거하고 있습니다. 로마서 8장 30, 32절과 로마서 5장 9절과 로마서 1장 16-17절은 구원에 대한 동일한 구조를 보여줍니다. 로마서에서 가장 중요한 주제이자 구조입니다.

구원에 대한 우리의 소망

구원에 대한 우리의 모든 소망(16절)은 우리에게 선물로 허락된 하나님의 의가 나타남을 바라보고 믿는 것(17절)에 달려 있습니다. 앞으로 로마서는 우리에게 믿는 자로서 많은 부분을 요구하게 되겠지만, 우리가 그런 일을 해야 하는 것은 우리의 죄책감을 없애기 위해서나 죄를 용서받기 위해서나 의를 선물로 받기 위해서가 아닙니다. 하나님은 우리 대신 죽으신 예수님을 통해 모든 것을 단번에 완성하셨습니다. 그리고 우리가 진실로 믿는 그 순간에 믿음을 통해 값없이 우리에게 허락하셨습니다. 그래서 우리 인생에 있어서 칭의는 과거의 사건으로 취급되는 것이고 나머지 다른 모든 것을 받을 수 있는 근거이자 안전장치가 되는 것입니다. "이제 우리가 그의 피로 말미암아 의롭다 하심을 받았으니 더욱 그로 말미암아 진노하심에서 구원을 받을 것이니"(5:9). 칭의라는 과거의 은혜가 구원이라는 장래의 은혜를 보장해 주는 것입니다.

믿는 자들에게 구원을 주시는 능력이란 바로 그 칭의의 나타남입니다. 로마서 1장 16절과 17절 사이를 이어주는 연결점입니다. 마찬가지로 우리가 천국에 들어가기 위해 요구되는 모든 사항을 만족시키려면 이 사실(하나님의 의가 믿음을 통해 우리에게 값없이 주어졌음이 복음 안에서 계속 나타난다는 사실)을 다시금 계속 바라보아야 합니다. 우리의 죄 값이 치러졌고 용서받아서 이제는 의롭다고 인정받았다는 사실을 알지 못하면, 생명으로 인도하는 길을 걷지 못하게 됩니다. 다만 좌절하고 세상을 향해 돌아서게 됩니다. 혹은 나름의 방법으로 하나님의 사랑을 얻고자 도덕적이고 종교적인 행위를 하게 되고 맙니다.

하나님께서 믿는 자인 우리에게 요구하시는 바는 우리가 의롭게 되었다는 것, 즉 우리 자신의 의가 아니라 하나님 그분의 의로 우리가 하나님 앞에 용납 받고 용서받고 죄 값을 치렀다는 것을 인정하는 게 전부입니다. 그렇게 안전한 자리에서 우리는 죄와 불신앙에 맞서 싸워야 합니다. 그리고 의롭게 된 죄인으로서 그렇게 맞서 싸우는 사람은 죽지 않고 살게 될 것입니다.

"의인은 믿음으로 말미암아 살리라"

이것은 17절 후반부에 대한 저의 견해와 정확히 일치합니다. 하박국 2장 4절에서 인용된 말씀을 함께 살펴보겠습니다. "복음에는 하나님의 의가 나타나서 믿음으로 믿음에 이르게 하나니 기록된 바 오직 의인은 믿음으로 말미암아 살리라 함과 같으니라." 하박국 전체의 맥락에서 볼 때도 이 구절의 의미가 거의 동일하게 사용되었습니다. 불의한 나라들은 하나님의 심판 앞에서 큰 위기를 맞게 됩니다. 하박국 1장 5-6절을 예로 살펴보겠습니다.

> 너희는 여러 나라를 보고 또 보고 놀라고 또 놀랄지어다 너희의 생전에 내가 한 가지 일을 행할 것이라 누가 너희에게 말할지라도 너희가 믿지 아니하리라. 보라 내가 사납고 성급한 백성 곧 땅이 넓은 곳으로 다니며 자기의 소유가 아닌 거처들을 점령하는 갈대아[바벨로니아] 사람을 일으켰나니.

하지만 유다 백성도 심판에서 예외가 되지 않습니다. 악하고 우상을 섬기는 어떤 사람들은 바벨론의 침공이라는 형벌에서 이를 피해 보려고 애씁니다. 여기서 중요한 질문은 이겁니다. 사람들은 어떻게 구원을 받는가? 하나님의 심판에서 목숨을 건지고 멸망당하지 않을 방법은 무엇인가? 로마서 1장 16절에서도 같은 질문을 하고 있습니다. "하나님의 진노에서 누가 구원을 받을 수 있습니까?"

두 가지 중요한 진실

하박국 2장 4절에 나온 답은 이렇습니다. "보라 그의 마음은 교만하며 그 속에서 정직하지 못하나 의인은 그의 믿음으로 말미암아 살리라." 이 구절에는 바울의 주장을 반영하는 두 가지의 중요한 진실이 있습니다.

1. 구원은 믿음에 달렸다

한 가지는 하나님의 심판에서 건짐을 받는 것이 믿음에 달렸다는 점입니다. 하박국 2장 4절이 약속하는 바입니다. "의인은 그의 믿음으로 말미암아 살리라." 즉 믿음으로 자기 목숨을 얻는 것입니다. 믿음이 있어야 하나님의 진노에 휩쓸려 소멸되지 않습니다. 믿음이 있어야 삽니다. 따라서 하박국 2장 4절과 로마서 1장 17절 후반부에 나오는 "살리라"는 단어는 하나님의 심판에서 구원받음을 말합니다. 바울이 16절에서 말하는 가장 중요한 부분이기도 합니다. 16절에서 바울은 말합니다. "모든 믿는 자들을 구원하는." 하나님을 의지하는 사람은 하나님의 진노에서 건짐을 받고 영원한 생명을 선물로 값없이 받습니다. 바울은 이 동일한 진리를 하박국 2장 4절에서 발견하고 자신의 논점을 강화하기 위한 근거로 인용합니다. 17절 후반부의 "믿음으로 말미암아 살리라"는 16절에 나온 "모든 믿는 자들을 구원하는"이라는 문구와 일치합니다. 우리는 하나님에 대한 믿음으로 심판에서 구원을 받고 생명을 유업으로 받습니다. (하박국 2장 4절에 나오는 "믿음"과 유사한 내용이 하박국 2장 18절, 3장 16절, 18-19절에도 나옴. 살리심에 대한 약속으로서의 "구원"은 하박국 3장 13절을 참조.) 이것이 바울의 논점과 동일한 하박국 2장 4절의 첫 번째 진실입니다.

2. 생명은 믿음으로 얻는다

두 번째는 믿음으로 생명을 얻는 자가 의인이라는 점입니다. "오직 의인은 믿음으로 말미암아 살리라[의인은 생명을 얻고 하나님의 진노에서 구원을 받는다]." 이것은 하나님의 의에 관해 바울이 말하는 내용 가운데 매우 중요한 사실입니다. 하박국 2장 4절은 우리가 믿음으로 하나님의 의를 얻는 것에 대해서는 그다지 많이 언급하지 않습니다. 바울은 이 부분을 로마서 1장 17절과 로마서 전체에 걸쳐 자세히 설명하고 있습니다. 대신 하박국은 의인과 믿음을 서로 연결 짓고 있습니다. 적어도 이렇게 말할 수 있습니다. "의인에게 생명과 구원을 주는 것은 그의 믿음이다"라고 말입니다. 그럼 아주 한 발짝 조금 더 나아가서 이렇게 말할 수 있겠지요. "하나님 앞에서 의롭게 되는 필수 요소는 믿음이다."

하박국 1장 13절에서 말하듯, "주께서는 눈이 정결하시므로 악을 차마 보지 못하시며", 또 우리가 오직 믿음으로만 하나님의 심판을 면할 수 있다면, 믿음이야말로 하나님 앞에서 의롭다는 인정을 받을 수 있는 요건입니다. 우리는 모두 죄인이어서 하나님이 우리를 차마 보지 못하신다고 했으니, 믿음이 없으면 하나님 앞에서 피할 수도 없고 생명을 얻지도 못할 것이기 때문입니다. 따라서 하나님이 악을 차마 보지 못하시지만(합 1:13) 우리가 믿음으로 구원을 얻고 생명을 받는다면(합 2:4), 거룩하신 하나님 앞에 설 수 있게 해주는 우리의 의로움은 믿음으로 말미암은 의로움이고 하나님이 거저 주신 선물인 것입니다. 그것이 바울의 논증에 있어서 이 구절이 그토록 중요한 또 다른 이유입니다.

정리해 보면, 하박국으로 확증된 로마서 1장 16-17절에서 우리는 두 가지 사실을 볼 수 있습니다. 첫째, 복음은 믿는 자들을 구원하는 하나님의 능력입니다(16절). 그분을 믿으면 우리는 멸망하지 않고 살게 됩니다. 둘째, 하나님은 "믿음으로 믿음에 이르게 하는" 선물인 그분의 의를 (복음에) 계속 나타내 보이는 방법으로 믿는 자들을 구원하십니다. 하나님은 인간에게 요구하시는 의(합 1:13)를 우리에게 값없이 주십니다. 이것이 "믿음으로 믿음에 이르게" 하려고 하나님께서 드러내신 것입니다.

"믿음으로 믿음에 이르게 하나니"

이 구절들에 관해 마지막으로 질문하고 싶은 것은 바로 이것입니다. "믿음으로 믿음에 이르게 한다"는 말의 의미는 무엇일까요? 이 질문에 대한 두세 가지 열쇠를 제시합니다.

먼저, 이 구절과 상응하는 신약 성경의 구절은 고린도후서 2장 15-16절밖에 없습니다(구약에는 시편 84장 7절, 예레미야 9장 3절이 있습니다). 고린도후서에서 바울은 이렇게 말합니다. "우리는 구원 받는 자들에게나 망하는 자들에게나 하나님 앞에서 그리스도의 향기니 이 사람에게는 사망으로부터 사망에 이르는 냄새요 저 사람에게는 생명으로부터 생명에 이르는 냄새라 누가 이 일을 감당하리요." "사망으로부터 사망에"와 "생명으로부터 생명에"는 "믿음으로 믿음에"와 쌍둥이처럼 닮았습니다. 이에 대한 가장 자연스러운 번역은 이렇습니다. 바울이 전한 메시지와 그가 당한 고난이 영적 죽음과 맞닿을 때 그것은 영혼의 최종적인 죽음으로 이어집니다. 그리고 그의 메시지와 그의 고난이 영적 생명과 만날 때는 영혼의 최종적인 생명으로 인도됩니다. 죽음은 복음에 반응하지 않으므로 영원한 죽음으로 확정됩니다. 그리고 영적인 생명은 복음에 반응하기 때문에 영원한 생명으로 보존됩니다.

따라서 로마서 1장 17절은 이렇게 말합니다. "복음에는 하나님의 의가 나타나서 믿음으로 믿음에 이르게 하나니." 즉 의의 선물이 나타나 믿음과 만날 때 그것은 장래의 믿음으로도 이어집니다. 믿음은 영혼의 창을 맨 처음 열어주며 하나님의 의라는 빛이 그 안으로 들어오게 해줍니다. 믿음으로 말미암아 하나님의 의의 선물이 빛처럼 임하면, 영혼을 일깨우고 지켜주며 장차 그 믿음이 더욱 굳건해지도록 강력히 역사합니다.

그 다음으로, "믿음으로 믿음에"라는 문구를 이해하는 또 다른 열쇠는 그 의미가 16절이 요구하는 바와 얼마나 상응하는지 보는 것입니다. 16절은 복음이 모든 믿는 자에게 구원을 주시는 하나님의 능력이라고 말합니다. 그런데 그 믿음은 현재진행형입니다. 따라서 우리는 계속 믿고 있어야 합니다. 고린도전서 15장 1-2절에서 바울은 이렇게 말합니다. "형제들아 내가 너희에게 전한 복음을 너희에게 알게 하노니 이는 너희가 받은 것이요 또 그 가운데 선 것이라. 너희가 만일 내가 전한 그 말을 굳게 지키고 헛되이 믿지 아니하였으면 그로 말미암아 구원을 받으리라." 그렇다면 혹 우리가 계속 믿는 대신, 믿음을 포기하고 내던져버릴 경우, 우리의 믿음은 헛되고 공허하고 죽은 것임이 증명되는 것입니다.

복음은 믿는 자의 믿음을 지켜 준다

우리를 구원하는 것은 끝까지 견디는 믿음입니다(막 13:13, 골 1:23). 그게 사실이라면 17절의 말씀이 왜 그렇게 설명하고 있는지 분명한 이해가 됩니다. 17절 말씀은 하나님께서 우리를 위하여 복음에 (오직 믿음으로 깨닫고 받아들일 수 있는) 의를 드러내 주셨으며 그것은 장래에도 필요한 구원 얻는 믿음을 일깨우는 능력이 있다고 말합니다. 그렇게 복음은 믿는 자들의 믿음을 지켜주므로, 복음은 믿는 자들을 구원하는 것입니다(벧전 1:5 참조).

로마서 8장 13절에서 바울은 말합니다. "너희가 육신대로 살면 반드시 죽을 것이로되 영으로써 몸의 행실을 죽이면 살리니." 하지만 문제는 이것입니다. 우리 모두가 아는 대로, 열심히 애써도 죄와의 싸움에서 양심이 평안을 얻을 만큼 승리를 얻지 못한다는 사실입니다. 따라서 혹 죄와 대항해 싸워서 완전히 승리를 거두어야만 생명을 지킬 수 있다면, 인간은 좌절하고 말 것이고 결국 그 생명을 지켜내지 못할 것입니다. 시도해 봐야 아무 소용이 없으므로 그냥 포기해 버리고 말 것입니다.

그렇다면 살기 위해 그토록 열심히 전진하며 싸우도록 우리를 지켜주는 것은 무엇일까요? 로마서 1장 16, 17절이 그 해답입니다. 복음은 믿는 자들을 구원하는 하나님의 능력입니다. 복음 안에서 매일 하나님 앞에 설 수 있게 해주는 하나님의 의를 바라보기 때문입니다. 그 의는 우리 자신의 것이 아니라 믿음으로 우리에게 거저 주어진 하나님의 의입니다. 또한 날마다 평생을 살아가면서 계속 복음을 붙잡아야 우리의 믿음이 새로워지고 유지되며 계속 싸움을 이어갈 수 있습니다. 하나님이 삶에서 우리를 도우실 뿐 아니라 장차 올 진노에서 구원해 주신다는 신뢰를 붙드십시오. 그 신뢰는 어디서 나오는 것이어야 합니까? 하나님이 우리를 받아주신 것은 우리 자신의 의가 아니라 하나님이 선물로 주신 그분의 의 때문이라는 (날마다 새로워지는) 확신에서 나와야 합니다.

그러므로 성경이 우리에게 어떤 행동을 요구할 때, "나의 죄를 없애고 용서를 받고 하나님 앞에 설 수 있는 권리를 얻으려면 반드시 이 일을 해야 하는구나"라고 생각하지 마십시오. 다만 이렇게 생각하시기 바랍니다. "나의 죄는 사라지고 용서를 받았고, 하나님이 주시는 의의 선물도 이미 받았으니, 하나님이 내 편이고 나를 도우시리라는 사실을 나는 안다. 나는 그분을 신뢰하며 따를 것이고, 하나님의 은혜의 영광을 위해 몸을 아끼지 않고 순종할 것이다. 그리고 주의 고난과 기쁨을 그분과 함께 맛보면서 날마다 그분께 가까이 나아갈 것이다. 그래서 나는 이 일을 행할 것이다."

18장

불경건과 불의에 대한 하나님의 진노

로마서 1:18

하나님의 진노가 불의로 진리를 막는 사람들의 모든 경건하지 않음과 불의에 대하여 하늘로부터 나타나나니. _롬 1:18

"의인은 하나도 없나니"

오늘은 바울이 로마의 교인들에게 쓴 편지에서 중대한 전환점을 맞이합니다. 로마서 1장 16-17절은 로마서의 주제입니다. 즉 복음은 믿는 자들을 다가올 진노에서 구원하는 하나님의 능력입니다. 그리고 (예수님의 죽음과 부활에 대한 기쁜 소식을 담은) 이 복음에는 하나님의 진노로부터 믿는 자들을 구원하는 능력이 있습니다. 복음에는 믿음을 통해 선물로 주시는 하나님의 의가 날마다, 매주, 매해마다 드러나므로 (자기의 것이 아닌) 하나님의 의를 소유한 사람들은 멸망하지 않고 영원한 생명을 얻기 때문입니다.

이 주제의 위대함을 잘 설명했던 바울은 다시 제자리로 돌아와 앞으로 이어질 몇 장에 걸쳐 매우 놀랍고 깊이 있는 내용을 전개해 갑니다. 로마서 1장 18절부터 3장 19절까지는 인간의 죄와 하나님의 진노에 관해서 다룹니다. 로마서 1장 18절에서 32절까지 바울은 복음과 은혜에서 멀리 떨어져 있는 이방인들의 세계가 어떠한 형편인지 말하고 있습니다. 그리고 로마서 2장 1절에서 3장 8절까지는 다소 직접적으로 유대인들의 상태에 관해 언급합니다. 그런 다음 로마서 3장 9-10절에서는 다음과 같이 결론을 짓습니다. "그러면 어떠하냐? 우리는 나으냐? 결코 아니라. 유대인이나 헬라인이나 다 죄 아래에 있다고 우리가 이미 선언하였느니라. 기록된 바 '의인은 없나니 하나도 없으며.'" 이것이 로마서 1장 18절부터 3장 10절까지의 요점입니다. 그런 다음 바울은 로마서 3장 10-19절에서 모든 인간의 마음에 하나님을 대항하는 보편적인 죄성과 죄책과 반역이 있다는 자신의 논지를 지지하기 위해 성경의 여러 구절들을 제시합니다.

바울은 로마서 3장 19절에서 다음과 같이 요약하며 전체를 정리합니다. "우리가 알거니와 무릇 율법〔구약의 하나님 말씀〕이 말하는 바는 율법 아래에 있는 자들〔유대인〕에게 말하는 것이니 이는 모든 입〔모든 민족과 모든 이방인〕을 막고 온 세상으로 하나님의 심판 아래에 있게 하려 함이라." 왜 하나님께서 유대인들을 다루시면서 온 세상의 모든 입을 막으시는지 그 이유에 관해서는 후반부에 설명하도록 하겠습니다. 어쨌든 그 말씀은 사실입니다. 여기서 바울이 의도하는 바는 말씀의 계시라는 모든 영적 유산을 지닌 유대인조차 하나님 앞에서 의롭지 못하고 악하고 죄가 있다면(3:9) 이방인들이야 하나님 앞에서 자신이 의롭다며 입을 열고 항변할 수도 없을 것이라는 점입니다.

그런 다음 바울은 20절에서 설명하기 시작합니다. 즉 하나님의 율법이 참으로 많은 유익이 있기는 하지만 이스라엘이 그러했듯 여러 모로 잘못 사용하면 죄의 문제를 도리어 가중시킨다는 것입니다. "그러므로 〔유대인이나 온 세상이 자신의 죄악 속에서 입을 다물어야 하는 것은〕 율법의 행위로 그의 앞에 의롭다 하심을 얻을 육체가 없나니 율법으로는 죄를 깨달음이니라." 유대인의 율법도 이방인의 우상숭배도 하나님과의 관계를 바로잡을 수 없습니다.

그리고 바울은 로마서 3장 21절에서 다시 1장 17절의 주제로 돌아갑니다. "이제는 율법 외에 하나님의 한 의가 나타났으니." "복음에는 하나님의 의가 나타나서 믿음으로 믿음에 이르게 하나니" 로마서 1장 17절과 참으로 비슷한 점을 여러분도 보실 겁니다. 그리고 여기서부터 바울은 하나님의 의의 선물이라는 복음의 위대함을 펼쳐놓기 시작합니다.

그러므로 로마서 1장 18절에서 3장 20절까지는 유대인이든 이방인이든 모든 인간의 마음과 삶 속에 있는 죄와 죄책을 보여줍니다. 그 도입부인 로마서 1장 18절이 오늘 살펴볼 말씀입니다.

왜 죄에 대한 설교인가?

누가 저에게 "아이고 참! 앞으로 몇 달 동안 계속 죄와 죄책에 대해 들어야 한다니, 너무 심한 것 아닙니까?"라고 말한다면 제가 어떻게 반응해야 할까요? 그분들께는 딱 세 가지만 말씀드리고 싶습니다.

1. 피상적 진단은 잘못된 치료를 초래한다

피상적인 진단은 잘못된 처방을 초래하므로 병을 고칠 수 없습니다. 병을 낫게 하는 진짜 치료법을 찾고 싶다면, 그리고 환자를 재발 없이 완치시키려면, 질병에 대한 피상적인 파악에 그쳐서는 안 됩니다. 에이즈나 암의 치료에 가장 큰 관심을 가진 사람이라면 자신의 모든 시간과 에너지를 그 질병 연구에 쏟아야 하는 것처럼 말입니다.

2. 죄와 진노에 대한 지식이 우리를 보다 지혜롭게 한다

죄와 진노에 대해 깊이 이해하면 인간과 우리 자신에 관해서도 심오한 지혜를 얻습니다. 인간 영혼의 속성에 대한 지혜를 얻으면 우리 자신의 죄에 맞서 효과적으로 싸울 수 있고, 보다 깊이 있는 통찰과 권면으로 다른 사람에게 유익을 끼칠 수도 있습니다. 제가 지난 몇 달 동안 우리 베들레헴교회의 성도님들에게 호소했듯, 향후 10년 동안 우리 교회는 지체들을 끈기 있게 양육하여 지혜로운 자들로 세워야 합니다. 그들은 지혜도 있고 분별력도 있으며 투명하고 사람들을 깊이 사랑하고 인간이라는 존재와 하나님의 성품에 대해서도 잘 알아야 합니다. 또한 죄와 경건이 뒤섞여 있어서 성도를 혼란스럽게 하고 우리에게도 위협이 될 만한 상황을 잘 분별할 수 있어야 합니다. 그런데 우리가 인간의 죄악된 성품을 공부하지 않고 '나는 죄에 대해 생각하기도 싫다' 고 회피하면 결국 나 자신에 대해서 회피하는 셈이 되며, 더 나아가 지혜에서 도피하고 가장 깊은 사랑에서도 도피하는 것이 되고 맙니다.

3. 죄와 진노의 속성을 알면 복음을 소중히 여긴다

제가 이제 말하려는 내용 중 가장 중요한 부분은 로마서 1장 18절에 기반을 둔 말씀으로, 인간의 마음의 실제 상태와 죄성을 알고 또 하나님의 진노가 얼마나 크고 정당한지 깨달아서, 그 결과로 위대한 복음을 이해하고 사랑하고 귀하게 여기며 깊이 맛보고 나누게 되는 것입니다. 이것이 바로 복음이 믿는 자들을 구원하는 방법이므로 그만큼 중요한 것입니다. 우리가 복음을 제대로 이해하지 못하고 귀하게 여기지 않으며 자세히 주목하지 않고 맛보지도 않는다면, 복음은 우리를 구원하지 못합니다(고전 15:1-3, 골 1:23 참조). 인간의 죄와 하나님의 진노를 잘 이해할 때 우리는 복음을 제대로 이해할 수 있습니다.

"나타나기 때문이라"

이제 로마서 1장 18절을 살펴봅시다. 17절과 18절이 어떤 접속사로 연결되는지 주의해서 보십시오(영어 NIV판에는 이상하리만큼 접속사를 생략하고 있습니다). 'for' 혹은 'because' 로 연결되어 있습니다(한글 개역개정 성경에는 접속사 없이 "나타나나니"로 번역되었으므로, 편의상 "나타나기 때문이라"고 바꾸어 표현함—옮긴이). 17-18절입니다. "복음에는 하나님의 의가 나타나서 믿음으로 믿음에 이르게 하나니 기록된 바 '오직 의인은 믿음으로 말미암아 살리라' 함과 같으니라. [이는] 하나님의 진노가 불의로 진리를 막는 사람들의 모든 경건하지 않음과 불의에 대하여 하늘로부터 '나타나기 때문이라.'" 왜 바울은 18절에서 "나타나기 때문이라"고 말했을까요?

바울은 앞으로 죄에 관해 언급할 모든 내용이 17절에 나오는 복음을 강조하기 위함임을 보여주기 위해 이렇게 표현하고 있습니다. 즉 죄를 설명하기 위해 복음을 언급하는 것이 아니라 복음을 위해 죄를 다루는 것입니다. 죄에 대한 올바른 이해는 복음의 소중함을 깨닫는 기반이 됩니다. 그 반대로 보아서는 안 됩니다. 여기서 바울의 주된 목표는 우리를 복음에서 끌어내어 죄로 인도하려는 것이 아니라 죄에서 복음으로 이끄는 것입니다. 혹 여러분이 범죄를 저질러 재판을 받게 되었는데, 제가 여러분에게 이런 말을 했다고 생각해 봅시다. "헤네핀 주 법원에서 소식이 왔는데 당신에 대한 기소가 취하되었다고 하는군요. 원래는 당신의 죄 때문에 엄격한 법의 심판을 받아야 하는데도 말입니다." 여기서 말하려는 바는 무엇일까요? "당신은 죄가 있다"고 말하는 것은 기소가 취하된 것이 참으로 좋은 소식임을 강조하기 위함입니다. 18절에서 "… 때문이라"고 말한 것도 동일한 이유입니다.

그러므로 제가 로마서 1장 18절부터 3장 20절에 나오는 모든 죄를 다루려는 것 역시, 그래야 하나님의 의가 선물로 나타난 복음의 소중함과 영광과 절실함과 자유와 기쁨을 계속해서 깨달을 수 있기 때문입니다. 저는 기도합니다. 첫째, 우리가 피상적인 진단에서 벗어나고, 둘째, 타락한 인간의 본성(모든 인간이 더불어 싸우는 대상)에 대해 깊이 있는 깨달음을 얻도록 말입니다. 그리고 셋째, 오직 믿음으로 칭의를 얻는 복음의 필요성과 아름다움과 복음이 주는 자유함을 거듭 발견하기를 기도합니다. 이 세 가지 일이 일어날 수만 있다면 앞으로 몇 장에 걸쳐 죄에 대해 다루더라도 지나치다는 생각은 들지 않을 겁니다. 오히려 복음을 귀하게 여기고 소망을 나누며 사랑이 더욱 풍성해지겠지요. 우리는 우리 자신과 하나님과 복음에 대해 보다 깊은 깨달음을 얻고 성장하게 될 것입니다.

하나님의 진노가 나타나기 때문에 복음이 필요하다

바울은 18절에서 어떻게 시작하고 있습니까? 바울은 복음과 하나님의 의의 선물이 인간에게 꼭 필요한 이유를 설명하는 것으로 이 단원을 시작하고 있습니다. (하나님의 의의 선물이 나타난) 복음이 인간에게 꼭 필요한 이유는 "하나님의 진노가 불의로 진리를 막는 사람들의 모든 경건하지 않음과 불의에 대하여 하늘로부터 나타나기 때문이라." 우리는 로마서 1장 16-17절의 복음이 반드시 필요하며 하나님의 의의 선물이 필요합니다. 왜냐하면 경건하지 않고 의롭지 않은 온 세상 가운데 하나님의 진노가 지금 쏟아져 내리고 있기 때문입니다. 18절에서 "불의"(unrighteousness)라는 단어가 두 번 사용된 것에 유의하시기 바랍니다. 하나님의 진노는 "불의"에 대해 하늘에서 나타나고, 진리는 "불의" 때문에 막혀 있습니다. 확신컨대 바울이 우리에게 보여주고자 하는 것은 이 말씀이 17절에서 하나님의 의가 나타나는 부분과 관련이 있다는 사실입니다.

다시 말해, 하나님께서 '그분의' 의로우심을 복음 안에서 우리에게 나타내시고, 믿음을 통해 하나님의 의를 선물로 우리에게 주시는 이유는 우리가 의롭지 않고 불의로 진리를 막아서므로 하나님의 진노가 우리에게 나타나고 있기 때문입니다. 우리에게는 의가 필요합니다. 하지만 우리에게는 의가 없습니다. 우리의 불의 때문에 하나님의 진노가 우리 가운데 쏟아집니다. 여기에 무슨 소망이 있겠습니까? 하지만 있습니다. 복음은 구원하시는 하나님의 능력이 됩니다. 복음 안에서 하나님의 의가 믿음으로 믿음에 이르게 하기 때문입니다. 우리는 우리의 의가 아니라 말 그대로 하나님의 의를 소유할 수 있게 되었습니다.

하나님의 진노가 나타나는 세 가지 방식

이제 "하나님의 진노는 어떻게 나타나는가?"를 질문해 봅시다. 맨 처음 주목해야 할 것은 "나타나나니"라는 단어가 17절에서 동일한 단어와 시제로 나온다는 점입니다. 17절에서는 "하나님의 의가 나타나서"로 나오고, 18절에서는 "하나님의 진노가 … 나타나나니"로 나옵니다. 양쪽 모두 현재형이며 지속적인 행위를 의미합니다. 다시 말해 단순히 미래에 일어날 일이 아니라 지금 당장 벌어지고 있다는 뜻입니다. 하나님의 진노의 날은 장차 올 일입니다(롬 2:5, 8-9, 5:9). 하지만 하나님의 진노가 마지막으로 온 땅에 쏟아지기에 앞서 지금 현재에도 하나님의 진노가 임해 있음을 말합니다.

그렇다면 어떤 식으로 나타나는 것일까요? 로마서에서 적어도 그 세 가지 모습을 찾아볼 수 있습니다.

1. 하나님의 진노는 인간의 보편적인 죽음에서 나타난다

로마서 5장을 보면 인간의 보편적 죽음을 통해 하나님의 진노가 나타난다는 사실을 알 수 있습니다. 죽음은 아담에 그 뿌리를 둔 인류의 불경건과 불의에 대한 하나님의 심판입니다. 로마서 5장 15절 중반을 읽겠습니다. "한 사람〔아담〕의 범죄를 인하여 많은 사람이 죽었은즉." 16절에도 죽음은 심판이고 정죄라고 나옵니다. "심판은 한 사람으로 말미암아 정죄에 이르렀으나." 따라서 죽음을 심판과 정죄, 즉 죄에 대한 하나님의 진노의 표현으로 볼 수 있습니다. 그리고 18절에서도 볼 수 있습니다. "한 범죄로 많은 사람이 정죄에 이른 것 같이." 따라서 첫 번째 질문에 대한 답은 이렇습니다. 인간의 죄에 대한 하나님의 진노는 모든 인간의 죽음에서 나타납니다.

2. 모든 피조물의 허무와 고통은 하나님의 진노에 대한 증거다

로마서 8장을 보면 보편적인 허무와 고통이 인간의 죄에 대한 하나님의 진노의 증거임을 알 수 있습니다. "생각하건대 현재의 고난은 장차 우리에게 나타날 영광과 비교할 수 없도다. 피조물이 고대하는 바는 하나님의 아들들이 나타나는 것이니 피조물이 허무한 데 굴복하는 것은 자기 뜻이 아니요 오직 굴복하게 하시는 이로 말미암음이라"(롬 8:18-20). 여기서 잠시 멈추고 방금 읽은 말씀의 의미가 무엇인지 생각해 보도록 합시다.

18절에서는 타락한 이 세상에서 고통은 불가피하다는 사실을 말하고 있는 것 같습니다. 구체적인 예를 들어, 제가 은퇴를 멋지게 계획한다고 해도 은퇴를 얼마 앞두지 않은 어느 날 갑작스레 뇌졸중으로 쓰러질 수도 있는 노릇입니다. 그러면 계획했던 모든 것이 허무로 돌아가는 것이지요. 또한 아담한 집 한 채를 지으려고 여러 해 동안 직접 작업을 했다고 해봅시다. 이제 한 주만 지나면 그 집에 들어갈 계획이었는데, 갑작스런 뇌우로 완전히 타 버리는 일도 일어납니다. 봄 내내 씨를 심고 열심히 수고한 덕에 싹이 올라오려고 하는 그 즈음, 홍수가 닥쳐 모든 것을 휩쓸어 버리기도 합니다. 피조물이 허무한 데 굴복했기 때문입니다. 21절에서는 이를 "썩어짐의 종노릇"이라고 말합니다.

이제 로마서 8장 20-21절을 보겠습니다. 여기서도 허무한 데 굴복한다는 말이 나옵니다. "피조물이 허무한 데 굴복하는 것은 자기 뜻이 아니요 오직 굴복하게 하시는 이로 말미암음이라. 그 바라는 것은 피조물도 … 해방되어." 피조물이 허무한 데 굴복하도록 하시는 이가 하나님이라는 뜻입니다. 사탄과 아담이 그런 일을 한 주체는 아닌 것 같습니다. 바울이 "그 바라는 것은"이라고 말하고 있기 때문입니다. 에덴동산에 있던 아담이나 사탄 그 어느 누구도 인류에게 소망을 주는 계획을 세우지 않았습니다.

그저 죄를 저질렀을 뿐입니다. 하지만 하나님은 죄를 향해 진노를 쏟으셨고 피조물을 허무한 데 굴복시키셨습니다. 그러나 그것이 끝이 아니었습니다. '바라는 것' 이라는 소망을 남겨 두셨습니다. 때가 되면 여자의 후손이 뱀의 머리를 깨어 부수리라는 소망입니다(창 3:15). 하지만 우리가 사는 세계에 고통과 허무가 있는 이유는 하나님이 피조물을 허무한 데 굴복시키셨기 때문이며, 이것이 바로 죄에 대한 하나님의 진노를 보여주는 증거입니다.

3. 하나님의 진노는 점점 퇴락해 가는 인간의 행동에서 드러난다

앞서 살펴보았지만 인간의 불의와 불경건에 대한 하나님의 진노는 인간의 보편적 죽음을 통해 나타난다고 했습니다. 또한 피조물의 허무와 불행과 고통을 통해서도 나타난다고 했습니다. 세 번째 내용은 바울의 마음에 먼저 떠올랐는지 로마서 1장에 기록되었습니다. 인간의 생각과 행동이 어떻게 퇴락해 가는가에 대한 내용인데, 로마서 1장 24-28절에서 세 번이나 나옵니다.

바울은 로마서 1장 19-23절에서 인간의 불경건과 불의에 대해 설명한 이후 24절에서 이렇게 말합니다. "그러므로 하나님께서 그들을 마음의 정욕대로 더러움에 내버려 두사 그들의 몸을 서로 욕되게 하셨으니." 다시 말해, 하나님께서 사람들이 더욱 죄악된 행동을 하게 내버려 두는 방법으로 죄에 대한 진노를 드러내셨다는 뜻입니다. 26절에서 다시 나옵니다. "이 때문에 하나님께서 그들을 부끄러운 욕심에 내버려 두셨으니." 28절에도 나옵니다. "또한 그들이 마음에 하나님 두기를 싫어하매 하나님께서 그들을 그 상실한 마음대로 내버려 두사 합당하지 못한 일을 하게 하셨으니."

하나님의 진노는 이러한 세 가지 방식으로 인간의 보편적인 (3:9) 불의와 불경건에 맞서 이 세대 가운데 나타나고 있습니다. 하나님께서는 모든 것을 죽음에 넘기셨고 모든 것을 허무한 데 굴복하게 하셨습니다. 또한 많은 이들이 자기 마음과 생각을 따라 더욱 비참해지도록 내버려 두셨습니다.

긍휼이 뒤섞인 진노

여기서 잠시 시간을 내서 한 가지 돌발 질문을 해보겠습니다. "그것이 인류의 불경건과 불의에 대한 하나님의 유일한 반응입니까?" 그에 대한 대답은 '아니오' 입니다. 믿는 자든 믿지 않는 자든 관계없이 말입니다.

믿지 않는 자들을 예로 들어보겠습니다. 이 소망의 시대에 진노는 늘 긍휼이 뒤섞여 있습니다. 로마서 2장 4-5절을 볼까요. 여기서 바울은 이 위대한 진리를 잃어버린 자들에게 말하고 있습니다. "혹 네가 하나님의 인자하심이 너를 인도하여 회개하게 하심을 알지 못하여 그의 인자하심과 용납하심과 길이 참으심이 풍성함을 멸시하느냐 다만 네 고집과 회개하지 아니한 마음을 따라 진노의 날 곧 하나님의 의로우신 심판이 나타나는 그 날에 임할 진노를 네게 쌓는도다."

그렇습니다. 진노 가운데도 인자하심이 있습니다. 하나님은 늘 한 가지 이상을 행하십니다. 예수님은 말씀하셨습니다. "이는 하나님이 그 해를 악인과 선인에게 비추시며 비를 의로운 자와 불의한 자에게 내려주심이라"(마 5:45). 바울은 루스드라에 있는 이교도들에게 이렇게 말했습니다. "〔하나님께서〕 자기를 증언하지 아니하신 것이 아니니 곧 여러분에게 하늘로부터 비를 내리시며 결실기를 주시는 선한 일을 하사 음식과 기쁨으로 여러분의 마음에 만족하게 하셨느니라"(행 14:17). 바울은 하나님의 진노 아래서 죽어가고 고통받고 죄를 더하는 사람들에게 이 말씀을 전했습니다.

하나님은 그분의 진노로 경고하시면서 그분의 인자하심으로도 구애하십니다. 하나님은 엄격함과 부드러움이라는 두 가지 언어로 말씀하십니다. 여러분은 세례 요한이 어떤 모습으로 왔는지 설명하시던 예수님의 말씀을 기억합니까? 낙타 가죽 옷을 입고 메뚜기를 먹고 광야에 살며 간음을 꾸짖는 엄격한 선지자로 보셨습니다. 한편 예수님 자신에 대해서는, 세례 요한과 다르게, 잔치집에 다니고 포도주를 만들고 어린 아이를 고쳐주고 죄를 용서하는 구원자로 보이셨습니다. 예수님은 이렇게 말씀하셨습니다. "우리가 너희를 향하여 피리를 불어도 너희가 춤추지 않고 우리가 슬피 울어도 너희가 가슴을 치지 아니하였다 함과 같도다"(마 11:17). 그러나 사람들은 요한은 귀신이 들렸고 예수는 먹을 것을 탐한다(마 11:18-19)는 식으로 받아들였습니다. 복음은 두 가지 언어로 다가오지만 사람들은 들으려 하지 않습니다.

믿지 않는 이들이여, 하나님이 고통 가운데 있는 여러분에게 경고하기 위해 말씀하고 계십니다. 또한 즐거움 가운데 있는 여러분에게 사랑을 구하며 말씀하고 계십니다. 하나님의 음성을 잘 못 해석하지 말기 바랍니다.

믿는 자의 삶에 임하는 죽음과 고통과 죄

그렇다면 우리 믿는 자들의 경우는 어떠할까요? 로마서 1장 17절에 따르면 우리는 믿음으로 하나님의 의를 선물로 받았습니다. 우리에 대한 하나님의 징계는 우리 대신 죽음을 당한 예수님에게 모조리 쏟아졌습니다(롬 8:3). 로마서 8장 1절 말씀입니다. "그러므로 이제 그리스도 예수 안에 있는 자에게는 결코 정죄함이 없나니." 데살로니가전서 5장 9절은 이렇게 말합니다. "하나님이 우리를 세우심은 노하심에 이르게 하심이 아니요." 그렇다면 우리에게 임하는 죽음과 고통과 죄는 대체 무엇일까요? 이것들은 여전히 우리에게 쏟아지는 하나님의 진노일까요? 그게 아니라면 대체 무엇입니까?

답은 이렇습니다. 우리의 죽음과 고통과 죄는 하늘 아버지의 진노와 정죄와 징계가 아닙니다. 우리에게 여전히 있는 죽음과 고통과 죄는, 우리를 대신해 십자가에 죽으신 그리스도의 복음으로 말미암아 근본적인 변화가 일어났습니다.

1. 죽음은 천국으로 들어가는 문이다

믿는 자들에게 있어서 죽음의 승리와 쏘는 것은 모두 사라졌습니다. "사망아 너의 승리가 어디 있느냐? 사망아 네가 쏘는 것이 어디 있느냐? 사망이 쏘는 것은 죄요 죄의 권능은 율법이라.

우리 주 예수 그리스도로 말미암아 우리에게 승리를 주시는 하나님께 감사하노니"(고전 15:55-57). 믿는 자들에게 죽음이란 더 이상 그들을 향한 하나님의 진노가 아닙니다. 패배한 원수가 쓰는 마지막 안간힘입니다. 원수는 자기도 모르게 천국의 문을 열어 주는 셈입니다.

2. 허무와 고통은 거룩함으로 가는 길이다

믿는 자들에게는 고통이 더 이상 허무하지 않습니다. 하나님을 사랑하고 그분의 목적에 따라 부르심을 받은 사람들에게는 "모든 것이 합력하여 선을" 이룹니다(롬 8:28). 징계는 변하여 정결함이 되었습니다. 파괴적인 힘이 변하여 훈계의 힘이 되었습니다. 인생의 재난 속에 있던 혼돈과 허무는 변하여 엄하지만 자애로운 하늘 아버지의 손길이 되었습니다. 작년에 히브리서 12장에서 살펴본 바대로 말입니다.

3. 죄의 능력은 의의 사랑으로 대치되었다

하나님은 사망의 쏘는 것을 소망으로 바꾸셨고, 고통의 무상함을 '의미 있음'으로 바꾸셨을 뿐 아니라, 인간을 퇴락시키는 죄의 힘과 지배를 의(義)의 사랑으로 바꾸어 주셨습니다(로마서 6장의 핵심). 하나님은 우리를 부패한 마음대로 살도록 내버려 두지 않으시고 성령을 선물로 주십니다.

그러므로 하나님의 진노가 지금 이 시대에 인간의 불의와 불경건 가운데 나타나고 있다는 로마서 1장 18절의 진리로 우리 자신을 일깨워야 하겠습니다. 이러한 진리를 모르면 복음이나 세상을 이해하기란 불가능합니다. 또 깨달아야 할 사실은 이와 동시에 하나님께서 또 다른 것을 나타내 보이고 계신다는 점입니다. 즉 하나님이 그리스도를 믿게 될 모든 사람을 위해 의의 선물을 나타내 보이고 계십니다. 하나님의 '의'만 있으면 우리를 향한 진노나 정죄는 더 이상 없습니다. 그리스도를 믿는 우리에게는 (어떤 사람이든 상관없이) 죽음은 천국으로 들어가는 문이 되고, 고통은 거룩함으로 이어지는 길이 되며, 죄는 성령의 힘으로 싸워 이길 수 있는 패퇴한 원수가 됩니다.

우리 모두 하나님의 진노에서 벗어나, 하나님이 주신 복음의 귀한 능력으로 피난처를 삼는 은혜 누리시기를 바랍니다. 아멘.

19장

진리를 막는 자들에 대한 하나님의 진노

로마서 1:18

하나님의 진노가 불의로 진리를 막는 사람들의 모든 경건하지 않음과 불의에 대하여 하늘로부터 나타나나니. _롬 1:18

최근 이야기 : 정보 조작

지난 시간에는 바울의 로마서 본문에서 매우 충격적인 인간의 상태를 진단하는 내용을 살펴보았습니다. 이 부분에 대해 앞으로 몇 주 동안 조금 더 살펴볼 텐데, 자연주의적 진화론과 연관되거나 동성애 및 여러 성적 접촉을 통한 질병 문제와도 연관된 내용입니다. 또한 젊은 세대가 부모와 권위자에 대해 오만하고 교만하며 불손한 태도를 지니는 것과도 연관지어 살펴보려고 합니다.

오늘은 그것이 '정보 조작'이라는 최근의 현상과도 연관되어 있음을 살펴보려고 합니다. 정보 조작자란 대중의 동향을 잘 짚어내고, 어떻게 사실들을 왜곡시켜 대중에게 잘 먹히게 할지를 결정하는 사람입니다. 이들은 진실에 대해서는 그다지 관심이 없습니다. 여론에 기대어 사는 사람이지 원칙을 지키는 사람들이 아닙니다. 이것은 오늘 성경 본문이 말하려는 것이기도 합니다.

우리 자신이 자기 의로 충만해지지 않으려면(로마서 2장 1절에서도 강력하게 경고하고 있습니다. "누구를 막론하고 네가 핑계하지 못할 것은 남을 판단하는 것으로 네가 너를 정죄함이니 판단하는 네가 같은 일을 행함이니라.") 이 사실을 알아야 합니다. 즉 인간은 어느 누구든 태어나면서부터 정보 조작자입니다. 자기 잘못은 좋게 포장하고 남의 잘못은 크게 부각시키는 특성이 있습니다. 자신의 죄는 부드러운 말로 조심스레 다루지만 남의 죄는 격한 표현으로 함부로 찔러 댑니다. 더욱 나쁜 것은 이겁니다. 다른 사람의 죄는 두 눈 똑바로 뜨고 보지만 자신의 죄는 두 눈을 가리고 외면합니다. 그리고 진실이 드러나 곤경에 처하게 되면, 재빨리 피하고 사실을 왜곡하거나 얼버무리고, 엉뚱한 소리로 말끝을 흐리면서 거짓말을 합니다. 그러다 진실을 숨길 수 없는 상황이 되면 태도를 바꿔 진리가 우리 삶에 영향을 주지 못하도록 은폐하고 무엇이든 비난하고 책망하고 빗나가게 합니다. 이것이 로마서 1장 18절 후반부에서 말하는 내용입니다. 우리 자신과 너무나 연관되어 있기 때문에 충격으로 다가오는 것이지요.

정치인들뿐 아니라, 우리 모두

여기서 우리가 말하고 있는 대상은 정치인이 아닙니다. 일반적인 인간의 모습에 대해 말하고 있습니다. 내 삶에 역사하시는 전능자의 은혜와는 별개로 나의 있는 모습 그대로를 말합니다. 하나님의 긍휼하심과는 별개의 내 모습입니다. 이 구절을 마치 진실을 호도하는 정부를 가리키는 것으로 왜곡한다면 그야말로 어리석은 짓입니다. 그런 식으로 말씀을 적용하면 적용 대상의 범주가 너무 좁아져서 우리 중 누구라도 피해 갈 수 있습니다. 그것은 성경 말씀이나 제 설교가 말하려는 바가 아닙니다. 오늘 나눌 주제는 우리의 마음에 관한 것이며, 우리가 불의로 얼마나 진리를 억압하는가에 관한 것입니다. 이 구절은 특정 집단이나 정치가들을 지적하는 말씀이 아니며 온 인류에 관한 말씀입니다. 로마서 3장 9-10절은 다음과 같이 결론을 맺고 있습니다. "그러면 어떠하냐 우리는 나으냐 결코 아니라 유대인이나 헬라인이나 다 죄 아래에 있다고 우리가 이미 선언하였느니라. 기록된 바 의인은 없나니 하나도 없으며." 13절도 다음과 같이 덧붙입니다. "그들의 목구멍은 열린 무덤이요 그 혀로는 속임을 일삼으며."

따라서 오늘 살펴볼 주제는 태어나면서부터 마음이 구부러져 진리를 왜곡하고 억압하는 우리와 같은 사람들이 어떻게 종노릇에서 벗어나 구원을 받는가에 대한 것입니다. 모든 주제가 로마서 1장 17절 말씀을 가리키고 있습니다. 즉 예수 그리스도를 믿는 모든 사람들을 위해 하나님께서 의를 선물로 거저 주셨다는 사실 말입니다.

본문 말씀을 보겠습니다. "하나님의 진노가 불의로 진리를 막는 사람들의 모든 경건하지 않음과 불의에 대하여 하늘로부터 나타나나니"(롬 1:18).

여기에 경건하지 않은 불의한 사람들이 나옵니다. 하나님의 은혜가 없는 우리는 모두 불의로 진리를 막습니다. 그런데 어떻게 진리를 막는다는 걸까요? 실제 생활 속에서 어떤 식으로 그런 일이 일어날까요? 그에 대한 해결책은 무엇입니까?

여기 우리 앞에 몇 가지 질문이 있습니다. 대체 어떤 진리를 막았다는 것일까요? 우리가 "불의로" 진리를 막는다는 것이 어떤 의미일까요?

우리가 막는 진리는 무엇인가?

우리가 막는 진리는 과연 무엇일까요? 그 답은 다음 구절에 나와 있습니다. 19절 이하를 함께 읽으시겠습니다.

> 〔우리가 불의로 의를 막았으니〕 이는 하나님을 알 만한 것이 그들 속에 보임이라〔첫 번째 단서: 우리가 막은 진리는 하나님을 알 만한 것과 관련되어 있습니다〕 하나님께서 이를 그들에게 보이셨느니라. 창세로부터 그의 보이지 아니하는 것들〔바울은 구체적으로 표현하고 있습니다. 여기서 진리란 창조세계를 통해 알려지는 하나님에 관한 것입니다〕 곧 그의 영원하신 능력과 신성이 그가 만드신 만물에 분명히 보여 알려졌나니 그러므로 그들이 핑계하지 못할지니라. 〔하나님의 영원한 능력과 신성은 우리가 억압하는 하나님에 관한 객관적인 진리입니다. 그런데 여기서 바울은 또 하나의 주관적인 진리가 있다고 말하는데, 하나님에 관한 진리를 아는 자들이 당연히 보여야 할 반응이 그것입니

다〕 하나님을 알되 하나님을 영화롭게도 〔말 그대로 하나님께 영광 돌리는 것입니다〕 아니하며 감사하지도 아니하고 오히려 그 생각이 허망하여지며 미련한 마음이 어두워졌나니.

진리 : 하나님께 영광을 돌리고 감사해야 한다

우리 인생 가운데 임한 하나님의 은혜와는 별개로 우리가 막고 있는 진리가 있습니다. 하나님이 계시다는 진리입니다. 그분은 만물을 지은 창조주이시므로 단순한 신(神)이 아니라 하나님이십니다. 그분은 전능자이십니다. 이 세상 무엇이나 어느 누구보다 능력이 많은 분입니다. 이 모든 것들을 창조하신 분이기 때문입니다. 또한 하나님은 영원하십니다. 하나님을 존재하게 만든, 하나님 밖에 있는 어떤 것도 존재하지 않기 때문입니다. 그러므로 우리는 반드시 하나님의 영광을 드러내기 위해 존재해야 하며 영광을 놓고 하나님과 경쟁해서는 안 됩니다. 그리고 절대적으로 그분을 의지하며 살아야 합니다. 우리가 그분을 먹이는 것이 아니라 그분이 우리에게 공급하십니다. 따라서 늘 감사함으로 살아가야 합니다.

이것이 우리가 불의로 막는 진리입니다. 25절과 28절에 확실히 나와 있습니다. 25절입니다. "이는 그들이 하나님의 진리를 거짓 것으로 바꾸어〔주의. 그들이 바꾸고 삭제한 진리는 하나님에 관한 진리입니다〕 피조물을 조물주보다 더 경배하고 섬김이라 주는 곧 영원히 찬송할 이시로다. 아멘." 이렇게 말하는 것과도 같습니다. "그들은 하나님을 하나님으로 인정하며 영화롭게 하지 않고 감사하지도 않고, 오히려 피조물에게 영광을 돌리면서 하나님의 것을 자기 것처럼 자랑한다." 그들은 하나님 섬김을 자기 섬김으로 바꾸었습니다. 영원토록 영화로우신 하나님에 관한 진리, 그리고 우리가 그분을 온전히 의지해야 한다는 진리를 막았습니다.

28절도 보겠습니다. "또한 그들이 마음에 하나님 두기를 싫어하매 〔말 그대로, 그들은 하나님 아는 것을 거부했습니다〕 하나님께서 그들을 그 상실한 마음대로 내버려 두사." 하나님을 마음에 두기 싫어하는 것은 '진리를 막는 것'과 매 한가지입니다. 하나님은 진실하시지만 우리는 우리의 지식 안에 하나님 두기를 원하지 않습니다. 그래서 이 진리를 막게 되는 것이지요. 우리는 진리를 다른 것과 바꾸고 왜곡하고 숨기고 피해 달아납니다. 그리하여 결국 진리에 대해 눈이 멀고 맙니다.

로마서 1장 21절의 핵심이 바로 진리에 대해 눈이 멀어 버리는 것입니다. "하나님을 알되 하나님을 영화롭게도 아니하며 감사하지도 아니하고 오히려 그 생각이 허망하여지며 미련한 마음이 어두워졌나니." 다시 말해, 하나님에 관한 진리를 막는 우리의 상태 중 하나는 우리의 마음이 어두워지는 것입니다. 진리를 보았지만 좋아하지 않아서 거부하는 것이 아니라, 더 이상 보고 싶은 마음조차 없어서 거부합니다. 그래서 많은 사람들이 이렇게 말하곤 하지요. "나는 하나님에 관한 진리를 막지 않습니다. 굳이 막아야 할 하나님에 관한 진리란 없다고 보기 때문입니다." 바울은 이렇게 말할 것입니다. "하나님이 만드신 이 세상에서 사람들이 보이는 이런 태도에 대해서는 그들의 마음이 어두워졌다는 것으로 밖에 설명할 수 없다. 그들은 하나님의 실체에 눈이 멀었다."

이제 우리가 막는 진리가 무엇인지 정리해 봅시다. 하나님이 존재하신다는 것이 진리입니다. 그분은 영원하시고 무한한 능력자이십니다. 우리가 소유하는 모든 것을 그분이 공급하십니다. 그러므로 하나님은 우리의 도움 없이도 스스로 자족하시는 영광스런 분이십니다. 그리고 우리가 하나님이 주신 모든 것에 감사하고 우리의 생각과 감정과 행동으로 하나님께 영광을 돌리기 위해 존재한다는 것이 진리입니다(시 50:23 참조).

우리는 복을 받고 그분은 영광을 받으신다

다시 말해, 온 우주의 중심이 근본적으로 하나님이라는 사실이 바로 진리입니다. 우주는 하나님에게서 나오고 그분의 영광을 드러내기 위해 존재하기 때문입니다. 인간의 삶은 철저히 하나님 중심이어야 합니다. 마치 하나님이 우리에게 무언가를 원하시는 존재인 것처럼 하나님을 위해 열심히 살아야 한다는 말이 아니라, 비록 끔찍한 고통 중에 있더라도 하나님께 감사하는 존재, 더 많은 선한 것을 우리에게 주시는 그분의 은혜를 기뻐하는 존재가 되어야 한다는 말입니다.

여기에는 우리가 놓치지 말아야 할 함의가 있는데 우리 베들레헴교회가 소중히 여기는 진리와도 깊은 관련이 있습니다. 즉 하나님이 모든 인간에게 요구하시는 두 가지가 있습니다. 첫째, 하나님이 우리에게 주시는 풍성함 가운데 기뻐하는 것입니다(이것이 감사입니다). 그리고 둘째, 하나님의 영광을 나타내고 드러내는 것입니다. 이 사실을 놓치지 말기 바랍니다. 바로 21절에 나옵니다. "하나님을 알되 하나님을 영화롭게도 아니하며 감사하지도 아니하고." 하나님이 온 우주를 창조하셨으며, 하나님이 온 우주를 창조하신 이유는 그분이 창조하신 우주 안에서 인간은 복을 받고 하나님은 영광을 받으시기 위해서라는 의미입니다. 그리고 우리가 만물의 공급자이자 아무 것도 부족함이 없는 하나님 안에서 기뻐할 때 하나님은 영광을 받으십니다. 이것이 하나님이 영광을 받으시는 방법입니다.

이렇게 질문하는 분도 계실 겁니다. "왜 바울은 여기서 인류가 하나님께 영광을 돌리고 그분을 '신뢰' 하는 일에 실패했다는 사실을 강조하지 않는 겁니까? 왜 '믿음' 이 아닌 '감사' 에 초점을 두고 있습니까?" 제가 확신하기로 신뢰나 믿음은 하나님이 장차 미래에 우리를 대하실 방법과 연관되어 있는 것 같습니다. 그런데 지금 다루고 있는 '자연 계시' —자연을 통해 하나님에 관해 깨달을 수 있는 것— 는 하나님의 언약에 대해 분명하게 말해 주지는 않습니다. 하나님의 언약은 성경이라는 '특별한 계시' 를 통해 임합니다. 하나님의 약속에 대한 신뢰나 믿음이, 성경 말씀을 따라 하나님을 영화롭게 하는 데 있어서 참으로 중점적인 역할을 하는 이유입니다(롬 4:20 참조).

그러므로 진리는 이것입니다. "하나님은 존재하십니다. 하나님은 영원하시며 무한한 능력을 지닌 분이십니다. 하나님은 모든 선한 선물을 주시는 분이십니다." 그러므로 우리가 존재하는 이유는(우리의 주된 임무, 우리가 창조된 목적, 모든 이의 마음에 새겨진 계명은) 매일 매시간 위대한 하나님의 영광을 드러내고 우리에게 주신 풍성함을 기뻐하며 사는 것입니다. 우리 인간이 싫어하고 불의로 막으려고 하는 진리가 바로 그것입니다.

"불의로 진리를 막는 사람들"

왜 우리 인간은 그런 행동을 합니까? 그 열쇠가 "불의로"라는 단어 속에 있습니다. 18절 말씀입니다. "불의로[in unrighteousness] 진리를 막는 사람들의." 왜 바울은 18절 후반에서 "불경건으로[in ungodliness] 진리를 막는 사람들…"이라고 말하지 않았을까요? 그 답은 이렇습니다. 진리는 경건을 통해 유지됩니다. 지금껏 논의했던 바가 경건입니다. 하나님을 영광스럽게 하고 감사드리는 것, 그것이 경건입니다. 그러니 "불경건으로 진리를 막는 사람들…"이라고 말하는 것은 그다지 큰 의미가 없습니다.

그렇지만 성경의 맥락에서 보면 "불의로 진리를 막는 사람들"이라는 말에는 많은 의미가 담겨 있습니다. 불의란 불경건을 동반하는 삶의 방향입니다. 하나님의 영광의 진리를 내 삶의 중심에 두기를 거부하는 행동입니다. 과연 어떻게 하는 것일까요?

그것에 관해 보여 주는 말씀이 성경 몇몇 곳에서 나옵니다. 바울이 데살로니가 교인들에게 쓴 두 번째 편지에서 한 번, 예수님의 가르침에서 한 번 언급됩니다.

데살로니가후서 2장에서 바울은 말세에 대해 묘사하면서 그때가 되면 많은 이들이 배반하고 미혹당하는 일이 이 땅에 있을 것이라고 말합니다. 그리고 불법한 자가 나타나서 그가 "온갖 불의〔아디키아〈adikia〉, 로마서 1장 18절에 나오는 단어와 동일합니다〕한 속임수로 멸망할 자들을 속일 것입니다"(10절, 새번역). 불의가 사람을 속인다는 사실에 주목하시기 바랍니다. 불의는 진리를 억압합니다. 뒤이어 바울은 그들이 멸망하는 이유를 "그들이 진리의 사랑을 받지 아니하여 구원함을 받지 못함이라"고 말합니다. 불의로 속임을 당한 사람들은 진리의 사랑을 받지 않습니다. 이들은 진리를 억압하고 회피합니다. 이들은 진리를 사랑하지 않습니다. 왜일까요? 바울은 11-12절에서 계속 설명합니다. "이러므로 하나님이 미혹의 역사를 그들에게 보내사 거짓 것을 믿게 하심은 진리를 믿지 않고 불의를 좋아하는〔이 부분이 중요합니다〕 모든 자들로 하여금 심판을 받게 하려 하심이라."

왜 그들은 진리를 거부하고 진리를 막아서며 진리를 미워했을까요? "불의를 좋아하기" 때문입니다. 죄를 사랑하는 사람은 동시에 진리를 사랑할 수 없습니다. 진리는 참으로 위협적입니다. 불법적인 즐거움을 모두 몰아내게 만들기 때문입니다. 저는 감히 이렇게 말씀드리고 싶습니다. 사실상 모든 거짓은 인간이 죄의 즐거움을 너무나 깊이 사랑하는 데서 나온다고 말입니다. 그것이 불의입니다. 하나님과 하나님의 진리를 사랑하기보다 죄를 더 사랑하는 것입니다.

따라서 진리에 대한 논의는 머리의 문제이기에 앞서 마음의 문제입니다. 마음이 자기 교만에 가득차서 자기만 알고 죄의 즐거움을 사랑할 때, 당연히 그 생각도 마음속 우상들을 지키기 위해 진리를 왜곡하고 억압하기 마련입니다. 여기서 필요한 것은 새로운 생각이나 더 많은 정보가 아니라 새로운 마음입니다. 완전히 새로운 열정과 열망과 즐거움이 필요합니다.

요한복음 3장 19-21절 말씀에서 이 문제를 한 번 더 살펴보겠습니다. 이 말씀은 죄에 물든 인간의 마음을 동일하게 분석하면서 왜 인간이 하나님의 진리를 억압하는지에 대해 설명하고 있습니다. "그 정죄는 이것이니 곧 빛[진리!]이 세상에 왔으되 사람들이 자기 행위가 악하므로 빛보다 어둠을 더 사랑한 것이니라." 주목하시기 바랍니다. 이것은 사랑하고 미워하는 것에 관한 문제입니다. 사람들은 어두움을 사랑합니다. 왜일까요? 예수님은 이들의 행위가 악하기 때문이라고 말씀하십니다. 즉 그들은 불의합니다. 빛과 진리는 불의를 드러냅니다. 어두움은 불의를 감춥니다. 따라서 우리 인간은 어두움으로 자신의 추악한 욕망을 보호하기 위해 진리를 막는 것이지요.

20절에서도 예수님은 말씀하십니다. "악을 행하는 자마다 빛을 미워하여 빛으로 오지 아니하나니 이는 그 행위가 드러날까 함이요." 바로 이것입니다. 왜 우리는 진리인 빛으로 가지 않습니까? 불의 때문입니다. 인간은 빛을 혐오합니다. 할 수 있는 한 숨기려 합니다. 그리고 숨기지 못하게 되면 진리를 비틀고 왜곡시켜 자기 정당화의 수단으로 삼습니다. 우리는 이러한 행동으로 진리를 막아섭니다.

정신적 결함이 아닌 도덕적 결함

그러므로 여기에서 얻는 큰 교훈이 있습니다. 인간이 생각으로 하나님의 진리를 숨기고 비틀고 왜곡하고 조종하고 억압하는 이유는 우리의 생각에 문제가 있어서라기보다 우리의 마음에 도덕적으로 결함이 있기 때문입니다. 인간은 하나님의 영광과 능력의 빛을 억압합니다. 인간 혼자 서겠다는 욕심으로 어두움을 사랑하기 때문입니다. 우리는 자신의 죄를 사랑하고 자기 결심을 따라 살기 때문에, 하나님이 하나님 되시고 인간은 그분의 영광을 위해 살면서 온전히 의지해야 한다는 진리를 억압하는 것입니다.

바울은 로마서 1장 18절에서 하나님이 진노를 부으신 이유가 바로 이것 때문이라고 설명합니다. 우리가 불의를 너무나도 사랑한 나머지, 하나님의 영광과 능력과 신성과 선하심이라는 진리를 억압한 결과 하나님의 격노를 부른 것입니다. 우리는 그 앞에서 벌벌 떨 수밖에 없습니다.

그렇다면 우리에게는 아무 소망도 없는 것일까요? 그 소망이 16-17절에 나옵니다. "이 복음은 모든 믿는 자에게 구원을 주시는 하나님의 능력이 됨이라 먼저는 유대인에게요 그리고 헬라인에게로다. 복음에는 하나님의 의가 나타나서 믿음으로 믿음에 이르게 하나니." 다른 말로 하면, 우리는 불의하기 때문에 불의로 진리를 막을 수밖에 없으므로 우리의 유일한 소망은 하나님께서 우리에게 요구하시는 의를 직접 우리에게 값없이 선물로 주시는 것뿐이라는 말입니다. 믿음으로 하나님의 의를 받는 것이지요. 자신을 믿는 모든 자들에게 구원을 주기 위하여 자기 목숨을 내어놓고 다시 살아나신 예수님을 통해, 의로움을 선물 받는 여러분이 되시길 바랍니다.

20장

그들이 핑계하지 못할지니라

로마서 1:19-21

이는 하나님을 알 만한 것이 그들 속에 보임이라 하나님께서 이를 그들에게 보이셨느니라. 창세로부터 그의 보이지 아니하는 것들 곧 그의 영원하신 능력과 신성이 그가 만드신 만물에 분명히 보여 알려졌나니 그러므로 그들이 핑계하지 못할지니라. 하나님을 알되 하나님을 영화롭게도 아니하며 감사하지도 아니하고 오히려 그 생각이 허망하여지며 미련한 마음이 어두워졌나니. _롬 1:19-21

성경의 위대함과 장중함

성경이 어느 것과도 비교할 수 없는 책이 되는 한 가지 이유는 가장 거대한 실체를 끊임없이 다루고 있다는 점입니다. 그 거대한 실체는 만물의 창조주 하나님입니다. 별들 사이에 광대하게 펼쳐진 공간을 비롯해, 전자들(elctrons) 사이에 광대하게 펼쳐진 공간을 아우르는 온 우주도 하나님과는 결코 비교할 수 없습니다. 성경은 처음부터 끝까지 오직 하나님에게만 초점을 두고 하나님 중심으로 이야기를 펼쳐갑니다. 모든 것이 하나님과 연결되어 있으며 하나님에 관한 내용입니다. 성경은 하나님이 주신 책이며 하나님의 권위에 관해 말하고 있습니다. 그래서 성경 안에는 다른 어떤 책과 달리 위대함과 장중함이 강하게 느껴집니다.

이번 주에는 로마서 중에서도 장중함 및 위대함, 그리고 그것이 인간에게 주는 궁극적 의미가 극대치를 이루는 지점을 살펴보겠습니다. 18절에서는 하나님의 의를 값없이 선물로 주시는 복음(16-17절)이 죄인들에게 필요한 이유는 하나님의 의가 "불의로 진리를 막는 사람들의 모든 경건하지 않음과 불의에 대하여 하늘로부터 나타나기 때문이라"고 했습니다. 두 주 전에는 18절 말씀에서 충격적일 만큼 (정치적으로) 요즘 이야기 같은 구절을 통해, 인간의 마음이 진리를 억압해서 결국 하나님의 진노를 격발시킨다는 사실을 살펴보았습니다.

복음을 접하지 못한 사람들

이제 바울이 자신에게 제기된 반대 의견에 어떻게 답을 하는지 살펴보겠습니다. 반대 의견은 다음과 같습니다. "이보시오, 바울 선생. 인간의 마음이 진리를 막았기 때문에 하나님의 진노가 역사 속에서 인류를 향해 나타났다고 했잖소. 그렇다면 하나님의 진리를 모르는 사람들은 어떻게 합니까? 하나님의 진노에 반박할 만한 정당한 이유가 있지 않습니까? 결코 알지도 못하는 진리를 막았다는 이유로 그 사람들에게 화를 내고 벌을 내릴 권리가 과연 하나님에게 있다는 말입니까?" 바울은 19-21절에서 그러한 반대 의견에 답을 하고 있습니다.

여러분 중에도 이런 질문을 하는 이들이 많을 것입니다. "아직 복음을 듣지 못한 사람들은 어떻게 되는가? 그들은 하나님 앞에서 어떤 책임이 있는가?" 바울은 이 문제를 2장에서 다시 다룹니다(11-16절). 예를 들어 로마서 2장 11-12절에서 바울은 이렇게 말합니다. "이는 하나님께서 외모로 사람을 취하지 아니하심이라. 무릇 율법 없이 범죄한 자는 또한 율법 없이 망하고 무릇 율법이 있고 범죄한 자는 율법으로 말미암아 심판을 받으리라." 바울이 1장에서와 동일한 질문에 대답하고 있음을 알 수 있습니다. 하나님의 진리를 아는 정도가 각각 다른 사람들을 하나님은 어떻게 처리하실까요? 로마서 1장 19-21절에서 바울은 네 단계로 논증을 펼칩니다. 먼저 결론부터 시작해 거꾸로 거슬러가며 논증 과정을 살펴볼 수도 있고, 반대로 논증 과정을 따라가면서 결론에 이를 수도 있습니다. 바울이 주장하는 바를 명백히 살피려면 두 가지 방법 모두를 시도해 보는 것이 좋으리라 생각합니다. 따라서 우리는 먼저 그의 결론에서 시작해 3가지 단계를 거슬러 살펴본 뒤, 반대로 다시 추론해 보면서 매우 특별하면서도 적실성 있는 적용까지 해보려고 합니다.

결론: 그들이 핑계하지 못할지니라

바울의 결론은 20절 마지막 부분에 나옵니다. "그러므로 그들이 핑계하지 못할지니라." 다시 말해, 반대 의견에 대한 그의 최종 답변은 그들의 주장이 무효하다는 것입니다. "진리를 막았다는 이유로 하나님께서 모든 사람에게 진노를 나타내는 것은 잘못이다"라고 말하는 사람들에게 바울은 이렇게 대답합니다. "아니요, 그 사람들은 핑계를 댈 수 없습니다." 여기서의 핵심 사안은, 하나님이 자기들에게 진노하신 것 때문에 당당하게 항변하거나 변명할 수 있는 사람이 과연 이 세상에 있겠는가 하는 것입니다. 그것에 대한 바울의 대답은 이것입니다. "아니요, 어떤 사람도 핑계를 댈 수 없습니다. 모든 사람이 죄를 범했으므로 하나님의 진노를 받아 마땅합니다."

하나님을 영화롭게도 아니하며

바울은 자신의 결론을 놓고 어떻게 논증을 펼치고 있습니까? 위의 결론에 도달하는 세 가지 단계를 밟고 있습니다. 우리는 결론에서 시작해서 거꾸로 움직여가도록 하겠습니다. 따라서 결론 부분이 논쟁의 4번째 단계가 되는 것이고, 21절 전반부 내용이 3단계가 됩니다. "하나님을 영화롭게도 아니하며 감사하지도 아니하고." 그들은 변명의 여지가 없으며 사실상 하나님의 진노를 받을 수밖에 없습니다. 하나님을 영화롭게 하지도 않고 감사하지도 않았기 때문입니다. 이 세상 어디에도 정말 의로운 마음으로 하나님께 영광과 감사를 드리는 곳이 없습니다. 하나님께 온전한 영광을 돌리고 그분의 능력을 의지하는 것을 막는 일이 도처에서 일어납니다. 따라서 이 땅에 있는 모든 사람은 유죄이며 핑계를 댈 수 없습니다.

하나님을 알되

이 부분은 논증의 다른 단계에 해당합니다. 그 사람들은 하나님에 대한 진리를 알고 있었을까요? 알지도 못한 사실을 놓고 책임을 져야 했을까요? 결론에서 거슬러 올라가며 만나는 다음 단계는, 이 세상 모든 사람들이 하나님의 진리를 알고 있다는 사실입니다. 이에 해당하는 내용이 19절과 20, 21절에 나옵니다. 19절입니다. "하나님을 알 만한 것이 그들 속에[within them] 보임이라("그들 가운데"[among them]로 번역하는 게 낫습니다. 유사한 헬라어 단어가 고린도전서 11:9에 나옵니다)." 20절입니다. "창세로부터 그의 보이지 아니하는 것들 곧 그의 영원하신 능력과 신성이 그가 만드신 만물에 분명히 보여 알려졌나니." 21절입니다. "하나님을 알되…" 바울은 그들이 하나님을 안다고 말합니다. 그들 가운데 하나님을 알 만한 분명한 증거가 있습니다. 특별히 하나님의 영원한 능력과 신성을 모든 사람들이 분명히 압니다. 지금까지 살펴보았던 세 가지 단계를 정리해 보겠습니다.

- 4 단계: 결론, 어떤 사람도 핑계를 댈 수 없으며 모든 인간이 하나님의 진노를 받을 수밖에 없습니다.
- 3 단계: 이는 그들이 하나님을 영화롭게도 하지 않고 감사하지도 않기 때문입니다.
- 2 단계: 그들은 하나님을 전혀 모르기 때문에 그분께 합당한 예배를 하지 않는 것이 아니라, 하나님에 대한 충분한 지식이 있어도 하지 않는 것입니다.

분명히 보여 알려졌나니

역순으로 가는 논증의 마지막 단계는 가장 중요한 내용입니다. 19절 후반부에 등장하는 심오한 진술로, 20절 중반에도 설명되어 있습니다. 19절 후반부에서 바울은 하나님의 능력과 신성이 이들 안에 분명하게 드러난 이유를 "하나님께서 이를 그들에게 보이셨느니라"고 말합니다. "이는 하나님을 알 만한 것이 그들 속에 보임이라 하나님께서 이를 그들에게 보이셨느니라."

하나님이 어떻게 그 일을 하셨을까요? 20절 중반부에 다음과 같이 설명되어 있습니다. "그가 만드신 만물에 분명히 보여 알려졌나니." 하나님의 영원한 능력과 신성 —하나님에 대해 알 수 있는 것— 은 인간을 만드신 시작부터 항상 "만물에 분명히 보여" 알려졌습니다. 19절에서 "하나님이 이를〔능력과 신성〕 그들에게 보이셨느니라"고 말한 것은 하나님이 자신을 알리기 위해 무언가를 하셨다는 의미입니다. 하나님에 대한 지식은 우연히 알려진 것이 아닙니다. 하나님이 직접 제공하셨습니다.

만물은 하나님의 포이에마, 예술 작품

하나님은 자신을 드러내기 위해 무엇을 하실까요? 하나님은 온 세상을 만드셨습니다. 마치 토기장이나 조각가나 시인처럼 자신의 작품을 만드신 것입니다. 다만 하나님은 모든 것을 무(無)에서 창조하셨습니다. 20절의 "만물에 분명히 보여 알려졌나니"에서 "분명히 보여"(what has been made)라는 말이 헬라어로는 한 단어인 '포이에마'(poiema)로 나옵니다. 이 단어에서 시(poem)를 뜻하는 영어 단어가 파생되었습니다. 우주와 그 안에 있는 모든 것이 하나님의 예술 작품입니다. 이 단어가 뜻하는 바는 무엇일까요? 시 안에는 원작자의 설계와 의도와 지혜와 능력이 깃들어 있습니다. 바람이 불면 모래 위에 글자는 나타날 수 있어도 시가 만들어지지는 않습니다. 바로 그것이 말하고자 하는 핵심입니다. 하나님께서 직접 활동하셨습니다. 계획하고 설계하고 손으로 짓고 창조하고 만드셨습니다. 바울은 19절에서 말합니다. 그런 창조 작업을 통해서 하나님이 모든 인간에게 자신을 분명히 드러내 보이셨다고 말입니다. 우주 전체가 하나님에 관한 시입니다.

이것 역시 오늘날의 우리와 얼마나 시의적으로 관련이 깊은지 모릅니다. 18절 내용이 현대 사회에서 정치적 연관성이 있듯이, 이번 구절도 과학적으로 연관성이 있습니다. 오늘날 우리 문화에서는 자연주의적 진화론을 옹호합니다. 온 우주, 특히 인간의 생명이 순전히 물질과 시간과 우연을 통해 진화되었다는 믿음입니다. 충분한 시간과 변화를 일으킬 물질이 있고 기회가 잘 맞았기 때문에 오늘날 우리가 보는 우주와 인류가 생성되었다는 것입니다. 하나님이 온 우주의 창조자이고 설계자라는 믿음은 옆으로 제쳐 놓고 불필요한 가설 정도로 여깁니다.

하지만 요즘 들어서는 자연주의 진화론의 가설들을 충분한 근거에서 나온 과학적 결론이라기보다는 철학적 편견으로 보는 의견이 늘고 있습니다. 필립 존슨(1980년대 미국 법학자—옮긴이)은 「법정에 선 다윈」(Darwin on trial)과 「열린 생각으로 다윈설에 맞서기」(Defeating Darwinism by Open Minds)라는 두 권의 책으로 그런 운동을 이끌었습니다. 1996년에 생화학자 마이클 비히(Michael Behe) 교수는 대우주보다는 소우주의 신비에 눈을 뜨고 「다윈의 블랙박스」(Darwin' s Black Box)라는 책을 썼습니다. 거기서 비히 교수는 작은 하나의 세포도 '환원 불가능한 복합체' 이므로 우연히 만들어진 것이 아니라 지적 설계를 통해 만들어진 소산물임을 주장했습니다. '환원 불가능한 복잡성' 이란 극도로 복잡한 세포 안에도 수많은 부분들이 있어서 서로 유기적으로 작용하는데, 혹 그 중 하나라도 없으면 전체가 기능하지 못하는 것을 의미합니다. 즉 세포라는 기능 체계는 각 부분이 점진적으로 형성되는 방식의 여러 단계 소진화를 거쳐서는 결코 만들어질 수 없다는 뜻입니다.

비히 교수는 박테리아의 편모를 예로 들었습니다.

> 편모는 거품기처럼 생긴 회전모터인데 박테리아가 주변 환경 속에서 방향을 잡아갈 수 있도록 해준다. 편모는 산성 성분으로 작동하는 회전 엔진과 고정자, O형 링, 축받이 통, 구동축을 갖추고 있다. 이 모터는 정교한 기계와도 같아서 약 50여 개의 단백질 분자가 있어야 힘을 발휘한다. 하지만 이 중 하나만 빠져도 모터의 기능 전체를 잃고 만다. 이러한 생화학적 체계의 환원 불가능한 복잡성은 다윈의 이론으로도 설명할 수 없고 지금까지 제기되고 있는 어떤 자연진화 이론으로도 설명이 불가능하다.*

* William Dembski, *Science and Design*, First Things, Oct. 1998. No. 86, p.25.

진리를 과학으로 억누르다

아주 최근에 윌리엄 뎀스키(Wiliam Dembski, 신학자이자 과학자로 지적설계 이론의 중심 인물—옮긴이)가 「설계 추론」(The Design Inference)이라는 책을 썼습니다. 그 책에서 뎀스키는 널리 알려진 과학자들 중 다수가 우주에는 설계(포이에마)가 존재한다는 문제 제기를 지속적으로 억압하고 있음을 지적하고 있습니다. 그는 '최고 반열의 다윈주의자' 인 리처드 도킨스를 인용하고 있는데, 도킨스는 이렇게 말했다고 합니다. "생물학은 목적을 갖고 설계된 것으로 보이는 생물체의 복잡성을 연구하는 학문이다." 또한 뎀스키는 DNA의 공동 발견자인 프랜시스 크릭(Francis Crick)의 말도 인용합니다. "생물학자는 반드시 자신이 관찰하는 것은 설계된 것이 아니라 진화된 것이라고 늘 마음에 새겨야 한다."

바울 사도의 말을 사용해 이를 달리 표현해 본다면, 과학자들이 그들의 창조주와 직접 얼굴을 맞대고 만나 그분을 하나님으로 인정하며 영광 돌리고 피조물로서 그분께 감사드리지 않는 것은 하나님의 포이에마(하나님이 설계하신 만물)에 대한 진리가 지속적으로 억압당하고 있기 때문입니다.

바울의 논쟁을 도시 사역에 적용하다

이번에는 전체를 정리하는 차원에서 바울의 논쟁을 다시 위에서 아래쪽으로 살펴보겠습니다. 바울은 어떤 사람에게든 —대학 연구실의 믿음 없는 과학자나 복음을 듣지 못한 미전도 종족이라도— 자신에게 임하는 하나님의 진노에 반발하며 핑계를 댈 때 이에 대해 답을 해줍니다.

그런데 바울의 논쟁을 정리하면서 한 가지 특별한 적용을 하고 싶습니다. 다윈주의 과학자들이나 멀리 미전도 종족을 대상으로 하는 것이 아니라 케니 스톡스 목사님과 미니애폴리스의 도시 지역에서 일으키고 있는 우리 사역을 대상으로 말입니다. 실행하기 어려운 일이 아닙니다. 바울이 제시한 네 가지 단계가 케니 목사님이 시작하신 우리 사역과도 직접적인 관련성이 있기 때문입니다.

1. 창조주의 능력과 신성은 명백히 드러나 있다

1 단계: 하나님은 창조주이며 그분의 영원한 능력과 신성에 관한 진리를 모든 만물에 드러내기 위한 활동을 하셨습니다(19-20절, 포이에마). 케니 목사님, 목사님이 이곳 도시에서 만나게 될 모든 사람들은 하나님의 창조물이고 하나님과 소통하기 위한 목적으로 하나님이 설계하신 이들입니다. 목사님이 하나님의 작품이듯 그들도 역시 그렇습니다. 하나님은 미니애폴리스 지역 곳곳에 만물의 창조주로서 스스로를 드러내고 소통하기 위해 역사하고 계십니다. 목사님이 가실 그곳에 하나님이 목사님보다 먼저 가 계십니다. 그러므로 다른 이들과 특별히 창조주이신 하나님이 복음의 씨앗을 뿌린 곳에서 풍성히 거두게 될 것입니다.

2. 모든 사람이 하나님을 안다

2 단계: 미니애폴리스 중심가에 사는 모든 남녀노소들이 하나

님을 알고 있습니다. 21절에도 "하나님을 알되."라고 나옵니다. 여러분과 여러분이 이곳 도시에서 만나는 모든 사람들 사이에는 거대한 공통분모가 있습니다. 그렇습니다. 진리가 억압되기는 했지만 여전히 그곳에 있습니다. 비록 왜곡되고 가려져 있기는 해도 말입니다. 하나님은 모든 사람의 생각과 마음에 아무 증거도 남겨 놓지 않으신 게 아닙니다. 그러니 나가서 나무에 대고 말할 필요가 없습니다. 그 나무를 보고 거기서 하나님의 영광을 발견할 사람들에게 말하면 됩니다. 그들은 하나님을 알고 있습니다. 하나님의 영원한 능력과 신성을 알고 있습니다.

3. 하지만 그들은 하나님에 대한 지식을 억압한다

3 단계: 그럼에도 불구하고 사람들은 그 지식을 억압한 채 하나님을 영화롭게 하지도 않고 감사하지도 않습니다(21절). 이 말씀이 의미하는 바가 무엇입니까? 적어도 목사님이 하나님의 영광을 사랑하고 하나님께 합당한 예배를 드리고자 하는 사람이라면, 사람들이 진리에 마음을 열도록 하기 위해 성령의 능력으로 힘을 다해 수고해야 하며, 모든 사람들의 기쁨을 위해 하나님의 최고로 높이려는 열정을 널리 전파해야 한다는 의미입니다.

4. 그러므로 하나님 앞에서 핑계할 수 없다

4 단계: 미니애폴리스와 세인트 폴 중심가에 거주하는 사람들과 지구상의 모든 사람들은 하나님의 진노를 받아도 "아무런 핑계"를 댈 수 없습니다. 이 문제를 놓고 하나님의 공의에 맞서 정

당한 항변을 할 수 있는 사람은 아무도 없습니다. 즉 거대 도시의 비극은 마약이나 불법 성매매나 살인이나 강도나 가난이나 노숙자나 학대와 폭력이 아니라는 의미입니다. 도시의 비극은 사람들이 아무런 항변도 할 수 없고 소망도 없이 하나님의 진노 아래 멸망해 가는 것입니다. 그들은 핑계할 수 없습니다.

탈출의 길

지금 이곳에 있는 우리 그리스도인들에게 처방과 탈출로가 있습니다. 바로 복음입니다. "복음은 모든 믿는 자에게 〔진노에서〕 구원을 주시는 하나님의 능력이 됨이라. 먼저는 유대인에게요 그리고 헬라인 〔부자와 가난한 자, 배운 자와 못 배운 자, 황인 흑인 백인 모두〕에게로다. 복음에는 〔하나님의 진노가 아니라〕 하나님의 의가 나타나서 믿음으로 믿음에 이르게 하나니." 값없이 주시는 의의 선물이야말로 우리가 사는 도시에 임한 하나님의 진노를 피할 방법입니다. 여러분의 마음과 입술에 온 세상에서 가장 강력한 도시 사역의 전략이 있습니다. 바로 예수 그리스도의 복음입니다. 우리 모두 그 일을 할 수 있습니다.

오, 주님 오시옵소서. 케니 목사님에게 기름을 부으셔서 위대한 전도 사역을 위해 사람들을 일으키게 하옵소서.

21장

첫 번째 어두움의 거래: 우상

로마서 1:21-23

하나님을 알되 하나님을 영화롭게도 아니하며 감사하지도 아니하고 오히려 그 생각이 허망하여지며 미련한 마음이 어두워졌나니 스스로 지혜 있다 하나 어리석게 되어 썩어지지 아니하는 하나님의 영광을 썩어질 사람과 새와 짐승과 기어 다니는 동물 모양의 우상으로 바꾸었느니라. _롬 1:21-23

하나님의 영광을 우상으로 바꾸다

오늘부터 3주 동안은 은혜를 벗어난 인간의 타락한 모습을 조명하는 두 가지 어두움의 거래에 대해 살펴보겠습니다. 그 첫 번째 거래는 하나님의 영광을 인간과 동물 형상의 영광으로 바꾼 것입니다. 이를 우상숭배라고 부릅니다. 오늘은 우상숭배에 관해 이야기하도록 하겠습니다. 두 번째 거래는 이성간의 성적 관계를 동성 간의 관계로 바꾼 것입니다. 우리는 이를 동성애라고 부릅니다. 이 주제에 관해서는 24-27절에서 시작해 다음 두 주간에 걸쳐 이야기하도록 하겠습니다. (자녀를 키우시는 부모님들 중에 설교 시간을 동성애에 관한 가르침의 시간으로 삼으려는 분들은 지혜롭게 결정하셔야 합니다. 본문 말씀이나 주제가 매우 고통스럽고 직설적이기 때문입니다.)

오늘 우리의 관심은 21-23절의 본문으로, 타락한 인간의 문화인 우상숭배로 표현되는 첫 번째 어두움의 거래입니다. 본문 말씀을 기억하시기 바랍니다. "하나님의 진노가 불의로 진리를 막는 사람들의 모든 경건하지 않음과 불의에 대하여 하늘로부터 나타나나니"(18절). 그들이 막는 진리는 온 우주에 드러난 진리입니다. 하나님이 만드신 만물 안에 드러난 진리, 즉 하나님의 "영원한 능력과 신성"(20절)이라는 진리입니다. 21절에서는 사람들이 진리를 막으면서 "하나님을 영화롭게도 아니하며 감사하지도 아니한다"고 말합니다. 그러므로 그들은 하나님의 진노 앞에서 아무 핑계를 대지 못합니다. 하나님의 진노는 정당합니다. 사람들 안에 하나님에 대한 지식이 있으면서도 그에 따라 살지 않기 때문입니다. 진리를 막는 것입니다.

오늘 본문을 토대로 조금 다르게 말한다면, 사람들은 그들의 기쁨과 신뢰를 위해 허락된 하나님의 영광을 목도하고 알면서도 우상과 맞바꿉니다. 이것 역시 지난 두 번의 설교에서 살펴보았던 말씀처럼 하나님을 영화롭게 하지도 않고 감사하지 않는, 진리에 대한 동일한 억압이요 동일한 실패인 것입니다.

따라서 오늘 저는 바울이 말하는 어두움의 거래에 주목하고자 합니다. 바울이 이것을 언급하는 이유는 우리의 지적인 관심을 자극하려는 것이 아니라 우리의 마음을 움직여서, 우리가 있는 힘을 다해 거기서 벗어나고, 끔찍한 우상 숭배의 어두움에 갇힌 사람들도 거기서 빠져나오도록 돕기 위함입니다. 우상숭배는 원시 문화권에서 오늘날의 최첨단 문화권에 걸쳐 만연해 있습니다.

하나님을 비루한 우상과 바꾸다

이번 본문에서는 우리가 반드시 살펴보아야 할 네 가지 사항이 있습니다. 하지만 먼저 23절에서 인간이 말 그대로 무엇을 바꾸었는지 보겠습니다. "썩어지지 아니하는 하나님의 영광을 썩어질 사람과 새와 짐승과 기어 다니는 동물 모양의 우상으로 바꾸었느니라." 잘 기억하십시오. 인간은 하나님의 영광을 비루한 대체물과 바꾸었습니다.

이 내용 자체로 강조할 필요가 있습니다. 우리 베들레헴교회에서는 하나님의 영광에 관해 참으로 많이 이야기합니다. 우리가 제일 선호하는 주제이지요. 하나님의 영광이야말로 성경과 온 우주에서 모든 것을 통합시키는 위대한 실체입니다. 모든 만물이 하나님의 영광에서 나와 하나님의 영광을 향해 흘러갑니다. 모든 만물이 하나님의 영광을 위해 존재합니다. 우주의 궁극적인 가치는 하나님의 영광이지 인간의 영혼이 아닙니다. 따라서 우리와 같은 교회가 본문과 같은 말씀을 분명하게 인식하는 것이 중요합니다. 그리하여 이 같은 주제와 강조점, 가치는 성경에 부과된 것이 아니라 성경에서 비롯된 것임을 깨달아야 합니다.

여기서 주목해야 할 것은 바울이 두 번씩이나 이 구절에서 언급하는 바, 인간이 안고 있는 근본적이고 기저에 깔린 근원적인 문제가 하나님의 영광과 관련해 우리가 저지르는 것과 관련 있음을 말한다는 점입니다. 21절에서 바울이 말합니다. "하나님을 알되 하나님을 영화롭게도 아니하며〔말 그대로 하나님께 영광을 돌리지 않는다는 뜻입니다〕." 이것이 인류의 근본적인 문제입니다. 우리는 우주에서 최고의 가치가 있는 하나님의 영광을 인정하지도 않고 귀하게 여기지도 않으며 음미하지도 존중하지도 않습니다. 그것이 우리 인간의 사악함이며 질병이고 하나님에 대한 엄청난 반역입니다.

그런 다음 23절에서 바울은 조금 다른 방식으로 설명합니다. "썩어지지 아니하는 하나님의 영광을 … 우상으로 바꾸었느니라." 따라서 우주의 가장 큰 문제는 인간이 하나님의 영광으로 무엇을 하는가에 있습니다. 이는 우리의 생활과 문화와 나라와 시대와 역사, 더 나아가 세계 모든 나라에서 중요한 사안입니다. 바울은 하나님의 진노 아래 있는 인간의 죄악된 상황의 심각성을 설명할 때, 24-27절에 나오는 성적인 죄를 가장 먼저 다루지 않았습니다. 29-31절에 나오는 21가지 죄의 목록도 마찬가지입니다. 바울은 그런 죄보다 인간의 가장 근본적인 문제를 먼저 다루고 있습니다. "인간은 하나님의 영광으로 무엇을 하는가? 하나님의 영광을 그 어떤 것보다 귀하게 여기며 높이고 있는가? 아니면 다른 것을 더 좋아해서 피조물과 맞바꾸어 하나님의 영광을 무시하고 있는가?"

어두움의 거래의 특징

이 주제는 참으로 중대한 사안입니다. 그렇기에 저는 여러분과 함께 인간이 저지르는 어두움의 거래에 관한 네 가지 사항을 살펴보는 가운데 하나님이 우리를 깨우쳐 주셔서 하나님의 영광을 사모하고 존중하게 되기를 기도합니다.

1. 하나님의 영광을 우상으로 바꾸면 생각이 허망해진다

21절 말씀입니다. "하나님을 알되 하나님을 영화롭게도 아니하며 감사하지도 아니하고 오히려 그 생각이 허망하여지며 미련한 마음이 어두워졌나니." 여기서 "허망하다"(futile)는 말은 텅 비고 헛되고 무익하다는 의미입니다. 하나님은 인간의 생각 속에 논리적으로 사고하고 상상하고 추측하고 생각하고 숙고하고 묵상하는 능력을 주셨습니다. 왜일까요? 그런 능력을 사용해 하나님을 알고 하나님에 관해 생각하고 하나님에 대해 말하고 하나님을 높이며, 세상에서 하나님을 찬양하려는 목적으로 새로운 일을 고안할 수 있게 하신 것입니다.

다니엘서 4장에 나오는 느부갓네살 이야기에서 생생한 예를 찾아볼 수 있습니다. 느부갓네살 왕은 자신의 생각과 힘을 사용해서 바빌론을 건설한 다음 이렇게 말합니다. "이 큰 바벨론은 내가 능력과 권세로 건설하여 … 나타낸 것이 아니냐!"(단 4:30). 하나님은 느부갓네살 왕의 교만과 하나님을 인정하는 데 그의 생각을 사용하지 않은 것을 기뻐하지 않으셨습니다. 그래서 이렇게 하셨습니다. "사람에게 쫓겨나서 소처럼 풀을 먹으며 몸이 하늘 이슬에 젖고 머리털이 독수리 털과 같이 자랐고 손톱은 새 발톱과 같이 되었더라"(4:33).

그리고 중요한 열쇠가 되는 말이 나옵니다. "그 기한이 차매, 나 느부갓네살이 하늘[하나님]을 우러러 보았더니 내 총명이 다시 내게로 돌아온지라 이에 내가 지극히 높으신 이에게 감사하며 영생하시는 이를 찬양하고 경배하였나니"(4:34). 우리의 눈이 하나님을 향하면 우리의 이성(총명)이 되돌아옵니다. 왜 그렇습니까? 우리의 생각은 하나님을 섬기도록 만들어졌습니다. 그래서 느부갓네살은 자신의 총명이 돌아왔을 때, 이를 사용해 하나님이 의도하신 일을 했습니다. "영생하시는 이를 찬양하고 경배하였나니."

이것이 바로 하나님께 영광을 돌리며 감사하지 않고 우상으로 바꿔버릴 때 인간의 모든 사고와 생각이 허망해진다고 하는 이유입니다. 허망이란 쓸모없고 공허하고 무익한 것을 의미합니다. 인간의 생각이 더 이상 하나님을 알고 하나님을 사랑하고 귀하게 여기고 기리는 일에 사용되지 않을 때 나타나는 현상입니다. 내가 가장 명석한 과학자든 예술가든 기술자든 관계없습니다. 나의 사고를 사용하는 일에 하나님을 제외시켜 버리면 허망하고 공허하고 무익해집니다. 고린도전서 3장 20절입니다. "주께서 지혜 있는 자들의 생각을 헛것으로 아신다 하셨느니라."

하나님을 다른 것과 맞바꾸지 마십시오. 여러분의 모든 생각이 허망해지고 공허해지며 의미도 사라질 것입니다.

2. 하나님의 영광을 우상으로 바꾸면 마음도 어두워진다

21절 후반부입니다. "오히려 그 생각이 허망하여지며 미련한 마음이 어두워졌나니." 인간이 하나님의 영광을 다른 것으로 바꾸었는데 왜 마음이 어두워집니까? 인간의 마음을 채울 수 있는 우주의 유일한 빛은 하나님의 영광이기 때문입니다.

영적인 빛을 물질적인 빛에 비교하시면서, 예수님은 마태복음 6장 22절에서 이렇게 말씀하셨습니다. "눈은 몸의 등불이니 그러므로 네 눈이 성하면 온 몸이 밝을 것이요." 다시 말해 우리 몸 자체에서 만들어지는 빛은 없습니다. 모든 빛은 외부에서 옵니다. 이 빛이 들어와 몸 전체가 밝아지려면 눈이 성해야 합니다.

하나님은 영적인 빛이 인간의 마음을 채우도록 고안하셨습니다. 인간의 마음속에는 빛을 생성할 만한 요소가 없습니다. 모든 빛은 외부, 즉 하나님의 영광으로부터 들어옵니다. (태양빛에서 오는 것이 아닙니다. 우리는 지금 물질적인 빛이 아니라 영적인 빛을 말하고 있습니다.) 예수님은 온 세상의 영적인 빛입니다(요 14:6). 그분은 "아버지의 독생자의 영광"이기 때문입니다(요 1:14). 바울은 기도를 들으시는 하나님만이 인간의 마음을 밝힐 수 있기에 "너희 마음의 눈을 밝히사"라고 기도했습니다(엡 1:18-19). 그리고 고린도후서 4장 6절에서는 이렇게 말합니다. "어두운 데에 빛이 비치라 말씀하셨던 그 하나님께서 예수 그리스도의 얼굴에 있는 하나님의 영광을 아는 빛을 우리 마음에 비추셨느니라."

온 우주에서 인간의 마음을 밝힐 수 있는 유일한 빛은 하나님의 영광뿐입니다. 그 빛을 다른 것으로 바꾸어 버린다면 어둠 속에서 살게 될 것입니다. 우리가 아무리 똑똑하다 해도, 또 불을 수없이 피우고 촛불을 켠다고 해도 아무 소용이 없습니다.

3. 하나님의 영광을 우상으로 바꾸면 스스로 지혜롭다 생각한다

22절입니다. "스스로 지혜 있다 하나 어리석게 되어." 은혜와 멀어져 마음이 어두워진 자연인에게는 자기에게 허락된 하나님보다는 자기 스스로 신을 고안하는 편이 훨씬 지혜롭게 보이는 법입니다. 나만의 신을 만드는 것만큼 지혜로운 게 또 있으랴 하고 말합니다. 그에 따른 이득도 많아 보입니다. 내가 어떤 것의 근원이 된 것 같고 창조력도 있고 지적인 듯이 보이기 때문입니다. 이 모든 것들이 내 자아를 뿌듯하게 만듭니다. 무엇보다도 나만의 신을 만드는 일은 나를 독립적이고 통제력 있는 존재로 느끼게 해줍니다. 조종대가 내 손 안에 있는 것이지요. 다시 말해, 내 손으로 신을 만들면 나 자신이 신이 되는 것입니다. 신이 되는 선택보다 지혜로운 일이 또 뭐가 있겠습니까?

에덴동산에서 사탄이 하와에게 말했습니다. "너희가 그것을 먹는 날에는 너희 눈이 밝아져 하나님과 같이 되어 선악을 알 줄 하나님이 아심이니라. 여자가 그 나무를 본즉 … 지혜롭게 할 만큼 탐스럽기도 한 나무인지라(롬 1:22) … 여자가 그 열매를 따먹고 자기와 함께 있는 남편에게도 주매 그도 먹은지라"(창 3:5-6). 인류의 시작부터 유래해 지금까지 이어지고 있는 일입니다. 나 스스로 내 인생을 경영하는 하나님 역할을 떠맡으면 이 어두움의 거래(우상숭배)가 세상에서 가장 지혜로운 일처럼 보입니다.

4. 어두움의 거래가 지혜로워 보이나 실상 어리석은 일이다

다음은 하나님의 영광을 다른 것으로 바꾸는 어두움의 거래에 관한 네 번째 항목입니다. 하나님을 우상으로 바꾸는 것은 어리석은 일입니다. 나만의 신을 만들거나 스스로 신이 되는 것은 어리석은 짓입니다. 허망한 생각에 기대어 어둠 속을 걷는 것은 우둔한 짓입니다.

왜 그렇습니까? 하나님의 영광을 우상으로 바꾸는 어두움의 거래가 왜 어리석은 일일까요? 바울은 23절에서 세 가지 답을 제시합니다. 지금은 그 중 두 가지를 자세히 살펴보고(23절), 다음 시간에 나머지 세 번째를 자세히 살펴보겠습니다(24-27절). 제가 기도하는 바는 이 말씀을 통해 여러분 속에 일어나는 어두움의 거래에 맞서 싸울 마음이 생기고, 다른 사람들도 동일한 싸움을 싸우도록 돕게 되는 것입니다(그것이 전도와 소그룹의 역할입니다).

4.1. 먼저 바울은 우리가 버리려고 하는 것과 대신 채우려고 하는 것들의 영원한 가치상의 차이를 강조하면서 어두움의 거래가 어리석다는 사실을 보여줍니다. 하나님의 영광은 영원한 가치가 있지만, 우리가 그 대신 채우려 하는 것들은 상대적으로 매우 미약합니다.

바울이 어떤 식으로 보여주는지 살펴보겠습니다. 23절입니다. "어리석게 되어 썩어지지 아니하는 하나님의 영광을 썩어질 사람 … 모양의 우상으로 바꾸었느니라." 문자 그대로 이렇게 읽을 수 있습니다. "그들은 썩지 않는 하나님의 영광을 바꾸어 썩어질 사람 형상의 우상으로 바꾸었다." 주목해야 할 점은 이것입니다. 창세기 1장 27절에 따르면 인간은 하나님이 아니고 다만 하나님의 형상을 따라 만들어진 존재입니다. 그런데 인간은 하나님의 영광을 하나님의 형상과 바꾼 것이 아닙니다. 아니 그 정도가 아닙니다. 사람의 형상으로 바꾼 것도 아닙니다. 아니 정도를 넘습니다. "사람 모양의 우상"으로 바꾸었으니, 사람 자체가 우상입니다.

바울이 이런 식으로 단어를 나열하면서 무엇을 하고 있는지 보입니까? 그는 진짜와 가짜 사이에 무한한 가치 차이가 있음을 강조하고 있습니다. 마치 이렇게 말하고 있습니다. "당신들이 최고의 생각이라 판단해서 하나님의 영광을 사람의 형상으로 바꾼다지만 그것은 하나님을 우상의 우상의 우상으로 바꾸는 셈입니다. 진품 명품을 팔아 짝퉁의 짝퉁의 짝퉁을 사는 것입니다."

병들어 죽어가는 문화 속에서 살아가는 우리의 귀에 들리고 눈에 보이는 것은 자신들의 부끄러움에 대한 고백이 아니라 "우상만이 전부다"라는 자랑뿐입니다. 성경은 이와 반대로 말합니다. 하나님의 영광이 전부이며 하나님을 다른 것과 바꾸는 것은 우상의 우상의 우상을 얻으려고 세상의 가장 귀한 보물을 잃어버리는 것이라고 말입니다. 허망하고 어둡고 어리석은 짓입니다. 그런 자리에서 뛰쳐나가십시오. 그런 곳에 붙잡힌 사람들을 구해내십시오. 그것에 대해 말하는 것을 두려워하지 마십시오.

4.2. 두 번째로 바울은 하나님의 영광은 썩지 않으나 인간은 썩

는다는 사실을 주목하면서 어두움의 거래가 어리석음을 보여줍니다.

23절입니다. "썩어지지 아니하는 하나님의 영광을 썩어질 사람과 새와 짐승과 기어다니는 동물 모양의 우상으로 바꾸었느니라."

"썩는다"(corruptible)는 말은 "소멸한다"(perishable)는 의미입니다. 하나님은 영원히 존재하십니다. 하지만 인간은 어떻습니까? 이사야는 이렇게 말합니다. "이 백성은 실로 풀이로다. 풀은 마르고 꽃은 시드나 우리 하나님의 말씀은 영원히 서리라 하라"(사 40:7-8).

하나님보다 다른 것을 귀하게 여긴다면, 우리의 인생이 진실로 다른 가치를 좇아 살아가는 것이라면, 그것은 소멸하지 않을 것을 소멸할 것으로 바꾼 셈이 됩니다. 귀한 다이아몬드를 냉장고 구석에 처박아 두었던 썩은 복숭아와 바꾸는 격입니다. 아름다운 루비를 햇빛에 물러진 바나나와 바꾸는 것입니다. 번쩍이는 금괴를 빗물에 녹슨 나사와 교환하는 셈입니다.

바울 사도와 함께 우리는 그 반대의 행동을 합시다. 그리스도를 얻기 위해 나머지 모든 것은 배설물로 여깁시다. 세상이 이를 어리석다 말하도록 내버려둡시다. 사실이 아니기 때문입니다. 1867년에 미국의 국무장관이었던 윌리엄 스워드(William Seward)의 본을 따릅시다. 그는 미국이 러시아로부터 720만 달러에 알래스카를 구입하도록 주도한 인물입니다. 당시 얼마나 사람들의 조롱을 받았는지 모릅니다. "스워드의 바보짓"이라는 소리까지 들었습니다. 720만 달러를 얼음 덩어리와 바꾸었다고 말입니다!

그러나 지난 130년 동안 알래스카는 수백억 달러를 벌어들이는 미국의 자원덩어리가 되었습니다. 눈에 보이는 것이 전부가 아닙니다. 여러분에게 간곡히 부탁합니다. 여러분의 눈을 여십시오. 여러분의 하나님을 다른 어떤 것과도 바꾸지 마십시오. 다만 모든 것을 팔아 그분과 바꾸십시오.

22장

또 다른 어두움의 거래: 동성애 (1부)

로마서 1:24-28

그러므로 하나님께서 그들을 마음의 정욕대로 더러움에 내버려 두사 그들의 몸을 서로 욕되게 하게 하셨으니 이는 그들이 하나님의 진리를 거짓 것으로 바꾸어 피조물을 조물주보다 더 경배하고 섬김이라. 주는 곧 영원히 찬송할 이시로다 아멘. 이 때문에 하나님께 그들을 부끄러운 욕심에 내버려 두셨으니 곧 그들의 여자들도 순리대로 쓸 것을 바꾸어 역리로 쓰며 그와 같이 남자들도 순리대로 여자 쓰기를 버리고 서로 향하여 음욕이 불 일듯 하매 남자가 남자와 더불어 부끄러운 일을 행하여 그들의 그릇됨에 상당한 보응을 그들 자신이 받았느니라. 또한 그들이 마음에 하나님 두기를 싫어하매 하나님께서 그들을 그 상실한 마음대로 내버려 두사 합당하지 못한 일을 하게 하셨으니. _롬 1:24-28

현대 사회와의 놀라운 적실성

여러분과 함께 바울의 로마서를 살펴보는 사이, 놀라울 만큼 현대 사회와 연관성이 많은 로마서 1장 24-28절까지 왔습니다. 바울은 이 구절에서 동성애의 실체에 관해 다루고 있습니다. 연관성이 많다고 하는 데는 여러 가지 이유가 있습니다. 어제 같은 경우를 예로 들면, '히어아이스탠드'(Here I Stand)라는 회의가 개최되어 ELCA(아메리카 복음주의 루터 교단)에서 활동하는 동성애 목회자들의 문제를 논의했습니다. 〈스타 트리뷴〉지에는 와이오밍 대학에서 어느 동성애자 학생을 상대로 벌어진 증오 범죄에 관한 기사가 전면에 실렸습니다. 그 학생은 울타리에 묶인 채 심하게 맞아 위독한 상태였다고 합니다. 지난 8월에는 전 세계 641명의 성공회 주교들이 람베스 회의 참석을 위해 영국 캔터베리에 모였습니다. 이들은 동성애 행위가 "성경에 부합하지 않는다"는 입장에 압도적인 찬성을 보냈습니다.

최근에는 〈USA 투데이〉지와 〈뉴욕 타임즈〉, 〈워싱턴 포스트〉에 전면 광고가 실렸습니다. 지난 여름 850명의 전(前) 동성애자들이 모여 '엑소더스 회의'를 열고 그리스도 안에는 변화할 수 있는 능력이 있음을 선포하는 내용이었습니다. 우리가 사는 미네소타 지역에는 동성애자들이 자녀 양육권과 입양권을 주장하는 법률 소송이 끊임없이 제기되고 있습니다. 그리고 가장 급박하게는 지금 여기에 앉아 계신 분들 중에도 동성애적 욕구를 지닌 분이 있고, 또한 여러분의 가족 중에는 자신을 동성애자로 여기며 심각하게 고민하는 사람들도 적지 않습니다. 오늘날 동성애 문제는 결코 피할 수 없는 일이 되었고, 바울 당시에도 그다지 놀랄 만한 일은 아니었던 것 같습니다. 따라서 우리에게도 아주 놀라운 일은 아니겠지요.

과거와 달리 오늘날의 상황이 조금 색다른 것은 일부 사람들이 성경 말씀으로부터 동성애의 합법성을 변호하기 위해 애쓴다는 점입니다. 가장 흔히 주장하는 바를 예로 들면, 그들은 신약 성경에서 비난하는 동성애가 오랜 시간을 두고 이루어지는 헌신적인 동성애 관계에는 해당되지 않는다고 하면서 장시간 지속한 동성애 관계를 합법이라고 말합니다. 성경이 말하는 잘못된 동성애란 난잡한 동성애 관계와 남색을 뜻하는 것이며 그것만이 불법이라고 주장합니다. 어느 학자의 말을 인용해 보겠습니다. "신약 성경이 반대하는 동성애는 아주 어린 시절부터 동성애적 성향을 보이던 사람들의 관계와는 전혀 다르다. 다시 말해, 신약 성경에서 말하는 바는 오늘날 우리가 말하는 성역할 전환과는 다르다. 오히려 성적 도착에 관해 말하고 있는 것이다."*

동성애 관계까지 하는 이성애자에 대한 비난일 뿐인가?

오늘 우리가 살펴보기로 한 본문에 대해 어떤 이들은 이렇게 주장하기도 합니다. 바울이 로마서 1장 26-27절에서 비난하고 있는 바는 이성애자들이 자신들에게 자연스러운 이성애를 버리고 부자연스러운 동성애 관계까지 하는 것을 지적한다고 말입니다. 바울은 이렇게 쓰고 있습니다. "그들의 여자들도 순리대로 쓸 것을 바꾸어 역리로 쓰며 그와 같이 남자들도 순리대로 여자 쓰기를 버리고 서로 향하여 음욕이 불 일듯 하매 남자가 남자와 더불어 부끄러운 일을 행하여." 즉 그들의 논리는 이렇습니다. 동성애자

* Paul Jewett, *Interpretation*, 1985년 4월. 210쪽.

가 동성애 관계를 맺는 것이 부자연스러운 것이 아니고, 이성애자가 동성애 관계를 맺거나 동성애자가 이성애 관계를 맺는 것이 부자연스럽다는 것입니다.

위의 구절을 이런 방식으로 해석하면 최소한 세 가지 중대한 문제점이 드러납니다. 그 중 마지막 세 번째 문제는 특히 이번 주제를 전체적으로 담고 있기 때문에, 처음부터 하나씩 그 문제들을 살펴나갈까 합니다. 첫 번째 문제는 27절에서 바울이 말하고 있는 내용입니다. "남자들도 순리대로 여자 쓰기를 버리고 서로 향하여 음욕이 불 일듯 하매." 이 남자들이 본래 이성애자들인데 자연적인 욕망을 거스르고 있는 것이라면 "서로를 향해 음욕이 불일 듯 하매"라는 구절이 뜻하는 바는 무엇일까요? 아주 강하게 표현된 문장입니다. 선천적으로 이성애자인 남자가 다른 남자를 향해 음욕이 불붙는 듯 한다는 말입니까? 만약 그런 뜻이 아니라면, 바울이 여기서 다루고자 하는 주제는 동성애 행위를 하는 이성애자가 아닌 것이 됩니다.

남자와 여자 양쪽 모두에 대해 성욕을 갖는 양성애자도 있습니다. 하지만 바울이 양성애자를 염두에 두고 쓴 것이라면 우리가 지금 얘기하고 있는 식의 해석은 설득력을 잃습니다. (만약 이런 식의 해석에 따른다면) 남자가 남자와 여자 모두를 향해 음욕이 불 일 듯 하는 것도 자연스러운 일이 되기 때문입니다. 그렇다면 바울이 동성애자와 양성애자 중 어느 한 쪽만 비난하는 것은 공정하지 못한 일이 됩니다. 그렇지만 바울은 부자연스러운 음욕과 그에 따른 행동을 비난하고 있습니다. 따라서 바울이 이성애자들에게 동성애 행위를 하지 말라고 비난한다는 식의 주장은 설득력을 잃습니다.

그러한 주장에 설득력이 없는 두 번째 이유는 26절 후반부에 나옵니다. "그들의 여자들도 순리대로 쓸 것을 바꾸어 역리로 쓰며." 여기서 "역리로 쓴다"는 뜻의 헬라어(ten para phusin)는 그리스의 윤리 문학에 등장하던 단어로, 당시 이성애자들 사이에서 벌어지는 동성애 행위가 아니라 동성애 행위 그 자체를 지칭하던 말이었습니다. 따라서 바울이 사람들에 대해 잘못되고 부자연스럽다고 비난하는 이유가 이들이 천성적으로 이성애자인데 본성을 거슬러 이성애 행위를 하고 있기 때문이라는 주장은 설득력이 없습니다. 본문에서 "순리대로 쓸 것을 바꾸어"는 당시 헬레니즘 문학에서 그렇듯 동성애 행위 그 자체를 의미합니다. 바울은 이것을 부자연스러운 행위로 취급합니다.

이런 식으로 해석하는 것에 대한 세 번째 논란이 가장 의미심장한 부분입니다. 독자들을 더 깊은 본문의 의미로 이끌어 주기 때문입니다. 하지만 그 작업에 앞서 앞으로 2주간 우리가 어떠한 방향으로 나아갈지 설명해 드리려고 합니다. 오늘 설교의 목적은 로마서 1장 24-28절 본문을 제가 할 수 있는 한 명확하면서도 충실하게 설명해 드리는 것입니다. 하지만 그렇게 되면 적용 시간이 짧아지겠지요. 그래서 다음 주까지 이어서 같은 주제를 전하기로 계획한 것입니다. 먼저 성경적인 근거를 넓게 깔아놓은 뒤 다음 주에는 구체적인 사안을 다룰 필요가 있습니다.

성경적인 균형을 잡기 위해 기도하다

이번 두 주 동안은 우리가 다 함께 교회로서 특히 저는 설교자로서, 동성애 행위가 죄라는 분명한 확신을 갖되 다른 한편으로는 동성애적 욕구를 가진 분들과 여러분의 친구, 친지들에 대한 긍휼과 인내심을 품고 그 사이에서 성경적으로 균형을 잡게 되기를 기도합니다. 저는 동성애자들을 몰아내려는 마음은 결코 없습니다. 오히려 반대로 바울이 고린도 교회에 했던 말을 저도 우리 교인들 앞에서 말할 수 있었으면 좋겠습니다. 바울은 고린도전서 6장 9절에서 "음행하는 자나 우상 숭배하는 자나 간음하는 자나 탐색하는 자나 남색하는 자나 도적이나 탐욕을 부리는 자나 술 취하는 자나 모욕하는 자나 속여 빼앗는 자들은…"이라고 언급한 뒤, 11절에서 "너희 중에 이와 같은 자들이 있더니 주 예수 그리스도의 이름과 우리 하나님의 성령 안에서 씻음과 거룩함과 의롭다 하심을 받았느니라"고 말합니다.

우리도 그런 교회가 되기를 바랍니다. 비록 죄악된 행동을 하고 싶게 만드는 저마다의 유전적, 호르몬적, 환경적 무질서(disorders)를 우리 모두가 겪고 있지만, 그럼에도 불구하고 의롭다 하심을 입은 죄인으로서 정결하게 살아가기 위해 함께 애쓰는 그런 교회 말입니다. 이에 관해서는 다음 주에 이야기하도록 하겠습니다. 매우 중요한 사안입니다. 하지만 지금 말하고자 하는 핵심은 바로 이겁니다. 우리는 동성애자들도 자신의 성적 혼란(disorder)을 극복하게 되고, 성적 혼란 속에서도 기쁘고 금욕적이며 승리하는 삶을 살도록 믿음과 용기와 도움과 사랑과 능력을 찾을 수 있는 그런 교회가 되기를 원한다는 점입니다.

3단계 명제를 세 번 반복함

이번에는 로마서 1장 26-27절을 해석할 때 바울이 동성애 행위를 하는 난잡한 이성애자들을 비난했다는 주장에 대한 세 번째 반박 이유를 살펴보겠습니다. 본 구절에 대한 논쟁을 종합적으로 살피면 새로운 관점을 갖게 됩니다.

자세히 보면 본문에서 바울은 3단계의 명제를 세 번이나 반복하고 있습니다. 명제의 3단계는 이런 식으로 흘러갑니다.

1단계 : 인간은 하나님을 하나님이 만드신 것으로 맞바꾸어 버렸다. 창조자보다 피조물을 더 사랑한 것이다.

2단계 : 하나님은 인간이 원하는 대로 내버려두셨다.

3단계 : 우리는 신체적, 외적으로 행하는 성적 관계를 통해 타락한 인간 영혼의 내적, 영적 상태를 극적으로 보여 준다. 즉 하나님을 인간과 인간의 힘을 드러내는 우상으로 맞바꾸는 끔찍한 일을 저질렀다.

본문을 차례로 저와 함께 훑어보십시다. 바울은 3단계 명제를 세 번이나 반복하고 있습니다.

3단계 명제의 첫 번째: 23-24절

1단계: “썩어지지 아니하는 하나님의 영광을 썩어질 사람 … 모양의 우상으로 바꾸었느니라”(23절).

2단계: “그러므로 하나님께서 그들을 마음의 정욕대로 더러움에 내버려 두사"(24절).

3단계: "그들의 몸을 서로 욕되게 하게 하셨으니"(24절 후반). 하나님의 영광을 귀중하게 여기지 않는 그들에 대해, 하나님은 수치스러운 행동을 하는 사람들의 육체적인 삶에 혼란이 발생하도록 그냥 내버려두십니다. 그들을 더러움에 내버려 두셔서 "그들의 몸을 서로 욕되게 하도록" 하십니다. 인류의 성적 무질서는 인간이 하나님을 피조물과 바꾼 것에 대한 하나님의 심판입니다.

3단계 명제의 두 번째 반복: 25-27절

1단계: "이는 그들이 하나님의 진리를 거짓 것으로 바꾸어 피조물을 조물주보다 더 경배하고 섬김이라 주는 곧 영원히 찬송할 이시로다 아멘"(25절). 23절 말씀의 병행구입니다. 그들은 하나님의 영광을 우상과 바꾸었습니다. 하나님은 영광스러우시며 이 세상 어떤 것보다도 갈망해야 할 분이라는 사실이 바로 '하나님의 진리' 입니다. 그런데 우리 인간은 피조물이 하나님보다 더 갈망해야 할 대상이라는 '거짓말' 을 더 좋아합니다.

2단계: "이 때문에 하나님께서 그들을 부끄러운 욕심에 내버려 두셨으니"(26절). 24절의 병행구입니다. "하나님께서 그들을 마음의 정욕대로 더러움에 내버려 두사."

3단계: "그들의 여자들도 순리대로 쓸 것을 바꾸어 역리로 쓰며 그와 같이 남자들도 순리대로 여자 쓰기를 버리고 서로 향하여 음욕이 불 일듯 하매 남자가 남자와 더불어 부끄러운 일을 행하여 그들의 그릇됨에 상당한 보응을 그들 자신이 받았느니라"

(26-27절). 이 구절은 24절과 병행을 이룹니다. "그들의 몸을 서로 욕되게 하게 하셨으니." 바울이 24절에서 말하는 몸을 욕되게 한다는 것은 구체적으로 동성애 행위를 뜻합니다. 또한 알아야 할 것은 첫 번째 명제보다는 두 번째인 이곳에서 구체적으로 할 말이 더 많다는 것입니다. 인류의 성적 무질서, 특히 동성애는(동성애뿐만은 아님) 하나님의 진리를 거짓으로 바꾸는 행위에 대한 하나님의 심판입니다.

3단계 명제의 세 번째 반복: 28절

1단계: "그들이 마음에 하나님 두기를 싫어하매"(28절). 23절, 25절에 상응하는 내용입니다. 그들은 하나님의 진리를 우상으로 바꾸고 하나님의 진리를 거짓된 것으로 바꾸었습니다. 여기서는 그들이 자기 안에 더 이상 하나님 두기를 싫어하다고 표현합니다.

2단계: "그들을 그 상실한 마음대로 내버려 두사"(28절 중반부). 24절의 "하나님께서 그들을 마음의 정욕대로 더러움에 내버려 두사"와 26절의 "하나님께서 그들을 부끄러운 욕심에 내버려 두셨으니"와 상응하는 내용입니다. 이것은 하나님을 피조물과 바꾸어 버린 것에 대한 하나님의 반응입니다.

3단계: "〔하나님이 … 그들을 내버려 두사〕 합당하지 못한 일을 하게 하셨으니"(28절 후반부). 24절 후반부의 "그들의 몸을 서로 욕되게 하게 하셨으니"와 26-27절의 남자와 여자가 동성애 관계를 좇는 부분과 맥이 닿아 있습니다. 따라서 동성애 행위는 몸을 욕되게 하고 옳지 않은 행동을 하는 것과 병행을 이룹니다.

결론

간단히 4가지 결론으로 정리해서 마무리 짓겠습니다.

1. 이성애든 동성애든, 인간의 삶에 있어서 가장 근원적인 문제는 하나님의 영광을 우상으로 바꾼 것입니다(23절). 또한 하나님의 진리를 거짓과 바꾼 것입니다(25절). 우리의 마음에 하나님 두기를 싫어하는 것입니다(28절). 하나님 경배하기를 폐한 것은 인간에게 있어서 최악의 무질서입니다. 이것이 세상 모든 병폐의 근원입니다. 무질서한 성이 아니라 보다 근원적인 문제를 해결하는 것이 우리 인생의 가장 큰 숙제입니다.

2. 동성애에서 분명하게 드러나듯(물론 동성애만이 문제는 아니지만) 우리 삶 속에 있는 성적 무질서는 인류가 하나님의 영광을 다른 것들로 바꾼 데 대한 하나님의 심판입니다. 이렇게 묻는 사람들도 있습니다. "에이즈는 동성애에 대한 하나님의 심판입니까?" 성경 본문으로 대답하자면, 동성애 자체가 인류에 대한 심판입니다. 우리 인간이 하나님의 영광을 피조물과 바꿔 버렸기 때문입니다. 에이즈나 암, 관절염, 알츠하이머 병, 기타 여러 질병뿐 아니라 온 세계에서 일어나는 비참하고 허망한 일들, 죽음까지 모두 그렇습니다. 이것이 로마서 5장 15-18절과 로마서 8장 20-23절에서 말하는 핵심이며, 로마서 1장 18절에 대해 이야기 나눌 때 살펴보았던 내용입니다.

거기서 살폈던 내용은 예수 그리스도를 믿고 믿음으로 의롭다 인정을 받아 하나님의 자녀가 된 사람들은 이 비참한 세상에서 벗어난 게 아니라는 것이었습니다. 다만 인류에게 임하는 하나님의 심판을 죄와 지옥이 아닌 거룩함과 천국으로 가는 긍휼하심의 길로 경험할 수 있도록 그들에게 은혜가 주어진다는 것이었습니다.

3. 본문에서 바울이 동성애에 초점을 맞춘 이유는 마음으로 하나님을 섬기지 않는 무질서와 성생활의 무질서 사이의 심오한 연관성이 극적으로 가장 잘 드러나 있기 때문입니다. 말로 다 표현하기 어렵지만 쉽게 설명하려고 합니다.

에베소서 5장 31-32절에서 우리가 알 수 있는 바는 남자와 여자가 존재하는 것이 애초부터 하나님과 그 백성 간의 관계, 그리고 그리스도와 신부인 교회와의 관계를 표현하고 구체적으로 보여 주기 위해서였다는 점입니다. 이런 남녀의 관계 속에서, 남자는 하나님 또는 그리스도를 예표하고, 남자는 그리스도께서 교회를 사랑하신 것처럼 아내를 사랑해야 합니다. 여자는 하나님의 백성 또는 교회를 상징합니다. 결혼이라는 언약 안에서 이루어지는 성적 연합은 순결하고 더럽혀지지 않은 강렬한 마음의 경배를 상징합니다.

그렇지만 인간은 하나님의 영광을 우상, 특히 인간의 모습을 본 딴 우상으로 바꾸어 버렸습니다. 마음으로 드리는 경배의 아름다움을 말살시켜 버렸습니다. 그래서 하나님은 이에 대한 심판으로 하나님과 인간의 어지럽혀진 관계를 인간 상호간의 무질서한 성적 관계로 상징화시키셨습니다. 하나님과 인간의 올바른 질서 관계는 결혼의 언약 아래에서 이루어지는 이성간의 연합을 통해 드러납니다. 하나님과의 어지럽혀진 관계는 이성간의 연합이 무너지는 관계 속에서 드러납니다.

동성애는 그러한 깨진 관계를 가장 생생하게 보여줍니다. 언약 안에서 경배하는 가운데 맺어지는 하나님과 인간의 관계는 결혼이라는 언약 속에서 남녀 간에 이루어지는 성적 연합에서 나타납니다. 그러므로 인간이 하나님에게서 돌아서서 자신의 우상을 섬길 때 하나님은 우리가 선택한 것에 우리를 내버려 둘 뿐 아니라 거기에 넘겨 주시는데, 이는 동성 간 결합이라는 자기 우상으로 돌아서는 남녀의 행태를 통해 나타납니다(25, 26절에서 '바꾸어'[exchange]라는 단어가 동일하게 사용되는 것에 주목하십시오).

4. 이제 마지막 한 마디로 귀결됩니다. 다른 모든 영혼들과 마찬가지로, 동성애에 찌든 영혼이 치유 받는 길은 영광의 하나님께로 돌아가서 그분을 우리의 진정한 사랑의 대상으로 제자리에 돌려놓는 것뿐입니다.

23장

또 다른 어두움의 거래: 동성애 (2부)

로마서 1:24-28

그러므로 하나님께서 그들을 마음의 정욕대로 더러움에 내버려 두사 그들의 몸을 서로 욕되게 하게 하셨으니 이는 그들이 하나님의 진리를 거짓 것으로 바꾸어 피조물을 조물주보다 더 경배하고 섬김이라. 주는 곧 영원히 찬송할 이시로다 아멘. 이 때문에 하나님께 그들을 부끄러운 욕심에 내버려 두셨으니 곧 그들의 여자들도 순리대로 쓸 것을 바꾸어 역리로 쓰며 그와 같이 남자들도 순리대로 여자 쓰기를 버리고 서로 향하여 음욕이 불 일듯 하매 남자가 남자와 더불어 부끄러운 일을 행하여 그들의 그릇됨에 상당한 보응을 그들 자신이 받았느니라. 또한 그들이 마음에 하나님 두기를 싫어하매 하나님께서 그들을 그 상실한 마음대로 내버려 두사 합당하지 못한 일을 하게 하셨으니. _롬 1:24-28

중심에 계신 하나님 보기

오늘 살펴볼 내용에서 저의 목표는 동성애 행위가 잘못이라고 여러분을 설득하는 데 있지 않음을 고백하고 싶습니다. 동성애 행위는 명백히 잘못입니다. 하지만 그 사실을 믿는다고 해서 그리스도인이 되는 것은 아닙니다. 옳지 않은 것이 무엇인지 다 알더라도 자기 목숨을 잃는다면 그에게 무슨 유익이 되겠습니까? 저의 목표는 동성애든 이성애든 이 세상에 온갖 성적 무질서가 존재한다는 사실을 두고 여러분을 설득하는 것 그 이상입니다. 제 목표는 현실을 보는 여러분의 시각을 바꾸는 것이고, 하나님의 영광을 제자리인 중심으로 다시 돌려놓는 것입니다. 그것은 마치 하나님의 영광을 성(性)이라는 태양계의 중심에 자리한 태양으로 인식시켜서, 우리의 욕망으로 이루어진 행성들이 적절한 질서를 따라 (하나님의 영광이라는) 태양 주위를 공전할 수 있도록 잡아주는 역할을 하게 하는 것입니다. 만일 인간이 그 태양을 인간이 만든 위성으로 바꾸어 버리면 모든 행성이 제각각 궤도를 벗어나 망각 속으로 사라지고 맙니다.

지난 주에 언급했던 와이오밍 주 래러미 대학에서 벌어진 동성애자 매튜 세퍼드 피살 사건은 하나님의 영광이 중심이던 것을 자기 중심의 인공위성으로 바꾼 사람들이 저지른 사건입니다. 하나님 대신 자기를 높이고 독단적으로 결정을 내리면 욕망의 행성이 정상 궤도를 돌도록 붙잡아둘 수 없습니다. 저는 그 사실을 로마서 1장 28, 29절에서 배웠습니다. 함께 보시겠습니다. "또한 그들이 마음에 하나님 두기를 싫어하매 하나님께서 그들을 그 상실한 마음대로 내버려 두사 합당하지 못한 일을 하게 하셨으니 곧 모든 불의, 추악, 탐욕, 악의가 가득한 자요 시기, 살인…."

바로 그겁니다. 살인은 어디에서 옵니까? "그들이 마음에 하나님 두기를 싫어하매." 23절에서도 말하고 있습니다. "썩어지지 아니하는 하나님의 영광을 … 우상으로 바꾸었느니라." 이 경우에는 돈과 증오의 힘입니다. 25절에도 나옵니다. "그들이 하나님의 진리를 거짓 것으로 바꾸어."

모든 무질서의 근원과 하나님의 심판

지난 주에 본문을 통해 살펴본 내용입니다. 인간의 모든 무질서—성적, 사회적, 신체적, 감정적 무질서— 의 근원은 하나님의 영광을 다른 것으로 바꾼 데 있습니다. 우리의 영혼과 세상이라는 태양계는 모든 것을 주관하는 태양처럼 하나님의 영광을 중심으로 궤도가 형성되었습니다. 그런데 온 인류가 하나님의 영광을 아무 힘없는 인공위성 따위의 것으로 바꾸어 버렸습니다. 중력도 없고 그래서 행성들의 궤도를 적절히 유지시킬 수도 없는데 말입니다. 온 세상은 무질서 그 자체가 되었고 소멸과 파괴를 향해 달려가고 있습니다.

그런데 지난 주에 본문을 통해 더 놀라운 사실을 보았습니다. 인간의 삶과 우리 사회와 우주에서 일어나는 무질서와 부패는 하나님의 심판입니다. 하나님께서 그렇게 하신 것은 밑바닥에 있는 인간의 끔찍한 영적 사악함을 적나라하게 보여 주시기 위함입니다. 우리는 그 사실을 세 번이나 살펴보았습니다. 인간이 하나님의 영광을 다른 것으로 바꾸어 버렸다는 말씀(23, 25, 28절) 뒤에는 그래서 하나님이 우리를 더러움에 내버려 두셨다는 말이 나옵니다. 그래서 우리의 영혼과 사회가 온갖 종류의 악행과 두려운 질병과 죽음과 파괴 속에서 붕괴되어 가는 것입니다.

24절을 예로 살펴봅시다. “그러므로 하나님께서 그들을 마음의 정욕대로 더러움에 내버려 두사 그들의 몸을 서로 욕되게 하게 하셨으니.” 26절입니다. “이 때문에 하나님께서 그들을 부끄러운 욕심에 내버려 두셨으니.” 그리고 여기 26-27절에서는 동성애를 부끄러운 무질서의 결과로 설명합니다. 그런 다음 28절 후반부에서는 이렇게 말합니다. “하나님께서 그들을 그 상실한 마음대로 내버려 두사 합당하지 못한 일을 하게 하셨으니.” 그리고 다음의 세 구절에서는(29-31절) 부패한 마음의 21가지 또 다른 결과들을 구체적으로 나열합니다. 누구도 여기서 예외일 수 없습니다. 동성애자든 이성애자든 남녀노소 종교의 유무에 상관없이 우리 모든 사람이 부패한 마음의 지배 아래 있습니다. 로마서 3장 9-10절에서 말한 바와 같습니다. “유대인이나 헬라인이나 다 죄 아래에 있다고 우리가 이미 선언하였느니라. 기록된 바 의인은 없나니 하나도 없으며.”

온 세계에서 일어나는 우리의 모든 문제의 근본 뿌리는 인류가 하나님의 영광을 다른 것으로 바꾸어 버린 데 있습니다. 그리고 하나님은 우리가 그 보응으로 수많은 문제를 열매로 맛보도록 우리를 내버려 두셨습니다. 이 모든 일은 우리를 회개와 경배의 자리로 부르는 것이지 반항과 무신론으로 부르기 위함이 아닙니다. 제가 ‘우리의 모든 문제’라고 언급한 것은 정말로 모든 문제를 의미합니다. 지난 주에 말씀드렸지만 우리의 육체적 질병과 자연 재해까지도 우리가 하나님의 영광을 다른 것으로 바꾼 것 때문에 피조물에 임한 하나님의 심판으로 인한 것입니다.

유전적 요인 때문에 생긴 성적 무질서라면?

동성애의 근원을 다루는 데 있어서 매우 중요한 질문입니다. 동성애의 신체적 요소가 무엇인지 확실히 아는 사람은 없는 것 같습니다. 하지만 유전적 원인이 발견된다면 어떻게 될까요? 동성애 행동의 도덕성 및 적절성과 연관시켜 볼 때 어떤 의미를 지니고 있을까요? 거의 상관이 없습니다. 자연 그 자체로 질서가 파괴되어 회복이 필요한 상태라면 말입니다. 그렇다면 오늘 그 문제를 놓고 자세히 살펴보겠습니다.

로마서 8장 20-23절을 보겠습니다. "피조물이 허무한 데 굴복하는 것은 자기 뜻이 아니요 오직 굴복하게 하시는 이로 말미암음이라." 모든 피조물이 허무한 데 굴복했다는 점에 유의하시기 바랍니다. 맨 처음 만들어진 모습대로 피조물이 기능하지 않습니다. 바람과 비, 강물, 화산, 박테리아, 바이러스, 제트기의 전기 배선, 브레이크 라이닝, 시각장애 학생이 길을 건너려는 교차로를 향해 차를 몰고 가던 팔십육세 노인에게 일어난 심장 발작, 성난 백혈구 세포, 21번째 염색체 이상 등 부패한 세상에는 가슴 아픈 사연들이 참으로 많습니다. 피조물이 허무한 데 굴복한 것입니다.

누가 그렇게 굴복시킨 것일까요? 20절에서 말합니다. "굴복하게 하시는 이로 말미암음이라. 그 바라는 것은[in hope]…" 인간도 사탄도 아니고, 바로 하나님이십니다. 하나님이 바라는 것이 있으셔서(in hope) 세상을 허무한 데 굴복시키셨습니다. 세상을 허무한 데 굴복시키신 뜻은 우리가 하나님의 영광을 다른 것으로 바꾼 것이 얼마나 끔찍한 결과를 낳았는지 각성하게 하고, 우리 자신을 의지하는 대신 죽은 자를 일으키시고(고후 1:8-9) 영광을 회복시키시는(롬 8:18-19) 하나님만 의지하게 하려는 것입니다.

계속 읽어 나갑시다. 21-22절입니다. "… 피조물도 썩어짐[허무함]의 종노릇 한 데서 해방되어 하나님의 자녀들의 영광의 자유에 이르는 것이니라. 피조물이 다 이제까지 함께 탄식하며 함께 고통을 겪고 있는 것을 우리가 아느니라." 바울은 피조물의 비참함과 허무함과 고통을 (우리의 무질서한 몸과 성으로 인한 고통이 훗날 하나님의 백성 가운데서 하나님의 영광으로 대신 채워질 때인) 부활을 앞두고 겪는 산고로 표현하고 있습니다.

또한 바울은 지난 주 우리가 살펴보았던 안타까운 그 질문을 언급하기까지 합니다. 이 세상의 모든 불행과 무질서와 역기능이 하나님의 심판 때문이라면, 그래서 하나님이 우리를 불경건함의 결과에 넘겨주신 거라면, 회개하고 복음을 믿는 자녀들의 불행과 무질서와 역기능과 고통은 감해 주시지 않겠느냐는 질문이었습니다. 바울은 23절에서 이에 대한 답을 합니다. "그뿐 아니라 [즉 온 피조물만 고통할 뿐 아니라] 또한 우리 곧 성령의 처음 익은 열매를 받은 우리까지도 속으로 탄식하여 양자 될 것 곧 우리 몸의 속량을 기다리느니라."

답은 "그렇지 않다"입니다. 하나님은 그분의 백성을 심판을 받아 부패한 피조물의 허무함에서 단번에 완전히 구해 내시지 않습니다. 하나님은 심판의 결과를 백성들을 위한 은혜의 수단으로 바꾸십니다(롬 8:28). 그리고 우리를 차근차근(in stages) 구원해 가십니다. "그의 피로 말미암아 의롭다 하심을 받았으니 더욱 그로 말미암아 진노하심에서 구원을 받을 것이니"(롬 5:9-10). 지금은 죄를 용서받았고, 이후에는 모든 죄에서 자유를 얻을 것입니다. 지금은 하나님과 화목을 이루었지만 이후에는 완전한 친밀감을 누릴 것입니다. 지금은 성령의 첫 열매와 지불보증을 받았지만 이후에는 성령의 능력과 임재에 따른 온전한 추수를 맛볼 것입니다. 지금은 (성적인 무질서에서) 얼마간의 치유하심을 받지만 이후에는 온전하게 될 것입니다. 지금은 희미하게 거울을 통해 주님의 아름다우심을 보지만 이후에는 얼굴과 얼굴을 맞대고 보게 될 것입니다. 지금은 하나님과 평화를 누리지만 이후에는 완전함을 소유하게 될 것입니다. 이것이 로마서 8장 23절의 의미입니다.

"순리대로"(natural)라는 말은 무엇일까요? 여기서 말하는 의미는 인간의 성에 있어서 동성애적인 무질서가 신체적인 문제에서 기원하든, 사회적 역기능 때문에 발현하든, 아니면 개인적인 차원의 문제이든 관계없이 그 어떤 경우라도 동성애를 '선하다' 혹은 '자연스럽다', '정상이다' 라는 뜻으로 정의내리지 못한다는 것을 뜻합니다. 하나님이 창조주 되시고 생명의 설계자인 세상에서는 '자연스럽다' 는 말이 하나님의 목적과 설계에 들어맞는 것을 뜻합니다. 육체적인 근원에서 오는 것은 결코 그렇지 않습니다. 육체적인 데 뿌리를 둔 것은 결코 올바르지 않습니다. 육체에 뿌리를 둔 공격적 성향은 폭력적인 행동을 유발하며, 인간은 이를 용납하지 않습니다. 육체에 근거를 둔 무기력함은 게으름과 태만을 낳으며, 인간은 이를 묵과하지 않습니다. 열광적 성향은 분열과 일중독을 낳습니다. 우울증이 심하면 자살 충동이 일어납니다. 염려가 심하면 편집증이 일어납니다. 중독성향은 알코올 중독이나 도박 중독, 흡연 중독으로 이끕니다. 쉽게 좌절하다 보면 분을 폭발합니다. 강한 성적 욕망은 음욕과 포르노, 간음, 간통, 일부다처로 이끕니다.

다시 말해 죄의 영향력이 자연의 근원과 모든 생명체의 무질서에까지 영향을 미치는 세계에서는 육체에 뿌리를 둔 것에 대해 선하다 혹은 자연스럽다고 정의할 수 없습니다. 부패한 자연보다 훨씬 높은 기준이 반드시 있습니다. 이 세상에는 육체에 기반을 둔 비정상적인 것들이 많습니다. 그러므로 육체에 기반을 두거나 뿌리를 둔 것은 순리적이라거나 선하다는 인정을 받을 이유가 충분하지 않습니다.

그렇다면 이토록 무질서한 세계에서 어떻게 사랑하며 살아갈 수 있을까요? 지나치게 단순하며 선택적으로 보일 수 있는 위험이 있지만, 저는 동성애의 개인적, 가정적, 사회적 측면에 관해 성경적인 관점으로 간략히 조언해 드리고자 합니다.

동성애적 욕구를 가진 개인을 위한 성경적 조언

먼저 우리 가운데 동성애적 욕구를 가진 분들에게 몇 말씀을 드립니다.

1. 동성애적 욕구가 어디에서 기원하는지 아직은 불분명하지만(다른 종류의 무질서와 장애 역시 마찬가지입니다), 그럼에도 불구하고 성적 무질서에 따른 고통과 현실을 인정하십시오. 여러분에

게 있는 성적 혼란을 하나님이 부여한 개인의 정체성으로 정의내리지 마시기 바랍니다.

2. 여러분의 모든 죄를 용서하시고 하나님의 의를 선물로 주시며 여러분과 맺은 언약을 성취하시는 예수님만을 믿으십시오(롬 1:16-17). 자신의 죄와 성공적으로 싸울 수 있는 죄인은 오직 의롭다는 인정을 받은 죄인뿐입니다. 다시 말해, 여러분은 그분과의 관계를 얻고자 성적인 죄와 싸우는 것이 아니라 관계에서 오는 힘으로 성적인 죄와 싸웁니다.

3. 하나님의 영광을 여러분의 가장 귀한 보화이자 삶의 중심으로 삼고 여러분의 삶의 모든 순서를 재구성하기 시작하십시오. 다른 모든 죄와 마찬가지로 동성애라는 죄는 하나님의 영광을 다른 것으로 바꾼 결과로 드러난 것입니다. 따라서 하나님의 영광을 태양계의 태양처럼 내 영혼의 중심 자리로 회복시키면, 욕망이라는 행성들은 하나님이 부여하신 제각각의 궤도로 돌아가기 시작할 것입니다.

4. 하나님의 성령의 힘으로 거룩한 삶을 살기로 결정하십시오. 혹 필요하다면 독신 생활을 하되, 하나님이 지금 나를 고쳐 주시지 않는다면 장차 올 시대에는 나를 고치실 것이고 인내하며 순결하게 지냈던 모든 것이 결국 가치가 있을 것(롬 8:18)이라는 확신을 품고 지내시기 바랍니다. 우리 베들레헴교회의 모든 독신자들(기혼자들 역시)에게 순결에 대한 열망을 하나님께서 부어 주시길 바랍니다.

5. 이성이든 동성이든 건전한 친구 관계를 맺되, 특히 그룹으

로 만나시기 바랍니다. 이런 일이 일어날 수 있도록 교회가 그 역할을 감당해야 한다는 부담감이 매우 큽니다. 하지만 교회는 이런 일에 그다지 익숙하지 않습니다. 따라서 저는 여러분들 —특별히 가족들— 에게 교회 밖으로 나가 여러 사람들(특히 미혼자들)과 만나 식사도 하고 모임도 가지라고 부탁드립니다. 두 사람만 만나기보다는 그룹 단위로 만나는 것이 성적이지 않은 건전한 우정을 쌓을 수 있는 좋은 기회가 됩니다.

6. 굳이 여러분에게 말할 필요도 없겠지만 우리가 사는 이 지역에는 〈아웃포스트〉(Outposts)와 같은 사역 기관이 있어서, 교회에서 해줄 수 있는 것보다 훨씬 깊은 이해를 갖고 여러분을 위해 성경적 상담을 해주고 통찰력과 경험과 격려를 나눌 수 있으리라 봅니다. 하나님이 여러분의 삶을 위해 사용하실 수 있는 단체인 것 같습니다.

7. 조 핼리트(Joe Hallett, 동성애와 에이즈로 시한부 선고를 받았으나 회복함—옮긴이) 형제가 한 것처럼 진리 안에서 용기를 가지고 긍휼한 마음으로 서기 바랍니다. 그리고 인간의 성을 향한 하나님의 목적을 붙들기 바랍니다. 인간의 성은 교회를 향한 그리스도의 사랑이 남녀 간의 결혼이라는 언약을 통해 극적으로 예시된 것이기 때문입니다.

부모들을 위한 성경적 조언

이번에는 부모님들에게 몇 말씀 드리고 싶습니다.

1. 그리스도인 부모로서 우리에게는 자녀가 죽음을 맞는 것보

다 정상적으로 살아가지 못하는 모습을 보는 것이 더욱 가슴 아픕니다. 대체로 죽음에 대해서는 죄책감과 패배감과 수치심이 강하게 수반되지 않기 때문입니다. 이러한 감정이 과연 얼마나 적절한지는 정확히 파악하기 어렵습니다. 부모들이 붙들 수 있는 한 가지 소망은 복음입니다. 우리가 무슨 잘못을 했든, 우리의 것이 아닌 의로움을 얻기 위해 그리스도를 믿으면 사함을 받기 때문입니다(롬 1:16-17).

2. 혹시 부모로서 자신에게 잘못이 있음을 알게 된다면 자녀에게 이를 고백하고 용서를 빌어야 합니다.

3. 우리 손으로 키운 자녀가 동성애적 욕구를 지닌 사람이 되었다면, 그 자녀를 위해 사랑으로 기도하고, 자녀가 귀를 열어 들을 수 있을 때 성경의 진리를 말해 줄 수 있어야 합니다.

4. 자녀가 계속 그런 삶을 살려고 한다면 교회와의 협조 아래 그들이 얼마나 심각하고 복잡하고 고통스런 동성애 문제에 연루되어 있는지에 관해 성경을 공부하고 상담을 받아야 합니다.

5. 아직 자녀가 어리거나 조만간 뭘 알 만한 때가 될 시기에 있는 부모라면 반드시 아셔야 할 것이 있습니다. 자녀들의 건전한 성은 부모의 건전한 관심과 가르침과 어루만짐과 사랑에 달려 있다는 사실입니다. 특히 여러 아버지들께 말씀드립니다. 남자 아이든 여자 아이든 건전한 성에 대한 개념은 강하고 사랑 많고 경건한 남성상에서 비롯됩니다. 물론 여성상도 중요합니다만 남성상의 영향이 더 큽니다. 성경적으로나 경험적으로나 정신적으로 볼 때 어린 소년소녀들의 정상적인 성적 발달에 있어서는 아버지

(혹은 중요한 남성)의 역할이 가장 중요합니다.

대체 무엇이 정상적이고 건전한 성이냐, 남자 아이는 여자가 아니라 남자가 되도록 성장하고 여자 아이는 남자가 아닌 여자로 성장하는 것이 대체 무슨 의미가 있느냐고 반문한다면, 다시 한 번 깊이 생각해 보라고 말씀드리고 싶습니다. 그에 관해서는 저의 책 「남자와 여자, 무엇이 다른가」*에서 최선을 다해 설명해 두었습니다.

사랑 안에서 진리를 말하다

마지막으로 동성애를 둘러싼 여러 가지 사회적 사안들(동성애자들의 결혼, 동거, 구직, 자녀양육, 입양, 교육, 다양성 훈련, 다문화주의 등)에 관해 짧게 언급하려고 합니다. 이들 각 사안마다 진지한 성찰이 필요합니다. 이에 대한 답이 쉽지 않기 때문입니다. 저는 여러분들 모두 이 문제에 관해 생각하고 연구하고 기도하고 토의해 보길 부탁드립니다. 우리 같은 민주적 입헌정부 사회에서는 어떤 식으로 가치를 결정하는지, 또 이러한 가치에 맞는 법을 어떤 식으로 제정하는지, '삶, 자유, 그리고 행복의 추구' 라는 결코 양보할 수 없는 권리를 어떤 식으로 보존하는지, 그리고 한편으로는 다수자들의 파괴적 행동이나 적개심으로부터 소수자들을 어떻게 보호할 수 있는지를 연구해 보기 바랍니다. 이는 결코 쉬운 문제

* John Piper, *What's the Difference: Manhood and Womanhood Defined according to the Bible*, Crossway, 1990.

들이 아니기에 정말 최선의 심사숙고가 필요하며 정치 구호나 요란한 슬로건으로 사용되어서는 안 됩니다.

여기서 한 가지 지침을 드리며 마무리 지을까 합니다. 제가 드리는 지침은 이것입니다. 잘못된 행동을 정상인 것으로 말하고, 잘못된 행위를 칭찬하며, 옳지 못한 행위에서 "다시 돌아오려는 시도"를 무력화시키게 되면 결국 각 개인에게 독이 될 뿐 아니라 사회를 파괴하게 됩니다. 예를 들겠습니다. 동성애를 정상화하고 칭송하게 되면 장기적으로 사회를 보존하는 데 있어 필수적인 이성애 결혼과 자녀 양육이라는 사회적 기준까지 크게 약화시키고 맙니다.

다음의 말로 마무리 짓겠습니다. 하나님은 선거에서 이기라고 우리를 부르신 것이 아니라 사람들의 영혼과 마음과 생각을 얻으라고 부르셨습니다. 국회를 평정하라고 부르신 것이 아니라 복음을 전하라고 부르셨습니다. 안전하게 살라고 부르신 것이 아니라 진리를 말하라고 부르셨습니다. 갈등을 회피하라고 부르신 것이 아니라 모든 사람을 사랑하라고 부르셨습니다(살전 3:12). 따라서 사랑 안에서 진리를 말씀하시기 바랍니다. 모든 것의 근원을 하나님께 두시기 바랍니다. 하나님의 영광을 여러분의 영혼 중심에 두어서 모든 욕망의 행성들을 본래의 적합한 궤도로 견인할 수 있게 되기를 바랍니다.

24장

최후의 심판: 영생 혹은 진노와 분노

로마서 1:28-2:11

또한 그들이 마음에 하나님 두기를 싫어하매 하나님께서 그들을 그 상실한 마음대로 내버려 두사 합당하지 못한 일을 하게 하셨으니 곧 모든 불의, 추악, 탐욕, 악의가 가득한 자요 시기, 살인, 분쟁, 사기, 악독이 가득한 자요 수군수군하는 자요 비방하는 자요 하나님께서 미워하시는 자요 능욕하는 자요 교만한 자요 자랑하는 자요 악을 도모하는 자요 부모를 거역하는 자요 우매한 자요 배약하는 자요 무정한 자요 무자비한 자라. 그들이 이같은 일을 행하는 자는 사형에 해당한다고 하나님께서 정하심을 알고도 자기들만 행할 뿐 아니라 또한 그런 일을 행하는 자들을 옳다 하느니라. 그러므로 남을 판단하는 사람아, 누구를 막론하고 네가 핑계하지 못할 것은 남을 판단하는 것으로 네가 너를 정죄함이니 판단하는 네가 같은 일을 행함이니라. 이런 일을 행하는 자에게 하나님의 심판이 진리대로 되는 줄 우리가 아노라. 이런 일을 행하는 자를 판단하고도 같은 일을 행하는 사람아, 네가 하나님의 심판을 피할 줄로 생각하느냐? 혹 네가 하나님의 인자하심이 너를 인도하여 회개하게 하심을 알지 못하여 그의 인자하심과 용납하심과 길이 참으심이 풍성함을 멸시하느냐? 다만 네 고집과 회개하지 아니한 마음을 따라 진노의 날 곧 하나님의 의로우신 심판이 나타나는 그 날에 임할 진노를 네게 쌓는도다. 하나님께서 각 사람에게 그 행한 대로 보응하시되 참고 선을 행하여 영광과 존귀와 썩지 아니함을 구하는 자에게는 영생으로 하시고 오직 당을 지어 진리를 따르지 아니하고 불의를 따르는 자에게는 진노와 분노로 하시리라. 악을 행하는 각 사람의 영에는 환난과 곤고가 있으리니 먼저는 유대인에게요 그리고 헬라인에게며, 선을 행하는 각 사람에게는 영광과 존귀와 평강이 있으리니 먼저는 유대인에게요 그리고 헬라인에게라. 이는 하나님께서 외모로 사람을 취하지 아니하심이라. _롬 1:28-2:11

오늘 여러분이 꼭 깨닫고 믿으며 붙잡고 살아가야 할 성경의 진리는 이것입니다. 때가 되면 각 사람마다 자신의 행동과 태도에 따라 하나님의 마지막 심판을 받게 된다는 것입니다. 그 결과가 영원한 생명이든 하나님의 진노와 분노든 말입니다. 오늘 본문에서 마지막 심판에 관한 다음 세 가지 질문에 답해보려고 합니다.

1. 누가 심판을 받는가?
2. 무엇을 근거로 심판을 받는가?
3. 심판 때 받게 되는 두 가지는 무엇인가?

하지만 이와는 다른 질문을 던지는 분도 있을 것입니다. 우선 왜 심판에 대해 말하는가? 그게 무슨 유익이 있는가? 인간의 삶을 비참하게 만들고, 하나님의 사랑이라는 밝은 측면에 어두운 그림자를 드리우는 짓이 아닌가? 이에 관해 세 가지로 답하고자 합니다.

왜 심판에 대해 말하는가?

제가 심판에 대해 말하는 첫 번째 이유는 성경에서 분명하게 드러나기 때문입니다. 그리고 저는 목회자로서 "하나님의 뜻"(행 20:27)에 관한 모든 부분을 말씀드려야 할 책임이 있습니다.

> 누구든지 너희를 영접하지도 아니하고 너희 말을 듣지도 아니하거든 그 집이나 성에서 나가 너희 발의 먼지를 떨어 버리라. 내가 진실로 너희에게 이르노니 심판 날에 소돔과 고모라 땅이 그 성보다 견디기 쉬우리라(마 10:14-15).

> 이는 정하신 사람으로 하여금 천하를 공의로 심판할 날을 작정하시고 이에 그를 죽은 자 가운데서 다시 살리신 것으로 모든 사람에게 믿을 만한 증거를 주셨음이니라 하니라(행 17:31).

> 한번 죽는 것은 사람에게 정해진 것이요 그 후에는 심판이 있으리니(히 9:27).

> 우리가 진리를 아는 지식을 받은 후 짐짓 죄를 범한즉 다시 속죄하는 제사가 없고 오직 무서운 마음으로 심판을 기다리는 것과 대적하는 자를 태울 맹렬한 불만 있으리라(히 10:26-27).

양심이 깨끗한 목회자라면 과연 성경에 이토록 분명히 나와 있는 심판을 모른 척 넘어갈 수 있을지 저는 잘 모르겠습니다.

제가 심판을 주제로 설교하는 두 번째 이유는 일부 사람들에게는 심판에 대한 두려움이 예수 그리스도를 구세주로 받아들이게 하는 유일한 동기가 되기 때문입니다. 물론 하나님께 나아가는 이유가 단순히 지옥을 벗어나는 것이 아닌 다른 더 좋은 것들이 있습니다. 하지만 인간이 죄의 매임에서 풀려나 그리스도를 바라보도록 흔드는 유일한 길이 두려움이라면, 사랑을 위해서 그렇게 느끼도록 해야 합니다. 자녀들이 아빠 말씀을 잘 듣게 만드는 데는 체벌보다 더 좋은 방법이 있습니다. 하지만 길에서 벗어나는 자녀를 붙잡을 수 있는 한 가지 방법이 두려움이라면 사랑을 위해서라도 그렇게 해야 합니다. 저는 여느 사람들과 달리 사람들에게 두려움을 느끼게 하는 설교를 주저하지 않습니다. 예수님의 말씀이 제 귓가에 맴돌기 때문입니다.

> 내가 내 친구 너희에게 말하노니 몸을 죽이고 그 후에는 능히 더 못하는 자들을 두려워하지 말라. 마땅히 두려워할 자를 내가 너희에게 보이리니 곧 죽인 후에 또한 지옥에 던져 넣는 권세 있는 그를 두려워하라 내가 참으로 너희에게 이르노니 그를 두려워하라(눅 12:4-5).

제가 심판에 대해 설교하는 세 번째 이유는 심판이 하나님의 성품 일부를 드러내 주므로 우리가 그분의 모습 그대로를 사랑할 수 있어야 하기 때문입니다. 하나님의 심판에 관한 이야기 때문에 하나님을 사랑하는 것이 힘들다면, 이는 우리가 사랑하는 하나님이 우리 상상의 산물에 불과할 뿐 진짜 하나님의 실제 모습이 아님을 뜻합니다. 하나님을 진심으로 사랑하고 싶다면 하나님의 진짜 모습을 잘 알아야 합니다. 만일 우리가 사랑하는 아버지

일 뿐 아니라 온 땅을 공의로 판단하시는 심판자 하나님을 높이지 못한다면 우리의 믿음에 무언가 문제가 있는 것입니다. 오늘 예배를 준비하느라 찬양집을 두 권이나 살피면서 하나님의 의로운 심판의 영광과 우리를 두렵게 하시는 위엄에 관한 찬양을 찾아보려 했지만 하나도 못 찾고 말았습니다. 오늘날 찬양에 신학이 부재하고 하나님과의 관계도 성숙하지 못했음을 보여 주는 안타까운 징표였습니다. 심판하시는 하나님은 그다지 감사할 대상이 아니라는 듯 입을 다물고 침묵하는 대신 우리는 찬양과 더불어 하나님의 모든 성품을 높여드려야 합니다.

누가 심판을 받는가?

이러한 세 가지 이유 때문에 저는 하나님의 심판에 관한 주제를 담은 본문으로 설교하는 것이 매우 중요하다고 생각합니다. 오늘 고른 본문은 로마서 1장 28절에서 2장 11절이며, 최후의 심판에 관한 본문을 통해 답해 보아야 할 첫 번째 질문은 '누가 심판을 받는가?' 입니다. 바울은 2장 5-6절에서 이에 관한 답을 제시합니다. "다만 네 고집과 회개하지 아니한 마음을 따라 진노의 날 곧 하나님의 의로우신 심판이 나타나는 그 날에 임할 진노를 네게 쌓는도다. 하나님께서 각 사람에게 그 행한 대로 보응하시되." 한마디로 답은 이겁니다. 모든 사람이 심판을 받습니다.

바울 당시에 자신들은 심판의 대상이 되지 않는다고 생각했던 일단의 무리, 즉 유대인 집단이 있었기 때문에, 바울은 다시 뒤로 돌아가 그 부분을 분명하게 짚고 있습니다. 바울이 이 문제에 어떤 식으로 접근하는지 잘 보시기 바랍니다. 로마서 1장 20-21절에서 바울은 하나님을 영화롭게 하지 않는 당시의 전형적인 이방인들은 핑계치도 못하고 심판의 대상이 된다고 말합니다.

> 창세로부터 그의 보이지 아니하는 것들 곧 그의 영원하신 능력과 신성이 그가 만드신 만물에 분명히 보여 알려졌나니 그러므로 그들이 핑계하지 못할지니라. 하나님을 알되 하나님을 영화롭게도 아니하며 감사하지도 아니하고.

다시 말해 하나님을 알 수 있는 지식이 충분하여 하나님을 높이고 감사해야 함에도 사람들은 그러지 않았으므로 핑계하지 못하고 진노를 받을 수밖에 없다는 것입니다.

이후에 로마서 1장 후반부에서는 하나님을 거부하는 사람들이 빠지는 행위에 관해 설명하고 있습니다. 28-32절입니다.

> 또한 그들이 마음에 하나님 두기를 싫어하매 하나님께서 그들을 그 상실한 마음대로 내버려 두사 합당하지 못한 일을 하게 하셨으니 곧 모든 불의, 추악, 탐욕, 악의가 가득한 자요 시기, 살인, 분쟁, 사기, 악독이 가득한 자요 수군수군하는 자요 비방하는 자요 하나님께서 미워하시는 자요 능욕하는 자요 교만한 자요 자랑하는 자요 악을 도모하는 자요 부모를 거역하는 자요 우매한 자요 배약하는 자요 무정한 자요 무자비한 자라. 그들이 이같은 일을 행하는 자는 사형에 해당한다고 하나님께서 정하심을 알고도 자기들만 행할 뿐 아니라 또

한 그런 일을 행하는 자들을 옳다 하느니라.

이것은 바울이 당시 주변의 이방인 사회와 가정과 사업 세계를 보면서 발견했던 죄의 목록입니다.

그런데 이교도 사회 속에서 자기들끼리 고립된 무리들이 있었습니다. 이들은 이방인을 경멸의 눈으로 보았고, 심판은 이방인의 문제로 치부하며 자신들은 심판에서 안전하다는 나름의 확신을 품고 있었습니다. 하지만 바울 사도에 따르면 심판은 이방인만 펑계할 수 없는 것이 아니고 유대인들도 예외 없이 심판을 받습니다. 이것이 로마서 2장 1-3절의 핵심입니다.

그러므로 남을 판단하는 사람아, 누구를 막론하고 네가 핑계하지 못할 것은 남을 판단하는 것으로 네가 너를 정죄함이니 판단하는 네가 같은 일을 행함이니라. 이런 일을 행하는 자에게 하나님의 심판이 진리대로 되는 줄 우리가 아노라. 이런 일을 행하는 자를 판단하고도 같은 일을 행하는 사람아, 네가 하나님의 심판을 피할 줄로 생각하느냐.

이것이 일부 이스라엘 사람들의 생각입니다.

이스라엘의 믿지 않는 사람들에게 세례 요한이 가장 처음 복음을 전할 때 어떻게 말했는지 기억합니까? "독사의 자식들아 누가 너희를 가르쳐 임박한 진노를 피하라 하더냐? 그러므로 회개에 합당한 열매를 맺고 속으로 아브라함이 우리 조상이라고 생각하지 말라. 내가 너희에게 이르노니 하나님이 능히 이 돌들로도 아브라함의 자손이 되게 하시리라." 이스라엘 사람 중에는 자신들이 유대인으로서 택함 받은 백성에 속했다는 사실을 오해하여 심판의 날도 자유롭게 피할 수 있다고 생각하는 이들이 많았습니다. 그래서 세례 요한과 예수님과 바울은 예수님 믿기를 거절하면서 죄에 사는 사람들은 이방인이든 유대인이든 누구를 막론하고 심판의 날에 정죄를 받는다는 사실을 그토록 열심히 피력했던 것입니다. 고라신과 벳새다는 유대인들이 사는 마을이었고, 그들을 향해 예수님은 이렇게 말씀하셨습니다. "화 있을진저 고라신아. 화 있을진저 벳새다야. 너희에게 행한 모든 권능을 두로와 시돈〔이방인 도시〕에서 행하였더라면 그들이 벌써 베옷을 입고 재에 앉아 회개하였으리라. 내가 너희에게 이르노니 심판 날에 두로와 시돈이 너희보다 견디기 쉬우리라"(마 11:21, 22). 예수님은 그들 마음속에 있는 잘못된 개념을 바꾸셨습니다. 유대인은 더 많은 특권을 누리고 있으므로, 심판의 날에 오히려 그들이 더 견디기 어려울 것이라고 말입니다.

이것이야말로 로마서 2장 9-11절에서 바울이 말한 내용이 아닙니까?

> 악을 행하는 각 사람의 영에는 환난과 곤고가 있으리니 먼저는 유대인에게요 그리고 헬라인에게며 선을 행하는 각 사람에게는 영광과 존귀와 평강이 있으리니 먼저는 유대인에게요 그리고 헬라인에게라. 이는 하나님께서 외모로 사람을 취하지 아니하심이라.

많이 받은 자에게는 많은 것이 요구됩니다. 그러므로 유대인들은 가장 처음 복을 받는 사람이자 가장 처음 심판을 받는 이들이 됩니다. 어떤 인간도 인종과 유산과 종교라는 외적 기준으로 구원받지 못합니다. 하나님은 그러한 기준을 가지고 사람을 차별하지 않으십니다. 사람의 마음을 보시고, 매일의 삶 가운데 마음에서 흘러나오는 것을 보십니다.

이 문제에 대한 요약이 로마서 3장 9절과 22, 23절에 나옵니다. "그러면 어떠하냐 우리는 나으냐? 결코 아니라. 유대인이나 헬라인이나 다 죄 아래에 있다고 우리가 이미 선언하였느니라 … 차별이 없느니라. 모든 사람이 죄를 범하였으매 하나님의 영광에 이르지 못하더니." 이 모든 일로 인해 인간에게 임한 결과는 이렇습니다. 긍휼과 죄사함을 얻기 위해 그리스도께 피하지 않은 모든 사람은 하나님의 진노 아래 있으며 지옥으로 향하고 있습니다. 또한 우리 중에 어떤 집단도 심판에서 예외가 될 수 없습니다. 우리가 사는 도시 이끝에서 저끝까지의 모든 사람, 기업체 사장이든 택시 기사든, 국회의원이든 경비원이든, 가정주부든 매춘부든, 선원이든 비서든, 포주든 목사든 예외 없이 우리 모든 사람은 인생길의 마지막 갈림길에서 심판대에 서게 됩니다. 그리고 우리의 영혼이 피난처로 삼으려 했던 모든 돈과 재산과 지위와 권력이 하나님의 공의의 저울 위에 올라가게 될 것입니다. 그리고 그 모든 것은 결국 심판을 통해 먼지처럼 사라질 것입니다. 그런 후에는 인생의 진정한 문제가 저울질 당하게 될 것입니다.

무엇을 근거로 마지막 심판을 받는가?

이제 두 번째 질문으로 들어갑니다. 마지막 심판을 받는 근거는 어디에 있을까요? 인생의 진정한 문제란 무엇입니까? 바울은 로마서 2장 6절에서 요약 정리를 해줍니다. "하나님께서 각 사람에게 그 행한 대로 보응하시되." 9-10절에서는 좀 더 구체적으로 말합니다. "악을 행하는 각 사람의 영에는 환난과 곤고가 있으리니 … 선을 행하는 각 사람에게는 영광과 존귀와 평강이 있으리니." 인생의 진정한 문제는 그 사람의 인종이나 직업, 지위, 수입, 외모, 종교가 아닙니다. '선을 행하느냐 악을 행하느냐' 입니다.

여기서 잠시 생각해 봅시다. 이것이 과연 기독교에서 말하는 방식이 맞습니까? "주 예수를 믿는 자는 구원을 얻으리라"는 약속은 어떻게 된 것입니까? 경건하지 않은 자에게 주어지는 은혜와 긍휼과 칭의는 다 어디 갔다는 말입니까? 바울이 디도서 3장 5절에서 "우리를 구원하시되 우리가 행한 바 의로운 행위로 말미암지 아니하고 오직 그의 긍휼하심을 따라 중생의 씻음과 성령의 새롭게 하심으로 하셨나니"라고 말하지 않았던가요? 그리고 에베소서 2장 8절에서도 이렇게 말했습니다. "너희는 그 은혜에 의하여 믿음으로 말미암아 구원을 받았으니 이것은 너희에게서 난 것이 아니요 하나님의 선물이라." 주의 은혜와 믿음으로 구원받는다고 했는데, 어떻게 마지막 날에 우리의 행위에 따라 심판을 받는다고 하는 것일까요?

어떤 사람들은 로마서 2장에 나타나는 명백한 모순에 대해, 그것이 하나님의 백성은 제외되는 심판에 대한 설명이라고 주장함으로써 이런 모순을 해결하려고 합니다. 믿지 않는 사람들에게만 해당하는 심판이라는 겁니다. 저는 이런 설명을 통한 해결방식은 바울의 의도나 예수님의 가르침과는 배치되는 것이라고 생각합니다. 바울은 "하나님께서 각 사람에게 그 행한 대로 보응하시되"라고 했는데, 단순히 믿지 않는 사람들을 의미하는 말이 아닙니다. 바울은 하나님 나라에 들어갈 수 없는 자들의 생활 방식이 있으며 따라서 그리스도인들은 그런 행동을 피해야 한다고 믿었음이 분명하게 나타납니다. 갈라디아서 5장 19-21절에서 바울은 구체적인 예를 듭니다. 그리스도인에게 분쟁과 시기와 분냄과 당짓는 것과 분열함과 이단과 투기와 술 취함 등과 같은 행동을 하지 말라고 경고합니다. "이런 일을 하는 자들은 하나님의 나라를 유업으로 받지 못할 것"(고전 6:9-10, 엡 5:5)이기 때문입니다. 우리의 행위에 따라 마지막 심판이 임할 것입니다.

또한 예수님은 우리가 주의 명령을 지켜 삶이 변화하지 않으면 심판의 날에 심판을 면할 수 없을 것이라고 직접 강조하셨습니다. 예를 들어 마태복음 6장 14-15절을 보겠습니다. "너희가 사람의 잘못을 용서하면 너희 하늘 아버지께서도 너희 잘못을 용서하시려니와 너희가 사람의 잘못을 용서하지 아니하면 너희 아버지께서도 너희 잘못을 용서하지 아니하시리라." 또한 지혜로운 건축자와 어리석은 건축자에 대한 비유를 보시기 바랍니다. 마태복음 7장 24-27절입니다. "누구든지 나의 이 말을 듣고 행하는 자는 그 집을 반석 위에 지은 지혜로운 사람 같으리니 비가 내리고 창수가 나고 바람이 불어 그 집에 부딪치되 무너지지 아니하나니 이는 주추를 반석 위에 놓은 까닭이요 나의 이 말을 듣고 행하지 아니하는 자는 그 집을 모래 위에 지은 어리석은 사람 같으리니 비가 내리고 창수가 나고 바람이 불어 그 집에 부딪치매 무너져 그 무너짐이 심하니라." 이것이 심판의 장면이며 우리가 다루는 문제입니다. 우리는 하나님의 말씀대로 행했습니까?

예수님께서 말씀하신 한 가지 예를 더 들어보겠습니다. 우리는 은혜로 믿음을 통해 구원을 얻지만 우리의 행위에 따라 마지막 심판을 받는다는 문제를 해결하는 단서를 제공하기 때문입니다. 마태복음 12장 34-37절에서 예수님은 바리새인들에게 이렇게 말씀하십니다.

> 독사의 자식들아 너희는 악하니 어떻게 선한 말을 할 수 있느냐? 이는 마음에 가득한 것을 입으로 말함이라. 선한 사람은 그 쌓은 선에서 선한 것을 내고 악한 사람은 그 쌓은 악에서 악한 것을 내느니라. 내가 너희에게 이르노니 사람이 무슨 무익한 말을 하든지 심판 날에 이에 대하여 심문을 받으리니 네 말로 의롭다 함을 받고 네 말로 정죄함을 받으리라.

여기에 중요한 열쇠가 있습니다. 심판의 날에 우리는 각자의 행위에 따라 심판을 받습니다. 여기에는 혀의 사용도 포함됩니다. 마음속에 차 있는 것이 행위로 분명히 드러나기 때문입니다. "이는 마음에 가득한 것을 입으로 말함이라." 우리는 열매로 그 나무를 알 수 있고, 행위를 통해 인간의 마음을 알 수 있습니다.

여기서 말하려는 문제는 우리가 그리스도에 대한 믿음으로 구원받는가 아니면 선한 행위로 구원을 받는가 하는 것이 아닙니다. 여기서의 진짜 문제는 하나님께서는 마지막 날에 그분의 심판이 공정한지 어떻게 입증하시는가 하는 것입니다. 그에 대한 대답은 이렇습니다. 하나님은 우리가 행위로 믿음의 실체를 증거하도록 부르심으로써 우리에게 구원받을 믿음이 있음을 세상에 증명하실 것입니다.

하나님의 나라 법정에 온 세상이 불려나와 공의의 재판을 받게 될 것이며, 모든 사람은 중대한 죄가 있음을 선고받게 될 것입니다. 그렇지만 어떤 사람은 의롭다 함을 받고 또 어떤 이는 정죄함을 받을 것입니다. 이처럼 차이가 나는 가장 큰 이유는 이렇습니다. 한 쪽은 믿음을 통해 그리스도로 자신의 정체성을 삼았으므로 용서를 받지만, 다른 쪽은 그렇지 않습니다. 그렇지만 바울은 로마서 2장 7-10절에서 믿음이 실제로 있는지 없는지 그 실체를 입증하기 위해 한 증인이 불려나올 것이라는 점을 가르치고 있습니다. 그 증인이란 바로 우리의 행위이며, 로마서 1장 28-32절에도 나와 있지만 거기에는 몸뿐 아니라 생각의 행위까지, 또한 행동뿐 아니라 태도까지 아우르고 있습니다.

우리가 믿음으로 구원받는 것은 은혜로 가능한 일입니다. 우리 자신의 힘으로는 불가능하며 하나님의 선물입니다. 그런데 믿음으로 가득한 마음은 그 태도와 행동으로 흘러나오기 때문에 불신이 흘러나오는 마음과는 확연한 차이가 있습니다. 그러므로 우리의 행위는 믿음의 진실성과 믿음의 존재 여부를 명확히 증거해

줄 것이며, 그러므로 우리의 행위를 따라 심판하시는 하나님은 일관성 없는 분이 아닙니다. 하지만 우리의 행위에 따른 심판이라고 해서 우리가 노력으로 구원을 얻는다는 뜻이 아니라는 점을 분명히 이해해야 합니다. 우리의 행위로는 구원을 얻지 못하며, 행위는 다만 우리의 구원을 보여줄 뿐입니다. 우리의 행위는 우리를 의롭게 하는 공로로서의 역할을 하지 못하며, 다만 그리스도 안에서 새 생명을 얻었다는 증표가 됩니다. 우리의 행위는 하나님의 은총을 얻는 데 충분하지 않으며 다만 우리의 믿음을 드러내 줍니다. 우리의 태도와 행위에 관해서 머릿속에 분명히 구별해 두기를 바랍니다. 행위와 태도는 무언가를 얻게 하는 것이 아니라 드러내 보여주는 것이며, 기여를 하는 것이 아니라 증표가 되고, 자격을 부여하는 것이 아니라 입증하게 합니다. 그러므로 "하나님께서 각 사람에게 그 행한 대로 보응하시되," 여기에는 그리스도인도 포함됩니다.

심판 때 내려지는 두 가지 판결은 무엇인가?

세 번째이자 마지막 질문은 매우 간단합니다. 심판 때 내려지는 두 가지는 무엇일까요? 바울은 7, 8절에서 이에 답합니다.

> 참고 선을 행하여 영광과 존귀와 썩지 아니함을 구하는 자에게는 영생으로 하시고 오직 당을 지어 진리를 따르지 아니하고 불의를 따르는 자에게는 진노와 분노로 하시리라.

영생을 누리느냐 아니면 하나님의 진노와 분노를 받느냐가 우리가 받게 될 두 가지 판결입니다. 데살로니가후서 1장 9절에서 바울은 복음에 순종하지 않는 사람에 대해 언급하며 이렇게 말합니다. "이런 자들은 … 영원한 멸망의 형벌을 받으리로다." 예수님은 마태복음 25장 46절에서 다음과 같은 말씀으로 마지막 대심판을 비유하며 결론을 맺으십니다. "그들은 영벌에, 의인들은 영생에 들어가리라 하시니라."

지옥은 우리가 상상할 수 있는 가장 끔찍한 실체입니다. 역사상 그 어떤 고통과 공포도 사도 요한이 말한 '불못'(lake of fire)과 예수님이 말씀하신 "구더기도 죽지 않고 불도 꺼지지 아니하는"(막 9:48) 그 곳과 비교할 수 없습니다. 무한하신 하나님을 믿지 않고 불순종하는 삶은 결국 가장 극악한 죄이므로 영원한 고통의 형벌을 받게 됩니다.

그런데 지옥이 상상조차 힘겨운 무한의 고통이라면, 예수님과 함께 누리는 영생은 생각만으로도 무한대로 아름다운 일입니다. 앞으로 다가올 시대에 모든 성도가 누릴 행복은 역사상 모든 사람들이 경험한 모든 행복의 순간보다 훨씬 만족스러울 것입니다. 우리가 살아온 시간 동안 너무 행복해서 탄성이 저절로 터져 나올 만한 순간이 있었습니까? 그 시간을 천 번 곱하고 다시 영원의 시간으로 계속 더한다면 그리스도와 더불어 영생을 누린다는 의미를 조금이라도 느낄 수 있을 겁니다.

지금까지 살펴본 세 가지 질문에 대한 답을 간단히 요약하며 마무리 짓겠습니다.

1. 어떤 사람이든 예외 없이 마지막 날에 하나님의 심판을 거치게 됩니다.

2. 우리의 태도와 행위에 따라 심판하시는데, 우리의 태도와 행위는 그리스도에 대한 믿음의 진실성 여부를 보여 주는 증표입니다.

3. 한 쪽은 영원한 생명으로, 다른 한 쪽은 분노와 진노로 이어지는 갈림길이 있습니다. 아직 결정하지 않으셨다면 영원한 생명을 선택하시기 바랍니다! 왜 멸망의 길로 가려고 하십니까? 그리스도를 신뢰하고 그분의 뜻대로 행하십시오. 그리고 이미 그리스도를 사랑하는 분들은 자신이 누릴 수 있는 가장 영광스러운 소망 안에서 기뻐하고 모든 일을 믿음으로 하시기 바랍니다.

25장

하나님을 싫어하는 자가 처한 위기

로마서 1:28-32

또한 그들이 마음에 하나님 두기를 싫어하매 하나님께서 그들을 그 상실한 마음대로 내버려 두사 합당하지 못한 일을 하게 하셨으니 곧 모든 불의, 추악, 탐욕, 악의가 가득한 자요 시기, 살인, 분쟁, 사기, 악독이 가득한 자요 수군수군하는 자요 비방하는 자요 하나님께서 미워하시는 자요 능욕하는 자요 교만한 자요 자랑하는 자요 악을 도모하는 자요 부모를 거역하는 자요 우매한 자요 배약하는 자요 무정한 자요 무자비한 자라. 그들이 이같은 일을 행하는 자는 사형에 해당한다고 하나님께서 정하심을 알고도 자기들만 행할 뿐 아니라 또한 그런 일을 행하는 자들을 옳다 하느니라. _롬 1:28-32

사회가 점차 무절제하고 부패하며 파괴적인 악으로 퇴락해 가는 이유를 설명한 바울의 가르침을 보면 오늘날의 사회 분석과는 전혀 다릅니다. 왜 그렇게 다를까요? 그 한 가지 이유는, 사회가 점차 도덕적으로 퇴락해 갈 때 그 안에서 벌어지는 일들을 알아채는 능력이 사라진다는 점입니다. 사회 지성은 도덕적으로 큰 결함이 발생해 현장에서 일어나는 악을 구별할 만한 틀이나 범주가 사라지고 맙니다.

우리가 지금 그런 시대를 살아가고 있습니다. 건전한 도덕적 판단을 내릴 능력이 없다는 사실은 우리의 시선이 닿는 어느 곳에서든 명백히 드러나고 있습니다. 그렇기 때문에 오늘 살펴볼 본문은 성경의 다른 어떤 구절보다도 지금 우리에게 적절하며 절실히 필요한 말씀입니다. 정확히 말하면, 이 본문은 우리에게 매우 생경하게 다가옵니다. 오늘날 무언가가 영적으로나 도덕적으로 그다지 생경하게 느껴지지 않는다면 그건 우리가 살아가는 곳에 만연한 부패한 공기와 우리의 눈이 멀어 버린 탓입니다. 그래서 우리에게 정말 좋아 보이는 것들도 실제로는 아무 쓸모 없는 것들입니다.

우리에게 필요한 것은 우리의 타락한 세상과 부패한 사고 바깥에서 들려오는 말입니다. 그것은 하나님이 주시는 말씀입니다. 그 말씀이 생경하게 느껴진다면, 그것은 자기만족에 물든 이 세대 속에서 하나님이라는 존재가 우리에게 낯설기 때문입니다.

오늘 살펴볼 본문에는 죄를 저지르는 21가지 방식, 혹은 21가지 종류의 악에 관한 목록이 나옵니다. 우리가 주목할 것은 첫째, 바울이 이 목록을 우리에게 제시한 이유와 그런 악이 대체 어디서 비롯되었는가 하는 것입니다. 그런 다음 각 목록을 살펴보고 왜 목록에 포함되었는지 이유를 알아보겠습니다. 이후에 이런 죄 문제의 해결 방안을 모색해 보겠습니다.

29-31절에 기술된 악은 어디에서 왔는가?

먼저 29-31절에 나열된 죄악들은 어디서 왔는지 살펴보겠습니다.

모든 질문은 다시 18절로 돌아가서 시작되어야 합니다. 18절에서 바울은 하나님의 의의 선물인 복음이 우리에게 왜 그토록 절실한지 그 이유를 설명했습니다. 16절에서 나온 내용을 여러분도 기억하실 겁니다. "이 복음은 모든 믿는 자에게 구원을 주시는 하나님의 능력이 됨이라 먼저는 유대인에게요 그리고 헬라인에게로다." 왜 그렇습니까? 17절입니다. "복음에는 하나님의 의가 나타나서 믿음으로 믿음에 이르게 하나니 기록된 바 오직 의인은 믿음으로 말미암아 살리라." 다시 말해 복음은 믿는 자들을 구원하는 하나님의 능력입니다. 복음 안에서 하나님은 우리에게 필요하고 또 우리 스스로 결코 만들어낼 수 없는 '의'를 친히 주시기 때문입니다. 하나님은 우리가 그분을 믿기만 하면 우리에게 요구하시는 의를 값없이 주십니다. 이것이 이신칭의, 즉 믿음으로 구원을 얻는다는 성경의 위대한 진리입니다.

그리고 18절에서 바울은 하나님의 의의 선물인 복음이 왜 우리에게 그토록 절실한지 말해 주고 있습니다. "하나님의 진노가 불의로 진리를 막는 사람들의 모든 경건하지 않음과 불의에 대하여 하늘로부터 나타나나니." 우리가 하나님의 의를 필요로 하는 이유는 그 길만이 하나님의 진노에서 보호받을 수 있는 방법이기 때문입니다. 그리고 하나님의 진노에서 보호받아야 하는 이유는 인간은 태어나면서부터 불의하고 하나님의 진리를 막기 때문입니다. 태어나면서부터 인간은 하나님을 좋아하지 않으며, 그분이 우리 삶 속에 계시는 것을 원치 않습니다. 이런 말을 하는 것도 저는 매우 떨립니다.

하나님의 진리를 막는 죄의 결과

이후에 바울은 본문에서 하나님의 진리를 막은 죄악의 결과가 무엇인가에 대해 설명하고 있습니다. 이 죄악은 마치 샘과 같아서, 그것으로부터 온 세상의 악이 흘러나와 강을 이룬다는 사실을 보여주고 싶었던 것입니다. 하나님을 거부하고 하나님을 막아서고 하나님을 왜곡하고 인간을 닮은 형상으로 하나님을 다시 만들어 내는 이러한 행동의 결과는 우리의 예상보다 훨씬 혹독합니다. 그리고 우리의 예상보다 훨씬 나쁜 상황은, 하나님을 대항해서 일어난 인간의 성전(聖戰)에 하나님도 참여하신다는 사실입니다. 그리고 하나님을 반항한 결과로 맞는 비참한 상황 속으로 우리를 넘겨 버리신다는 점입니다.

23절에서 세 번씩이나 살펴보았지만, 인간은 하나님의 영광을 우상과 바꿉니다. 그리고 24절에서도 이렇게 나옵니다. "그러므로 하나님께서 그들을 마음의 정욕대로 더러움에 내버려 두사." 그리고 오늘 본문인 28절에도 다시 나옵니다. "또한 그들이 마음에 하나님 두기를 싫어하매〔말 그대로 하면 '자기 지식 속에 하나님 두기를 좋아하지 않았다'〕〔그러므로〕 하나님께서 그들을 그 상실한 마음대로 내버려 두사 합당하지 못한 일을 하게 하셨으니."

하나님의 진노가 나타났다는 말의 의미가 바로 이것입니다(18절). 전 세계 모든 인류가 하나님보다 다른 것에 애정을 품게 되면서 온 세상에 하나님의 진노가 나타났습니다. 전 세계적으로 창조주를 거슬러 일어나는 불충과 반역에 대한 하나님의 반응은 우리를 지옥으로 보내는 것이 아니라 우리가 스스로 선택한 늪 속에 가라앉는 것을 지켜보시는 것입니다.

이것이 제가 시작할 때 언급했던 말입니다. 사회가 점차 제멋대로 부패하고 파괴적인 악으로 퇴락해 가는 이유에 대한 바울의 가르침은 오늘날의 사회 분석과 전혀 다릅니다. 누군가 하는 이런 말을 들어보셨을 겁니다. "그래. 미국은 이제 상대주의와 도덕관념의 부재라는 세속의 침실을 꾸몄으니 그 안에 잠들어 버려라." 그런데 바울이 말하는 것은 이 정도가 아닙니다.

바울은 하나님의 진노에 관해 훨씬 무시무시한 내용을 말하고 있습니다. 그는 인간이 처한 상황을 네 단계로 분석해 이야기하고 있습니다. 오늘 살펴볼 본문 28절부터 시작해서 총 네 가지로 살펴보겠습니다. 첫째, 모든 것의 근본 문제는 우리가 마음에 하나님 두기를 싫어한다는 사실입니다. "그들이 마음에 하나님 두기를 싫어하매." 이는 온 세상이 안고 있는 문제의 근원입니다. 인간이 처한 상황의 본질이기도 합니다. 인간은 하나님을 원하지 않습니다. 인간은 스스로 결정하고 스스로를 높이기 원합니다. 그것이 에덴동산에서 저지른 첫 번째 범죄였습니다. 그리고 오늘날 일어나는 모든 악의 뿌리이기도 합니다. 우리는 하나님 알기를 원하지 않고 우리의 삶에 모시기도 원하지 않습니다.

가장 깊은 죄, 하나님의 심판

분석의 두 번째 단계는 하나님이 인간을 심판하시되(18절의 '진노'를 나타내신 부분을 기억할 것) 인간의 반항을 규제하지 않으시고 인간이 스스로 선택한 늪 속에 가라앉도록 내버려 두셨다는 것입니다. 오늘날 이 사회를 분석한 어떤 보고서에서도 듣지 못할 이야기일 것입니다. 하나님 중심의 사실주의자라면 이런 말을 할 수 있을까요? "인간의 가장 깊은 죄악도 하나님의 심판을 받을 가치가 없다. 그것이 하나님의 심판 아닌가?" 그것이 바울이 말하려는 내용입니다. 이렇게 드러난 진리를 알지 못하면 오늘날의 미국(그 외 어느 나라든)을 제대로 이해할 수 없습니다. 하나님께 반역하면서 우리 스스로 결정권을 갖겠다고 교만을 부리려 할지라도, 하나님은 이렇게 대답하실 것입니다. "그렇게 생각하느냐? 다시 생각해 보렴."

분석의 세 번째 단계(28절)는 하나님이 우리를 그냥 내버려 두고 규제하거나 막지 않으실 때(참조. 창 20:6) 인간이 "상실한 마음" 속에 갇혀 버리는 결과가 나타난다는 것입니다. "하나님께서 그들을 그 상실한 마음대로 내버려 두사." 인간의 마음은 점차 죄 속에서 망가져 버립니다. 인간은 죄짓는 데 마음을 사용할 뿐 아니라, 죄가 무엇인지 제대로 생각조차 못합니다. 죄를 알아채지도 못합니다. 이것은 마치 인간이 하나님에게서 멀어져 아프리카 먹파리와 사랑에 빠진 것과도 같습니다. 먹파리의 몸속에 있는 기생충이 강변 실명증(river bilindness, 피부 가려움증을 동반한 피부 손상 및 실명을 일으킴)을 일으킬 뿐인데 말입니다. 그러면 하나님은 우리를 파리와 기생충과 실명증에 내버려 두시기 때문에 우리가 할 수 있는 일은 (죄의) 파리와 시시덕거리며 사랑을 나누고 파리야말로 부드러운 비단처럼 귀한 존재라며 계속 자기 암시를 하는 일뿐입니다.

네 번째 단계는(28절) 우리의 더러워진 마음이 온갖 종류의 악을 만들어 낸다는 것입니다. 바울은 그 예로 21가지 악의 목록을 나열합니다.

이제 첫 번째 질문에 대한 답을 찾았습니다. 그런 악은 다 어디서 기인하는 것일까요? 1) 인간에게 하나님을 마음에 품으려는 열망이 없는 것에서 비롯됩니다. 2) 인간이 자기 스스로 선택한 늪 속에 빠져 들도록 내버려 두시는 하나님의 심판에서 비롯됩니다. 3) 우리가 빠져 있는, 상실하고 타락한 인간의 마음에서 기인합니다.

이 목록은 무엇이고 왜 여기에 실려 있는가?

이제는 이런 질문을 해볼 수 있습니다. 죄악의 목록이란 무엇입니까? 무엇 때문에 그렇게 긴 목록을 만들어야 합니까? 그리고 그게 왜 여기에 나와 있습니까?

다시 한 번 읽어봅시다. 28-31절입니다. "하나님께서 그들을 그 상실한 마음대로 내버려 두사 합당하지 못한 일을 하게 하셨으니 곧 모든 불의, 추악, 탐욕, 악의가 가득한 자요 시기, 살인, 분쟁, 사기, 악독이 가득한 자요 수군수군하는 자요 비방하는 자요 하나님께서 미워하시는 자요 능욕하는 자요 교만한 자요 자랑하는 자요 악을 도모하는 자요 부모를 거역하는 자요 우매한 자요 배약하는 자요 무정한 자요 무자비한 자라."

물론 여기서 몇몇 개인은 바울의 말에 반기를 들 수 있습니다. 이 목록은 모든 믿지 않는 사람들이 행하는 행동은 아니기 때문입니다. 어떤 이들은 아주 양심적이고 법 없이도 살 정도며, 인정 많고 공손하고 예의도 바릅니다. 예, 맞는 말입니다. 바울도 그 사실을 잘 압니다. 예를 들어 바울은 당시 스토아학파의 사조에 관해 잘 알고 있었습니다. 스토아학파였던 세네카와 훗날의 에픽테토스, 마르쿠스 아우렐리우스 같은 사람들은 비록 그리스도인은 아니었으나, 이 목록에 나오는 대로 행동하지 않는 것을 자랑스럽게 여기는 이들이었으니까요.

이 목록의 핵심은, 참된 하나님을 사랑하길 거부하는 모든 사회에서 이러한 양상이 나타난다고 말하려는 것이 아닙니다. 26-27절에서 바울이 말했듯이 동성애적 욕구 역시 하나님을 그 무엇보다도 사랑하지 않는 것의 결과이며, 하나님도 인간을 그 결과에 내버려 두셨다는 점은 우리도 알고 있습니다. 하지만 바울은 믿지 않는 모든 사람에게 동성애 욕구가 있다고는 생각하지 않습니다. 28-31절도 이와 마찬가지입니다. 이 모든 죄가 하나님 알기를 거부한 결과라고 말하지만 그렇다고 믿지 않은 사람들 전체나 혹은 믿지 않는 사람들의 집단이 모두 그런 죄를 짓는다거나 동일한 수준의 죄를 행한다는 의미는 아닙니다. 이런 것들은 하나님을 거부한 결과로 나타나는 죄악들의 일례일 뿐이며, 하나님이 사람들을 스스로 제어할 수 없는 타락 속에 내버려 둘수록 사회는 이러한 죄를 더욱 많이 그리고 더욱 크게 저지르게 됩니다.

모든 악의 모양은 하나님을 알지 못하는 데서 나온다

그렇다면 이러한 죄들을 열거하는 핵심은 무엇일까요? 여기서 말하는 핵심은 사실상 모든 형태의 악이 하나님과 관련 있으며, 하나님을 알지 못하고 하나님을 인정하지 않고 하나님을 다른 어떤 것보다 더 사랑하지 못한 데서 온다는 것을 보여주기 위해 충분한 예를 제시한 것 같습니다. 다시 말해, 이렇듯 포괄적인 악의 목록을 제시한 것은 우리를 일깨워 삶의 모든 영역에서 발생한 폐허가 하나님을 버린 데서 기인한다는 것을 말하기 위해서입니다. "또한 그들이 마음에 하나님 두기를 싫어하매 하나님께서 … 합당하지 못한 일을 하게 하셨으니"(28절).

달리 표현하면, 이 목록의 핵심 요지는 세상의 모든 죄와 하나님과의 연관성을 보여 주려는 데 있습니다. 여기서 우리는 이중의 연관성을 보았습니다. 모든 죄는 우리가 하나님보다 다른 것을 더 사랑하는 데서 비롯된다는 점, 그리고 하나님이 우리를 규제하시기 보다 우리가 선택한 늪에 그대로 빠져들도록 버려 두실 때 모든 죄악은 더욱 심화된다는 점입니다.

만일 서구 사회에서 미국의 살인범죄율이 제일 높다면 그것도 하나님과 관련되어 있는 것입니다. 미국 행정부가 탐욕스럽다면 그것도 하나님과 관련되어 있는 것입니다. 정치인들이 기만을 일삼는다면 그것도 하나님과 관련되어 있는 것입니다. 우리가 서로에 대해 뒤에서 수근거린다면 그것도 하나님과 관련이 있습니다.

토크쇼 진행자가 오만불손하다면 그것도 하나님과 연관이 있습니다. 우리 자녀들이 부모에게 순종하지 않는다면 그것 역시 하나님과 관련되어 있습니다. 우리 자신이 불성실하고 결혼으로 맺은 언약을 깨트린다면 그것도 하나님과 관련이 있습니다. 우리가 공공연한 악을 보고서도 못 본 척 하고 무심하고 무자비하다면 분명 하나님과 관련이 있습니다.

이것이 모든 목록의 핵심입니다. 우리가 어떤 죄에 빠져 있든, 그것은 우리가 하나님의 영광의 반석에서 뛰어내렸기 때문에 벌어지는 일입니다.

파괴적인 죄와 어떻게 싸울 것인가?

마지막 세 번째 질문입니다. 그러면 해결책은 무엇입니까? 우리의 삶과 이 땅의 문화에서 일어나는 파괴적인 죄에 맞서 어떻게 싸워야 합니까?

로마서 전체가 그에 대한 답을 말하고 있습니다만, 세 가지 거대한 반전을 살펴보고 마치도록 하겠습니다. 1) 우리에게는 우리의 불의에 대한 하나님의 진노가 반대로 역전되는 일이 있어야 합니다. 2) 하나님이 우리를 상실한 마음에 넘겨주는 일에 반전이 일어나야 합니다. 3) 도덕적으로 부패한 우리 마음이 반대로 역전되어야 합니다. 그래야 우리 마음이 하나님을 바르고 적절하게 섬길 수 있도록 새로워질 수 있습니다.

좋은 소식은 하나님이 이 모든 반전을 일일이 직접 제공하셨다는 사실입니다. 하나님과 그분의 공급하심을 받아들이기만 한다면 더 이상 늪 속으로 가라앉을 필요가 없습니다. 모든 반전을 위한 핵심 구절이 여기 있습니다.

우리에게 쏟아지는 하나님의 진노에 대한 반전은 로마서 1장 17절이 핵심 구절입니다. "〔그리스도의〕 복음에는 하나님의 의가 나타나서 믿음으로 믿음에 이르게 하나니 기록된 바 오직 의인은 믿음으로 말미암아 살리라." 다시 말해, 우리가 하나님께로 돌아가서 그분을 우리의 최고의 선(善)으로 신뢰한다면, 하나님은 그분이 우리에게 요구하시는 의를 기꺼이 우리에게 주십니다. 하나님의 의를 소유하고 있다면 우리는 더 이상 하나님의 진노 아래 있지 않습니다. 참으로 행복한 반전이지요!

하나님이 우리를 상실한 마음대로 내버려 두신 일에 관한 반전의 핵심 구절은 로마서 6장 17절입니다. "하나님께 감사하리로다. 너희가 본래 죄의 종이더니 너희에게 전하여 준 바〔hand over, 로마서 1:28의 '내버려 두사'와 같은 단어임〕 교훈의 본을 마음으로 순종하여." 로마서 1장 28절의 내버려 두는 일에 비하면 완전한 반전의 사건입니다. 여기 진실하고 거룩하며, 거짓되거나 더럽지 않은 교훈의 본이 나옵니다. 그 일을 하시는 분은 하나님이심에 주목하기 바랍니다. 바울은 교인들이 이 교훈에 순종하게 된 것으로 인해 "하나님께 감사하리로다"라고 말합니다. 하나님은 한때 우리를 죄에 넘겨 주셨듯이 이제는 진리와 의로움에 우리를 넘겨 주십니다.

마지막으로 우리 마음의 상실함이 반전을 이루는 핵심 구절은 로마서 12장 2절입니다. "너희는 이 세대를 본받지 말고 오직 마음을 새롭게 함으로 변화를 받아 하나님의 선하시고 기뻐하시고 온전하신 뜻이 무엇인지 분별하도록 하라."

하나님은 예수님에 대한 믿음으로 우리에게 의를 주셨고, 우리를 진리에 대한 새로운 가르침에 넘겨 주셨으며 우리가 이에 순종하게 만드셨습니다. 그리고 조금씩 우리의 생각을 바꾸시고 로마서 1장 29-31절에 나오는 길고 긴 죄의 목록도 하나님의 영광 앞에 짤막해지고 힘을 쓰지 못하도록 바꿔 주셨습니다.

이것이 생명으로 가는 열쇠입니다. 이는 이웃들에게 전하고 온 나라에 퍼뜨릴 메시지입니다. 여러분 모두가 믿음으로 하나님이 역사하시는 세 가지 반전을 경험하게 되기를 간절히 바라고 초청합니다. 1) 하나님의 의의 선물을 통해 하나님의 진노가 바뀌는 반전, 2) 타락한 마음에 넘겨 주었던 것이 진리에 넘겨 주는 것으로 바뀌는 반전, 3) 새로워진 마음의 변화를 통해 상실한 마음에 찾아오는 반전입니다.

26장

악을 행하고 옹호하다

로마서 1:28-32

또한 그들이 마음에 하나님 두기를 싫어하매 하나님께서 그들을 그 상실한 마음대로 내버려 두사 합당하지 못한 일을 하게 하셨으니 곧 모든 불의, 추악, 탐욕, 악의가 가득한 자요 시기, 살인, 분쟁, 사기, 악독이 가득한 자요 수군수군하는 자요 비방하는 자요 하나님께서 미워하시는 자요 능욕하는 자요 교만한 자요 자랑하는 자요 악을 도모하는 자요 부모를 거역하는 자요 우매한 자요 배약하는 자요 무정한 자요 무자비한 자라 그들이 이같은 일을 행하는 자는 사형에 해당한다고 하나님께서 정하심을 알고도 자기들만 행할 뿐 아니라 또한 그런 일을 행하는 자들을 옳다 하느니라. _롬 1:28-32

영적 자살, 동반 자살

어떤 면에서는, 32절 말씀은 인간의 본성에 대한 매우 어두운 시각을 드러내면서 1장을 끝맺고 있습니다. 32절 후반부의 핵심은 실로 많은 사람들이 자신이 죽음에 처할 것을 알면서도 그 일을 행할 뿐 아니라 다른 사람이 그 일을 행하도록 부추기며 찬동하고 있다는 걸 보여주는 데 있습니다. "하나님께서 정하심을 알고도 자기들만 행할 뿐 아니라 또한 그런 일을 행하는 자들을 옳다 하느니라." 다시 말해, 타락의 종착점은 죄를 끌어안고 벌이는 애욕의 동반 자살을 넘어, 다른 이들도 파멸의 길을 걷게 만드는 탐욕입니다. 이 말은 사람들이 죄에 대한 욕망 때문에 스스로도 죽음을 선택할 뿐 아니라, 영적으로 죽음의 의사 케보키안(Jack Kevorkian, 130명을 안락사 시킴—옮긴이)이 되어 다른 이들의 죄를 옹호하고 영원한 자기 파멸에 빠지도록 부추긴다는 의미입니다.

오늘날에도 이런 일은 다양한 모습으로 일어나고 있습니다. 한 가지 예를 들겠습니다. 예수님은 이렇게 말씀하셨습니다. "'간음하지 말라' 하였다는 것을 너희가 들었으나 나는 너희에게 이르노니 음욕을 품고 여자를 보는 자마다 마음에 이미 간음하였느니라. 만일 네 오른 눈이 너로 실족하게 하거든 빼어 내버리라 네 백체 중 하나가 없어지고 온 몸이 지옥에 던져지지 않는 것이 유익하며"(마 5:27-29). 다르게 표현하면, 성결을 위한 싸움을 포기하고 정욕에 삶을 내어주면 결국 영혼이 멸망한다는 것입니다(벧전 2:11 참조).

그러므로 인간이 정욕을 따라 사는 것은 영구적인 영적 자살입니다. 영원한 죽음을 선고받을 일이라고 예수님은 말씀하십니다. 여기서 알아야 할 사실은 지금도 수백만의 사람들이 노골적으로 이런 삶을 영위할 뿐 아니라, 수만 명의 사람들은 온갖 수단과 방법을 동원하여 그 수백만의 사람들이 영적 죽음에 이르도록 전력으로 애쓰고 있다는 점입니다. 지난 해(1997년) 〈유에스뉴스와 월드 리포트〉 지에 에릭 슐로서(Eric Shlosser)가 쓴 기사가 실렸습니다. 에릭 슐로서의 보고에 따르면 포르노 산업은 상업적으로 크게 성공을 거두어 〈어덜트 비디오 뉴스〉라는 출판물까지 발간하게 되었다고 합니다. 또한 19금 판정을 받은 비디오 대여율이 1985년 7천5백만 건에서 1996년 6억6천5백만 건으로 늘었습니다. 그 해에 미국에서 포르노물에 지불한 돈이 80억 불에 달했습니다. 브로드웨이 공연물과 지역 극장, 비영리 극장 공연물, 거기에 오페라, 발레, 재즈, 클래식 음악 공연에 지불된 돈 전체를 모아도 스트립쇼 클럽 전체의 수입보다 적다고 합니다.

따라서 예수님이 말씀하셨던 정욕을 따라 영원한 멸망에 처할 사람들이란, 영적 자살을 시도하는 수백만의 사람들뿐 아니라 다른 사람을 파멸로 이끌기 위해 치명적인 독약을 마시도록 유혹하는 삶을 사는 수만 명의 사람들까지 포함합니다. 이것은 바울이 말하는 타락의 소용돌이 맨 밑바닥의 모습으로, 단순히 죽음에 이르는 죄를 저지를 뿐 아니라 다른 사람들도 그렇게 하는 걸 진심으로 옹호하고 심지어 사람들이 자기 파멸의 길을 걷도록 돕는 일입니다.

저는 1장의 마지막 32절 말씀이, 어떤 면에서는, 인간의 본성에 관한 매우 어두운 시각을 드러내고 있다는 말로 시작했습니다. 우리는 단순히 죄를 지을 뿐 아니라 죽음을 선택합니다. 죄에 지지를 보내고 죄를 끌어모으며 죄를 보고도 분개하지 않습니다. 그리고 죄가 만연할 수 있는 여건을 조성하여 사람들을 죽음으로 함께 몰아갑니다. 하지만 32절에 담긴 또 다른 의미도 있습니다.

제가 보기에 이 구절에는 진리를 사랑할 뿐 아니라 다른 사람들이 진리를 찾고, 진리를 믿으며, 진리이신 예수님을 신뢰함으로써 구원 얻기를 바라는 우리 같은 사람들에 대한 충만한 소망도 담겨 있습니다. 그래서 이 구절이 가르치는 바를 세 가지로 나누어 살펴본 뒤, 이를 근거로 희망적인 적용을 제시하려 합니다.

모든 사람이 하나님을 알고 하나님이 요구하시는 바를 안다

1. 첫 번째로, 32절 말씀은 18-19절의 말씀을 다시 떠올리게 합니다. 즉 모든 사람이 하나님을 알 뿐 아니라 하나님이 원하시는 일부 도덕적 요구와 그것에 대한 불순종이 초래할 결과도 알고 있습니다.

18-19절을 다시 보겠습니다. "하나님의 진노가 불의로 진리를 막는 사람들의 모든 경건하지 않음과 불의에 대하여 하늘로부터 나타나나니 이는 하나님을 알 만한 것이 그들 속에 보임이라 하나님께서 이를 그들에게 보이셨느니라." 이 구절을 통해 모든 인간에게는 하나님을 아는 지식이 있음을 보았습니다. 18절은 인간이 진리를 막는 죄를 범했고, 우리가 행한 일로 인해 하나님의 진노가 우리에게 나타나고 있다고 말합니다. 하지만 하나님을 아는 지식은 분명히 존재합니다.

32절에서는 하나님에 대한 지식 안에는 하나님의 도덕적 율법에 대한 지식도 포함되어 있음을 볼 수 있습니다. "그들이 이같은 일을 행하는 자는 사형에 해당한다고 하나님께서 정하심을 알고도." 바울은 여기서 성경이나 다른 특별 계시를 알지 못하는 일반인들을 언급하고 있습니다. 말하자면 인간의 본성에 대한 충격적인 선언입니다. 모든 사람은 그가 성경을 본 적이 있든 없든, 미국의 도심지에 살든 인도네시아 이리안자야의 밀림에 살든, 하나님을 알 뿐 아니라 하나님의 도덕법에 대한 지식이 있다는 말씀입니다.

하나님 앞에서 핑계할 수 없다

2. 두 번째로, 하나님을 아는 지식이 있다는 말은 모든 사람이 하나님을 대하는 태도뿐 아니라 인간을 대하는 태도로 인해 하나님 앞에서 핑계하지 못할 것임을 의미합니다.

20-21절에서 보았지만 사람들은 하나님을 알면서도 하나님을 영화롭게도 하지 않고 감사하지도 않기 때문에 핑계할 수가 없습니다. "그러므로 그들이 핑계하지 못할지니라. 하나님을 알되 하나님을 영화롭게도 아니하며 감사하지도 아니하고 오히려 그 생각이 허망하여지며 미련한 마음이 어두워졌나니." 마땅히 해야 할 일이 무엇인지 알기 때문에 그 일을 하지 않은 것에 대해 핑계를 댈 수가 없습니다. 이번에는 동일한 원리를 사람이 하나님을 대하는 태도뿐 아니라 사람을 대하는 태도에 적용해 보겠습니다. 32절입니다. "그들이 이같은 일을 행하는 자는 사형에 해당한다고〔핑계하지 못한다는 20절 말씀과 동일〕 하나님께서 정하심을 알고도〔21절과 동일〕 자기들만 행할 뿐 아니라〔21절과 동일〕 또한 그런 일을 행하는 자들을 옳다 하느니라." 병행구조가 나타납니다. 20-21절에서는 그들이 하나님을 알면서도 마땅히 해야 할 일을 그분

께 하지 않았기 때문에 핑계할 수 없다고 했습니다. 그리고 32절에서는 이들이 하나님의 법을 알면서도 마땅히 해야 하는 방법으로 사람들을 대하지 않기 때문에 핑계할 수 없다고 나옵니다.

우리의 책임에 관한 또 다른 중요한 내용이 여기에 나옵니다. 비록 하나님이 우리를 상실한 마음대로 내버려 두신 것 때문에 우리 죄가 더 심각해졌다 하더라도, 우리는 우리가 저지른 일에 대해 (어떤 핑계도 대지 못하며) 책임을 져야 합니다. 28절을 다시 보십시오. "하나님께서 그들을 그 상실한 마음대로 내버려 두사 합당하지 못한 일을 하게 하셨으니." 32절이 말하고자 하는 요지는 비록 하나님이 우리를 내버려 두신 것 때문에 우리가 그런 일을 행하게 되었다고 해도, "그러한 일을〔하나님이 우리를 내버려 두셔서 우리가 행하게 된 바로 그 일을〕 행하는" 자는 사형에 처한다는 것입니다. 다시 말해, (점점 더 심각해지는) 죄에 대한 하나님의 심판이 죄인의 죄책을 줄여 주지는 않습니다. 반면, 32절에서는 하나님이 우리를 상실한 마음대로 내버려 두신 것 때문에 우리가 행하고만 그 일들이 "사형에 처할" 일인 것을 우리 스스로 "안다"고 말합니다.

양심보다 깊은 실제적 지식

3. 32절에서 발견하는 세 번째 통찰은, 하나님의 법에 대해서 양심보다 더 깊이 있는 실제적 지식이 있다는 것입니다.

우리 중에는 하나님이 제정하신 도덕적 기준이 있다는 걸 믿지 않는 사람들뿐 아니라, 특히 하나님을 믿지 않는다는 사람들이 분명히 있기 때문에 이 말씀을 드립니다. 32절은 이렇게 말합니다. "그들이 이같은 일을 행하는 자는 사형에 해당한다고 하나님께서 정하심을 알고도." 특히 "하나님께서 정하심"이라는 구절에 주목하시기 바랍니다. 사람들이 혹 자신들은 하나님이 정하신 법을 모른다고 생각할지라도, 실제로는 29-31절에 나온 내용, 즉 죽어 마땅한 그 죄 가운데 적어도 한 가지 죄를 자신이 범하고 있다는 사실을 알고 있다는 점을 바울은 우리에게 가르쳐 줍니다. 그렇다면 분명 양심보다 더 깊은 지식이 있다는 의미가 되는 것입니다.

우리는 이것을 18절에서 보았습니다. "하나님의 진노가 불의로 진리를 막는 사람들의 모든 경건하지 않음과 불의에 대하여 하늘로부터 나타나나니." 하나님과 하나님의 법에 대한 진리를 "막는(억누르는)" 것이 있습니다. 이런 일은 우리가 미처 알아채지 못하는 사이에도 순식간에 자연스런 불만과 함께 일어날 수 있습니다. 그래도 우리는 이러한 일들이 하나님의 법을 거스른다는 걸 알고 있습니다. 하지만 그런 지식을 양심으로 경험하지는 않습니다.

이제는 위의 세 가지 관찰을 바탕으로, 불신자들에게 복음을 나눌 수 있는 적용방법을 생각해 보겠습니다. 그리고 그 내용이 변증하는 일(우리의 믿음에 대한 이유를 전하는 일)과 무슬림 및 유대인 선교에 있어서 어떤 의미가 있는지 생각해 보겠습니다.

18-21절과 더불어 32절이 우리에게 가르치는 바는 우리가 아는 모든 사람, 우리가 만나서 이야기를 나눌 모든 사람들이 이미

하나님을 알고 있으며 마음 깊은 곳에 하나님의 법도 알고 있다는 것입니다. 복음을 전하고자 하는 사람들에게는 참으로 놀라운 진리입니다. 이 부분에 대해 잠시 생각해 봅시다.

18-21절은 모든 사람이 하나님을 안다고 가르칩니다. 모든 사람이 하나님의 존재를 알고 있으며 그분이 "영원하시고 능력이 많으시고 영화로우시고 자비가 많은" 분임을 알고 있다는 의미입니다. 자연 속에 그리고 모든 사람들의 무의식 어딘가에(어떤 경우는 깊숙한 곳에, 어떤 경우는 표면에 가깝게) 최소한 그 정도는 알려져 있다고 바울은 말합니다. 인간이 그 지식을 막을 수는 있습니다. 그러나 그 사실을 알고는 있습니다. 그리고 그 결과가 우리의 삶에서 그대로 드러납니다.

그런 후 32절에서는 모든 사람이 하나님의 존재와 그분이 영원하시고 능력 많으시고 영화로우시고 자비가 많으시다는 것을 알 뿐 아니라 하나님이 정해 놓으신 의로운 법이 있다는 사실도 안다고 덧붙입니다. 즉 29-31절에 나오는 죄들이 사형을 받아 마땅한 일임을 아는 것입니다. '모든 사람'이 그 사실을 안다고 바울은 말합니다. 찰스 핫지(Charles Hodge, 19세기 미국 신학자—옮긴이)는 이렇게 표현하고 있습니다. "가장 타락한 죄인이라도 자신이 하나님의 진노를 고스란히 받고 있다는 걸 알고 있다."*

복음전도에 있어서는 어떤 의미가 있는가?

우리와 복음을 나눌 모든 사람들이 그 사실을 인정하지는 않을 것입니다. 하지만 그들에게 나아갈 때 우리는 상당한 (성경적) 확신을 품고 나아갈 수 있습니다. 그들의 영혼 속에 진리를 새기려고 애쓰는 일부터 시작하지 않아도 되기 때문입니다. 그들은 텅 빈 계명 판을 가지고 있지 않습니다. 물론 깊이 묻어두거나 왜곡하거나 모른 체하거나 일중독, 과도한 유희에 빠져 회피하기도 하지만, 여전히 그 지식이 그들 안에 있습니다.

여러분은 무엇을 해야 합니까? 그렇다고 그 사람들은 진리를 들을 필요가 없다고 으레 짐작하지 말기 바랍니다. "그래요? 하나님의 진리와 하나님의 법이 그들 마음에 있다면 굳이 하나님의 영광과 능력과 의로운 요구에 대해 말할 필요가 없겠네요"라고 말하지 말기 바랍니다. 오히려 지금 여러분이 말한 대로 진리가 그들에게 전혀 생소하지 않다는 확신을 가지고 진리를 전하십시오. 여러분이 전하는 복음이 그들 마음 깊은 곳에 있는 진리를 건드려 일깨우리라는 확신으로 말씀하십시오.

"하나님이 계시는지 잘 모르겠다"는 사람에게

혹 그 사람들이 이런 말을 한다면 어떻게 합니까? "당신이 하는 말이 진실인지 내가 어떻게 알겠습니까? 하나님이 있는지, 그분이 영광스러운지 자비로운지 내가 어떻게 알겠냐구요? 허리케인이 미국을 헤집고 다닌 사건은 어떻게 하죠? 하나님께 감사는커녕 욕을 해야 할 거 같군요. 하나님의 법을 어긴 내가 사형을 당해야 하는 게 아니라, 내 법을 깨뜨린 그분이 사형을 당해야 하는 게 아닙니까?"

이런 부류의 질문에는 여러 가지로 답할 수 있습니다. 1) 누가 복음 13장 1-5절을 보여주시면서 이렇게 말씀하시기 바랍니다. "자연 재해로 죽은 사람들이라고 해서 우리 같은 사람들보다 꼭 더 나쁜 죄인이라고 말할 수는 없습니다. 회개하지 않으면 우리 모두가 멸망하고 맙니다." 2) 혹은 욥기를 펼쳐서 사탄이 자연 재해에 어떤 식으로 개입하는지, 하지만 결국에는 하나님이 모든 것을 주관하셔서 이 땅의 어떤 사건이라도 그분의 선하심과 목적하심을 위해 선용하신다는 사실을 보여주시기 바랍니다. 3) 아니면 곧장 그리스도의 십자가에 대해 설명하며, 이 땅에서 우리가 비참한 고통 가운데 있더라도, 하나님은 우리의 죄악에 임하는 마지막 심판에서 우리를 구원하고 영원한 기쁨을 누리게 하기 위해 우리와 고통을 함께하신다는 것을 보여주십시오.

그런데 로마서 1장 32절은 또 다른 답을 제시하고 있습니다. 여러분은 사람들에게 이렇게 메시지를 전할 수 있습니다. "하나님의 실체와 하나님의 영광과 선하심과 도덕법과 인간의 불순종하는 죄에 대해 의구심을 느낀다는 것은 저도 압니다. 하지만 성경은 당신이 이 모든 것을 마음속 깊이 이미 알고 있다고 말합니다. 그 말에는 이런 뜻도 담겨 있습니다. 즉 당신이 겸손한 마음으로 하나님 앞에 나아가 죄의 속박에서 벗어나게 해달라고 기도하면 그 일이 분명하게 일어날 것입니다. 저나 다른 사람에게 의지할 필요가 없습니다. 하나님이 자연 속에서 당신에게 보여주시고 마음에도 새겨두셨기 때문에 당신은 그 진리를 이미 알고 있을 것입니다."

그리고 이렇게 이어갈 수 있습니다. "당신이 간절히 원하기만

하면 이 모든 죄를 해결할 하나님의 처방이 무엇인지 말씀드리고 싶습니다. 위대하고 영광스럽고 선한 하나님이 정말로 존재한다는 것을 알고, 하나님의 도덕적 기준을 우리가 깨뜨렸기에 죽음에 처할 수밖에 없다는 사실을 깨닫는다면, 이 사실 하나만 기억하세요. 하나님은 그분의 아들 예수 그리스도를 세상에 보내셔서 죄인을 구하게 하셨습니다. 그분은 완전한 삶을 사셨습니다. 그리고 그분을 믿는 모든 사람이 용서를 받고 그 이름 때문에 하나님 앞에 의롭다는 인정을 받을 수 있도록 우리 대신 죽임을 당하셨습니다. 저는 하나님께서 이미 당신의 마음속에 넣어 두신 지식을 밝히 드러내셔서 그리스도의 복음이 얼마나 완벽하게 인간의 필요를 채우는지 당신이 깨닫게 해달라고 기도하겠습니다."

여러분 자신과 또한 여러분이 복음을 전하려고 하는 대상자에게 이 소식을 전한다고 한 번 생각해 보십시오. 유대인과 무슬림에게 이 소식을 전하면 어떻게 될지도 생각해 보시기 바랍니다. 로마서 1장 32절은 모든 사람이 하나님이 정하신 것을 깨뜨렸으며 결국 죽을 수밖에 없다는 사실을 모든 사람이 알고 있다고 말합니다. 하지만 유대교나 이슬람에서는 이러한 죄를 해결하고 하나님과 화해를 이룰 만족할 만한 방법을 제시하지 못합니다. 그러므로 하나님이 특별한 뜻이 있어서 여러분의 기도에 응답하신다면, 이러한 인간의 천성적 지식이 복음 —하나님이 우리의 죄를 대신한 예수님의 죽음 때문에 그분을 믿는 모든 사람을 의롭다고 선언하신다는 좋은 소식— 에 대해서 그들의 마음을 준비시킬 수 있을 것입니다.

오늘 이곳에 모인 분들 가운데 아직 믿지 않는 분이 있다면, 눈을 열어 하나님이 말씀하시는 진리를 바라보시기 바랍니다. 이미 여러분 안에 내재한 진리입니다. 그런 다음 십자가에 못박히신 그리스도의 복음이 여러분을 위한 완전한 치료제가 되게 하십시오.

이곳에 있는 그리스도인인 성도 여러분은 로마서 1장 32절 말씀을 붙들고 더욱 담대하게 믿지 않는 자들에게 나아가시기 바랍니다. 하나님이 미리 앞서 가셔서 위대한 일을 준비하고 계신다는 확신을 품고 가시기 바랍니다. 예수 그리스도의 복음은 완전하며, 이미 모든 사람이 마음속 깊이 자기 자신에 대해 알고 있는 문제를 해결하는 유일한 열쇠입니다. 그 복음을 사랑으로 선포하고, 하나님이 그들에게 은혜를 주셔서 더 이상 복음을 막는 자들이 되지 않도록 기도하시기 바랍니다.

27장

위선에 대한 하나님의 반응: 인자와 심판

로마서 2:1-5

그러므로 남을 판단하는 사람아, 누구를 막론하고 네가 핑계하지 못할 것은 남을 판단하는 것으로 네가 너를 정죄함이니 판단하는 네가 같은 일을 행함이니라. 이런 일을 행하는 자에게 하나님의 심판이 진리대로 되는 줄 우리가 아노라. 이런 일을 행하는 자를 판단하고도 같은 일을 행하는 사람아, 네가 하나님의 심판을 피할 줄로 생각하느냐? 혹 네가 하나님의 인자하심이 너를 인도하여 회개하게 하심을 알지 못하여 그의 인자하심과 용납하심과 길이 참으심이 풍성함을 멸시하느냐? 다만 네 고집과 회개하지 아니한 마음을 따라 진노의 날 곧 하나님의 의로우신 심판이 나타나는 그 날에 임할 진노를 네게 쌓는도다. _롬 2:1-5

오늘 말씀은 로마 교회에 보내는 바울 사도의 서신에 관한 27번째 설교입니다. 오늘로서 2장에 접어들었습니다. 여러분 중에 이렇게 질문하는 분도 계시겠지요. "그 많은 성경 내용 중에 왜 하필 이 책에 그 많은 시간을 들여 세세하게 살펴보아야 합니까? 왜 로마서입니까? 얼마나 많은 시간을 이 책에 쏟아 붓는지 아십니까?" 그 질문에 대해 일곱 가지 이유를 말씀드릴까 합니다. 복잡한 설명이라기보다 아주 간단하고 요점이 분명합니다. 사실 이유는 더 많지만 시간상 이 정도로 말씀드립니다.

왜 로마서 한 권에 그토록 집중하는가?

1. 로마서는 전체 성경 가운데 기독교적 복음을 가장 잘 집대성해 놓은 책입니다. 마틴 루터는 이 책을 "신약 성경 중 최고의 책이며 … 가장 순수한 복음"이라고 말했습니다. 존 칼뱅은 이렇게 말했습니다. "로마서를 제대로 이해하기만 한다면 성경의 가장 심오한 보물을 캐는 문이 열리는 셈이다." 다시 말해 로마서를 알면 기독교를 알게 된다는 말입니다.

2. 저자인 바울은 죽은 자 가운데서 부활하신 그리스도를 직접 만났고, 복음의 권위 있는 대변자로 직접 부르심을 받았습니다(고전 15:8-10). "사도"라는 말은 권한을 위임 받은 대표로서 보냄 받은 사람을 뜻합니다. 다시 말해 로마서는 단순한 사람의 말이 아니라 바울에게 직접 나타나신 그리스도의 말씀이 그를 통해 우리에게 전달되는 것입니다. 그런데 그게 정말 사실일까요?

3. 바울은 사람들이 그 사실을 의심하리라는 것을 알았기 때문에 과거에 자신이 다메섹 도상에서 그리스도를 만나기 전까지 바리새인으로서 얼마나 기독교를 심하게 박해했는지 사람들에게 강조하고 있습니다. 그리스도인들을 박해했던 바울의 행적은 널리 알려진 터였습니다. 그리고 바울은 기독교 박해자에서 복음의 수호자로 급격히 역전된 이유가 바로 그리스도를 만나서(갈 1:12-

16) 사도로 부르심을 받았기 때문이라고 설명하고 있습니다. 바울은 자신에 대해 확인해 볼 수도 있는 적대적인 사람들에게 그 이야기를 전하고 있습니다.

4. 바울의 부르심과 사도로서의 직위는 예수님의 부활을 직접 목격한 사람들을 통해서도 확인되고 있습니다. 그렇게 하면 혹시라도 개인적인 경험만을 근거로 자기 주장을 펼치는 일개 변절자로 오해 받을 위험을 피할 수 있기 때문입니다. 바울은 자기 자신에 관한 내용과 그가 위임받은 메시지를 다른 사도들, 특히 베드로와 야고보와 요한에게 전했습니다. 이들은 바울의 삶 속에서 그리스도의 사도로서의 증거를 보고 친교의 악수를 청했습니다(갈 2:7-9).

5. 더욱이 바울은 한때 자신이 힘써 핍박하던 진리의 말씀을 위해 남은 생애 동안 범상치 않은 박해와 고난도 마다하지 않았습니다(고후 11:23-28). 달리 말하면, 바울은 평생 떵떵거리며 살 수도 있었으나 결코 자신의 결심을 철회하지 않았습니다. 한 번은 이렇게 말하기도 했습니다. "만일 그리스도 안에서 우리가 바라는 것이 다만 이 세상의 삶뿐이면 모든 사람 가운데 우리가 더욱 불쌍한 자이리라"(고전 15:19). 그는 자신이 겪는 고통과 몸에 난 상처를 "예수의 흔적"으로 여기고(갈 6:17), 기꺼이 감내하려 했던 사랑의 고통을 통해 자신의 진정성을 호소했습니다.

6. 이 책 로마서는 바울이 쓴 다른 서신서(신약 성경에 있는 다른 12권의 책)와 더불어 지난 2천 년 간 수많은 사람을 통해 다른 어떤 세계관보다 세상의 실체를 더 잘 이해하는(그리고 세상의 더 큰

실체를 이해하는) 책으로 검증받았습니다. 다시 말해, 이들 책에는 영감으로 기록된 책이 갖고 있는 일종의 자기 검증 능력이 있다는 말입니다. 인생의 거대 사안들에 대해 밝은 빛을 조명해 주고 있기 때문입니다. 하나님은 누구시며 인간은 누구인지, 인간은 어디서 왔는지, 왜 여기에 존재하는지, 미래는 어떻게 될 것인지, 죄와 악은 무엇인지, 하나님은 그리스도의 죽음을 통해 인간의 죄에 어떤 일을 하셨는지, 진정한 행복은 무엇인지, 이 땅에서의 삶은 어떤 식으로 질서가 확립되는지, 그래서 사회가 혼돈으로 무너지는 대신 어떻게 융성할 수 있는지에 관해 말하고 있습니다. 지난 2천 년 간 사람들은 이 책을 진리로 받아들였습니다. 세상의 실체를 이해하는 데 도움이 되는 방식으로 매우 거대하고 중요하고 난해한 질문에 답해 주기 때문입니다.

7. 마지막으로 이 서선서가 교회와 세상에 미치는 영향력만 생각해도 다른 어떤 것과 비교가 불가합니다. 주후 386년에 아우구스티누스가 회심하는 데 하나님이 사용하신 구절이 바로 이 로마서에서 인용되었습니다. 이후 아우구스티누스는 교회 역사상 가장 영향력 있는 신학자가 되었습니다. 마틴 루터를 회심시키고 우리가 알고 있는 16세기의 종교 개혁이 일어나게 한 것이 바로 로마서 1장 17절 말씀입니다. 1738년 요한 웨슬리를 일깨워 영국과 미국 전역에 영적 대각성을 일으킨 것도 바로 로마서 주해서였습니다. 두 나라 모두에게 유익을 준 놀라운 변화였습니다. 20세기에 일어난 일만 보아도 그렇습니다. 아직 회심하지 않았던 시절, 그리스 정교회 신학생이었던 드미트루 코닐레스쿠(Dumitru

Cornilescu)는 1916년 루마니아의 수도 부쿠레슈티에서 신약성경을 번역하기 시작했습니다. 그런데 로마서를 번역하던 중 그리스도의 복음의 위대한 진리에 압도된 나머지 회심하게 되었습니다. 그는 1921년에 번역본을 발간하였고 그 책은 루마니아 번역본의 표준으로 자리 잡게 되었습니다. 그러나 정교회 대주교의 명으로 1923년 추방당했고 이후 스위스에서 남은 생애를 보냈습니다.

여기 베들레헴교회에 모인 우리는 영혼을 꿰뚫는 성경 말씀, 그 중에서도 특별히 로마서(아마도 성경에서 가장 위대한 책)의 능력과 진리로 변화된 수백만 그리스도인들 중 하나입니다. 따라서 오늘은 본문을 로마서의 전체적 맥락에서 살펴본 뒤 로마서가 하나님과 우리에 관해 전해 주는 말씀이 무엇인지 보겠습니다.

복음의 본질

바울은 로마서 1장 16-17절에서 기독교 복음의 본질과 정수를 제시하고 있습니다. 우리 역시 여기에 우리 인생의 기반을 두고 있습니다. 자신이 죄인임을 아는 우리와 같은 사람들, 하나님과 올바른 관계를 맺고 싶은 사람들, 하나님과 교제를 나누고 영생을 누리고 싶은 사람들을 위해 이 세상에 주신 최고의 소식입니다. "내가 복음을 부끄러워하지 아니하노니 이 복음은 모든 믿는 자에게 구원을 주시는 하나님의 능력이 됨이라 먼저는 유대인에게요 그리고 헬라인에게로다. 복음에는 하나님의 의가 나타나서 믿음으로 믿음에 이르게 하나니 기록된 바 '오직 의인은 믿음으로 말미암아 살리라' 함과 같으니라."

다시 말하면, 하나님은 사람들을 죄와 죽음과 심판에서 건져내고픈 커다란 열망을 품으셨다는 말입니다. 그래서 누구든지 믿으면 구원을 얻을 수 있는 좋은 소식, 즉 복음을 주시려고 역사 속으로 임하셨습니다. 바울은 나중에 3장 24-26절에서 하나님이 역사 속에 임하셔서 행하신 일, 즉 독생자 예수 그리스도를 이 땅에 보내어 완전히 의로운 삶을 살다가 죄인의 자리에서 죽게 하셨으며, 이는 그를 믿는 모든 사람이 자신의 죄를 용서받고 죽음과 심판의 두려움에서 벗어나 의로움의 선물을 받게 하시기 위해서라는 사실을 설명하고 있습니다.

그러므로 바울은 로마서 1장 16-17절에서 복음을 요약정리한 뒤에 그 복음이 모든 믿는 자를 구원하는 하나님의 능력이 된다고 말합니다. 그는 이렇게 설명합니다. "복음에는 하나님의 의가 나타나서 믿음으로 믿음에 이르게 하나니"(17절). 이 말은 복음에는 —그리스도의 삶과 죽음과 부활에— 하나님이 우리를 위해 그분이 몸소 성취하신 의가 있으며, 우리가 그리스도를 믿으면 그것을 선물로 받을 수 있다는 뜻입니다. 하나님은 인간에게 요구하시는 의를 우리에게 거저 주십니다. 우리의 행위에 근거해서가 아니라 우리의 믿음에 근거한 일입니다. 이것이 기독교가 그 자체로 기쁜 소식이 되는 이유입니다. 우리 스스로는 결코 이룰 수 없는 의, 즉 하나님의 은총을 받을 만큼 선한 행동을 해야 얻는 의를 그리스도 안에서 우리에게 그냥 주신 분이 하나님이십니다. 우리 자신을 의뢰하는 일을 포기하고 하나님을 신뢰하기 시작할 때 그 의를 하나님이 값없이 우리에게 주십니다.

모든 인간에게 필요한 복음

그런 후 바울은 로마서 1장 18절부터 3장 20절에 걸쳐 모든 사람에게 이 값없이 주어지는 복음이 필요하다는 사실을 증명하기 위해 애씁니다. 그리고 3장 9절에서는 이런 결론에 이릅니다. "그러면 어떠하냐? 우리〔유대인〕는 나으냐? 결코 아니라. 유대인이나 헬라인〔=이방인〕이나 다 죄 아래에 있다고 우리가 이미 선언하였느니라." 다시 말해, 1장 18절과 3장 9절 사이에서 바울이 말하고자 하는 목표는, 구속사 안에서 하나님의 주목을 받으며 모든 특권을 누렸던 유대인뿐 아니라, 구약 시대 하나님의 특별한 간섭 아래 있던 이스라엘 이외의 모든 세상 사람들이 하나님 앞에서 죄인이며 죄의 권세 아래 있음을 보여주는 것입니다. 왜 우리가 죄인이라는 사실을 납득시키기 위해 그 많은 지면을 할애했을까요? 우리가 그 사실을 의심하기 때문입니까? 그렇습니다, 우리는 의심합니다. 진리가 불편하다는 이유로 억누르는 사람들입니다. 이 세상에 완벽한 사람은 없으므로 우리 자신이 완벽하지 않다는 일반적인 사실 정도만 기꺼이 받아들일 뿐입니다. 그러나 자신이 정말로 깊은 내면의 문제를 안고 있으며 교만하고 이기적이고 반항적이어서 하나님과 분리되었고 성경이 말하는 구원을 필요로 하는 존재라는 사실을 기꺼이 인정하는 사람은 많지 않습니다.

지난 여름 제가 공원에서 설교했을 때 우리가 얼마나 죄인인지에 관한 주제를 다루었습니다. 그때 설교를 들었던 여자 성도분이 제게 이런 이야기를 들려 주었습니다. 자기 옆에 앉았던 사람이 제 설교를 듣고 이렇게 말했다고 합니다. "저 말을 곧이곧대로 믿는 건 아니죠?" 지난 금요일에는 올랜도로 말씀을 전하러 갔는데, 제 앞서 설교하시는 분이 이런 말씀을 하셨습니다. 참으로 아이러니한 것은 20세기야말로 역사상 가장 잔인한 시기였는데, 단지 유태인 대학살 때문만이 아니라, 스탈린 통치 당시 우크라이나에서 수백만 명이 살해당하고 마오쩌뚱 통치로 중국에서 수백만이 학살당했으며, 캄보디아에서는 폴 포트의 압제 하에 인구의 20퍼센트가 사형을 당하고 르완다에서는 80만 명의 투치족이 학살당하고 미국에서는 3천 만의 생명이 낙태로 죽어갔기 때문이라고 했습니다. 그런데 이렇듯 피로 점철된 20세기 끝 무렵에 사람들은 악의 존재를 부정하고, 또 인류가 기본적으로 선하기 때문에 좋은 교육이 필요할 뿐 구원이 필요하지는 않다고 믿는다는 사실은 엄청난 아이러니라고 했습니다. 혹 20세기가 우리에게 교훈을 준다면 그것은 인간의 타락에는 교육이 아무 역할도 못한다는 사실입니다.

그런데 그 와중에 우리 같은 사람들 중의 일부는 기꺼이 그 사실을 받아들이되, 우리 자신을 타락과 죄에서 구원하기 위해 하나님 앞에서 뭔가 특별한 일을 해야 한다고 생각합니다. 하지만 성경은 놀라우면서도 고통스런 현실을 그대로 제시하면서 우리가 그런 유혹에 빠져서는 안 된다고 말합니다. 로마서 1장 18-32절에서 바울은 모든 이교도 이방인은 죄인이며 하나님이 그리스도 안에서 허락해 주시는 구원을 받아야 한다고 주장합니다. 오늘 본문에서 바울은 도덕주의자들과 엄격한 율법 준수를 주장하는 사람들, 특히 유대인들에 대해 다루기 시작합니다. 우리 중 많은 사람들에게 해당되는 내용인 것 같습니다. 그러므로 본문을 자세히 살펴볼 필요가 있습니다.

하지만 그 내용을 살피기 전에 앞에 나온 구절들을 마음에 잘 새겨 두어야 합니다. 로마서 1장 29-32절에서 바울은 하나님을 거부하는 곳에서 일어나는 여러 현상들을 열거했습니다. "모든 불의, 추악, 탐욕, 악의가 가득한 자요 시기, 살인, 분쟁, 사기, 악독이 가득한 자요 수군수군하는 자요 비방하는 자요 하나님께서 미워하시는 자요 능욕하는 자요 교만한 자요 자랑하는 자요 악을 도모하는 자요 부모를 거역하는 자요 우매한 자요 배약하는 자요 무정한 자요 무자비한 자라." 그리고 1장 마지막에(32절) 강력하게 선언합니다. "그들이 이같은 일을 행하는 자는 사형에 해당한다고 하나님께서 정하심을 알고도 자기들만 행할 뿐 아니라 또한 그런 일을 행하는 자들을 옳다 하느니라."

기독교에 먹칠하는 위선자들

이 구절을 읽으면 매우 독선적이고 자기 의에 가득찬 종교적인 사람들을 떠올릴 수 있습니다. 그들은 이런 사고에 사로잡혀 있습니다. "우리는 하나님을 미워하지 않습니다. 더욱이 우리는 살의나 다툼이나 사악함이나 나쁜 계획을 품고 있지도 않습니다." 이런 부류의 사람들이야말로 기독교에 먹칠하는 위선자일 때가 종종 있습니다. 교회에 나가는 많은 사람들 가운데 진실한 그리스도인이 아닌 사람도 있습니다. 오늘 저는 여러분 앞에 솔직히 말씀드립니다. 지금 제가 말씀을 전하며 기도하는 바는 이렇습니다. 혹시 여러분 가운데 이런 위선적인 사람들 때문에 기독교를 욕하신 분이 있다면 다음에 나올 구절을 통해 그러한 위선에 대해 하나님이 어떻게 반응하시는지 알게 되시기 바랍니다. 그리고 하나님과 그리스도와 그분의 구원의 길에 대해 마음을 결정하시되, 그같이 종교적인 몇몇 사람들의 모습 대신 정말로 하나님이 어떤 분인지에 대한 깨달음을 기초로 결정하시기 바랍니다.

위선에 대한 두 가지 반응

스스로 자신의 의를 자랑하며 남에게 손가락질 하는 사람들에 관해 바울이 무엇이라고 말하는지 로마서 2장 1-5절에 나옵니다. 이 구절에서 우리가 중점적으로 보아야 할 두 가지를 말씀드리고 싶습니다. 위선에 대한 하나님의 두 가지 반응입니다. 하나씩 살펴보면서 밑줄 치도록 하겠습니다.

> 그러므로 남을 판단하는 사람아, 누구를 막론하고 네가 핑계하지 못할 것은 남을 판단하는 것으로 네가 너를 정죄함이니 판단하는 네가 같은 일을 행함이니라. 이런 일을 행하는 자에게 하나님의 심판이 진리대로 되는 줄 우리가 아노라. 이런 일을 행하는 자를 판단하고도 같은 일을 행하는 사람아, 네가 하나님의 심판을 피할 줄로 생각하느냐? 혹 네가 하나님의 인자하심이 너를 인도하여 회개하게 하심을 알지 못하여 그의 인자하심과 용납하심과 길이 참으심이 풍성함을 멸시하느냐? 다만 네 고집과 회개하지 아니한 마음을 따라 진노

의 날 곧 하나님의 의로우신 심판이 나타나는 그 날에 임할 진노를 네게 쌓는도다.

우리가 밑줄 그은 구절들은 하나님에 대해 두 가지를 말하고 있습니다. 하나님은 인자하신 분이며 또 공의로운 분이라고 말합니다. 하나님은 인자하시며 공의로우십니다. 하나님의 두 가지 성품에 관해 살펴보겠습니다.

하나님은 공의로우시다

하나님은 공의로우십니다. 첫 번째 구절에서 바울이 위선자들에게 "네가 핑계치 못할 것은"이라고 말하고 있는데, 이는 하나님이 '공의'에 관심을 두고 계심을 보여주고 있습니다. 만약 이런 사람들이 남을 판단하는 행위와 위선 같은 죄에 대해 합법적인 핑계를 댈 수 있다면, 하나님의 판단은 공의롭지 못한 것이 됩니다. 하지만 이 구절 전체의 핵심 요지는 바울이 로마서 1장 20절과 32절에서 이방인들에 대하여 했던 말과 동일합니다. 바울은 그들에게 아무런 핑계할 말이 없다는 사실을 보여주기 원합니다. 달리 표현하면 죄로 인해 하나님의 심판이 임하는 것이 전혀 공의롭지 못한 일이 아니라는 것입니다. 어느 누구도 합법적인 이의를 제기할 수 없습니다.

그러므로 하나님에 대해, 그리고 위선에 대한 하나님의 반응에 대해 알아야 할 첫 번째 사실은 하나님은 공의로우시고, 그분의 공의로운 심판은 죄 속에 살아가는 소위 이교도라 불리는 사람에게만 임하지 않고, 이교도들을 멸시하는 도덕적이고 종교적인 사람들에게도 임한다는 점입니다. 실제로 그들은 하나님을 믿지도 사랑하지도 않는 듯이 보이는 행동을 스스럼 없이 행합니다. 로마서 1장 29-31절에 나오는 목록에는 탐욕과 시기가 가득하고 수군수군하며 무정하고 무자비하다는 내용도 포함되어 있습니다. 우리 중 누구라도 마땅히 다른 사람에게 베풀어야 할 자비와 사랑을 온전히 품은 적이 있습니까?

하나님은 인자하시다

하지만 본문이 하나님에 대해, 그리고 사람들의 위선에 대한 하나님의 반응에 대해 말하고 있는 두 번째는 하나님은 인자하시다는 점입니다. 실제로 4절에서 바울은 "인자하심과 … 풍성함"이라고 언급합니다. 그 말은 하나님이 조금 친절하신 정도가 아니라 우리에게 부어주실 거대한 인자하심의 근원이 되신다는 의미입니다. 하나님은 지금도 우리에게 그분의 인자를 온전히 부어주고 계십니다.

바울은 하나님의 인자하심을 설명하기 위해 두 개의 다른 단어를 사용하고 있습니다. 그는 '길이 참음'(forbearance)과 '인내'(patience)라는 단어를 사용합니다. 다시 말해, 하나님의 공의는 죄를 지은 우리를 즉각 처벌하도록 요구하시지 않습니다. 하나님의 인자하심이 그분이 우리를 인내하며 길이 참고 기다리게 합니다. 바울이 사용한 헬라어 '인내'라는 단어는 영어의 '오래 참음'(long suffering)과 같습니다. 이 말은 하나님이 우리의 완고함과 회개치 않음을 몇 달이든 몇 년이든 몇십 년이든 오래오래 참으며 견디신다는 의미입니다.

그러니까 우리가 지금 여기 살아 있는 것이 하나님의 이렇듯 위대한 인자하심 때문이라는 겁니다. 하나님은 이미 수십 년 전에 마땅히 우리를 심판으로 쓸어버리실 수도 있었습니다. 하지만 우리는 지금 이 자리에 있습니다. 그 사실에 놀라지 않을 수 없습니다. 이번 목요일은 추수감사절입니다. 그리고 오늘은 추수감사기념주일입니다. 하나님의 풍성한 인자하심에, 우리를 길이 참으시고 인내하심에 많은 감사를 드려야 마땅합니다. 우리는 이렇게 살아 있습니다. 선포된 복음 아래 이렇게 현존해 있습니다. 그리고 로마서 2장 4절의 "하나님의 인자하심이 너를 인도하여"라는 분명한 말씀도 우리에게 있습니다.

오늘 저는 이렇게 기도합니다. 이곳에 있는 모든 사람들이 회개하고 예수 그리스도 안에서 하나님께 죄사함을 받고 하나님의 의를 선물로 받았다는 확신을 갖게 해달라고 말입니다. 여러분이 종교와 담을 쌓은 세속주의자였든, 이제껏 남을 도덕적 잣대로 비판해온 사람이든 상관이 없습니다. 이곳에 모인 모든 사람들의 영생은 우리의 선한 행동이 아니라 하나님의 인자하심에 달려 있습니다. 여러분이 세례를 받았느냐가 구원을 결정하지 않습니다. 여러분이 교회에 잘 다니느냐가 구원을 결정하지 않습니다. 예배시간에 앞에 나와서 결신 기도를 하고 등록카드를 써냈다고 해서 구원을 받을 수 있는 것이 아닙니다. 그런 것들로는 구원받지 못합니다.

하나님은 여러분을 '회개'로 이끌고 계십니다. 회개란 생각과 마음에 중대한 변화가 일어나서 죄와 위선을 미워하게 되고 겸손함과 믿음으로 예수님께 돌아서서 "주님만이 나의 소망입니다"라고 고백하는 것을 말합니다. 그리고 예수님이 죽음으로 얻어내신 죄사함과 도우심과 생명에 대한 약속을 바라보며 그분을 신뢰하는 것입니다. 예수님을 믿는 모든 이들에게 이것들은 값없이 주어집니다.

28장

마지막 분리:
영원한 생명 혹은 영원한 진노 (1부)

로마서 2:6-10

하나님께서 각 사람에게 그 행한 대로 보응하시되 참고 선을 행하여 영광과 존귀와 썩지 아니함을 구하는 자에게는 영생으로 하시고 오직 당을 지어 진리를 따르지 아니하고 불의를 따르는 자에게는 진노와 분노로 하시리라. 악을 행하는 각 사람의 영에는 환난과 곤고가 있으리니 먼저는 유대인에게요 그리고 헬라인에게며 선을 행하는 각 사람에게는 영광과 존귀와 평강이 있으리니 먼저는 유대인에게요 그리고 헬라인에게라. _롬 2:6-10

우리의 최후, 천국인가 지옥인가

오늘 본문은 우리에게 많은 것을 가르치고 있습니다. 하지만 그 중에서도 우리 자신에게, 그리고 세속주의 세상에서 오늘을 살아가는 우리의 사명과 관련해서 너무나도 분명하고 측량할 수 없이 중요한 한 가지 사실을 전합니다. 이 땅에서 우리의 삶이 끝날 때, 그리고 이 땅의 세대가 모두 지나갈 때, 하나님이 우리에게 영원한 생명을 주시거나 아니면 영원한 진노와 분노를 내리신다는 것입니다. 우리는 영광과 존귀와 평강을 얻거나, 아니면 환난과 곤고를 당하게 될 것입니다. 우리가 숨을 거둘 때 천국 또는 지옥이 우리를 기다리고 있을 것입니다. 그리고 두 가지 모두 영원히 계속될 것입니다.

오늘 본문에서 이 근본적인 실체에 대해 확실하게 살펴보겠습니다. 6절입니다, "하나님께서 각 사람에게 그 행한 대로 보응하시되." 7절, "참고 선을 행하여 영광과 존귀와 썩지 아니함을 구하는 자에게는 영생으로 하시고." 8절, "오직 당을 지어 진리를 따르지 아니하고 불의를 따르는 자에게는 진노와 분노로 하시리라." [여기서부터 바울은 우리가 초점을 놓치지 않도록 하기 위해 순서만 바꾸어 같은 내용을 반복하고 있습니다]. 9절, "악을 행하는 각 사람의 영에는 환난과 곤고가 있으리니 [8절의 "진노와 분노"와 상응합니다] 먼저는 유대인에게요 그리고 헬라인에게며." 10절, "선을 행하는 각 사람에게는 영광과 존귀와 평강이 있으리니 [7절의 "영생"과 상응합니다] 먼저는 유대인에게요 그리고 헬라인에게라."

그러므로 본문에서 무엇을 읽든지 이 사실을 반드시 놓치지 말기를 바랍니다. 여러분 자신이 영원한 행복을 누릴지 영원한 고통을 누릴지에 대한 것보다 더 중요하고 더 의미 있고 더 긴급하고 더 거대하고 더 마음 쓰일 일이 어디에 있겠습니까?

모든 세대에게 드리는 당부

어린이 여러분, 오늘 말씀은 여러분에게 매우 중요합니다. 언젠가 여러분도 죽음을 맞이합니다. 물론 여러분이 나이가 아주 많이 든 이후의 일이기를 바랍니다. 하지만 여섯 살이나 열여섯 살에 죽을 수도 있답니다. 그리고 여러분이 죽으면 하나님과 함께 영원한 생명으로 들어가든지, 아니면 하나님의 영원한 진노와 고통 속으로 들어가게 됩니다. 그렇다고 두려워할 필요는 없습니다. 하나님이 죄인들을 위해 그 아들 예수님을 보내 주셨습니다. 그래서 예수님을 믿는 모든 사람은 지옥에 가지 않고 영원한 생명을 얻습니다(요 3:16). 이 말씀을 그냥 지나치면 안 됩니다. 깊은 관심을 가져야 합니다. 그래서 오늘 설교 말씀을 주의 깊게 들은 다음에, 여러분이 지옥이 아닌 천국에 갈 것이라는 확신을 얻을 수 있도록 부모님에게 도움을 구하기 바랍니다.

청소년 여러분, 이 세상에서 정말로 중요한 것이 무엇인지 잘 생각해 보고 지혜롭게 행동해야 합니다. 잠시 후면 사라질 것들에 온 힘을 낭비하는 어리석은 일은 피하기 바랍니다. 아직 살아갈 날이 한창이니 천국과 지옥은 나이 먹은 다음에 고려할 대상이라는 생각은 하지 말기 바랍니다. 십대들이 갑작스런 죽음을 당했다는 뉴스가 매일 전파를 탑니다. 계속 미루다보면 여러분 마음속에 이 세상의 사고방식이 꽉 들어차서 더 이상 영적인 감정을 느끼지 못하게 될 것입니다. 저는 우리 아버지가 무시무시한 전도서 12장 1절 말씀을 얼마나 자주 들려주셨는지 기억하고 있습니다. "너는 청년의 때에 너의 창조주를 기억하라. 곧 곤고한 날이 이르기 전에, 나는 아무 낙이 없다고 할 해들이 가깝기 전에." 하나님도 없이 비참하게 나이 먹은 사람들이 천국의 낙을 누리지 못하고 지옥의 공포도 느끼지 못하는 것보다 두려운 것은 거의 없습니다. 나중에 나이 들면 영원함에 대해 좀 더 진지하게 생각할 수 있을 거라고 넘겨짚지 말기 바랍니다. 지금 당장 생각해야 합니다.

인생의 황금기를 보내는 결혼한 부부들과 미혼 남녀들이여, 직장에서 요구하는 대로 휩쓸려 다니다가 주말이면 고작 즐길 거리, 오락거리를 찾아 헤매고 다니는 것에 조심하시기 바랍니다. 여러분은 세상 일에서 쌓인 스트레스를 세상 즐거움으로 풀려고 하고 있습니다. 그러다가 어느 순간 내 안에 하나님에 대한 아무 열망이 없다는 사실을 불현듯 깨닫게 됩니다. 여러분은 이미 맛집 기행, 비디오, 영화, 스포츠, 주식, 컴퓨터 등 잠시면 사라질 수많은 분야의 달인이 되어 있을 것입니다. 그러는 사이 천국과 지옥에 대한 감각은 사그라져 버렸을지도 모릅니다. 너무 늦기 전에 깨어나십시오. 오늘날 하나님을 대신한 이런 것들을 보며 두려워 떠십시오. 그리고 온 우주에서 가장 중대한 문제, 곧 영생과 진노에 관한 문제에 여러분의 마음을 고정시키기 바랍니다.

그리고 나이 드신 성도님들(혹 아직 구원받지 못한 분들이 계시다면), 빠른 시일 내에 여러분 눈앞에 닥칠 무엇보다 중요한 이 질문을 외면하지 마시기 바랍니다. 조만간 지나갈 몇 년, 혹 몇 달 후 여러분의 영혼은 어디에 있을 것 같습니까? 바라기는 여러분이 하나님의 은혜로 이 질문을 깊이 생각하고, 여러분 자신이 그리스도의 의로 영원한 생명에 들어가고 전능자의 진노의 손에 빠지지 않을 준비가 되어 있는지 확신을 얻으시기를 바랍니다.

즐거움

저는 우리가 교회로서 요즘 우리 문화의 거의 모든 흐름을 거슬러 가야 하는 것에 부담감을 느낍니다. 세월이 흐를수록 우리나라는 오락에 함몰된 나라가 되어 가고 있습니다. 오락 산업의 규모가 얼마나 큰지요! 놀이와 오락을 위한 복합공간들이 속속 들어서고 있습니다. 컴퓨터와 비디오와 텔레비전과 스테레오의 합동 공세 덕에, 우리는 세상의 실체를 보지 못하고 더 큰 자극에 마음을 빼긴 채 방향을 잃고 말았습니다. 그리스도의 영광을 위해 우리 삶의 무지와 아픔과 고통과 상실을 어떻게 조금이라도 줄이며 살아야 할지에 관해 꿈을 꾸어야 할 때, 오히려 우리는 점점 더 오락거리에 중독되고 있습니다.

간단하게 우리가 복음적인 단어를 어떻게 사용하는지 점검해 볼 수 있습니다. 예를 들어, 우리가 좋아하는 대부분의 것들을 설명하면서 '즐거움' 이라는 단어를 얼마나 자주 사용하는지 헤아려 보십시오. 아니면 우리가 자신이 경험한 좋은 것들을 설명하려고 다음과 같은 단어들을 사용하는 때는 언제입니까? '의미 있는', '중대한', '풍성한', '고귀한', '합당한', '교훈적인', '유익한', '힘이 되는', '격려가 되는', '깊이 있는', '변화시키는', '가치 있는', '놀라운', '하나님을 높이는.'

오늘 본문에 비춰 자신을 점검하시기 바랍니다. 본문은 비록 여러 가지 많은 것으로 가르치지만 말하려는 바는 분명합니다. 죽음 이후에는 영원한 생명과 영원한 영광과 영원한 존귀와 영원한 평강이 있지만 또한 영원한 죽음과 영원한 분노와 영원한 환난과 영원한 곤고도 있다는 것입니다. 어쩌면 우리는 이 예배가 다 마치기도 전, 눈 깜빡할 사이에 결코 되돌릴 수 없는 그 둘 중 어느 하나에 들어가 있을 수도 있습니다. 저는 성벽 위의 파수꾼입니다. 제가 아는 한 분명하게 경고의 말씀을 드렸습니다. 미리 준비하고 깨어 있어야 합니다.

영원의 빛 안에서 살아가시기 바랍니다. 그림자가 아니라 빛에서 말입니다. 하나님을 알게 되면 그분의 아들도 사랑하게 되고 이렇게 고백하게 될 것입니다. "내 안에 사는 것은 그리스도니 죽는 것도 유익합니다." 그러면 영원의 빛 가운데 머무는 삶이 지금 여러분의 '즐거움'을 대신하고, 세상의 오락에서 얻을 수 있는 모든 기쁨보다 훨씬 깊고 높고 넓고 길고 흔들리지 않고 더 풍성하고 더 만족스럽고 든든하고 견고한 기쁨을 얻게 될 것입니다. 이 땅에서 살아가야 할 얼마 되지 않는 시간 동안 세상과는 다른 사람들이 됩시다! 나의 인생을 그리스도와 그분의 나라를 위해 가치 있게 사용하려는 꿈을 꾸시기 바랍니다. "하나뿐인 인생, 순식간에 지나가버리나, 그리스도를 위해 한 일은 영원히 남으리라."

지뢰와 유정

이번 본문의 깊은 곳에서 끌어내 말씀드린 내용과 본문의 겉에 드러난 요점들의 관계를 설명한다면 그것은 마치 땅 아래의 지뢰나 유정(油井) 위를 걸어 다니는 것과 비슷합니다. 지뢰와 유정은 우리를 날려버릴 수도 있고 벼락부자로 만들어줄 수도 있습니다.

그런데 그것이 어디에 묻혀 있는지 아는 상태에서 그 위를 걸어 다닐 때는 삶이 사뭇 진지해질 겁니다. 따라서 남은 시간 동안 본문 위를 걸으면서 요점이 무엇인지 살펴보고, 이 본문으로 다음 주에는 무엇을 할지 마음의 준비를 하면 좋겠습니다.

로마서 1장 18-32절에서 바울은 이방인들이 죄의 권세 아래 있으며 하나님의 심판 앞에서 아무 핑계도 댈 수 없음을 보여 주었습니다. 그러므로 이방인에게는 바울이 로마서 1장 16-17절에서 선포한 복음이 필요합니다. 로마서 2장에 이르러 바울은 이번에는 성경의 도덕법을 받은 유대 백성들에 대해서도 동일한 요점을 말하고 있습니다. 유대인들 역시 죄의 권세 아래 있으며 하나님의 심판 앞에서 핑계를 댈 수 없다고 말입니다. 2장의 주된 목표가 바로 그 사실을 알려 주는 것입니다.

그래서 바울은 1절에서 이렇게 시작합니다. "그러므로 남을 판단하는 사람아, 누구를 막론하고 네가 핑계하지 못할 것은 남을 판단하는 것으로 네가 너를 정죄함이니 판단하는 네가 같은 일을 행함이니라." 3절에서도 동일한 비판을 반복합니다. "이런 일을 행하는 자를 판단하고도 같은 일을 행하는 사람아, 네가 하나님의 심판을 피할 줄로 생각하느냐." 5절에도 다시 나옵니다. "다만 네 고집과 회개하지 아니한 마음을 따라 진노의 날 곧 하나님의 의로우신 심판이 나타나는 그 날에 임할 진노를 네게 쌓는도다." 따라서 1-5절의 요점은 도덕법을 받았으나 지키지 않은 유대 백성들도 진노의 날에 멸망할 것이라는 점입니다. 그리고 하나님은 (유대인이든 이방인이든 관계없이) 차별없이 다루실 것입니다.

이후 6절에서 바울은 앞에서의 고발을 부연하는 진술을 합니다. "하나님께서 각 사람에게 그 행한 대로 보응하시되." 다시 말해, 심판은 내가 유대인이냐 이방인이냐 하는 신분이나 학식이나 가문이나 인종이나 민족이나 그 어떤 다른 것에 의해서도 좌우되지 않습니다. 11절에서 말한 바와 같이, "이는 하나님께서 외모로 사람을 취하지 아니하시기" 때문입니다. 마지막 때가 되면 피고석에 앉은 사람이 선을 행했는지 악을 행했는지 모든 사람 앞에 드러나게 될 것입니다. 유대인이든 이방인이든 동일합니다.

생명 혹은 심판으로 향하는 길

두 개의 쌍으로 이루어진 7-10절 말씀에서 바울은 이번에는 각 사람의 행함에 따른 심판에 대해 설명합니다. 7절과 10절은 생명을 얻는 방법에 대한 내용입니다. 그리고 8절과 9절은 어떻게 진노가 임하는가에 관한 내용입니다. 긍정적인 내용의 구절을 먼저 선택해서 생명에 이르는 길이 무엇인지 보겠습니다. 7절입니다. "참고 선을 행하여 영광과 존귀와 썩지 아니함을 구하는 자에게는 〔하나님이〕 영생으로 하시고." 그리고 10절입니다. "선을 행하는 각 사람에게는 영광과 존귀와 평강이 있으리니〔하나님이 주시리니〕 먼저는 유대인에게요 그리고 헬라인에게라." 따라서 생명에 이르는 길은 7절의 "참고 선을 행하는" 것, 그리고 10절의 "선을 행하는" 것입니다.

이번엔 부정적인 내용을 다룬 구절을 보면서 진노에 이르는 길에 대해 알아보겠습니다. 먼저 8절입니다. "오직 당을 지어 진리를 따르지 아니하고 불의를 따르는 자에게는 진노와 분노로 하시리라[하나님이 부으시리라]." 9절입니다. "악을 행하는 각 사람의 영에는 환난과 곤고가 있으리니 먼저는 유대인에게요 그리고 헬라인에게며." 따라서 진노로 향하는 길은 이기적인 욕심과 진리에 대한 불순종, 불의를 따름, 그리고 악을 행하는 것입니다.

다시 말해, 유대인과 이방인 모두 동등하게 심판을 받아야 한다는 말입니다. 양쪽 모두 죄의 권세 아래 있습니다. 사실 바울이 영원한 생명 및 영원한 진노를 언급하면서 9, 10절에서 "먼저는 유대인에게요 그리고 헬라인에게라"고 말한 것은 특별히 그가 전하고자 하는 메시지가 담겨 있다고 저는 생각합니다. 유대인이 항상 먼저입니다. 천국이든 지옥이든 항상 먼저 감당합니다. 하지만 유대인이든 이방인이든 모든 사람에 대한 심판의 기준은 동일합니다.

그래서 이 모든 구절이 말하고자 하는 요점은 이방인은 물론이고 유대인들 역시 심판을 받게 될 터인데, 왜냐하면 심판은 우리가 유대인이냐 이방인이냐 하는 신분에 따르는 것이 아니라 우리가 살아온 인생에 따라 임할 것이기 때문입니다.

"행한 대로"

여기서 한 가지 의문이 생깁니다. 다음 주에 충분히 살펴보겠지만, 과연 이 단락에 나오는 "행한 대로"(according to works)라는 표현이 천국으로 향하는, 가정을 전제로 한 방법(hypothetical way)을 말하는 것일까요? 아니면 이것은 천국으로 가는 진짜 방법일까요? 다시 말해, 7절의 말씀이 "〔만일 그게 가능하다면〕 참고 선을 행하여 영광과 존귀와 썩지 아니함을 구하는 자에게는 하나님이 영생을 주시겠지만, '실제로 그들은 선을 행할 수 없으므로 따라서 은혜의 복음을 소유해야 한다'"라는 의미입니까? 그리고 10절은 "〔만일 선을 행하는 게 진짜 가능하다면〕 선을 행하는 각 사람에게는 영광과 존귀와 평강을, 먼저는 유대인에게요 그리고 헬라인에게, 주시겠지만, '실제로 그들은 선을 행할 수 없으므로 따라서 은혜의 복음이 필요하다'"라는 의미일까요?

다시 말해, 이 구절이 말하는 요점은 (가능하다는 것을 전제로 했을 때) 순종의 길이 천국으로 가는 길임을 설명하되, 아무도 그 길로 갈 수 없기 때문에 모든 사람에게 복음이 필요하다는 사실을 보여 주려는 것일까요? 아니면 구절이 말하는 표면적 의미 그대로 천국으로 가는 방법은 실제로 순종의 길이며, 각자 행한 대로 실제로 심판이 임한다는 것일까요?

복음에 놀라운 능력이 있어서 복음을 진정으로 믿는 모든 사람은 급격히 변화되며 순종의 길을 따라 천국에 이르게 된다면, 값없이 주어지는 복음과 하나님의 은혜 사이에 모순이 일어나는 것일까요? 답은 이렇습니다. 만일 복음의 급격한 능력이 사실이라면, 그 행위는 믿음의 행위이며, 심판 때에 그리스도에 대한 우리의 믿음을 증거하는 역할을 할 것입니다. 그리고 우리의 구원은 그 행한 것을 따라(accord with works) 이루어지겠지만, 그 행위에 기반을 두지는(based on works) 않을 것입니다.

그것이 다음 주에 살펴보려는 내용입니다. 자신의 인생에 있어서 참으로 중요한 이 사안을 각자 깊이 상고해 보시기를 바랍니다. 우리가 걸어 다니는 지표면 아래에는 지뢰와 유정이 있기 때문입니다. 우리가 어떻게 걷느냐(사느냐)에 따라 모든 것이 달려 있습니다.

29장

마지막 분리: 영원한 생명 혹은 영원한 진노 (2부)

로마서 2:6-10

하나님께서 각 사람에게 그 행한 대로 보응하시되 참고 선을 행하여 영광과 존귀와 썩지 아니함을 구하는 자에게는 영생으로 하시고 오직 당을 지어 진리를 따르지 아니하고 불의를 따르는 자에게는 진노와 분노로 하시리라. 악을 행하는 각 사람의 영에는 환난과 곤고가 있으리니 먼저는 유대인에게요 그리고 헬라인에게며 선을 행하는 각 사람에게는 영광과 존귀와 평강이 있으리니 먼저는 유대인에게요 그리고 헬라인에게라. _롬 2:6-10

차별 없는 하나님의 심판

로마서 1장 18절에서 3장 19절까지의 본문에서 바울은 유대인이나 이방인 모두가 죄의 권세 아래 있고, 그리스도에 대한 믿음으로 하나님의 의를 받지 못하면 심판의 날에 아무도 핑계할 수 없다는 사실을 보여주고자 애쓰고 있습니다. 로마서 3장 9절은 전체를 요약하는 핵심 구절입니다. "그러면 어떠하냐? 우리는 나으냐? 결코 아니라 유대인이나 헬라인이나 다 죄 아래에 있다고 우리가 이미 선언하였느니라."

그래서 바울은 로마서 1장 18-32절에서 이방인들에 대해 이야기하면서, 온 세상이 하나님 앞에서 핑계하지 못하는 이유는 그들 앞에 드러난 진리를 알면서도 이를 억압하고 불순종했기 때문이라는 점을 보여 주고 있습니다. 그런 다음 로마서 2장 1-5절에서는 특별 계시를 받아 이교도에게 임하는 심판을 피할 수 있었던 유대인들 역시 동일한 문제에 봉착했음을 보여 주고 있습니다. 그들이 다른 사람들을 비판하면서도 비판 받는 그들과 똑같은 일을 행했기 때문입니다.

이제 바울은 2장 6-10절에 이르러 유대인이든 이방인이든 관계 없이 모든 사람에게 닥칠 미래의 심판에 대해 설명하고 있습니다. 여기서 바울은 하나님의 심판이 민족적 종교적 배경이나 학식을 구분해 임하지 않는다는 점을 강조하고 있습니다. 만일 그런 것에 따라 심판한다면 하나님은 편파적이라는 말이 되기 때문입니다. 오히려 11절은 이렇게 말합니다. "하나님께서는 사람을 차별함이 없이 대하시기 때문입니다"(새번역). 바울은 영원한 생명과 영원한 진노로 나타나는 심판은 "행한 대로"(according to deeds) 임한다고 말합니다. 6절에 대한 의미를, 두 개의 짝으로 이루어진 7-10절 말씀을 통해 살펴보겠습니다.

> 하나님께서 각 사람에게 그 행한 대로 보응하시되 참고 선을 행하여 영광과 존귀와 썩지 아니함을 구하는 자에게는 영생으로 하시고 오

직 당을 지어 진리를 따르지 아니하고 불의를 따르는 자에게는 진노와 분노로 하시리라. 악을 행하는 각 사람의 영에는 환난과 곤고가 있으리니 먼저는 유대인에게요 그리고 헬라인에게며 선을 행하는 각 사람에게는 영광과 존귀와 평강이 있으리니 먼저는 유대인에게요 그리고 헬라인에게라.

여기서 주된 요점은 유대인이나 헬라인이나(이방인) "영생"(7절) 또는 "진노와 분노"(8절)를 받게 되는데, 이는 '유대인됨'(Jewishness) 또는 물려받은 특성에 따르는 것이 아니고 "그가 행한 대로" 받는다는 사실입니다. 천국이든 지옥이든 유대인이 먼저 들어가게 되더라도, 어느 곳에 들어가느냐는 모든 사람에게 동일한 방식으로 결정되는 것입니다. 그것이 본문이 말하는 주된 핵심입니다.

"행한 대로": 의문의 여지가 없는 것

그런데 여기서 한 가지 의문이 떠오릅니다. "행한 대로"(according to works) 영원한 생명 혹은 영원한 진노를 받는다는 사실과, 우리의 의가 아닌 하나님의 의에 근거해서 예수님에 대한 믿음으로 영원한 생명을 얻는다는 사실은 어떻게 조화를 이룰 수 있습니까? 여기에 대한 답변은 보통 두 가지 정도가 있습니다. 하지만 이에 대한 답을 제시하기에 앞서 이 질문에서 말하는 바가 무엇인지 명확히 살펴볼까 합니다.

먼저 의문 사항이 아닌 것에 대해 살펴봅시다. 우리는 지금 우리가 의로워지고 하나님과 화목을 이루었으며, 우리의 행위에 근거해서가 아니라 오직 그리스도에 대한 우리의 믿음으로 말미암아 하나님이 전가해 주신 의에 근거해서 영원한 안전을 누리고 있다는 사실에 의문의 여지가 없습니다.

그래서 로마서 3장 28절은 이렇게 말하고 있습니다. "그러므로 사람이 의롭다 하심을 얻는 것은 율법의 행위에 있지 않고 믿음으로 되는 줄 우리가 인정하노라." 믿음은 한 개인을 그리스도와 연합시키며, 그리스도는 그분 자체로 의로움의 근거가 되십니다.

로마서 4장 5절은 믿음이라는 열쇠에 관해 보다 명확히 밝히고 있습니다. "일을 아니할지라도 경건하지 아니한 자를 의롭다 하시는 이를 믿는 자[즉 신뢰하는 자, 이에 대한 믿음이 있는 자]에게는 그의 믿음을 의로 여기시나니." 따라서 우리가 경건하여 선을 행하기도 전에 이미 믿음은 우리를 그리스도와 연합시키는 역할을 합니다. 그리고 이 믿음이 우리를 하나님의 의와 연합시키기 때문에 (이 믿음이) 우리의 의로 인정을 받는 것입니다.

다시 로마서 5장 1절에서는 이렇게 말합니다. "그러므로 우리가 믿음으로 의롭다 하심을 받았으니 우리 주 예수 그리스도로 말미암아 하나님과 화평을 누리자." 따라서 칭의 —하나님과 화목을 이루는 것— 는 우리의 행함이 아니라 믿음으로 이뤄집니다.

마지막으로 로마서 8장 33-34절에서는 로마서 2장 7절과 마찬가지로 마지막 심판과 영원한 생명이 여기에 달려 있다는 점을 보여줍니다. "누가 능히 하나님께서 택하신 자들을 고발하리요 [미래 시제입니다. 즉 심판의 날을 의미합니다] 의롭다 하신 이는 하나님이시니." 다시 말해, 그리스도의 죽음에 근거해 풀려나서 하나님의 택함을 받은 자들로 선언하시는 하나님의 판결(심판)을 뒤엎을 수 있는 사람은 아무도 없습니다.

그런 후에 바울은 34절에서 그 근거에 관해 언급합니다. "누가 정죄하리요? [아무도 없습니다. 왜냐고요? 왜냐하면…] 죽으실 뿐 아니라 다시 살아나신 이는 그리스도 예수시니 그는 하나님 우편에 계신 자요 우리를 위하여 간구하시는 자시니라." 그러므로 우리를 대신하신 그리스도의 죽으심, 그리고 칭의(하나님이 전가해 주신 의)가 영생을 선물로 받는 근거입니다. 결코 우리의 행위가 근거가 되지 않습니다. 거기에는 의문의 여지가 없습니다.

"행한 대로" : 궁금한 것

우리가 질문해 보고 싶은 것은 로마서 2장 6-10절에서 "행한 대로" 심판이 임한다는 말과 앞에서 살펴본 내용이 어떻게 서로 조화를 이루는가에 관한 것입니다. 앞에서 말했듯 여기에는 일반적으로 두 가지 답변이 있을 수 있습니다. 어떤 사람들은 말합니다. 영원한 생명은 완전한 순종에 근거해서 얻어지는데 완전한 순종은 누구도 불가능하므로, 따라서 영원한 생명을 얻는 유일한 길은 그리스도에 대한 믿음뿐이라는 겁니다. 다른 사람들은 말합니다. 하나님은 선한 행위에 '근거'해서 영원한 생명을 주겠다고 약속하지 않으셨지만, 언제나 선한 행위를 우리를 (영생의 근거가 되시는 그리스도 안에서) 하나님과 연합시키는 믿음의 '증거'로 삼으신다는 것입니다.

특히 7절에 나온 말씀을 가지고 저는 이것을 또 다르게 설명하도록 하겠습니다. 7절은 이렇게 말합니다. "참고 선을 행하여 영광과 존귀와 썩지 아니함을 구하는 자에게는 영생으로 하시고[영생을 주시고]." 이 말이 무슨 뜻일까요?

앞에서 첫 번째 의미로 답변한 사람이라면 이 구절의 의미를 이렇게 말할 수 있습니다. 만약 인간이 할 수만 있다면, 하나님은 완전한 순종을 이루는 자에게 영원한 생명을 허락하실 것입니다. 하지만 어떤 인간도 그렇게 하지 못하므로, 따라서 이 구절의 요점은 단순히 은혜의 복음이 없는 인간의 소망 없음을 강조한다는 것입니다.

두 번째의 답변을 했던 사람이라면 이 구절의 의미를 이렇게 말할 수 있습니다. 하나님은 참고 선을 행하는 자에게 영생을 주시는데 이는 그 순종이 완전해서라거나 영생을 받을 만한 근거 또는 공로가 되기 때문이 아닙니다. 오히려 구원하는 믿음은 성령의 능력 안에서 인간의 삶을 변화시키므로 진실한 믿음을 소유한 사람은 참고 선을 행할 수 있기 때문이라는 겁니다.

저는 두 번째 관점으로 본문을 보는 것이 맞다고 생각합니다. 6절이 말하는 이유이기도 합니다. "하나님께서 각 사람에게 그 행한 대로 보응하시되." '행한 것을 근거로'(on the basis of)라든가 '행한 공로 때문에'(because of the merit of)가 아닙니다. 영원한 생명은 언제나 예수 그리스도에 근거를 두고 있으며 우리의 믿음을 통해 임합니다. 하지만 믿음은 언제나, 성령으로 말미암아, 우리를 거룩하게 하고 그리스도의 형상으로 변화시키므로(한 번에 조금씩, 고후 3:18), 구원하는 믿음에 따르는(accord with) 행함도 있게 될 것입니다. 따라서 영원한 생명은 믿는 자들에게만 임하지만, 한편으로 이들의 행함을 따라 임할 —그리고 장차 믿음과 일치하게 될— 것입니다. 그 사람의 믿음이 진짜였다는 사실을 하나님이 온 세상에 보여줄 수 있는 삶이 이루어지게 될 것입니다.

이것이 본문에서 제가 이해하는 바입니다. 이렇게 이해하는 몇 가지 이유를 설명해 보겠습니다.

행함으로 얻지 못함

1. 첫째, 본문 말씀은 결코 어떤 가정을 전제로 하고 있는 것 같아 보이지 않기 때문입니다. 그런 의미로 들리지 않습니다. 오히려 직설적인 표현으로, '하나님이 영생을 주신다'는 의미로 말합니다. "참고 선을 행하는" 사람에게 영생을 '주시지 않을까'가 아니라 '주신다'라고 표현합니다. 그렇게 보는 것이 이 구절을 대하는 가장 자연스러운 방법입니다.

2. 4-5절에 단서가 있습니다. 여기서 바울은 완전한 순종이 영생에 이르는 길이라는 생각을 갖고 있지 않습니다. "하나님의 인자하심이 너를 인도하여 회개하게 하심을 알지 못하여 … 멸시하느냐? 다만 네 고집과 회개하지 아니한 마음을 따라 진노의 날…에 임할 진노를 네게 쌓는도다." 회개가 중요하게 다뤄지고 있는 것에 주목하십시오.

왜냐하면 이들이 회개하지 않아서 심판 날에 받을 진노를 쌓고 있기 때문입니다. 따라서 이들이 회개했다면 심판 날에 받을 진노를 쌓지 않을 것입니다. 이것은 곧 바울이 여기서는 의에 대하여 '완전한 순종 아니면 안 됨'이라는 식의 논리를 생각하고 있지 않다는 것입니다. 하나님은 인자하고 은혜로운 분이시므로 사람들이 회개하고 돌아와 자비를 구하면 기꺼이 죄를 용서하시는 분이라고 바울은 생각하고 있습니다. 바울이 그 자비의 근거가 그리스도의 죽음 안에 있음을 아직은 강조하지 않은 상태지만, "참고 선을 행한다"는 말에는 죄 용서의 은혜에 의지하는 회개가 포함된다는 것을 보여 주고 있습니다. 그것이 영생으로 가는 길입니다.

3. 로마서 6장 22절을 봅시다. 여기서 바울은 그리스도인의 삶에 대해 언급하면서 그것이 어떻게 거룩함 및 영생과 연관되는지 설명하고 있습니다. "그러나 이제는 너희가 죄로부터 해방되고 하나님께 종이 되어 거룩함에 이르는 열매를 맺었으니 그 마지막〔=목표, 텔로스(telos)〕은 영생이라." 영생이 믿는 자의 삶과 어떻게 연결되는지 주목하시기 바랍니다. 영생은 목표이자 "마지막"입니다. 무엇의 마지막입니까? (믿음으로) 하나님께 종이 되어 거룩함에 이르는 열매를 맺는 것의 목표(마지막)입니다.

로마서 2장 7절의 말씀과 매우 유사합니다. 2장 7절에서 하나님은 참고 선을 행하는 자들에게 영생을 주신다고 말합니다. 여기서도 영생은 죄에서 자유롭게 되어 하나님의 종이 되는 자들에게 임하는 거룩함의 결과(마지막)입니다.

4. 로마서 8장 12-13절을 보시기 바랍니다. "그러므로 형제들아 우리가 빚진 자로되 육신에게 져서 육신대로 살 것이 아니니

라. 너희가 육신대로 살면 반드시 죽을 것이로되 영으로써 몸의 행실을 죽이면 살리니." 여기서 중요한 문제는 무엇입니까? 삶과 죽음입니다. 일시적인 것이 아니라 영적이고 영원한 의미의 삶과 죽음입니다. 왜냐하면 인간은 이 구절에서 말하는 바와 매우 다른 의미에서 일시적인 삶과 죽음을 경험하기 때문입니다. 따라서 이 구절은 영생으로 이끄는 길에 관해 설명하고 있습니다.

그렇다면 영생으로 이끄는 길이란 무엇입니까? 13절입니다. "너희가 육신대로 살면 〔실생활에서의 행위를 가리킴〕 반드시 죽을 것이로되 영으로써 몸의 행실을 죽이면 〔우리가 몸을 입고 살면서 죄와 벌이는 싸움을 가리킴〕 살리니." 따라서 여기서의 핵심은 다시금 로마서 2장 7절의 내용과 동일합니다. 그 구절에서는 하나님이 참고 선을 행하는 자에게 영원한 생명을 주신다고 말하는데, 이 구절에서는 하나님이 몸의 행실을 죽이는 자에게 영원한 생명을 주신다고 말합니다. 이것이 참고 선을 행하는 방법입니다. 우리는 믿음을 통해(through) 성령으로(by) 삽니다. 선한 행실로 영원한 생명을 얻지는 못합니다. 선한 행실은 믿음 안에서 성령의 능력에 의지한 결과로 나오는 열매입니다.

5. 마지막으로 갈라디아서 6장 8-9절을 보겠습니다. 갈라디아서는 이신칭의, 즉 믿음으로 의로움을 얻는다는 논증을 펼친다는 면에서 로마서와 가장 흡사합니다. 따라서 동일한 논리의 흐름 가운데 있는 것이지요. 이 두 구절을 읽으면서 영원한 생명이 어떤 식으로 그리스도인에게 임하는지 살펴보십시오. 바울은 갈라디아 교회를 향해 이렇게 말하고 있습니다. "자기의 육체를 위하

여 심는 자는 육체로부터 썩어질 것〔영원한 것의 반대〕을 거두고 성령을 위하여 심는 자는 〔로마서 8장 13절을 보십시오〕 성령으로부터 영생을 거두리라. 우리가 선을 행하되 낙심하지 말지니 포기하지 아니하면 때가 이르매 〔영원한 생명을〕 거두리라."

이 구절은 로마서 2장 7절에 담긴 사상과 거의 동일합니다. 그 구절에서는 하나님이 인내로 선을 행하는 자에게 영원한 생명을 주신다고 말합니다. 갈라디아서 6장 9절에서는 우리가 "선을 행하되 낙심하지 않으면"〔"참고 선을 행하여"라는 구절과 동일〕 거두게 된다고 말합니다. 무엇을 거둔다는 말입니까? 8절입니다. "성령을 위하여 심는 자는 성령으로부터 영생을 거두리라."

살펴보았던 본문 어디에도 선을 행함으로(by) 영생을 얻는다거나 선을 행한 공로로(merited by), 선을 행함에 근거하여(based on) 영생을 얻는다는 말은 없습니다. 다만 선을 행한 것을 따라(accord with) 영원한 생명을 선고받는다고 말하고 있습니다. 본문은 모두 같은 말을 하고 있습니다. 행위가 믿음을 대신하지도 않고 공로가 은혜를 대신하지 않으며, 다만 믿음으로 의로움을 받게 하는 복음이야말로 구원을 얻게 하는 하나님의 능력이 되기 때문입니다. 힘없는 말이 아닙니다. 삶 속으로 들어온 복음은 결코 그 생명을 죄의 권세 아래 내버려 두지 않습니다. 성령의 능력으로 임합니다. 그래서 복음을 믿고 의지하고 귀하게 받아들이는 곳에는 바울이 말하듯 "믿어 순종하게" 하는 일이 일어납니다(롬 1:5, 16:26). 그리고 믿어 순종하는 일이 일어날 때 그것을 따라 영원한 생명이 임합니다.

이 말씀이 의미하는 바는 단순합니다. "우리 인생에서 무엇이 가장 중요한지를 알고 두려워하라! 그리고 아버지께로 이끄시는 그리스도를 신뢰하라." 이 말이 무엇을 의미하는지 아시겠습니까?

1. 믿음 중에도 거짓 믿음이 있습니다. 거짓 믿음을 갖는 한 가지 이유는, 어떤 이들은 자기가 하나님 아버지께로 이끄시는 그리스도를 신뢰한다고 생각하지만, 그럼에도 성부 하나님을 원하지 않기 때문입니다. 자기 죄를 용서받고 지옥에서 벗어나고는 싶으나 하나님을 원하지는 않습니다. 하나님을 사랑하지 않습니다. 하나님을 알고 사랑하고 이 세상 어떤 것보다 그분을 원한다는 개념 자체가 이들에게는 생소합니다. 그래서 그리스도가 자신들을 아버지께로 이끄실 것을 믿는다고 말은 하지만 실상 그리스도를 이용해서 하나님 자체가 아닌 하나님의 선물을 받으려고 애씁니다. 그렇게 하지 마십시오. 하나님을 사랑하십시오. 하나님을 원하십시오. 하나님을 귀하게 여기십시오. 하나님을 기뻐하십시오. 하나님 그분이 '구원하는 믿음'의 내용 전부이자 목표가 되십니다.

2. 마지막으로, 그리스도가 우리를 아버지께로 이끄신다는 믿음이 있다면, 아버지께 가기 위해 필요한 모든 것을 할 힘도 주신다는 사실을 믿어야 합니다. 선을 행해야 한다고 해도, 믿음을 벗어나 행위를 의지하지 말기 바랍니다. 오히려 우리 안에서 (하나님 보시기에 기쁜 일을) 행하시는 그리스도를 더욱 의지하시기 바

랍니다. 그리스도는 우리를 위해 죽으셨을 때, 우리에게 칭의만 허락하신 것이 아니라 성화도 허락하셨습니다. 거룩함이 필요하다면, 그 거룩함도 그리스도를 신뢰하는 자들에게 허락하실 것입니다.

그리스도를 신뢰하십시오.

30장

마지막 분리:
영원한 생명 혹은 영원한 진노 (3부)

로마서 2:6-10

하나님께서 각 사람에게 그 행한 대로 보응하시되 참고 선을 행하여 영광과 존귀와 썩지 아니함을 구하는 자에게는 영생으로 하시고 오직 당을 지어 진리를 따르지 아니하고 불의를 따르는 자에게는 진노와 분노로 하시리라. 악을 행하는 각 사람의 영에는 환난과 곤고가 있으리니 먼저는 유대인에게요 그리고 헬라인에게며 선을 행하는 각 사람에게는 영광과 존귀와 평강이 있으리니 먼저는 유대인에게요 그리고 헬라인에게라. _롬 2:6-10

영광과 존귀와 썩지 아니함을 구하다

본문 말씀에서 "영광과 존귀와 썩지 아니함을 구하는 자"에게 영생을 주신다는 중심 내용에 관해 제대로 언급하지 않은 채로 넘어갈 수는 없습니다. 6-7절 말씀을 보시기 바랍니다. "하나님께서 각 사람에게 그 행한 대로 보응하시되 참고 선을 행하여 영광과 존귀와 썩지 아니함을 구하는 자에게는 영생으로 하시고 〔영생을 주시고].” 이 말씀은 다음과 같이 줄여서 표현할 수 있습니다. “영광과 존귀와 썩지 아니함을 구하는 자에게 하나님은 영원한 생명을 주실 것이다.”

본문 말씀을 오해하지 않도록 지난 주 내용을 토대로 자세히 설명하겠습니다.

1. 여기서의 요점은 영광과 존귀와 썩지 아니함은 어느 특정한 방법으로만 구할 수 있는데, 바로 “참고 선을 행하여”라는 것입니다. 혹은 말 그대로 “인내의 선한 일을 따라”(in accord with the endurance of good work) 구할 수 있다는 것입니다. 그러므로 자기가 원하는 방식으로 영광과 존귀와 썩지 아니함을 구하는 것은 불가합니다. 방법이 매우 중요합니다. 6절의 말씀처럼 “그 행한 대로”(according to deeds) 심판이 임합니다. 그러므로 마찬가지로 영생이라는 영광을 구할 때에도 “참고 선을 행함으로”(according to the endurance in good work) 구해야 합니다. 이것이 첫 번째 설명입니다.

2. 두 번째, 행한 대로 임하는 이 심판은 선한 행위의 공로를 근거로(on the basis of the merit of good deeds) 임하는 심판이 아니라는 점입니다. 즉 행함으로는 영원한 생명을 획득하지 못합니다. 오히려 우리의 영생 및 하나님과 화목을 이루는 근거는 우리의 죄를 속량하신 그리스도의 죽음이며, 우리가 실패한 순종을 대신 성취하시는 그리스도의 의(義)입니다. 로마서 3장 24-25절에서는 이렇게 말합니다. “[우리는] 그리스도 예수 안에 있는 속량으로 말미암아 하나님의 은혜로 값없이 의롭다 하심을 얻은 자

되었느니라. 이 예수를 하나님이 그의 피로써 믿음으로 말미암는 화목제물로 세우셨으니." 따라서 우리의 죄에 대한 하나님의 진노를 모두 흡수해 버린 그리스도의 죽음이야말로 우리가 하나님과 화목을 이루는 칭의의 기초가 됩니다.

하지만 바울은 여기서 한 발 더 나아갑니다. 그리스도가 우리의 죄를 도맡아 그 죄의 모든 징계를 받으셨을 뿐 아니라, 우리는 그리스도의 의를 덧입고 그 상급을 받는다고 말합니다. 고린도후서 5장 21절입니다. "하나님이 죄를 알지도 못하신 이를 우리를 대신하여 죄로 삼으신 것은 우리로 하여금 그 안에서 하나님의 의가 되게 하려 하심이라." 또한 빌립보서 3장 9절에서도 바울은 이렇게 말합니다. "그 안에서 발견되려 함이니 내가 가진 의는 율법에서 난 것이 아니요 오직 그리스도를 믿음으로 말미암은 것이니 곧 믿음으로 하나님께로부터 난 의라."

우리가 행한 대로

여기서의 핵심은 이렇습니다. 즉 영원한 생명은 우리의 선한 행실을 공로로(by the merit of our good deeds) 얻지 못합니다. 그리스도의 죽으심으로 말미암아(by), 그리고 그리스도에 대한 믿음으로(by) 얻는 의로움에 근거해서(based on) 얻습니다. 6절에서 하나님이 "그 행한 대로" 심판하신다고 말할 때, 그리고 7절에서 참고 선을 행하는 자에게 영원한 생명을 주신다고 말할 때, 거기에는 믿음을 통해 칭의도 얻지만 성화도 일어난다는 의미가 담겨 있습니다. 변화된 삶(완전한 삶이 아닙니다)은 언제나 그리스도와 연합할 때 그 열매로 임하는 것입니다. 따라서 변화된 삶은 영생의 필요조건이지, 영생을 획득하는 공로가 되지 못합니다.

또한 마태복음 7장 16-17절에서 예수님은 이렇게 말씀하셨습니다. "그들의 열매로 그들을 알지니 가시나무에서 포도를, 또는 엉겅퀴에서 무화과를 따겠느냐? 이와 같이 좋은 나무마다 아름다운 열매를 맺고 못된 나무가 나쁜 열매를 맺나니." 열매 자체가 나무를 만들지는 않습니다. 다만 열매를 보고 무슨 나무인지는 알 수 있습니다. 즉 변화된 삶 자체로는 사람을 그리스도인으로 만들 수는 없습니다. 하지만 변화된 삶은 그 사람이 그리스도인임을 알려줍니다.

정리하면 이렇습니다. 마지막 날에 심판이 있을 것입니다. 영원한 생명으로 들어갈 자와 들어가지 못할 자가 누구인지 최종적으로 그리고 공개적으로 정해지게 됩니다. 이 마지막 심판에서 내려지는 '무죄' 평결은 십자가에서 죽으신 그리스도의 공로에 기반을 둘 것입니다. 모든 참된 신자들의 죄는 예수님이 짊어지셨습니다. "여호와께서는 우리 모두의 죄악을 그에게 담당시키셨도다"(사 53:6). 하지만 그 평결은 우리가 "행한 대로" 내려질 것입니다. 즉 우리가 돈보다 그리스도를 더 의지하고 사람의 칭찬보다 그리스도를 더 사랑하는지는 우리의 매일매일의 삶이 증거해줄 것입니다.

영광과 존귀와 썩지 아니함을 구하라

이제 모든 설명을 마쳤으므로 다시 돌아가, 7절 말씀의 강조점을 놓치지 않도록 살펴보겠습니다. 하나님께서 영생을 주시는 자들이 누구입니까? "영광과 존귀와 썩지 아니함을 구하는" 자들입니다. 그렇습니다. 참고 선을 행함으로 그것을 구해야 합니다. 그리고 이 선한 행실은 그리스도에 대한 믿음으로 의롭게 된 자의 열매입니다. 맞습니다. 아멘입니다. 그렇게 행하시는 하나님을 찬양합시다. 하지만 한 가지 놓치지 말아야 할 것은, 영광과 존귀와 썩지 아니함을 구해야 한다는 점입니다.

제가 이 점을 강조하는 이유는 다음과 같습니다.

1) 많은 이들이 이런 일을 그리스도인답지 않은 낮은 수준의 동기라고 생각합니다. 그리스도인은 영광과 존귀와 썩지 아니함을 구해서는 안 된다고 말합니다. 그것은 이기적인 행동이라고 주장합니다. 하지만 C. S. 루이스는 그의 책 「영광의 무게」(The Weight of Glory)에서 이에 대해 강력히 반대하고 있습니다.

> 신약성경은 자기부인에 대해 많이 말하지만, 자기부인 자체를 목적으로 제시하지 않습니다. 그리스도를 따르기 위해 자기를 부인하고 자기 십자가를 지라고 합니다. 그리고 우리가 만일 그렇게 한다면 최종적으로 얻게 될 것들을 설명하는 거의 모든 성경 구절에서는 우리의 갈망에 호소하고 있습니다. 그런데 현대인의 사고 속에는 자신의 행복을 갈망하고 간절히 누리고 싶어하는 것은 나쁘다는 관념이 도사리고 있는 듯합니다. 정말 그렇다면 그것은 칸트와 스토아 학파의 사상에서 스며든 것이지 결코 기독교 신앙의 일부가 아니라는 점을 말씀드리고 싶습니다. 복음서가 당당하게 약속하는 보상, 그 엄

청난 보상들을 생각하면, 우리 주님은 우리의 갈망이 너무 강하기는 커녕 오히려 너무 약하다고 말씀하실 듯합니다. 우리 인간들은 얼마나 한심한 피조물인지, 무한한 기쁨을 주겠노라는 제안을 듣고서도 그저 술이나 섹스나 야망 같은 것들이나 만지작거리며 놀려고 하고 있습니다. 그것은 마치 바닷가에서 휴일을 보내자고 말해도 그게 무슨 뜻인지 상상하지 못해서 그저 빈민가 한구석에서 진흙 파이나 만들며 놀고 싶어하는 철없는 아이와 같습니다. 우리는 너무 쉽게 만족합니다.

2) 영적인 삶을 그것도 간절히 구하는 사람들이 많지 않다는 점이 두 번째 이유입니다. 이들은 자신의 삶을 한가하게 보냅니다. 이리저리 흘러다닙니다. 힘들이지 않고 대충 살아갑니다. 영적으로 아무런 열의가 없습니다. 영적 무관심에 사로잡혀 있습니다. 1년 전쯤에 히브리서 말씀을 공부하면서 아주 드물게 사용되는 단어 하나를 가르쳐 드렸는데 기억하십니까? '아케디아'(Acedia), 나태, 무관심이란 뜻입니다. 치명적인 단어입니다. 바울은 빈둥거리는 자가 아니라 간절히 원하는 자에게 영생을 주신다고 말하기 때문입니다. 디모데전서 6장 12절에서 이렇게 말합니다. "믿음의 선한 싸움을 싸우라 영생을 취하라 이를 위하여 네가 부르심을 받았고."

3) 세 번째로, 제가 이 부분을 강조하는 이유는 "영광과 존귀와 썩지 아니함을 구하라"는 말에는 설명이 필요하기 때문입니다. 그 부분으로 넘어가도록 하겠습니다.

구하라, 바라라, 추구하라, 열망하라, 사랑하라

"영광과 존귀와 썩지 아니함을 구하는 것"은 좋은 일일 뿐 아니라 반드시 필요한 일이라는 점이 오늘의 핵심입니다. 구하십시오. 바라십시오. 추구하십시오. 열망하십시오. 사랑하십시오. 세상의 그 어떤 것보다도 더욱 갈망하십시오. 이것이 핵심입니다. 영적인 것들에 관해서는 결코 무관심하고 나태하고 아무 목적 없는 사람이 되지 마시기 바랍니다. 여러분이 혹 이러한 사람이라면 여러분의 마음속에 영광과 존귀와 썩지 아니하는 것의 귀함을 깨닫고 열정의 불이 타오르게 해달라고 하나님께 간절히 구하십시오.

여러분의 마음이 세간에 이슈화 된 청문회 방송에 흠뻑 빠져 있습니까? 그렇다면 그 마음이 영광과 존귀와 썩지 아니하는 것으로 옮겨가도록 하나님께 도움을 구하시기 바랍니다. 이번 크리스마스 때 자녀들이 방문해 주기를 간절히 바라십니까? 그렇다면 그 간절함이 영광과 존귀와 썩지 아니하는 것으로 옮겨가도록 하나님께 도움을 구하십시오. 투자한 돈이 잘 불어나는지 주식시장 동향을 살피고 계십니까? 돈에 대한 열망이 영광과 존귀와 썩지 아니할 것으로 옮겨가도록 하나님께 도움을 구하십시오.

그것이 핵심입니다. 구하십시오. 영원한 생명은 영광과 존귀와 썩지 아니할 것을 구하는 자에게 임합니다. 영적으로 무관심한 사람에게는 임하지 않습니다.

그렇다면 그것은 어떤 의미일까요?

세 가지 단어로 설명하려고 합니다. 저는 영광과 존귀와 썩지 않는 것을 정의하기 위해 다음의 세 단어를 사용하는데, 영광이야말로 우리가 구해야 할 주된 대상이고, 존귀와 썩지 아니할 것은 영광의 또 다른 면모라고 생각하기 때문입니다. 그 세 단어는 탁월성(excellence), 반향(echo), 연장(extension)입니다. 저는 "영광"(glory)을 일종의 신적 탁월성으로 정의하려 합니다. "존귀"(honor)는 하나님과 천사와 성도와 관련되어 있는 그 신적 탁월성의 반향이라고 봅니다. 그리고 "썩지 아니할 것"(immortality)은 장래에 영원히 지속될 그 탁월성의 연장입니다.

위대하고 탁월한 사람이 죽음을 거치지 않고 영원으로 옮겨가는 모습을 머릿속에 그려보십시오. 그의 움직임이 영원히 연장되고, 죽음을 겪지 않고 상하지도 썩지도 소멸하지도 않는 것이 그의 불멸성입니다. 그리고 그가 영원을 영원히 지나는 동안 그의 탁월성은 다른 탁월한 존재들에게 알려지고, 그 탁월성은 반향을 일으켜 존귀와 칭송으로 되돌아옵니다. 그러므로 탁월성 그 자체가 여기서 주된 요소이며, 불멸성은 그 탁월성이 영원히 계속되는 것이며, 존귀는 다른 뛰어난 존재들, 그 중에서도 특별히 하나님의 마음과 생각 안에서 그 모습 그대로 인정받고 승인받는 것임을 기억하시기 바랍니다.

따라서 저는 중심 내용인 "영광을 구하는 것"의 의미에 초점을 두고 싶습니다. 하지만 "존귀를 구하는 것"에 관해서도 언급할 부분이 있으므로 "영광을 구하는 것"에 앞서 설명하겠습니다.

존귀를 구하는 것

우리는 누구의 인정과 누구의 관심과 누구의 칭찬을 구해야 할까요? 이에 대한 답은 로마서 2장 29절과 고린도전서 4장 5절, 이렇게 두 군데에 나옵니다. 로마서 2장 29절에서 바울은 이렇게 말합니다. "오직 이면적 유대인이 유대인이며 할례는 마음에 할지니 영에 있고 율법 조문에 있지 아니한 것이라 그 칭찬이 사람에게서가 아니요 다만 하나님에게서니." 진정한 그리스도인은 사람의 칭찬을 좇지 않고 하나님의 칭찬을 좇습니다. 이것이 그리스도인이 원하는 존귀함입니다. 그리고 고린도전서 4장 5절에서 바울은 심판의 날에 하나님이 "어둠에 감추인 것들을 드러내고 마음의 뜻을 나타내시리니 그 때에 각 사람에게 하나님으로부터 칭찬이 있으리라"고 말합니다.

여기서 하나님이 사람을 어떻게 칭찬하시는가에 대한 질문이 생깁니다. 하나님 편에서 이것은 우상이 아닐까요? 하나님이 자신의 영광보다 사람을 더 높이시는 것일까요? 하나님이 어쩔 수 없이 인간을 경배할 정도로 높은 가치와 아름다움과 미덕이 하나님 그분이 아닌 다른 곳에 있다는 말일까요? 우리가 구하는 영광의 의미에 그 답이 있습니다.

영광을 구하는 것

이 질문은 우리를 최종적인 주된 문제로 이끌어 줍니다. 즉 우리에게 "영광을 구한다"는 것은 어떤 의미일까요?

누구의 영광입니까? 하나님의 영광이라면, 우리는 그 영광을 볼 수 있도록 구하는 것일까요, 아니면 영광을 나눌 수 있도록 구하는 것일까요? 우리가 만일 그 영광을 "보고 나누기 위해서"라고 말한다면, 창세기 3장 5절에서 사탄이 하와에게 부추긴 방법대로 하나님의 영광을 나누는 것일까요? "너희가 그것을 먹는 날에는 너희 눈이 밝아져 하나님과 같이 되어 선악을 알 줄 하나님이 아심이니라." 이것이 과연 우리가 하나님의 영광을 나누기 원하는 방법일까요? 절대 그렇지 않습니다. 그러므로 매우 조심해야 합니다. 우리가 영광을 구하는 방법과 그것에 관해 생각하는 방식에 따라 엄청나게 중요한 사안이 달려 있습니다.

이에 대한 바울의 대답은 이것입니다. 우리는 하나님의 영광을 구해야 합니다. 그리고 무엇보다 먼저 하나님의 말씀과 일하심 속에 드러난 영광을 바라보면서 그 영광의 있는 그대로를 보고 즐거워하기를 간절히 바라야 합니다. 로마서 1장 23절에서는 불경건한 사람들이 행하는 어리석은 행위를 "썩어지지 아니하는 하나님의 영광을 우상으로 바꾼" 것이라고 말합니다. 이는 하나님의 영광을 구하는 일에서 실패한 것입니다. 우리는 하나님의 영광을 우리가 예배하는 —우리가 감탄하고 기뻐하고 존중하는— 최고의 대상으로서 구해야지, 다른 어떤 것으로도 바꿔서는 안 됩니다.

로마서 5장 2절은 이렇게 말합니다. "또한 그[그리스도]로 말미암아 우리가 믿음으로 서 있는 이 은혜에 들어감을 얻었으며 하나님의 영광을 바라고 즐거워하느니라." 그리고 11절은 우리 갈망의 가장 핵심이 무엇인지 한 마디로 표현하고 있습니다. "그뿐 아니라 하나님 안에서 또한 즐거워하느니라." 우리가 갈망하는 것은 단지 하나님의 영광만이 아닙니다. 하나님 그분 자체입니다. 더 이상 말할 필요가 없습니다. 이것이 우리가 구하는 본질입니다. 우리는 하나님을 갈망합니다. 혹은 이와 동일한 것입니다만, 영광 가운데 계신 하나님 혹은 탁월함 가운데 계신 하나님을 갈망합니다.

따라서 하나님의 영광을 구한다는 것은 하나님 안에 있는 그대로의 영광을 보고 알고 즐거워하기를 구한다는 의미입니다. 하지만 로마서 8장에서 바울이 말한 내용을 볼 때 그것만이 전부는 아닙니다. 로마서 8장 17절을 보시기 바랍니다. "〔우리가〕 자녀이면 또한 상속자 곧 하나님의 상속자요 그리스도와 함께 한 상속자니 우리가 그와 함께 영광을 받기 위하여 고난도 함께 받아야 할 것이니라." 여기에 나오듯 우리가 바라는 것은 단지 하나님의 영광을 볼 뿐 아니라 하나님의 영광을 나누는 것이기도 합니다.

로마서 8장 고찰

로마서 8장을 계속해서 보겠습니다.

> 생각하건대 현재의 고난은 장차 우리에게 나타날 영광과 비교할 수 없도다. 〔맞습니다. 장차 우리에게 영광이 나타날 것입니다. 하지만 더 나아가 그 영광이 우리를 변화시켜 그 영광과 동일한 영광으로 우리를 영광스럽게 할 것입니다.〕 피조물이 고대하는 바는 하나님의 아들들이 나타나는 것이니 피조물이 허무한 데 굴복하는 것은 자기 뜻이

아니요 오직 굴복하게 하시는 이로 말미암음이라. 그 바라는 것은 피조물도 썩어짐의 종 노릇 한 데서 해방되어 하나님의 자녀들의 영광의 자유에 이르는 것이니라(18-21).

바울이 로마서 8장 30절에서 말하고 있는 의미와 동일합니다. "의롭다 하신 그들을 또한 영화롭게 하셨느니라." 따라서 영광을 구한다는 것은 영광을 보는 것과 영광을 나누는 것 모두를 의미합니다.

우리에게 또 다른 의문이 남습니다. 우리가 하나님의 영광을 나눌 뿐 아니라 영원한 삶의 일부분으로서 이 영광을 구한다면, 그 의미는 무엇이고, 또한 사탄이 하와에게 하나님처럼 되고 싶어 하도록 만들면서 의도했던 일을 어떻게 피할 수 있을까요?

저는 이런 식으로 설명하고 싶습니다. 영화롭게 되거나 혹은 하나님의 영광을 나누려 하되 하나님이 되려고 하지 않는 것은, 하나님의 의도대로 우리의 생각과 영혼과 몸으로 하나님의 영광을 알고 하나님의 영광을 기뻐하고 결국 하나님이 주시는 힘으로 그 영광을 드러내는 것입니다. 이를 통해 그 영광을 찬송하는 것을 철저히 하나님 중심이 되도록 하는 것입니다. 우리가 비록 영화로워진다 하더라도, 인간에게 있어서 하나님의 영광을 나눈다는 것은 하나님의 영광을 알고 기뻐하고 드러내는 것을 뜻합니다. 말하자면 우리의 영광은 하나님의 영광을 아는 것입니다. 또한 이 모든 일을 자신의 힘이 아니라 하나님이 공급해 주시는 힘으로 하는 것이 우리의 영광입니다. 그래야 우리의 기쁨은 충만해지고 하나님의 영광은 온전히 드러납니다.

따라서 저는 여러분이 모두 영광과 존귀와 썩지 않는 것을 구하시기를 강권합니다. 하나님의 탁월하심을 (보고 나누기를) 구하십시오. 여러분이 하나님의 그 탁월하심을 알고 기뻐하고 드러내도록 구하십시오. 하나님 그분을 찬양할 때 그분의 탁월하심이 반향되어 울려퍼지기를 구하십시오. 또한 그분의 탁월하심이 영원 속으로 끝없이 연장되기를 구하십시오.

영광과 존귀와 썩지 않음을 어떻게 구하는가?

1. 첫째, 그리스도와 그분이 죄인들을 위해 십자가에서 완성하신 사역의 영광을 바라보십시오. 앞에서 이미 강조했던 내용입니다. 칭의와 영생은 우리의 행위로 얻는 것이 아닙니다. 믿음으로 그리스도를 바라보는 자에게 값없이 주어집니다. 그러므로 하나님의 영광을 얻고 영화롭게 되고 싶다면, 반드시 그리스도를 의지해야 합니다. 우리는 믿음으로 의롭다함을 얻고(롬 5:1) 의롭게 된 사람들은 영화롭게 됩니다(롬 8:30). 그러므로 믿음은 하나님의 영광을 구하는 가장 처음이자 절대적인 열쇠입니다.

하지만 그리스도나 그분에 대한 믿음도 결코 소홀히 다루어져서는 안 됩니다. 제가 "그리스도를 바라보라"고 말하는 것은 그리스도의 영광을 우리의 가장 귀한 보물로 흔들림 없이 바라보라는 의미입니다. 바울이 고린도후서 4장 4절과 3장 18절에서 말한 것과 같은 의미입니다. 고린도후서 4장 4절에서 바울은 그리스도의 복음에 관해 이렇게 말합니다. "그리스도의 영광의 복음의 광채가 비치지 못하게 함이니 그리스도는 하나님의 형상이니라." 따라서 의로움을 얻기 위해 그리스도를 바라보는 것은 그리스도 안에 있는 하나님의 영광을 구하는 것입니다. 서로 동떨어진 부분이 아닙니다. 이것이 믿음이 하는 일입니다. 믿음은 복음 안에서 그리스도를 하나님의 영광으로 받아들입니다. 복음 안에서 믿음이 하는 일입니다.

고린도후서 3장 18절에서는 이렇게 말합니다. "우리가 다 수건을 벗은 얼굴로 거울을 보는 것 같이 주의 영광을 보매 그와 같은 형상으로 변화하여 영광에서 영광에 이르니 곧 주의 영으로 말미암음이니라." 다시 말해, 복음 안에서 그리스도를 보는 것은 주의 영광을 바라보는 것이며, 이를 통해 주님과 같은 형상으로 변화하여 점점 더 큰 영광에 이르게 된다는 뜻입니다.

바로 여기서 선한 행실이 나옵니다. 우리의 선한 행실은 그리스도를 닮은 형상의 일부입니다. 또한 그리스도를 닮은 형상은 복음 안에서 그리스도의 영광을 바라보고 맛보는 데에서 나옵니다. 그래서 바울이 로마서 2장 7절에서 참고 "선을 행하여" 영광을 구하는 자들은 영생을 얻는다고 말하는 것입니다. 그리스도를 닮은 것이야 말로 우리가 이미 "영화롭게 되었음"을 보여 주는 증거입니다. 우리의 행위가 아니라 복음 안에서 그리스도를 바라볼 때 영화롭게 되는 것입니다. 바라보면 변화가 시작됩니다. 바라보면 닮아갑니다.

2. 하나님의 영광을 어떤 식으로 구할 것인가에 대한 두 번째 지침은, 영광으로 이끄는 길에는 많은 고난이 있다는 사실을 깨

닫는 것입니다. 그러면 우리는 그런 고난에 어떻게 반응해야 할까요? 하나님의 영광을 구하는 데 있어서 고난이 과연 어떤 도움이 될까요?

고린도후서 4장 16-18절에서는 이렇게 답하고 있습니다. "그러므로 우리가 낙심하지 아니하노니 우리의 겉 사람은 낡아지나 우리의 속사람은 날로 새로워지도다. 우리가 잠시 받는 환난의 경한 것이 지극히 크고 영원한 영광의 중한 것을 우리에게 이루게 함이니 우리가 주목하는 것은 보이는 것이 아니요 보이지 않는 것이니 보이는 것은 잠깐이요 보이지 않는 것은 영원함이라."

여기서의 핵심 또한 "우리가 어디를 바라보는가"입니다. 장차 얻게 될 영원한 것을 보아야지 결국 잃어버릴 순간적인 것을 보아서는 안 됩니다(빌 1:21). 이것이 "비교할 수 없을 정도로 영원하고 크나큰 영광"을 이루는 길입니다. 고난은 영광을 바라는 우리에게 우연히 발생하는 일이 아닙니다. 반드시 있어야 하는 부분입니다. 또한 이러한 고난은 단순한 박해가 아닙니다. 우리의 몸이 "낡아지는" 일입니다. 로마서 8장 17-18절에서도 동일한 내용을 말하고 있습니다. 우리가 어떻게 영광을 구해야 하는지를 오히려 힘을 주어 언급하고 있습니다. "자녀이면 또한 상속자 곧 하나님의 상속자요 그리스도와 함께 한 상속자니 우리가 그와 함께 영광을 받기 위하여 고난도 함께 받아야 할 것이니라. 생각하건대 현재의 고난은 장차 우리에게 나타날 영광과 비교할 수 없도다."

이 고난에는, 23절의 내용처럼, 우리 몸의 속량을 고대하면서 내지르는 탄식도 포함되어 있습니다. 단순한 외부의 박해에서 오는 고난이 아니라, 인생의 모든 허무와 불행을 말합니다. 우리가 그 속에 있으면서도 그리스도를 바라보고, 그분과 더불어 고난을 받고 그분을 부인하지 않는다면 17절에 나온 것처럼 우리는 그분과 더불어 영원히 영광을 받게 될 것입니다.

따라서 우리가 어떻게 영광과 존귀와 썩지 않을 것을 구하는가에 대한 저의 대답은 "그리스도를 바라보라"입니다. 그리스도를 바라보십시오. 죽음과 부활의 복음 안에 계신 그리스도의 영광을 고대하며 그분을 바라보십시오. 하나님의 영광의 형상이신 그분을 바라보고 맛보십시오. 그리고 고통 속에서도 그분을 보십시오. 영원한 그리스도를 바라보십시오. 하나님의 영광을 바라보십시오. 그분을 맛보십시오. 그분을 신뢰하십시오. 그리고 그분으로 말미암아 변화를 받으십시오.

31장

외모로 취하지 않으시는 하나님 (1부)

로마서 2:11-16

이는 하나님께서 외모로 사람을 취하지 아니하심이라. 무릇 율법 없이 범죄한 자는 또한 율법 없이 망하고 무릇 율법이 있고 범죄한 자는 율법으로 말미암아 심판을 받으리라. 하나님 앞에서는 율법을 듣는 자가 의인이 아니요 오직 율법을 행하는 자라야 의롭다 하심을 얻으리니 율법 없는 이방인이 본성으로 율법의 일을 행할 때에는 이 사람은 율법이 없어도 자기가 자기에게 율법이 되나니 이런 이들은 그 양심이 증거가 되어 그 생각들이 서로 혹은 고발하며 혹은 변명하여 그 마음에 새긴 율법의 행위를 나타내느니라. 곧 나의 복음에 이른 바와 같이 하나님이 예수 그리스도로 말미암아 사람들의 은밀한 것을 심판하시는 그 날이라. _롬 2:11-16

한 해를 마무리하는 지금, 하나님에 관한 위대한 진리 한 가지와 사람에 관한 위대한 진리 한 가지를 살펴보고, 우리가 그 두 가지의 진리를 있는 그대로 깨닫고 품을 때 내년이 어떻게 달라질지 생각해 보는 시간을 갖고 싶습니다. 그 두 가지 진리가 본문에 직접 드러나지는 않지만, 본문을 훑어가는 중에 자연스럽게 드러날 것입니다. 먼저 본문인 로마서 2장 11-16절에서 바울이 무슨 생각을 하고 있는지 '사고의 흐름'을 따라가 보겠습니다.

영감 받은 저자의 생각 속으로 들어가기

'사고의 흐름'이라고 말한 것은 실제로 그렇게 흘러가기 때문입니다. 바울은 자신의 요점을 정립하기 위해 하나를 계속 반복하기보다 하나에서 다른 것으로 흘러 넘어가는 방식을 택하고 있습니다. 이러한 논의의 흐름을 잘 파악해 보면 하나님과 인간에 관한 두 가지 진리를 발견할 수 있습니다. 바울의 사고를 잘 따라가 봅시다. 바울을 좇아 그가 생각한 바대로 생각해 봅시다.

영감을 받아 성경을 기록한 저자의 사고 그대로 생각할 수 있다는 것은 참으로 흥분되는 일입니다. 여러분 중에는 위대한 저자의 사고를 그대로 따를 수 있다는 것이 얼마나 대단한 일인지 경험한 분도 계실 것입니다. 성 아우구스티누스, 성 안셀무스, 아퀴나스, 칼뱅, 루터, 데카르트, 파스칼, 로크, 칸트, 밀턴, 셰익스피어 등 유명 저자들의 생각 속으로 들어가 그들이 본 것을 보고 그들의 놀라운 통찰을 나의 것으로 삼는다고 생각해 보십시오. 그런데 우리는 그보다도 훨씬 흥분되는 일을 경험할 수 있습니다. 단지 위대한 저자들의 생각 속으로 들어가는 것이 아니라 하나님의 영감을 받은 저자들의 생각 속으로 들어가는 것 말입니다. 이들은 자연적인 재능뿐 아니라 초자연적인 계시로 글을 썼기 때문입니다. 이들의 머릿속으로 들어가 사고의 흐름을 따라가고 그들이 본 실체를 보는 것은 책이나 TV, 비디오, 영화를 보는 것과는 비교할 수 없는 전율입니다. 저는 여러분 모두가 그 일을 경험하기를 갈망합니다.

따라서 저와 함께 떠나 봅시다. 로마서 2장에서 바울이 무엇을 하고 있는지 잠시 들여다보겠습니다. 1-5절에서 바울은 당대에 높은 도덕적 기준을 지닌 사람들, 특히 동족인 유대인들이야말로 위선의 죄가 있다고 지적했습니다. 유대인들은 로마서 1장에서 언급된 부도덕한 이방인들의 행실을 손가락질했지만, 자신들도 똑같은 일을 저질렀기 때문에 스스로를 정죄하고 말았다고 바울은 말합니다.

6-10절에서 바울은 유대인과 이방인에 대한 심판이 "그들이 행한 대로" 이뤄지는 것이지, 민족이나 종교적 배경에 따라 임하지 않는다고 설명합니다. 유대인과 이방인 모두 동일한 기준 위에서(on the same basis) 영생을 받든지 못 받든지 하는 것입니다. 즉 그들의 믿음이 그들의 행위에 의해 확증되는가 하는 것입니다.

차별하지 않으시는 하나님

이제 11절에서 바울은 "사람을 외모로 취하지 않으시는 하나님"이라는 논의의 기초가 되는 원칙 혹은 진리를 언급하고 있습니다. 이것은 하나님이 유대인과 이방인을 그들의 외모나 환경이나 문화적, 종교적 특혜에 따라 판단하지 않으시고 보다 본질적인 어떤 것에 따라 판단하시는 이유이기도 합니다. 이것이 하나님에 관해 우리가 알아야 하는 근본적인 내용입니다. 즉 이것이 '공평함'(impartiality)입니다. 오늘 말씀드리려는 두 가지 진리 가운데 하나이기도 합니다. 따라서 이 부분에 대해 잠시 살펴봐야 하겠습니다. 사실상 본문의 나머지 부분도 이것을 자세히 다루고 있으며 인간에 관한 두 번째 진리와도 연결되어 있습니다.

이것은 하나님에 관한 아주 중대한 진리이며, 신약 성경에서 처음 그와 관련한 단어를 사용하는 것으로 보입니다. 신약 성경 이전에는 '불공평'(partiality)이나 '차별하는 자'(respecter of persons)라는 의미의 단어가 사용된 예가 없습니다. 구약 성경에 그와 유사한 개념은 나옵니다. 하나님은 "외모를 보지"(receive face) 않으신다는 말인데, 즉 하나님은 '차별하지 않으신다'(impartial)는 말입니다. 하나님은 사람의 외모 때문에 마음을 바꾸는 분이 아닙니다. 하나님은 사람의 외모는 보지 않으시고 중심을 보십니다. 외모나 환경으로 차별하지 않으십니다. 아무리 능력이 있고 똑똑하고 돈이 많고 인맥이 좋다고 해도 이러한 원칙을 깨거나 무너뜨릴 수 없습니다. 모든 사람이 동일한 잣대로 심판을 받습니다.

신약 성경에서 "외모를 보다"라는 단어가 어떤 방식으로 사용되고 있는지 확인하는 게 중요합니다. 성경 저자들은 이 단어를 가져다 조합하여 야고보서 2장 9절에서 "차별하여 대하다"(be-a-face-receiver, prosopolempteo)라는 새로운 동사를 만들었습니다. 그리고 두 개의 새로운 명사, "외모를 보는 자"(a-face-receiver, prosopolemptes, 행 10:34)와 "외모로 취함"(face-receiving, prosopolempsia, 롬 2:11, 엡 6:9, 골 3:25, 약 2:1)을 만들었습니다.

유대인만 율법을 받았는데 어떻게 차별하지 않는 하나님이실 수 있는가?

여기서 한 가지 문제가 생기는데, 반드시 답을 해야 하는 반박 의견이 나옵니다. 그래서 바울은 다음 단계로 논의를 옮겨갑니다. 반박 의견은 이렇습니다. "바울 선생, 하나님이 모든 사람을 행한 대로 심판하시기 때문에 차별하지 않으신다고 말했지요. 하지만 사실 하나님은 모세의 율법을 유대인에게만 주셨으니 인간이 무엇을 행해야 하는지는 오직 유대인만 알 수 있을 뿐, 다른 민족들은 전혀 모르는 게 아닙니까? 그런데 하나님께서 인간을 그 행한 대로 심판하신다는 이유로 어떻게 차별하지 않는다고 말할 수 있습니까? 인간의 마땅한 덕목에 관해서는 오로지 유대인에게만 가르쳐 주시고서 말입니다."

12절부터 바울의 답변이 시작됩니다. "무릇 율법 없이 범죄한 자[즉 구약성경의 모세 율법을 받지 못한 민족들]는 또한 율법 없이 망하고 무릇 율법이 있고 범죄한 자[모세의 율법을 받은 유대인]는 율법으로 말미암아 심판을 받으리라." 지키지 못한 책임을 물을 율법에 접근도 못했으니 불공평하다며 따지는 반대 의견에 대한 직접적인 답변입니다.

기독교를 공격하는 비평가들 사이에서 종종 제기되는 반문이 있습니다. "당신네들이 갖고 있는 성경을 아예 볼 수도 없는 사람들은 어떻게 합니까?" 바울의 대답은 무엇일까요? 그의 대답은 이렇습니다. "네, 맞습니다. 하나님의 진리는 많은 민족들에게 제각기 다르게 드러났습니다. 하지만 하나님의 심판은 더 많은 진리를 가졌던 민족이라고 해서 차별을 두지 않으십니다. 하나님의 심판은 모든 민족에게 드러난 진리를 따라 임하게 될 것입니다." 그래서 바울은 12절에서 이렇게 말하고 있습니다. "무릇 율법 없이 범죄한 자는 또한 율법 없이 망하고 무릇 율법이 있고 범죄한 자는 율법으로 말미암아 심판을 받으리라." 모세의 율법을 들을 수 없는 상태로 죄를 지은 사람들은 율법으로 정죄 받지 않습니다. 율법을 가졌던 이들만이 율법으로 심판을 받게 됩니다.

율법을 받지 않은 것으로는 심판받지 않음

모세의 율법을 듣지도 못한 사람이 심판을 받아 멸망한다면 그것은 율법을 듣지 못해서가 아닙니다. 모세의 율법을 듣지 못한 것으로는 누구도 정죄 받지 않을 것입니다. 그리고 율법을 들었다고 해서 구원받는 것도 아닙니다. 바울이 13절에서 말하고 있습니다. "하나님 앞에서는 율법을 듣는 자가 의인이 아니요 오직 율법을 행하는 자라야 의롭다 하심을 얻으리니." 다시 말해, 모세의 율법을 받고 그 율법을 듣고 아는 것으로는 마지막 심판 때에 아무런 유익이 없습니다. 마지막 심판 때에 받을 질문은 "율법을 얼마나 많이 받고 듣고 알고 있느냐?"가 아닙니다. 오히려 이런 질문을 받을 것입니다. "율법을 많이 알든 적게 알든, 너는 어떻게 살았느냐? 네가 알고 있는 율법에 대해 네 마음과 행동으로 어떻게 반응했느냐?"

13절의 "율법을 행하는 자라야 의롭다 하심을 얻으리니"라는 구절이 믿음으로 의롭다 함을 받는 것과 어떻게 서로 합치되는지는 몇 주 후에 다시 살펴보겠습니다. 지금은 다음의 3가지 사항에 주목하시기 바랍니다. 1) 율법을 행하는 것에는 구원을 주시는 하나님의 은혜를 신뢰하는 것도 포함됩니다. 만일 율법이 우리에게 그와 같은 방법으로 하나님을 신뢰하라고 명한다면 말입니다. 2) 이 말씀은 의롭다 함을 받는 것이 율법을 행하는 것에 근거한다(justification is based on the doing of the Law)고 말하지 않고, 율법을 행하는 자라야 의롭다 함을 얻을 것(doers will be justified)이라고 말합니다. "행함"이나 그 밖에 다른 것이 칭의의 근거라는 말은 없습니다. 3) 여기서 칭의는 장래에 일어날 일로 언급됨을 주목하십시오. "율법을 행하는 자라야 의롭다 하심을 얻으리니." 이것은 7-10절의 말씀처럼 마지막 심판을 언급하는 것으로 보입니다. 그러므로 이 말씀은 참고 선을 행하는 자에게 영생을 주신다는 7절과 동일한 내용을 가르치는 것으로 이해하시기 바랍니다.

하지만 오늘 설교에서 다루었던 논증의 핵심을 놓치지 마시기 바랍니다. 즉 마지막 날에는 율법을 가지지 않았거나 가지고 있거나 그것으로 심판을 받지 않습니다. 율법을 행한 것으로 심판을 받습니다.

율법을 읽지도 않았는데 어떻게 율법을 행할 수 있는가?

하지만 여기서 곧바로 바울이 답변해야 하는 또 다른 문제가 제기됩니다. 누군가 이렇게 물을 수 있습니다. "읽고 따를 만한 율법이 없었던 사람들은 어떻게 율법이 요구하는 바를 행할 수 있습니까? 바울 당신은 율법을 듣는 것이 아니라 행하는 것이 가치 있다고 말하지만, 그래도 율법을 가진 사람들은 무엇을 해야 하는지 알기 때문에 여전히 유리한 입장입니다."

14-15절 말씀이 바울의 답변입니다. "율법 없는 이방인이 본성으로 율법의 일을 행할 때에는 이 사람은 율법이 없어도 자기가 자기에게 율법이 되나니. 이런 이들은 그 양심이 증거가 되어 그 생각들이 서로 혹은 고발하며 혹은 변명하여 그 마음에 새긴 율법의 행위를 나타내느니라."

따라서 "유대인은 율법이 있고 이방인은 율법이 없는데 하나님께서 사람을 그 행한 대로 심판하는 것이 어떻게 차별 없는 것이 될 수 있는가?"라는 질문에 대한 바울의 답변은 "이방인에게도 법이 있다"는 것입니다. 하나님의 도덕법이 그들의 마음에 새겨져 있다는 것이 15절이 말하는 바입니다. 또 14절에서도 말합니다. "자기가 자기에게 율법이 되나니." 그런 다음 바울은 15절 후반부에서 온 세상 모든 사람이 행하는 도덕 행위야말로 그들 안에 도덕적 의무에 대한 관념이 있음을 보여 주는 증거라고 말합니다. 그리고 그들의 양심도 이 사실을 확인해 주는데 그 양심이 끊임없는 자기 고발과 자기 변명으로 갈등을 일으키는 것을 보면 알 수 있습니다.

이번에는 11절부터 시작해서 전체적인 사고의 흐름을 살펴보겠습니다. 첫째, 바울은 "하나님께서 외모로 사람을 취하지 아니하심이라[차별하지 않으신다]"고 말합니다(11절). 그리고 12절에서는 (율법이 있든 없든) 우리가 알 수 있었던 진리의 척도에 우리가 어떻게 반응하는가에 따라 하나님의 심판이 임한다고 말하며 앞의 주장을 뒷받침합니다. 그런 후에 (13절에서) 율법을 듣는 것만으로는 심판의 날에 유대인들에게 아무 유익이 되지 못하며, 율법을 듣지 못하는 것이 이방인들에게도 불이익이 되지 않는다고 설명합니다. 율법을 듣는 것이 아니라 행하는 것이 핵심 사안이기 때문입니다. 그런 다음에는 (14-15절에서) 실상 모세의 율법을 알지 못하는 사람들에게도 그 법이 적용될 수 있다고 말합니다. 하나님이 그들의 마음에 그 법을 새겨 두셨고, 그 마음속에 있는 도덕적 지식을 일깨워 주도록 우리 모두에게 양심을 주셨기 때문입니다.

모든 사람의 마음에는 하나님의 도덕법이 있다

오늘 함께 살펴보기 원하는 두 번째 진리가 등장합니다. 바로 인간에 관한 진리입니다. 모든 인류에게는 하나님이 그 마음에 새겨 두신 도덕법이 있습니다. 바울은 여기서 인간의 본성에 관해 참으로 중요한 점을 가르치고 있습니다. 14절의 표현법에 주의하시기 바랍니다. "율법 없는 이방인이 본성으로 율법의 일을 행할 때에는 이 사람은 율법이 없어도 자기가 자기에게 율법이 되나니." 여기서 "본성으로"(instinctively)는 말 그대로 선천적(by nature)이라는 뜻입니다. 달리 표현하면, 바울은 여기서 인간 본성에 관한 근본적인 내용을 말하고 있습니다. 인간이 된다는 것의 의미랄 수 있는데, 즉 인간의 마음에 하나님의 법이 새겨져 있거나 찍혀 있거나 기록되어 있다는 사실입니다.

앞서 이런 가르침을 로마서 1장 32절("그들이 이 같은 일을 행하는 자는 사형에 해당한다고 하나님께서 정하심을 알고도"), 1장 26절("그들의 여자들도 순리대로 쓸 것을 바꾸어 역리로 쓰며")과 1장 21절("하나님을 알되")에서도 보았습니다. 모든 인간이 하나님께서 그들에게 알려 주신 명령들을 지키는 것은 고사하고, 진리를 억누를 뿐 아니라(1:18) 심지어 양심이 요구하는 것조차 따르며 살지 않기 때문에 하나님 앞에 모두 죄인이라는 사실을 강조하는 것이 이 구절들의 핵심입니다. 결국 모든 인간은 하나님 앞에 죄가 있으며 심판의 날에 아무 핑계를 댈 수 없습니다. 유대인이든 이방인이든 모든 사람이 죄의 권세 아래에 있으며, 하나님 앞에서 죄 있는 존재입니다.

시작할 때 제가 언급했던 두 가지 진리에 대해 자세히 살펴봐야 할 때가 되었습니다. 하나는 하나님에 관한 진리, 또 하나는 인간에 관한 진리입니다.

하나님에 관한 진리는 '하나님은 차별하지 않으신다'는 겁니다. 하나님이 차별하지 않으신다는 말은 모든 인간이 동일한 양의 진리를 알고 있다는 전제 아래 심판하신다는 뜻이 아니라, 모든 사람이 각자 책임져야 할 진리를 알고 있다는 전제 아래 심판하신다는 뜻입니다. 또한 우리가 가지지 못한 것이 아닌 이미 가지고 있던 것에 어떻게 반응하는가에 따라 심판하신다는 뜻입니다. 하나님은 참으로 공의로운 분이셔서 모든 인간의 마음에 하나님의 법을 새겨 놓으셨고 자연 속에 드러난 하나님의 영광을 알 수 있는 능력도 주셨습니다. 하나님이 차별하지 않으신다는 것은, 단순히 하나님이 내리시는 판결이 세상에서는 차별이 없다는 것이라기보다 하나님이 내리시는 판결을 보고 그분이 차별하지 않으시는 분임을 세상이 확실히 알게 하신다는 뜻입니다.

따라서 (인간에 관한) 두 번째 진리는 (하나님에 관한) 첫 번째 진리 위에 세워집니다. 즉 모든 인간의 마음에는 하나님의 도덕법이 새겨져 있다는 사실입니다. 모든 인간의 영혼에는 양심이 있어서, 하나님이 인간을 만드셨고 인간은 하나님께 의존되어 있으며 인간은 하나님을 높이고 감사해야 하며(1:20-21), 마음에 새겨진 바를 행해야 하며(2:14-15) 이를 행하지 못하면 죽음을 당한다(1:32)는 사실을 압니다.

두 가지 위대한 진리의 영향력

이 위대한 두 가지 진리를 잘 깨닫고 있는 그대로 받아들인다면 우리의 삶에도 영향을 미치게 될 것입니다. 나 자신과 자녀들, 주변 사람들과 관련해 이 진리가 삶에 가져올 변화의 세 가지 예를 들어보겠습니다.

1. 나 자신을 새롭게 알게 될 때

앞에서 정리한 두 가지 위대한 진리대로 하나님과 우리를 이해할 때 그것이 나 자신에게는 어떤 의미가 있는지 살펴보겠습니다. 만일 하나님이 차별이 없으시고 하나님이 보여주신 정해진 기준대로 심판하신다면, 그리고 나는 하나님의 형상을 닮은 인간으로서 마음에 하나님의 법을 가지고 있다면, 그러한 지식을 알고 깨달을 때 하나님과 진리와 옳고 그름에 대해 보다 중대하고 견고하고 흔들리지 않는 확신을 갖게 될 것입니다. 내 마음대로 바꿀 수 없는 정해진 진리와 도덕 기준이 있다는 것을 분명히 깨닫게 되기 때문입니다. 이러한 진리와 기준은 인간의 선택에 따른 것이 아니라 우리의 영역 밖에 있는 하나님에게서 온 것입니다. 인생은 무엇이든 선택해도 되는 그만그만한 메뉴들로 차려진 식당이 아닙니다. 인생은 하나님이 주신 심오한 것입니다. 하나님은 존재하십니다. 차별하지 않으십니다. 하나님은 진리이시고 진리를 아는 분이십니다. 그 진리를 인간의 마음판에 새겨 두셨습니다. 누구든 알 수 있습니다. 그 지식으로 우리는 심판을 받을 것입니다. 그러므로 인생은 하찮은 것이 아닙니다. 하나님과 그분의 법에 대한 확신이 우리의 삶을 더욱 소중하고 견고하고 흔들리지 않게 해줄 것입니다.

2. 우리의 자녀를 새롭게 알게 될 때

이 두 가지 진리를 따라 우리 자녀를 알게 될 때 그것이 어떤 변화를 가져오는지 살펴보겠습니다. 우리의 자녀들을 하나님이 친히 그분의 형상으로 지으신 영혼을 지닌 존재이며 하나님의 법이 새겨진 존재로 바라보아야 합니다. 다른 어떤 피조물과 달리 하나님을 아는 능력을 부여받은 존재여서 실제로 하나님을 알게 될 것이며, 그러므로 하나님을 좇아 살게 될 수도 있고 멸망할 수도 있는 존재로 바라보아야 합니다. 자녀를 바라볼 때마다, 이 아이들이 선함과 진리를 따라 살도록 특별하게 준비된 존재임을 깊이 생각하십시오. 아주 당연하거나 보잘것 없거나 무시당하며 살도록 만들어진 존재가 아닙니다. 하나님이 이 우주에서 감당시킬 주된 목적이 있어서 창조된 존재입니다. 그 목적이란 하나님을 알고 하나님의 뜻을 행하는 것입니다. 우리의 자녀를 이러한 시각으로 이해할 때 우리는 부모로서 더욱 큰 의무감을 갖게 되고, 자녀가 그리스도께로 나아가 하나님을 알고 사랑하도록 하는 하나님의 내적 사역에 동참하는 영광스런 특권과 책임이 우리에게 있음을 깨닫게 될 것입니다.

3. 다른 사람들을 새롭게 알게 될 때

마지막으로 이 진리를 통해 다른 사람들을 알게 될 때 얻는 두 가지 의미를 살펴보겠습니다. 직장이나 학교에서 그리고 이웃에서 만나는 사람들은 모두 그들의 마음에 하나님의 법이 새겨져 있습니다. 우리가 아는 모든 사람들은 차별하지 않으시는 하나님을 압니다. 그러한 지식을 억압하든 그렇지 않든 그들은 모두 하나님을 압니다. 그들은 창조자 하나님을 상당히 깊이 알 뿐 아니라, 해야 할 일이 무엇인지도 상당히 깊이 알고 있습니다. 우리가 그들을 찾아가기도 전에 하나님께서 이미 그들 마음 깊은 곳을 만지셨습니다. 우리가 하나님과 하나님의 뜻을 알도록 그들을 준비시키러 가기 전에 하나님이 앞서 가셨습니다.

이런 사실로부터 우리가 붙잡아야 할 첫 번째는 이것입니다. 그러므로 내년 한해에는 소망을 품고 복음전도에 나서시기 바랍니다. 죄의 영향력을 과소평가하지는 말아야겠지만, 여러분이 찾아가려고 하는 사람에게 어떻게 다가가야 할지 몰라 절망할 필요도 없습니다. 우리가 상상하는 것보다 깊은 연결점이 그들의 마음에 분명 있습니다. 사랑으로 진리를 말하십시오. 그러면 하나님께서 그들이 본성적으로 알고 있는 것과 여러분이 전하는 하나님의 말씀 사이에 연결점을 기꺼이 만들어주실 것입니다.

두 번째는 이것입니다. 상대를 무시하지 않도록 조심하십시오. 정치인이든 동료든, 교인이나 교회 지도자든, 다른 문화권과 다른 인종 출신이든 그들을 만나서 마음이 어려워질 때마다 하나님이 그의 마음에 법을 새겨 두셨고 하나님을 알 만한 지식을 주셨음을 기억하시기 바랍니다. 이러한 사실을 기억할 때 우리가 만나는 사람들은 놀라움과 경이의 대상이지 무시할 대상이 아닙니다. 하나님의 형상을 닮은 인간의 본성은, 비록 타락하고 부패하기는 했지만, 그럼에도 불구하고 서로에 대한 증오와 불일치를 덮어 버리는 성결함과 존중의 향기를 퍼뜨려야 합니다. 인간은 하나님의 형상으로 만들어졌기에 존귀합니다. 그 하나님이 모든 이의 마음에 그분의 법을 기록하셨습니다.

32장

외모로 취하지 않으시는 하나님 (2부)

로마서 2:11-16

이는 하나님께서 외모로 사람을 취하지 아니하심이라. 무릇 율법 없이 범죄한 자는 또한 율법 없이 망하고 무릇 율법이 있고 범죄한 자는 율법으로 말미암아 심판을 받으리라. 하나님 앞에서는 율법을 듣는 자가 의인이 아니요 오직 율법을 행하는 자라야 의롭다 하심을 얻으리니 율법 없는 이방인이 본성으로 율법의 일을 행할 때에는 이 사람은 율법이 없어도 자기가 자기에게 율법이 되나니 이런 이들은 그 양심이 증거가 되어 그 생각들이 서로 혹은 고발하며 혹은 변명하여 그 마음에 새긴 율법의 행위를 나타내느니라. 곧 나의 복음에 이른 바와 같이 하나님이 예수 그리스도로 말미암아 사람들의 은밀한 것을 심판하시는 그 날이라. _롬 2:11-16

오늘 본문으로 행한 지난 주 설교에서는, "하나님은 외모로 사람을 취하지 않으신다"는 내용을 중심으로 11절에서 16절까지 살펴보면서 하나님은 차별하는 분이신 것 같다는 반박에 대해 바울이 어떻게 답변하는지 보았습니다. 하나님은 사람들을 "행한 대로"(2:6) 심판하신다는데, 유대인들은 그들이 무엇을 해야 하는지를 말해 주는 율법이 있었던 데 반해 다른 민족은 없었습니다. 그래서 하나님은 유대인만 편애하는 것같이 보입니다. 유대인들은 심판 때도 유리할 것 같이 보입니다. 바울은 이런 반박 질문에 두 단계로 대답합니다. 1) 율법을 가지고 있거나 들었다고 해서 그것이 심판 때에 우리의 의로움을 보여주는 것이 아니고, 다만 율법을 행해야 한다고(13절) 바울은 말합니다. 2) 사실상 이방인들도 율법을 가지고 있습니다(15절 전반). 율법이 그들의 마음속에 기록되어 있으며, 그들의 행위와 양심이 그 사실을 보여줍니다(15절 후반).

마땅히 느껴야 할 심각성

앞에서의 논의를 세세하게 되짚지는 않겠습니다. 하지만 약속한 대로 13절 후반부의 "오직 율법을 행하는 자라야 의롭다 하심을 얻으리니"로 돌아가 살펴보겠습니다. 이 말씀은 엄청하게 중대한 질문들을 불러일으킵니다. "의롭다 하심을 얻으리니"(will be justified)라는 구절에는 우리 중 어느 누구도 충분히 느끼지 못할 만큼 무거운 심각성이 담겨 있습니다.

"의롭다 하심을 얻는다"는 구절은 하나님과 화목을 이루는 것을 표현합니다. 이 말씀의 중요성은 우리가 느끼는 그 어느 것보다도 거대합니다. 교회 안이든 밖이든, 우리가 머무는 곳에서 이 말씀이 갖는 중요성만큼 우리에게 크게 다가오는 것은 거의 없습니다. 20세기는 자아(self)가 중심이 되는 시대였고, 자아를 돌보는 것을 치료라 불렀습니다. 그리스도인들조차도 하나님과 구원을 그저 현재의 내 정신 건강에 도움이 되는 정도로만 생각하는 분위기가 팽만합니다. 하나님이 우리에게 좋은 경험을 주지 않으실 거라면 최소한 나쁜 경험에 잘 대처할 수 있는 능력 정도는 주셔야 한다는 게, 우리가 '구원'을 생각할 때 느끼는 전부입니다. 그래서 하나님이라는 존재는 우리가 생각할 수 있는 수준에서 가장 큰 정서적 위기나 건강상의 위기 즉 우울증이나 암 같은 것을 생각할 때 느끼는 정도의 무게감만 갖습니다.

물론 그것도 무게감이 있긴 하지만 복음의 실체와 비교하면 그렇지 않습니다. 그 실체를 확인하기 위해 16절을 살펴봅시다. "곧 나의 복음에 이른 바와 같이 하나님이 예수 그리스도로 말미암아 사람들의 은밀한 것을 심판하시는 그 날이라." 복음은 무엇에 관한 것인가요? 미래에 다가올 심판에 관한 것입니다. 바울은 "복음에 이른 바와 같이"라고 말합니다. "율법에 이른 바와 같이"나 "비관적인 신학자의 글에 이른 바와 같이"가 아니라 "복음에 이른 바와 같이"라고 말합니다. 그 복음에서 말한 것처럼 하나님이 그의 아들 예수 그리스도를 통해 우리의 마음속 은밀한 것을 심판하십니다. 복음은 심판의 날에 하나님과 화목을 이룰 수 있는 방법이 무엇인지 가르쳐 주는 메시지입니다. 단지 좋은 경험에 관해 말하는 것이 아니라 심판 때에 누릴 안전함과 심판 너머에 있는 영광에 관해 말합니다.

영원한 유익인가 영원한 손실인가

누구의 심판입니까? 하나님의 심판입니다. 바울의 복음에 따르면 "하나님은 장차 심판하십니다." 만일 하나님이 우리에게 부정적인 판결을 내리신다면 우리는 지옥으로 가고 영원한 고통을 당할 것입니다. 그리고 하나님이 우리에게 긍정적인 판결을 내리신다면 우리는 영생에 들어가 하나님 앞에서 결코 줄어들지 않는 영원한 기쁨을 누릴 것입니다. 이생에서의 유익과 손실과는 전혀 비교할 수 없을 만큼 중요한 것이 심판입니다. 하나님의 심판을 에베레스트로 비유한다면 우리가 겪는 인생의 육체적 정신적 고통은 한낱 먼지와도 같습니다.

16절의 이 말씀을 주의해서 보시기 바랍니다. 여기서 심판을 말하고 있는 것은 복음입니다. 그 말은 복음이 미래의 심판에 관해 말한다는 사실을 알지 못하면 예수 그리스도의 복음이 지닌 영광스런 심각성을 느끼지 못한다는 의미입니다. 복음은 우울증이나 암 같은 문제를 해결하는 수준이 아니라, 마지막 심판 날에 우리에게 임할 전능자의 진노를 제하고 영원한 기쁨을 누리게 할 만큼이나 영광스럽습니다.

천로역정의 저자, 존 번연은 구원의 확신을 얻지 못해 갈등하는 동안 영혼의 무시무시한 어둠 속에서 고통을 겪었습니다. 그는 당시의 평범한 그리스도인들의 모습을 보며 오싹함을 느꼈습니다. 어떻게 보면 우리 시대와 그리 다르지 않습니다.

> 나는 나이든 노인들이 마치 여기서 영원히 살 사람들인 것처럼 이생에서의 뭔가에 집착하는 모습을 보았다… (또한) 나는 (자칭 그리스도인들이) 외적으로 큰 손실을 경험했을 때, 즉 남편이나 아내, 자녀

> 를 잃었을 때 크게 낙담하고 실족하는 것도 보았다. 나는 사람들이 그처럼 작은 일 때문에 너무 야단법석을 떠는 것 아닌가 생각했다. 그런 육적인 것들을 그토록 간절히 좇다니! 그러다 그것들 중 어느 것이라도 잃으면 또 그토록 절망하다니! 하물며 잠시 있다 사라질 이생의 것들 때문에 사람들이 그토록 땀과 눈물을 쏟는다면, 나는 얼마나 불쌍하고 가엾고 기도가 필요한 존재인가? 내 영혼은 죽어가고 있다. 내 영혼은 저주에 빠져 있다. 내 영혼이 좋은 상황에 있고 내가 그 사실을 확신했다면, 내 자신을 얼마나 대단하게 생각했을까? 기껏해야 빵과 물로 받은 복일 뿐인데. 이런 일쯤은 작은 고통으로 여기고 작은 짐 정도로 여기며 감내해야 하겠다.*

따라서 13절에 나오는 "율법을 행하는 자라야 의롭다 하심을 얻으리니"라는 말씀에는 우리가 반드시 느껴야 하지만 느끼지 못하는 무게와 심각성과 위대함과 영광이 담겨 있습니다. 그러나 하나님이 우리를 도우실 수 있습니다. 마지막 심판 때 하나님에 의해 의롭다 여김을 받고 긍정적인 선고를 받는 것이야말로 이 땅에서의 모든 날 동안 우리가 누릴 정신 건강이나 육체 건강보다 훨씬 중요합니다.

* John Bunyan, *Grace Abounding to the Chief of Sinners*, Hertfordshire, England: Evangelical Press, 1978, p.36.

"율법을 행하는 자" — 가정인가?

바울은 이것을 가정에 따른 진술로 의도한 것일까요? "누구든 율법이 요구하는 바를 실제로 행한다면, 율법을 행하는 자로서 의롭다 함을 받을 것이나, 어느 누구도 행하지 못한다." 이것이 분명 가장 일반적인 해석일 것입니다. 존 스토트는 이렇게 말합니다. "물론 이 구절은 이론적인 혹은 가설적인 진술이다. 어떤 인간도 율법에 완전히 순종할 수 없기 때문이다"(3:20과 비교).* 바울의 주요 논점은 로마서 3장 20절의 "율법의 행위로 그의 앞에 의롭다 하심을 얻을 육체가 없나니 율법으로는 죄를 깨달음이니라"는 내용에서 나옵니다.

이것으로 문제가 해결되지 않습니까? 이보다 더 쉽게 말할 수 있을까요? "율법의 행위로 의롭다 하심을 얻을 육체가 없나니." 그래서 로마서 2장 13절의 "율법을 행하는 자라야 의롭다 하심을 얻으리니"라는 말씀은 반드시 다음과 같은 의미여야 합니다. "죄가 없고 완전히 율법을 지키면 의롭다 하심을 얻는다는 것은 원리일 뿐 실제는 아니다. 그렇게 법을 지키는 사람은 없다." 따라서 유대인이든 이방인이든 모든 인간은 심판 아래 있고, 구원을 받기 위해서는 예수 그리스도를 통해 죄용서의 복음을 믿어야 한

* John Stott, *Romans: God's Good News for the World*, Downer's Grove: InterVarsity Press, 1994, p.86.

다는 겁니다.

이 해석에는 몇 가지 타당한 내용이 있습니다. 1) 죄가 없이 완전하게 율법을 지키는 사람은 예수님 외에 없다는 것입니다(롬 3:9, 23). 2) 유대인이든 이방인이든 이 땅의 모든 사람들은 구원을 얻기 위해 용서의 복음을 알아야 합니다(롬 3:21-24).

하지만 로마서 2장 13절 후반의 말씀은 과연 가설을 언급한 것일까요? 바울이 "하나님 앞에서는 율법을 듣는 자가 의인이 아니요 오직 율법을 행하는 자라야 의롭다 하심을 얻으리니"라고 말할 때 정말로 "혹 율법을 지키는 사람이 있다면 의롭다 함을 얻겠지만 '율법을 행하는 자'는 없다"는 의미였을까요? 그게 아니면 혹, '율법을 행하는 자'란 죄가 없고 완벽히 율법을 지키는 사람일까요? 과연 바울이라면, 죄는 있지만 하나님을 사랑하고 율법을 사랑하고 자신의 죄를 미워하고 고백하며 율법에 나타난 하나님의 긍휼을 간절히 구하는 사람을 '율법을 행하는 자'라고 부를 수 있었을까요?

저는 그럴 수 있다고 생각합니다. 아니 그렇게 말하고 있다고 생각합니다. 그래서 저는 13절 말씀이 이런 의미라고 확신합니다. "율법을 듣는 사람은 하나님 앞에서 의롭지 않다. 마지막 심판 때에 무죄 선고를 받게 될 사람은 1) 하나님의 율법을 사랑하고 2) 자신에게 있는 진리를 따라 살기 위해 하나님의 도우심에 의지하고 3) 넘어질 때마다 하나님을 신뢰하며 그분의 은혜에 기대는 사람일 것이다."

복음을 듣는 것은 구원의 필수

하지만 혹 오해하지 않으려면 이제부터 잘 들으셔야 합니다. 복음을 전하지도 않고, 그리스도에 대한 믿음으로 인도하는 성령의 깨우치는 역사가 없고서는, 이러한 방법으로 오늘날 어느 누구도 구원을 받지 못합니다. 지금까지 로마서 두 장 반에 걸쳐 바울이 말하고자 한 핵심이 바로 그것입니다. 그리스도의 복음을 듣지 않고서 누구도 구원받지 못하는 이유는 그리스도가 없는 사람들이 모두 "불의로 진리를 막기"(롬 1:18) 때문입니다. 모든 사람들이 고집을 부리며 회개하지 않고 있습니다(롬 2:5).

다시 말해, 여러분이 제게 이렇게 물을 수도 있습니다(이미 물어보신 분도 계십니다). "신학적으로 볼 때 오늘날 그리스도를 들어보지 못한 사람들도 구원을 받을 수 있습니까? 말 그대로 목사님이 설명하셨듯이 그 사람들이 1) 하나님의 법을 사랑하고 2) 그들 가운데 있는 진리를 따라 살기 위해 하나님의 도우심을 구하고 3) 넘어질 때마다 하나님을 신뢰하며 그분의 긍휼을 구하는 "율법을 행하는 사람들"이라면 말입니다. 저는 그 질문에 이렇게 대답하겠습니다. "예, 이론상으로는 구원을 받습니다." (그리고 하나님이 그리스도의 피로 그들의 죄를 덮어 주십니다. 하나님이 구약의 성도들에게 하셨던 방법과 유사합니다). 하지만 그런 식으로 구원받을 일은 결코 일어나지 않습니다. 우리가 온 세상 사람들을 향해 공세적이고 사랑이 가득한 전도 활동을 멈추지 말아야 하는 이유가 이것입니다. 온 땅의 사람들이 진리를 억압하고 있어서, 이들의 삶에 성령의 강권적인 역사가 없으면 하나님께 나아오지 않을 것이기 때문입니다(롬 1:18). 또한 이 성령은 십자가에 죽으시고 부활하신 그리스도의 복음을 통해서만 구원 사역을 행하시기 때문입니다. 하나님은 모든 사람을 "순종하지 아니하는 가운데 가두어" 두셨습니다(롬 11:32). 이는 그분의 아들인 예수 그리스도가 모든 사람들 가운데 믿음의 의식적인 목표(conscious Object)가 되시게 하기 위해서입니다(행 4:12, 롬 10:13-15 참조).*

그렇지만 이렇게 질문하는 사람도 있을 것입니다. "그렇지만 결국 목사님도 존 스토트 목사님이나 다른 사람들과 동일한 결론을 내리는 게 아닙니까? 그 사람들은 '율법을 행하는 자라야 의롭다 하심을 얻는다'는 말씀이 가설에 불과하다고 말하고 있습니다. 그리스도 없이 의롭게 되려면 아무 죄도 없이 완벽해야 한다는 의미지만 그럴 수 있는 사람들은 없으니까요. 그리고 목사님은 율법을 행하는 자가 된다는 것은 하나님의 법을 사랑하고 진리를 따라 살기 위해 하나님의 도우심을 의지하고 넘어질 때마다 긍휼을 구하는 것을 의미한다고 하셨지만, 그리스도에 대한 믿음과 성령이 없이 그 일을 할 사람은 없습니다. 그러니 결국 같은 것을 말하고 있는 게 아닙니까?"

"율법을 행하는 것"은 죄 없는 완벽한 상태를 의미하지 않는다

그렇지 않습니다. 분명 차이점이 있습니다. 바울이 "율법을 행

* 더 자세한 내용은 존 파이퍼 목사의 책 「열방을 향해 가라」(Let the Nations Be Glad)를 참조하라.

하는 자라야 의롭다 하심을 얻는다"고 말한 것은 실제로 그런 사람이 있으며, 그들은 심판 때 무죄를 선언 받을 유일한 사람이라는 의미입니다. 가설에 따른 진술이 아닙니다. 실제로 경험되는 사실을 말하고 있습니다. 그리스도가 복음에 대한 믿음을 통해 성령의 능력으로 한 사람의 인생 가운데 임하실 때, 그 사람은 "율법을 행하는 자"가 됩니다. 죄 하나 없이 완전한 준법자가 된다는 것이 아니라 하나님의 법(=그리스도의 법)을 사랑하고, 진리(이제는 그리스도의 십자가와 성령의 역사가 포함된 진리)를 따라 살기 위해 하나님의 도우심을 의지하며, 넘어질 때마다 하나님의 긍휼하심을 간구하는 사람을 말합니다(요일 1:9에 근거).

왜 제가 이렇게 생각할까요? 어떤 근거로 이런 해석을 했을까요? 네 가지로 말씀드리겠습니다.

1. 율법을 행하는 자가 의롭다 하심을 얻는다

로마서 2장 13절 후반에서 바울은 "율법을 행하는 자라야[doers of the law] 의롭다 하심을 얻는다"고 말합니다. "'율법 행함'을 수단으로 삼아[by doing works of the law] 의롭다 하심을 얻는다"고 말하는 것이 아닙니다. 의롭다 하심을 얻게 될 사람은 곧 율법을 행하는 사람이라고 단순명료하게 말하고 있습니다. 여기에 어떤 인과관계는 나타나지 않습니다. 따라서 이 구절은 로마서 3장 20절의 "율법의 행위로[by the works of the law] 그의 앞에 의롭다 하심을 얻을 육체가 없나니"라는 말씀과 모순되지 않습니다. 로마서 2장 13절 후반에서 믿음을 통해서만 칭의를 이루는 것을 부정하는 내용은 찾을 수 없습니다. 율법이 요구하는 것은 믿음이며, 믿음은 심판 때에 우리를 변호하실 그리스도와 연합할 수 있는 유일한 수단입니다. 믿음으로부터 나오는 다른 모든 순종은 그러한 연합의 열매일 뿐, 연합의 수단이 아닙니다. 따라서 로마서 2장 13절은 오직 믿음으로만 의롭게 된다는 바울의 가르침에 상반되지 않습니다.

2. 가설처럼 들리지 않는다

"율법을 행하는 자라야 의롭다 하심을 얻는다"는 말씀이 가설처럼 보이지는 않습니다. 이 구절은 "〔혹 그럴 수만 있다면〕 율법을 행하는 자는 의롭다 하심을 얻을 수도 있다"라고 말하고 있지 않습니다. 도리어 분명한 사실을 언급하는 것처럼 들립니다. 따라서 이 진술이 바울의 생각을 드러내고 있는 것이라면 저는 그대로 인정하고 싶습니다.

3. "율법을 행하는 자"의 실례

신약 성경에 정말로 "율법을 행하는 자들"이 나옵니다. 그저 가설적 범주를 말하는 것이 아닙니다. 예를 들어 보겠습니다. 누가복음 1장 5-6절입니다. "유대 왕 헤롯 때에 아비야 반열에 제사장 한 사람이 있었으니 이름은 사가랴요 그의 아내는 아론의 자손이니 이름은 엘리사벳이라. 이 두 사람이 하나님 앞에 의인이니 주의 모든 계명과 규례대로 흠이 없이 행하더라." 여기에 가설적 인물이 아니라 실제 인물인 한 부부가 등장합니다. 누가는 그

두 사람이 율법을 행하는 사람들이었다고 말합니다. 한 번도 나쁜 생각을 품은 적이 없고 나쁜 행동을 한 적도 없으며 죄를 지어 본 적이 없는 사람들이라는 것이 아니라, 죄 용서와 정결케 함을 위해 율법 안에서 하나님이 공급하시는 수단에 지속적으로 의지하는 사람들이었습니다.

이뿐 만이 아닙니다. 고린도전서 7장 19절에서 바울은 이렇게 말합니다. "할례 받는 것도 아무 것도 아니요 할례 받지 아니하는 것도 아무 것도 아니로되 오직 하나님의 계명을 지킬 따름이니라." 갈라디아서 5장 6절에서는 이렇게 말합니다. "그리스도 예수 안에서는 할례나 무할례나 효력이 없으되 사랑으로써 역사하는 믿음뿐이니라." 바울에게 있어서 의롭게 하는 믿음은 "사랑으로써 역사"(works through love)하며 이것이 "계명을 지키는 것"(the keeping of the commandments), 즉 율법을 행하는 것입니다. 이러한 점에서, 그리스도를 신뢰하는 사람들은 "율법을 행하는 자"입니다.

이것은 바울이 로마서 8장 3-4절에서 말하는 바와 동일합니다. "율법이 육신으로 말미암아 연약하여 할 수 없는 그것을 하나님은 하시나니 곧 죄로 말미암아 자기 아들을 죄 있는 육신의 모양으로 보내어 육신에 죄를 정하사 육신을 따르지 않고 그 영을 따라 행하는 우리에게 율법의 요구가 이루어지게 하려 하심이니라." 이 말씀은 그리스도인인 우리가 누구인지를 말하고 있습니다. 즉 우리가 성령을 따라 행할 때 "율법이 요구하는 바를 이루게" 되며, 우리는 "율법을 행하는 자"가 됩니다. 한 점 죄 없이 완전한 준법자가 된다는 것이 아니라, 그리스도의 법을 사랑하고 새로운 방식으로 살면서 그리스도께 도움을 구하는 사람으로 철저히 변화된다는 의미입니다.

따라서 로마서 2장 13절의 말씀을 가설로 만들어서는 안 됩니다. 그리스도인이야말로 "율법을 행하는 자"입니다.

4. 다른 본문과 이루는 내용상의 조화

마지막으로 로마서 2장 6-13절에 나타난 사고의 흐름상으로도 "율법을 행하는 자"에 대해 이런 식으로 해석하는 것이 맞습니다. 13절은 바울이 11절의 "하나님께서 외모로 사람을 취하지 아니하심이라"에서 주장했던 하나님의 차별하지 않으심을 변론하는 부분입니다. 그런데 11절은 앞서 바울이 6-10절에서 주장했던 "행한 대로 심판하시는 하나님"에 관한 변론입니다. 따라서 13절에 나오는 "율법을 행하는 것"과 7절과 10절에 나오는 "선을 행하는 것"은 서로 조화를 이루게 되는 것입니다.

그렇다면 거기서 그 말이 의미하는 바는 무엇일까요? 7절 말씀을 보면 심판 때에 "참고 선을 행하여 영광과 존귀와 썩지 아니함을 구하는 자에게는 영생으로 하시고〔영생을 주시고〕" 라고 나옵니다. 따라서 여기 문맥상으로 볼 때 바울은 믿음으로 변화되어 "참고 선을 행한"(로마서 2:6-11 본문의 설교 〈마지막 분리: 영원한 생명 혹은 영원한 진노-2〉 참조) 사람들에게만 영생(마지막 심판 때 무죄 선고를 받거나 의롭다 인정을 받는 것과 본질적으로 같은 말임)을 주신다고 가르치고 있습니다. 6-10절에 나온 그의 가르침이 이러하다면(흥미롭게도 존 스토트도 여기에 동의하고 있음, 〈로마서 강해〉 p 84), 13절의 가르침도 역시 그러할 것입니다.

지금까지 살펴본 이유를 근거로 저는 로마서 2장 13절이 실제 사실에 대한 단순명료한 진술이라고 봅니다. "율법을 행하는 자라야 의롭다 하심을 얻으리라."

용서와 능력을 주시는 분

이제 이곳을 떠나기 전에 진지하게 생각해 보시기 바랍니다. 마지막 심판의 날이 분명히 올 것입니다. 모든 사람이 하나님 앞에서 자신을 변호해야 할 때가 옵니다. 우리의 의가 되시는 그리스도에 대한 믿음만이 하나님께서 우리를 받아주시는 유일한 소망이 될 것입니다(롬 1:16-17, 3:20-26). 이것이 복음의 본질이자 중심입니다. 그리스도는 우리를 위해 사셨고 우리를 위해 죽으셨으며, 우리를 위해 다시 살아나셨습니다. 그리고 우리를 위해 다스리시고, 우리를 위해 중보하시며, 우리를 위해 다시 오실 것이고, 마지막 심판 날에 우리를 변호해 주실 것입니다. 그리스도에 대한 믿음이 확신과 생명의 열쇠입니다. 하지만 기억하십시오. 소망을 낳지 않는 믿음(골 1:23)과 사랑을 낳지 않는 믿음(갈 5:6)과 순종을 낳지 않는 믿음(롬 1:5)은 구원하는 믿음이 아닙니다. 오늘 이 시간 그리스도를 우리의 죄를 용서하시고 우리에게 순종할 힘을 주시는 분으로 온전히 받아들이시기를 바랍니다.

33장

위선의 결과 (1부)

로마서 2:17-24

유대인이라 불리는 네가 율법을 의지하며 하나님을 자랑하며 율법의 교훈을 받아 하나님의 뜻을 알고 지극히 선한 것을 분간하며 맹인의 길을 인도하는 자요 어둠에 있는 자의 빛이요 율법에 있는 지식과 진리의 모본을 가진 자로서 어리석은 자의 교사요 어린 아이의 선생이라고 스스로 믿으니 그러면 다른 사람을 가르치는 네가 네 자신은 가르치지 아니하느냐? 도둑질하지 말라 선포하는 네가 도둑질하느냐? 간음하지 말라 말하는 네가 간음하느냐? 우상을 가증히 여기는 네가 신전 물건을 도둑질하느냐? 율법을 자랑하는 네가 율법을 범함으로 하나님을 욕되게 하느냐? 기록된 바와 같이 하나님의 이름이 너희 때문에 이방인 중에서 모독을 받는도다. _롬 2:17-24

반유대주의에 대한 경고

오늘은 한 가지 경고로 시작하려고 합니다. 반유대주의는 전 세계적으로 수 세기에 걸쳐 기독교인과 비기독교인들에 의해 저질러진 큰 죄악입니다. 단지 유대인이라는 이유만으로 자행된 끔찍한 학대에 대해 말하고 있습니다. 러시아의 볼셰비키 혁명 당시

1919년에 일어난 가공할 사건 하나를 보겠습니다.

당시 우크라이나에는 여러 무장 단체가 있었습니다. 그중 가장 두려운 조직은 반유대주의자이면서 무정부주의자인 마흐노(Makhno)의 지휘 아래 있었습니다. 마흐노의 무장단원들은 유대인들을 목매달아 죽이는 소위 "청어말리기"를 즐겨했습니다. 처음엔 목줄을 느슨하게 해서 기둥들 사이에 여러 사람들을 매답니다. 목줄이 점점 죄여오면 희생자들은 죽음의 고통 속에서 서로 붙잡고 늘어지기 시작합니다. 그러는 동안 마흐노 단원들은 주변에 둘러 앉아 웃고 마시며 누가 가장 오래 살아남을지 내기를 했다고 합니다.*

기독교 국가였던 잉글랜드에서는 1290년에 유대인들을 추방한 뒤 365년간 입국을 불허했고, 올리버 클롬웰이 청교도와 기타 비(非) 국교도에 종교의 자유를 선포한 1655년이 되어서야 허용되었습니다. 반유대주의에 관한 끔찍한 이야기들이지만 여러분께 경계의 의미로 언급하고 있습니다.

이런 끔찍한 일들도 하나님의 다스림 안에 있으며, 때로 하나님은 심판을 위해 그런 일을 사용하기도 하십니다(이에 관해서는 선지자들이 분명하게 언급하고 있음, 신 28:20-68, 렘 9:16, 24:10, 25:16, 겔 5:17). 하지만 그렇다고 그런 증오나 박해의 죄가 감해질 수는 없습니다. 마태복음 18장 7절에서 예수님이 하신 말씀을 기억하

* D. M. Thomas, *Alexander Solzhenitsyn : A Century in His Life*, New York : St. Marin' s Press, 1998, p.31.

십시오. "실족하게 하는 일이 없을 수는 없으나 실족하게 하는 그 사람에게는 화가 있도다." 다시 말해 이 세상에 유대인과 이방인들에 대해 심판이 내린다 하더라도, 하나님의 원수 갚음을 자기가 대신하려는 기독교인들(혹 여타 다른 사람들)에게 화가 있다는 말입니다(롬 12:19-20).

제가 반유대주의의 위험성에 관해 언급하는 이유는 오늘 본문에서 바울이 계속적으로 유대인을 향해 죄인으로 고소하고 있기 때문입니다. 17절입니다. "유대인이라 불리는 네가…" 바울이 유대인들을 고소하는 이 본문을 일종의 유대인에 대한 인종차별적 비방으로 받아들일 수도 있습니다. 하지만 그렇지 않습니다. 바울 자신이 유대인이었고 모든 사도들이 유대인이었으며 예수님도 유대인이셨습니다. 그리고 로마서 9장 3절에 보면, 바울은 믿지 않는 유대인 동족을 위해 대신 저주를 받을 각오가 되어 있습니다. 로마서 10장 1절에서는 이렇게 말합니다. "형제들아 내 마음에 원하는 바와 하나님께 구하는 바는 이스라엘을 위함이니 곧 그들로 구원을 받게 함이라." 바울은 예수님을 믿지 않는 유대인 동족을 사랑했으며, 이들의 구원을 위해 기꺼이 자신의 목숨을 몇 번이나 내어놓기도 했습니다.

유대인이든 이방인이든 복음이 필요함

이 구절들의 핵심은 인종적 비방이 아니라, 이방인 전체와 마찬가지로 유대인 역시 우리와 같은 죄인이며, 복음이 필요하다는 사실을 지적하는 데 있습니다. 비록 그들이 율법 안에서 매우 많은 은택(恩澤)을 누리고 있음에도 불구하고 말입니다. 로마서에서 바울의 진술이 어떻게 흘러가고 있는지 기억하십시오. 바울은 로마서 1장 16-17절의 위대한 복음을 언급하는 것으로 시작합니다. "이 복음은 모든 믿는 자에게 구원을 주시는 하나님의 능력이 됨이라. 먼저는 유대인에게요 그리고 헬라인에게로다. 복음에는 하나님의 의가 나타나서 믿음으로 믿음에 이르게 하나니." 다시 말해, 하나님은 우리에게 의를 요구하시지만 —우리에게는 의가 없고 부패한 상태에서는 의를 만들어 낼 수도 없으므로— 하나님이 그리스도에 대한 믿음을 통해 우리에게 의를 허락하십니다(롬 3:21-24 참조).

그러고 나서 로마서 1장 18절에서 바울은 복음이 왜 유대인과 이방인 모두에게 그토록 절박하게 필요한지 설명하기 시작합니다. 먼저 로마서 1장 19-32절에서 바울은 도덕적으로 타락한 이방인 세계를 다룹니다. 그런 다음 보다 높은 잣대를 가지고 있는 보다 도덕적인 사람들을 향해서도 그들 역시 죄인이라고 지적합니다. 고대 이교도 세계에서 누구보다 높은 기준을 가지고 살았던 사람들이 바로 유대인입니다. 따라서 바울은 그러한 유대인들마저도 구원을 받으려면 그리스도의 복음이 필요하다는 사실을 제시해야 합니다. 바울은 로마서 3장 6절에서 분명하게 짚습니다. "그러면 어떠하냐? 우리〔유대인〕는 나으냐? 결코 아니라. 유대인이나 헬라인이나 다 죄 아래에 있다고 우리가 이미 선언하였느니라."

그러므로 여기서의 핵심은 유대인을 유독 흠이 있는 죄인으로 지목하려는 것이 아닙니다. 그들이 높은 도덕적 기준 —심지어 하나님의 법— 을 가지고 있다 해도 그리스도의 복음을 듣고 믿어야 할 필요성에서 예외가 될 수 없다는 점을 말하고 있습니다. 유대인도 이 세계의 다른 사람들과 마찬가지로 죄의 권세 아래 있습니다. 바울에게는 유대인뿐 아니라 우리 모두가 죄인이고 오직 그리스도의 복음을 통한 구원이 절실하게 필요하다는 사실을 보여주는 것이 목적입니다. 이것은 유대인과 이방인을 향한 사랑의 행위입니다. 혹 거만하고 비하하는 듯한 의미로 해석될 때가 있다 하더라도 말입니다.

"하나님을 욕되게 하느냐?"

그렇다면 오늘의 본문인 로마서 2장 17-24절의 구체적인 요점은 무엇일까요? 23절에 나와 있습니다. "율법을 자랑하는 네가 율법을 범함으로 하나님을 욕되게[dishonor God] 하느냐?" 이 질문에 대한 답은 "그렇다"입니다. 24절에서 이에 대한 근거가 나옵니다. "기록된 바와 같이 하나님의 이름이 너희 때문에 이방인 중에서 모독을 받는도다." 바울은 질문 형식을 통해 편지를 읽는 독자들이 스스로를 정직하게 돌아볼 수 있게 합니다. "너 스스로 이 질문을 던지고 답해 보아라. 스스로 자기 마음을 돌아보라. 정말 그렇지 아니하냐?"

따라서 23절이 정말로 의미하는 바는 이렇습니다. "율법을 자랑하는 너희여, 스스로 율법을 깨뜨리면서 하나님을 욕되게 하고 있구나." 이 단락의 요점은 유대인들이 온 세계와 더불어 하나님을 욕되게 한다는 사실입니다. 제가 "온 세계와 더불어"라고 말한 것은 로마서 1장 21절에서 살펴봤던 내용 때문입니다. 모든 이방 세계가 동일한 죄를 범하고 있습니다. "하나님을 알되 하나님을 영화롭게도 아니하며 감사하지도 아니하고."

유대인과 이방인 중에 하나님을 경외하는 사람들은 이런 말을 듣고 해봤을 겁니다. "맞습니다. 하나님을 모르고 신앙심도 없는 이교도들은 하나님을 욕되게 합니다." 하지만 바울은 2장 1절 이후로 줄곧 지금 힘겹게 이 말을 하고 있습니다. "높은 도덕적 잣대를 가진 사람들, 심지어 유대인도 더 나을 것이 없는 것은 그들도 하나님을 욕되게 하기 때문입니다."

그러므로 우리가 지금까지 다룬 몇 개의 장에서 가장 중요한 사안은 하나님의 존귀 (혹은 하나님의 영광)이며, 그것을 아는 것이 여기서는 매우 중요합니다. 성경적으로 생각하기 원한다면 — 사도들과 하나님의 관점으로 본다면— 우리는 그저 모든 사람이 죄인이라고 말해서는 안 됩니다. 오히려 그보다 좀 더 구체적으로 "무엇이 죄인가?"를 질문해야 합니다. 인간으로서 극히 타락하고 부패한 우리 마음의 중심에는 무엇이 있습니까? 대체 우리는 무엇이 잘못되었을까요? 이 세상에 왜 그리도 악이 팽배한 것인지, 그리고 그것의 본질은 과연 무엇입니까?

악의 본질: 하나님을 영화롭게 하지 않는 것

로마서 1장 21절의 말씀(하나님을 영화롭게 하지 않는[dishonor] 이교도)과 로마서 2장 23절(하나님을 욕되게 하는 유대인) 말씀으로 볼 때, 악의 본질은 하나님을 욕되게(dishonor) 하는 것이라는 메시지를 얻을 수 있습니다. 악은 가치가 무한하시며 최고의 만족을 주시는 하나님을 깎아내리려는 감정과 생각과 행동입니다. 그래서 로마서 3장 23절에서 바울은 죄에 대해 다음과 같이 정의를 내립니다. "모든 사람이 죄를 범하였으매 하나님의 영광에 이르지 못하더니." 죄의 본질은 하나님의 영광에 이르지 못하는 것, 즉 하나님의 영광을 실제 있는 그대로 처우하지 않는 것입니다. 우주에서 가장 가치 있는 실제이고 가장 만족스러운 보화인데 말입니다.

이것이 우리 모두에게 구원이 필요한 이유입니다. 우리의 것이 아닌 의(義)의 선물이 필요한 이유이기도 합니다. 우리는 하나님의 영광에 이르지 못했습니다. 또는 로마서 1장 21절의 말씀처럼 우리는 "하나님을 영화롭게도 아니하고 감사하지도 아니합니다." 또한 로마서 2장 23절 말씀처럼 "율법을 범함으로 하나님을 욕되게 하는" 행동을 합니다.

오늘 우리가 반드시 들어야 하는 말씀입니다. 우리를 둘러싼 모든 세력들은 우리에게 죄란 사람을 거스르는 것이지 하나님을 거스르는 것이 아니라고 주장합니다. 사람이 다쳤을 때 죄인 것이지 하나님을 영화롭게 하지 않는다고 해서 죄는 아니라고 말합니다. 죄는 내가 학대를 당했을 때나 해당하는 것이지 하나님이 영광을 받지 못하시는 것과는 관계가 없다고 말합니다. 내가 위협을 당했을 때는 죄지만 하나님을 욕되게 했을 때는 죄가 아니라고 말합니다. 하지만 우리는 하나님 중심으로 죄와 의로움을 이해하라는 바울의 단호한 증거에 귀를 기울일 필요가 있습니다. 그래야만 하나님의 의의 선물인 복음을 제대로 이해하고 받아들일 준비를 갖추게 됩니다. 그리고 이번 본문에서 바울이 목표하는 바도 유대인과 이방인 모두 복음을 이해하고 받아들이도록 준비시키는 것입니다.

이제 다음과 같은 질문을 해봅시다. 하나님은 유대인들 사이에서 어떻게 모욕을 당하셨습니까? 이 질문에 관해서는 다음 주에 본문 17-22절을 살피면서 자세히 살펴보겠습니다. 바울이 특별히 범죄에 관한 책망을 들어본 적이 없는 유대인을 향해 어떻게 강도요 간음하는 자요 성전 물건을 훔치는 자라고 주장할 수 있는지 살펴보겠습니다.

하나님의 이름을 더럽히다

대신 오늘은 로마서 2장 24절 말씀을 보면서 하나님이 어떻게 모욕을 당하시는지 살펴보겠습니다. 여기서 바울은 유대인이 "하나님을 욕되게 한다"는 23절의 말씀을 입증하고 설명하기 위해 구약 성경의 선지자를 인용하고 있습니다. "율법을 자랑하는 네가 율법을 범함으로 하나님을 욕되게 하느냐? 기록된 바와 같이 〔여기서 이사야 52장 5절을 인용합니다〕 '하나님의 이름이 너희 때문에 이방인 중에서 모독을 받는도다'." 다시 말해, 바울이 생각하는 모독(dishonor)이란 하나님의 명성이 세상 가운데서 더럽혀지는 것을 말합니다. 열방들은 하나님의 백성을 보면서 그들의 하나님을 무시했습니다. 이사야에서 인용된 말씀은 이스라엘이 포로로 잡혀 있을 당시 주변 나라들이 이스라엘을 향해 비웃던 것을 언급하고 있습니다. 이스라엘이 포로로 끌려간 것은 그들의 죄 때문인 것을 우리는 알고 있습니다. 즉 23절에서 말한 바와 같이 그들은 율법을 범함으로써 하나님을 욕되게 했습니다. 하나님의 이름에 먹칠을 한 것입니다.

하나님이 이스라엘을 선택하신 이유와 완전히 반대의 상황이었습니다. "내 이름으로 불려지는 모든 자 곧 내가 내 영광을 위하여 창조한 자를 오게 하라. 그를 내가 지었고 그를 내가 만들었느니라." 그들은 하나님의 영광을 위해 창조되었고(사 43:7) 선택받았습니다. 가치 있고 존귀하고 아름답고 위대하고 신실하시며 모든 것 위에 뛰어나신 하나님을 드러내기 위해서였습니다. 하지만 도리어 그들은 하나님은 무가치하고 대신 세상이 더 가치 있는 것인양 살았습니다. 그래서 하나님은 이들을 원수의 손에 넘기셨습니다. 그 결과 하나님은 조롱을 당하고 하나님의 명성은 무시를 당했습니다.

이 모든 이야기에서 말하려는 요점은, 죄란 "하나님의 영광에 이르지 못하는 것"이고(3:23), 이방인뿐 아니라 유대인 역시 죄의 권세 아래 있다는 것입니다(3:9). 유대인과 이방인 모두(우리 모두가) 하나님을 욕되게 합니다. 그것이 인간이 처한 현실입니다. 이것이 우리가 지고 있는 위험이자 빚입니다. 그것이 우리의 저주이며 죄책이며 속박입니다. 우리는 하나님의 영광을 사랑하지 않습니다. 도리어 로마서 1장 23절에서 말하는 대로 "썩어지지 아니하는 하나님의 영광을 … 우상으로" 바꾸었습니다.

기쁜 소식

복음은 하나님이 이러한 처지에 있는 세상을 제대로 돌려놓기 위해 그분의 아들 예수님을 보내셨다는 기쁜 소식입니다. 세상을 제대로 돌려놓기 위한 예수님의 사역은 다음 세 가지 방식으로 이루어집니다. 1) 예수님은 하나님의 영광의 가치를 되돌려놓기 위해 이 땅에 오셨습니다. 그 일을 위해 전심을 다해 사실 뿐 아니라(요 17:4) 또한 아무리 큰 희생이라도 하나님의 영광을 위해서라면 충분히 가치가 있음을 보이시려고 죽으셨습니다(요 12:27-28, 롬 4:25-26). 2) 예수님은 하나님의 영광을 욕되게 하는 모든 것에 임한 하나님의 진노에서 우리를 구해 내기 위해 오셨습니다. 우리를 대신해 죽으시고, 우리 힘으로 얻을 수 없는 그 의(義)가 되심으로 그 일을 행하셨습니다(롬 3:24, 빌 3:9, 고후 5:21). 우리는 그리스도를 신뢰함으로써 그분과 연합할 때 그 의를 얻습니다(롬 3:21). 3) 예수님은 우리를 세상 어떤 것보다 하나님의 영광을 귀하게 여기는 사람, 영광의 가치를 드러내기 위해 살아가는 사람으로 변화시키기 위해 오셨습니다(마 5:16, 고전 10:31, 벧전 4:11).

그 예로 로마서 15장 8-9절을 살펴보겠습니다. 왜 그리스도가 오셨습니까? 왜 복음이 있는 것일까요? 왜 하필 로마서 말씀일까요? 왜 베들레헴교회일까요? 왜 우리의 영혼이 구원받아야 할까요? 여기 바울의 답변이 있습니다. 온 세상과 우리 삶에서 하나님을 욕되게 하는(하나님께 영광을 돌리지 못하는) 문제에 관해 직접적으로 답변합니다. "내가 말하노니 그리스도께서 하나님의 진실하심을 위하여 할례[=유대인]의 추종자가 되셨으니 이는 조상들에게 주신 약속들을 견고하게 하시고 이방인들도 그 긍휼하심으로 말미암아 하나님께 영광을 돌리게 하려 하심이라."

그래서 바울은 그리스도가 유대인과 관련해 이 땅에 오신 목적 및 이방인과 관련해 이 땅에 오신 목적을 언급하고 있습니다. 유대인을 위해서는 하나님의 미쁘심을 확증하기 위해 오셨습니다. 그분의 신실하심을 확고히 하려는 이유입니다. 다시 말해, 하나님의 영광과 온전하심을 확정하고 회복하기 위해서입니다. 그리고 이방인을 위해서는 9절에서 말한 대로 하나님의 긍휼하심을 인해 하나님께 영광 돌리게 하기 위해 오셨습니다. 달리 표현하면, 유대인과 이방인을 위해 하나님의 존귀함(하나님의 영광)을 다시 세우고자 그리스도가 오셨습니다. 즉 로마서 1장 19절부터 3장 20절에서 언급하는 '무너진 부분'을 보수하기 위함입니다.

모든 사람이 죄를 범하다

이것이 오늘 우리의 현실입니다. 지금 이곳에 있는 사람들 중에 마땅히 해야 할 만큼 하나님의 영광을 사랑하는 사람은 없습니다. 우리는 모두 하나님의 영광에 이르지 못했기 때문입니다. 우리는 하나님을 욕되게 했습니다. 하나님의 영광을 우상으로 맞바꾸었습니다. 마땅히 그래야 하는 데도 우리는 그분을 귀중히 여기지도 않고 보화로 여기지도 않으며 자랑하지도 사랑하지도 않았습니다. 그래서 우리는 모두 하나님의 영광에 이르지 못했습니다. 모두 죄의 권세 아래 있습니다. 그래서 모두 하나님 앞에서 유죄입니다.

우리의 유일한 소망은 이 모든 상황을 바꾸기 위해 그리스도가 오셨다는 것입니다. 그분은 우리가 하찮게 만들어버린 하나님을 다시 원래의 자리로 돌려놓기 위해 오셨습니다. 우리 힘으로는 결코 구할 수 없는 의(義)로 우리를 옷 입히기 위해 오셨습니다. 하나님의 영광과 존귀를 그 어느 것보다 기뻐할 줄 아는 사람으로 우리를 변화시키기 위해 오셨습니다.

그러므로 저는 다음과 같은 기도로 마무리하고 싶습니다. 하나님께서 우리에게 찾아오셔서, 하나님보다 다른 것에 마음을 빼앗기는 불신앙으로부터 우리를 구원해 주시기를 기도합시다.

34장

위선의 결과 (2부)

로마서 2:17-24

유대인이라 불리는 네가 율법을 의지하며 하나님을 자랑하며 율법의 교훈을 받아 하나님의 뜻을 알고 지극히 선한 것을 분간하며 맹인의 길을 인도하는 자요 어둠에 있는 자의 빛이요 율법에 있는 지식과 진리의 모본을 가진 자로서 어리석은 자의 교사요 어린 아이의 선생이라고 스스로 믿으니 그러면 다른 사람을 가르치는 네가 네 자신은 가르치지 아니하느냐? 도둑질하지 말라 선포하는 네가 도둑질하느냐 간음하지 말라 말하는 네가 간음하느냐 우상을 가증히 여기는 네가 신전 물건을 도둑질하느냐? 율법을 자랑하는 네가 율법을 범함으로 하나님을 욕되게 하느냐? 기록된 바와 같이 하나님의 이름이 너희 때문에 이방인 중에서 모독을 받는도다. _롬 2:17-24

왜 죄 중에 거하는가?

바울이 왜 굳이 여러 장에 걸쳐 모든 인류의 죄악을 보여주는 데 매진하는지 다소 의아하기도 합니다. 우리 생각에는 바울이 곧장 복음에 대해 펼쳐 놓고 얼마나 좋은 소식인지 설명할 것 같은데 말입니다. 괜히 유대인과 이방인 —즉 우리 모두— 의 죄악에 대해 그토록 오래 매달리는 것보다는 그 편이 훨씬 긍정적일 것 같이 느껴집니다.

하지만 이방인과 유대인의 죄악을 이토록 자세하게 다루는 데에는 심오한 이유가 있습니다. 최소한 두 가지 이유가 있는 것 같습니다. 첫째, 인간이 하나님 앞에서 죄가 많고 소망이 없는 존재라는 깊은 깨달음이 없이는 믿음을 통해 오직 은혜로 받는 칭의의 복음이 엄청나게 기쁜 소식으로 받아들여지지 않습니다. 둘째, 바울이 인간의 죄악된 상태를 계속 설명한 것은 인간은 자신의 모습을 있는 그대로 보고 느끼기를 거부하기 때문입니다.

오늘 본문의 뒷부분에 가면 이것에 대해 명확히 느낄 수 있으리라고 생각합니다. 먼저 이번 주에 읽었던 신문 기사로 설교의 요점을 설명할까 합니다. 심리 치료적 세계관과 성경적 세계관을 경솔하게 뒤섞는 것에 관한 내용이었습니다. 이 두 세계관 사이의 차이점은 하나는 인간의 문제점을 정신 건강과 치료적 관점에서 주로 규정하려 한다는 것이고, 다른 하나는 죄 그리고 그리스도와 그분의 말씀에 대한 믿음으로 말미암는 의와 구속이라는 관점에서 규정한다는 점입니다. 보스턴대학 교육학과 교수인 윌리엄 킬패트릭이 쓴 "믿음과 치료"라는 제목의 기사입니다.

> 치료와 믿음을 개념 없이 뒤섞을 때 발생하는 가장 파괴적인 결과는 바로 죄의식의 감소다. 가톨릭 교회 안에서 이미 그런 현상이 발생했음을 알 수 있는 가장 좋은 예는 이곳에서 지난 30년간 죄에 대한 고해 성사가 급격히 감소했다는 점이다. 대다수 교구에서 성찬식은

거의 100퍼센트 참석률을 보이는 것과 연결시켜 볼 때, 결국 대다수 교구민들의 죄에 대한 인식이 그다지 강하지 않다는 결론을 내려야 한다. 자기 용납의 복음에 익숙해진 나머지 고백할 죄가 있다는 생각조차 못하는 것처럼 보인다.

보스턴 대학에서 일하는 한 동료가 그 사실을 입증할 만한 이야기를 내게 들려주었다. 한 번은 철학 수업에 참석한 학생들에게 옳고 그름과 선과 악에 관련된 개인적인 갈등을 무기명 에세이로 써보라고 했다. 그런데 대다수 학생들이 과제를 완성하지 못했다. "왜?"라는 그의 물음에 학생들은 별 갈등 없이 대답했다. "글쎄요, 우리는 잘못한 게 없는데요." 자기 존중감은 충만할지 모르나 자기 인식은 턱없이 부족하다. 가톨릭 학교에서 수년간 공부한 학생들이 대다수인데도 죄에 대한 개념이 없다니 기이하다.*

가톨릭만의 현상이라고 쉽게 결론짓지는 말기 바랍니다. 이 기사는 가톨릭과 더불어 개신교 복음주의 학교에서 교육받는 어린이와 청소년들 역시 이와 동일한 결과를 보인다고 기술하고 있습니다.

죄를 인정하기 싫어하는 인간

제가 말하려는 요점은 단순합니다. 바울이 로마서 1-3장에서 인간의 죄악에 관해 오랫동안 설명하는 이유는 우리가 자신의 죄를

* 'First Things', 1999. 2월. no. 90, p. 23.

직접 보고 느끼는 것에 심한 거부감을 갖고 있기 때문입니다. 우리는 죄 문제를 외면하거나 죄에 대한 지적을 완화시키고 죄의 증거를 피해갈 방법을 찾으려 애씁니다. 죄로 인해 깨지거나 겸손해지지는 않으면서, 죄에 대해 조금은 인정하는 듯 보이기 위한 수많은 방법들을 시도합니다. 그러나 깨어짐과 겸손은 낙원으로 들어가는 문이자 낙원으로 이어지는 참된 길입니다. 이 세상에 살면서 자기 죄 때문에 마음이 깨지고 겸손해지는 새로운 경험이 우리에게는 너무도 필요합니다.

이제 바울은 로마서 독자들에게 죄의 깊이와 보편성을 직시하도록 돕는 가운데 저항과 방해에 봉착했음을 깨닫습니다. 로마서 3장 9절에서 바울이 목표했던 바를 기억하십니까? "그러면 어떠하냐? 우리〔유대인〕는 〔이방인보다〕 나으냐? 결코 아니라. 유대인이나 헬라인이나 다 죄 아래에 있다고 우리가 이미 선언하였느니라." 이것은 로마서 1-2장에서 이미 바울이 목표로 했던 내용으로, 유대인이나 이방인 모두 "죄 아래 있다"는 사실을 보여주는 것이었습니다. 즉 그리스도의 복음에서 떠나, 죄의 다스림 아래, 죄의 손아귀와 권세 아래 있다는 것입니다. 이처럼 죄라는 질병에 대해 고통스러운 진단을 내리는 목적은 이 세상으로 하여금 믿음을 통해 은혜로 얻는 의의 복음이 필요하다는 사실을 알게 하기 위함입니다. 또 이 복음이야말로 죄 용서와 의로움이 절실한 인간의 상태를 해결할 놀라운 길임을 이 세상이 알게 하는 것입니다.

바울은 오늘 본문에서 종교적이면서 성경을 하나님의 말씀으로 믿을 뿐 아니라 말씀을 선포하고 가르치는 책임을 맡은 우리 같은 사람들 안에 흔히 일어나는 저항에 관해 다루고 있습니다. 그 저항이란, 계시의 말씀을 매우 많이 받고 지식이 매우 많고 진리를 매우 잘 알기에, 자신의 죄를 회개하기보다는 다른 사람을 바로세우는 일이 자신의 임무라고 생각한다는 것입니다. 참으로 위험한 일입니다.

타인을 고칠 것인가, 나를 바꿀 것인가?

바울이 이를 어떻게 설명하는지 보겠습니다. 로마서 2장 17-24절에서 바울은 하나님의 율법을 성경으로 가지고 있는 유대 민족의 특권을 놀랍도록 생생하게 묘사하고 있습니다. 여기서 바울이 완전히 부정적 입장을 취하고 있는 것 같지는 않습니다. 그도 유대인이고 율법을 엄청난 특권으로 여기고 있습니다. 로마서 3장 1-2절에서 그 사실을 볼 수 있습니다. "그런즉 유대인의 나음이 무엇이며 할례의 유익이 무엇이냐? 범사에 많으니 우선은 그들이 하나님의 말씀을 맡았음이니라." 유대인이 하나님의 말씀을 이해하고 삶에 적용하며 하나님을 신뢰하고 하나님이 원하시는 대로 행한다면 이는 대단한 유익입니다. 따라서 로마서 2장 17절 이하를 읽을 때 율법 맡은 것을 모두 나쁜 일로 봐서는 안 됩니다.

바울은 "너희가 '유대인'이라 불린다"고 말한 다음, 유대인들이 스스로 주장하는 네 가지 항목이 담긴 목록 두 개를 제시하면서 그 주장들이 모두 율법에 근거하고 있음을 보여주고 있습니다. 네 가지 항목이 담긴 첫 번째 목록은 이것입니다. 17-18절입니다. "네가 1) 율법을 의지하며 2) 하나님을 자랑하며 3) 하나님의 뜻을 알고 4) 지극히 선한 것을 분간하며." 그런 다음 그들이 주장하는 네 가지의 근거를 18절의 "율법의 교훈을 받아"라고 제시합니다. 달리 표현하면, 너희가 율법의 교훈을 받았다는 이유로 다음의 네 가지를 행한다는 의미가 됩니다. "1) 율법을 의지하고, 2) 하나님을 자랑하고, 3) 그분의 뜻을 알고, 4) 지극히 선한 것을 분간한다." 이 모든 것이 "율법의 교훈을 받았다는" 특권에서 기인합니다.

유대인은 책의 민족입니다. 바울도 그 사실에 동의합니다. 하지만 그들 안에 명백히 잘못된 부분이 있습니다. 우리 그리스도인도 책을 지닌 사람들이므로, 그들과 동일한 실수를 하지 않으려면 무엇이 잘못되었는지 주의를 기울여 듣고 찾아내야 할 것입니다. 하나님 율법의 진실함을 의지하고, 하나님을 자랑하며, 그분의 뜻을 알고, 지극히 선한 것을 분간하는 일 자체에는 아무 문제가 없습니다. 그런데 모든 것이 잘못 흘러갈 수도 있는 길이 분명 있습니다. 율법을 선하게 사용하는 일이 사람이 죄인임을 드러내는 역할을 할 수도 있습니다.

두 번째 목록을 보겠습니다. 19-20절입니다. "1) 맹인의 길을 인도하는 자요 2) 어둠에 있는 자의 빛이요 3) 어리석은 자의 교사요 4) 어린 아이의 선생." 그리고 다시금 바울은 이 네 가지 주장의 근거를 "율법에 있는 지식과 진리의 모본을 가진 자로서"라고 언급합니다. 다시 말하면, "너희가 율법에 있는 지식과 진리의 모본을 가졌다는 이유로(이 부분에선 바울도 동의하고 있다고 생각합니다) 너희가 1) 맹인에게 인도자가 되고 2) 어둠을 비치는 빛이 되며 3) 어리석은 자를 고쳐주는 자가 되고 4) 미성숙한 자를 가르치는 선생이 되었다는 주장을 펼친다"는 의미입니다.

이 두 가지 목록의 차이점에 주목하시기 바랍니다. 17-18절에 나오는 첫 번째 목록은 단순히 율법을 지닌 유대인의 경험을 나열하고 있을 뿐 다른 사람들과의 관계에 어떤 영향을 미치는지에 대해서는 말하고 있지 않습니다. 그들은 율법 안에 머물고 있어서 하나님을 자랑하고 그분의 뜻을 알며 지극히 선한 것을 분간합니다. 하지만 두 번째 목록에서는(19-20절) 다른 이들과 관련해서 유대인들이 행하는 것에 모든 초점이 맞춰져 있습니다. 인도하고 빛을 비추며 고쳐 주고 가르칩니다. 따라서 두 번째 목록은 첫 번째 목록보다 훨씬 중요합니다. 처음에는 우리에게 빛이 있다고 말했지만, 이후에는 우리가 빛을 비춘다고 말합니다.

다른 이를 가르치는 너희여, 자신은 가르치지 않는가?

그 자체로는 나쁘지 않습니다. 우리에게 빛이 있다면 마땅히 빛을 비춰야 합니다. 그리고 율법은 하나님이 이스라엘에게 주신 귀한 선물이므로, 이스라엘은 반드시 그 빛을 열방에 비춰야 합니다. 바울이 그 사실에 대해 비판하는 것이었다면 이렇게 말하는 사람도 있을 것입니다. "여보시오, 바울 선생, 당신도 똑같은 일을 행하고 있습니다. 당신도 하나님을 안다고 주장하고 하나님의 말씀을 받았다면서 다른 사람들에게 보고 믿으라며 선포하고 있지 않습니까?" 하나님의 말씀을 받아 말씀으로 깨우치고 그 말씀을 가르치는 것은 죄가 아닙니다.

그러면 무엇이 문제입니까? 21절에 나옵니다. "그러면 다른 사람을 가르치는 네가 네 자신은 가르치지 아니하느냐." 바울은 부정적인 대답을 예상하며 질문을 던지고 있습니다. 그 사실을 23, 24절에서 알 수 있습니다. 바울은 이렇게 말하고 있는 것입니다. "너희는 모든 계시를 받고 빛도 받고 모든 지식과 진리도 받았는데 제대로 이해하지 못했구나. 다른 사람에게 가르치면서도 정작 너는 율법의 중심을 알지 못하며 뿌리도 알지 못하는구나. 율법이 무엇인지 제대로 알지 못하는구나."

저는 바울이 21절도 그런 의도에서 말하고 있다고 생각합니다. "그러면 다른 사람을 가르치는 네가 네 자신은 가르치지 아니하느냐." 이 말의 요지는 율법 그 자체가 사랑의 수단이 아닌 자랑의 수단이 되고 말았다는 것입니다. 사랑은 다른 사람을 축복하는 일에 진리를 사용합니다. 하지만 죄는 자기를 높이는 일에 진리를 사용합니다. 사랑과 죄악 모두 진리를 사용하고 성경을 사용할 수 있습니다. 하지만 오직 사랑만이 진리와 성경을 바르게 사용할 수 있습니다.

이제 바울은 정말로 율법이 가르치는 바가 무엇인지 깨닫지 못하는 그들의 모습을 묘사합니다. 21-22절에서 바울은 스스로를 가르치지 못하는 그들의 모습을 보여주는 세 가지 예를 들고 있습니다. "도둑질하지 말라 선포하는 네가 도둑질하느냐? 간음하지 말라 말하는 네가 간음하느냐? 우상을 가증히 여기는 네가 신전 물건을 도둑질하느냐?" 혹시 그리스도인이 아닌 유대인 독자들이 바울을 향해 "그렇지 않습니다. 우리는 훔치지도 않고 간음을 저지르지도 않고 성전 물건을 도둑질 하지도 않았습니다. 그런 적도 없었고 앞으로도 그런 일은 없을 거요"라고 말한다면 바울은 과연 어떻게 반응할까요?

바울 선생, 우리는 그런 죄를 저지르지 않았소!

제 생각에 바울이라면 세 가지로 답변했을 수 있습니다. 첫째로, 이렇게 말할 것 같습니다. "말 그대로 모든 유대인이 이와 동일한 죄를 저지르지 않는다는 건 나도 압니다. 하지만 어떤 이들은, 율법을 가지고 있고 그에 따른 모든 혜택을 누리고 있으면서도, 분명 이런 죄를 저지른다는 겁니다. 그러므로 내가 말하려는 건 이것입니다. 단지 율법을 가지고 있고, 다른 사람을 가르치는 자가 된다고 해서 그 자체로 하나님의 심판을 피할 수는 없다는 것입니다. 율법대로 살지 않는 한 말입니다. 율법을 가지고 있고 율법을 가르친다고 자랑하는 걸로 충분하지 않습니다. 율법을 행해야만 합니다."

둘째로는 이렇게 말할 수 있을 것 같습니다. "예, 모든 유대인들이 겉으로 드러나게 이런 일을 행하지 않는다는 건 나도 압니다. 하지만 당신들은 그런 일을 하나도 저지르지 않습니까? 이런 것들은 모두 율법이 요구하고 있는 건데, 당신들은 그 율법을 전부 다 지킵니까? 당신들은 죄가 없습니까? 이 목록에는 없는 죄라 하더라도, 당신들이 저지르는 다른 죄 때문에라도 구원자가 필요한 것이 아닙니까? 당신들은 율법을 가지고 있고 다른 사람들을 가르친다고 하지만 그럼에도 죄의 권세 아래 있지 않습니까?"

가장 중요한 세 번째는 이렇습니다. "예, 당신들은 정말로 도둑질하고 간음을 저지르고 성전 물건을 훔쳤습니다. 그러면 당신네들은 '어떻게요?' 라고 묻겠지요. 당신들은 율법이 가장 본질적으로 요구하는 것이 믿음이라는 사실을 이해하지 못하고 있습니다. 죄 용서라는 은혜의 선물을 주시고, 하나님과 화목을 이루게 하시며, 그분의 계명에 복종할 능력을 주실 하나님에 대한 믿음 말입니다. 하지만 도리어 당신들은 율법을 이용해서 자기 의를 세우려 하고, 하나님이 요구하시는 가장 기본적인 것, 즉 긍휼을 베푸시는 하나님을 향한 겸손한 신뢰를 버렸습니다. 그리고 원래는 하나님을 향해야 하는 당신들의 마음과 신뢰를 다른 사람에게 주는 이런 것이야말로 간음이 아닙니까? 세상의 우상들을 가져다가 자기 우상으로 삼는 것은 영적인 간음이고, 성전을 도둑질하는 것과도 같습니다. 하나님 한분 만으로는 만족하지 못한다는 것이기 때문입니다. 당신들이 하나님 아닌 다른 것들을 더 귀하게 여기면서도 스스로를 하나님의 백성이라고 부른다면, 열방으로 하여금 하나님을 욕하게 만드는 것이 아닙니까?

어디서 이런 해석을 찾아냈는지 궁금하실 것입니다. 첫째, 로마서 9장 30-32절에서 찾았습니다. "그런즉 우리가 무슨 말을 하리요? 의를 따르지 아니한 이방인들이 의를 얻었으니 곧 믿음에서 난 의요, 의의 법을 따라간 이스라엘은 율법에 이르지 못하였으니 어찌 그러하냐? 이는 그들이 믿음을 의지하지 않고 행위를 의지함이라. 부딪칠 돌에 부딪쳤느니라." 이 말은 무엇을 가르치고 있습니까? 율법의 모본을 가지고 있고 다른 사람을 가르치면서도 정작 율법이 진실로 의미하는 바를 자신에게 가르치지 못한 이스라엘에 대해 가르치고 있습니다. 그들은 율법의 중심과 본질을 이해하지 못했습니다. 율법은 믿음을 가르치고 믿음의 삶(곧 믿음으로 말미암은 행위)을 가르칩니다. 하지만 이스라엘은 스스로에게 이러한 사실을 가르치지 않았습니다. 외적인 자기 의(義)에만 머물렀을 뿐이고, 율법의 모든 계명은 오직 하나님이 주시는 은혜 안에서 믿음으로 살아가도록 외치는 부르심임을 이해하지 못했습니다.

하나님의 것을 도둑질하다

그래서 그들은 하나님에게서 율법이 요구하는 가장 중요한 한 가지, 믿음을 도둑질했습니다. 믿음이야말로 하나님을 존귀하게 하고 영화롭게 하는 것인데(롬 4:20), 그들은 믿음을 하나님께 드리지 않았습니다. 어떤 면에서는 율법에 대한 지식이 있는 듯했지만 본질적인 면에서는 율법에 대해 무지했습니다. 로마서 10장 1-3절에 다시 나옵니다. "형제들아 내 마음에 원하는 바와 하나님께 구하는 바는 이스라엘을 위함이니 곧 그들로 구원을 받게 함이라. 내가 증언하노니 그들이 하나님께 열심이 있으나 올바른 지식을 따른 것이 아니니라. 하나님의 의를 모르고 자기 의를 세우려고 힘써 하나님의 의에 복종하지 아니하였느니라."

유대인들은 어느 한편으로는 의의 율법을 알았지만 다른 한편으로는 무지했습니다. 율법의 계명을 믿음으로 사는 삶에 대해 기술한 것으로 보는 대신, 자기 의를 위한 수단으로 사용했습니다. 결국 그들은 그들이 드려야 할 믿음과 신뢰를 하나님에게서 도둑질한 셈이 된 것입니다. 그리고 하나님의 것을 도둑질하는 중에 그들의 마음과 믿음을 다른 것(자기 자신이나 종교 의식이나 도덕적 열심, 사람들의 칭찬)에 내어주는 간음도 저질렀습니다. 또 그러는 중에 세상이 섬기는 것과 똑같은 우상을 끌어안았고 세상이 섬기는 신전을 탈취했습니다.

이제 경고와 더불어 복음으로의 초대 말씀을 드리려 합니다. 물론 나 자신을 위한 것이지만 여러분을 위한 것이기도 합니다. 성경을 사랑하는 우리 모든 사람이 주의하고 조심해야 할 것이 있습니다. 말씀(Word)에 거하고 하나님을 자랑하고 하나님의 뜻을 알고 지극히 선한 것을 분별하고 눈먼 자를 인도하고 어리석은 자를 바로세우고 미성숙한 자를 가르치면서도 자신을 가르치지 못하는 사람이 되지 않도록 주의하십시오. 하나님의 말씀이 형식적인 것, 외적인 것이 되지 않도록 주의하십시오.

우리가 말씀으로 깨지지 않는다면, 말씀으로 겸손해지지 않는다면, 말씀을 따라 값없는 은혜에 대한 순전한 믿음으로 나아가지 않는다면, 다시 말해, 말씀을 맡은 우리가 그리스도에 대한 믿음을 통해 은혜로 주어지는 칭의의 복음으로 나아가지 않는다면, 우리는 아직 그 하나님의 말씀을 제대로 배우지 않은 것이며, 다른 사람을 가르칠 자격이 없습니다. 하나님의 말씀을 진리와 지식의 모본으로 삼은, 하나님의 성경을 사랑하는, 나와 같은 교사들과 설교자들이여, 경계하십시오. 율법의 조문은 알되 성령을 알지 못한다면, 그리고 의의 모양은 알되 정작 믿음으로 임하는 의를 알지 못한다면 화가 있을 것입니다.

지금 이곳에 있는 모든 사람들이 성령의 가르침을 받아서, 자기 힘으로 의를 세우는 것과 그리스도에 대한 믿음을 통해 의의 선물을 받는 것의 차이를 깨닫게 되기를 바랍니다!

35장

누가 진정한 유대인인가? (1부)

로마서 2:25-29

네가 율법을 행하면 할례가 유익하나 만일 율법을 범하면 네 할례는 무할례가 되느니라. 그런즉 무할례자가 율법의 규례를 지키면 그 무할례를 할례와 같이 여길 것이 아니냐? 또한 본래 무할례자가 율법을 온전히 지키면 율법 조문과 할례를 가지고 율법을 범하는 너를 정죄하지 아니하겠느냐? 무릇 표면적 유대인이 유대인이 아니요 표면적 육신의 할례가 할례가 아니니라. 오직 이면적 유대인이 유대인이며 할례는 마음에 할지니 영에 있고 율법 조문에 있지 아니한 것이라. 그 칭찬이 사람에게서가 아니요 다만 하나님에게서니라. _롬 2:25-29

이방인은 어떻게 유대인이 되는가?

오늘 이 본문에서 말씀드리고 싶은 주제는 하나님이 우리를 유대인으로 여기실 것이라는 내용입니다. 우리는 이방인이지만 율법이 요구하는 바를 지키면, 즉 율법을 성취하면 하나님의 선택된 민족으로 받아들여 주신다는 말입니다. 저는 주로 26절을 근거로 말씀드리고 있습니다. "그런즉 무할례자가 율법의 규례를 지키면 그 무할례를 할례와 같이 여길 것이 아니냐?" 다시 말해, 율법의 요구를 지키는 이방인("무할례자"가 뜻하는 말)은 진정한 유대인으로 간주하신다는 말씀입니다. 하나님의 선택된 백성, 이스라엘의 일원으로 말입니다.

여기서 오늘 주제에 관해 최소 세 가지 정도의 질문이 제기될 수 있습니다.

1. 이렇게 물을 수 있습니다. "로마서 2장의 핵심은 유대인도 죄 아래 있으며 이신칭의의 복음이 필요하다는 점을 보여주는 데 있다고 생각합니다(롬 3:9). 그런데 왜 갑자기 바울은 이방인이 유대인이 되는 것에 관해 언급하고 있습니까? 이 본문은 엉뚱한 자리에 들어온 듯한 느낌입니다. 모든 사람이 죄 아래 있음을 보여주려는 바울의 총체적 목표와 이것이 어떻게 어울립니까?"

2. 또 이런 질문도 할 수 있습니다. "이방인이 율법의 규례를 지키면 유대인으로 여기겠다는 약속과, 율법의 행위가 아닌 믿음으로 의롭게 된다는 약속(롬 3:28)이 어떻게 서로 조화를 이룰 수 있습니까? 로마서 2장 26절에 나온 약속이 진짜 현실화될 수 있다는 말입니까? 아니면 그저 가설에 불과한가요? 율법의 요구를 성취하면 진짜 유대인으로 여기신다는 것이 과연 기독교적입니까?"

3. 마지막으로 이런 질문도 가능합니다. "내가 유대인으로 인정받든 아니든 무슨 상관입니까? 나는 아침에 일어나면서 한 번도 유대인이 되었으면 하고 바란 적이 없습니다. 이런 이상한 내용으로 오늘 설교의 주제를 삼겠다고 생각한 이유를 모르겠습니

다. 유대인이 되는 건 전혀 바라는 바가 아닙니다. 대체 진짜 유대인이 되고 싶은 사람이 누가 있겠습니까? 왜 그런 걸 바라겠습니까?" 그러면 각 질문에 하나씩 답을 하면서 말씀을 이어가도록 하겠습니다.

질문과 답 : 반대 의견들

1. 첫 질문입니다. "로마서 2장 말씀의 핵심이 유대인도 죄 아래 있으며 복음이 필요하다는 것(롬 3:9)을 보여주는 데 있다면, 왜 바울은 26절에서 이방인이 유대인이 되는 것에 관해 언급했을까요? 잘못 배치된 것이 아닐까요? 이것은 모든 사람이 죄 아래 있음을 보여주려는 총체적 목표와 어떻게 조화를 이룹니까?"

25절이 26절과 어떻게 연결되는지 잘 보시기 바랍니다. "네가 율법을 행하면 할례가 유익하나 만일 율법을 범하면 네 할례는 무할례가 되느니라." 여기서 이 부분은 우리가 예상할 수 있는 내용입니다. 즉 유대인에게 주시는 말씀이라고 봅니다. 그러면 25절의 요점이 무엇입니까? 선택받은 자로서의 특권을 보여주는 외적 증표 ―유대인임을 보여주는 외적 증표― 가 사실은 아무 소용이 없다는 것입니다. 증표를 지닌 사람이 율법을 거스르는 삶을 산다면 말입니다. 다시 말해, 우리가 하나님의 율법에 담긴 진짜 메시지를 거부하고 하나님께 반항하는 마음을 품는다면, 할례와 같은 외적 의식(rituals)이 아무 유익이 되지 못한다는 것입니다. 하나님과 화목을 이룰 수 없게 됩니다.

그래서 바울은 당시 일반 유대인들이 율법의 진정한 의미를 스스로에게 가르치지 않고 율법의 핵심을 거스르고 있다는(21절) 점을 17-24절에서 설명하고 있습니다. 할례와 같은 언약의 외적 증표를 지니고 있다고 해도 심판을 피하는 데는 전혀 도움이 되지 않습니다. 그들 역시 우리 같은 이방인과 마찬가지로 죄 아래 있고 하나님의 의의 선물이 필요합니다.

이제 26절과 어떻게 연결되는지 보겠습니다. 바울은 이방인에 관한 교훈을 끌어내고 있습니다. "그런즉[=그러므로] 무할례자가 율법의 규례를 지키면 그 무할례를 할례와 같이 여길 것이 아니냐?" 다시 말해, 내가 율법을 완수하지 못하면 나의 할례는 무용지물이 되고(25절), 따라서 할례와 같은 외적인 증표는 중요하지 않으며, 정말 중요한 것은 율법이 마음에 관해, 믿음에 관해, 그리고 믿음으로 말미암는 순종에 관해 가르치는 바를 제대로 이해하는 것이라는 뜻입니다. 그리고 정말 그것이 중요하다면, 율법의 참 의미를 이해하고 성령으로 마음이 변화되어 믿음으로 순종하는(1:5, 16:26 참조) 이방인들(무할례자들)은 진정한 유대인이 된다는 것입니다.

이방인의 회심이 유대인의 회심을 이끈다

왜 여기서 이런 말을 하는 것일까요? 동족인 유대인들이 복음을 받아들이도록 도우려는 바울이 유대인들에게 말하고 싶은 적어도 두 가지 사실을 부각시키기 때문입니다.

1) 이방인과 같은 외부인이 유대인에게 주신 언약을 상속받는다면 그것은 반대로 유대인들이 얼마나 율법을 오해하고 있는지

를 보여주는 것입니다. 21절에 나온 바와 같이 유대인들은 스스로를 가르치지 않았습니다. 율법이 가르치는 믿음이라는 참된 메시지 때문에 오히려 넘어졌고 율법을 외적 행위의 범주로 변질시켰습니다. 이방인이 유대인이 되고 언약을 상속받는다면, 유대인들은 정말 중요한 사실을 오해하고 있는 것입니다. 믿음과 같은 내적 실체 대신 할례와 같은 외적 형식에만 치중하고 말았습니다(롬 9:32 참조).

2) 이방인처럼 언약 밖에 있던 사람들이 하나님의 왕국에서 태생적 이스라엘 백성의 자리를 대신 차지한다는 것은 유대인들이 얼마나 구원이 필요한 존재들인가를 보여줍니다. 그저 길을 잃은 듯이 보이는 것이 아닙니다. 실제로 모두 길을 잃었습니다. 그들보다 자격이 안 되는 듯한 사람들도 목숨을 구하고 구원의 식탁에 자리하는데, 유대인은 구원의 자리에 나아오지 못하는 것을 보면 그들은 정말로 길을 잃은 것이 분명해 보입니다.

따라서 첫 번째 질문에 대한 저의 답은 이렇습니다. 바울이 갑자기 이방인이 유대인이 되는 문제를 제기하는 이유는, 유대인들 스스로 자신이 성경을 오해했고 믿음을 통해 은혜로 구원을 받아야 하는 존재임을 깨닫게 하고, 또한 유대인만 받았다고 생각하는 언약을 상속받는 이방인이 있으며 그들과 유대인은 다르지 않다는 사실을 깨닫도록 돕고자 합니다.

2.두 번째 질문은 이러했습니다. "이방인이 율법의 규례를 지키면 유대인으로 여기겠다는 약속과, 율법의 행위가 아닌 믿음으

로 의롭게 된다는 약속(롬 3:28)이 어떻게 서로 어울릴 수 있지요? 로마서 2장 26절에 나온 약속이 진짜 현실화될 수 있다는 말입니까? 아니면 그저 가설에 불과한가요? 율법의 요구를 성취하면 진짜 유대인으로 여기신다는 것이 과연 기독교적입니까?"

현재 우리가 중점적으로 보고 있는 26절을 기억하시기 바랍니다. "그런즉 무할례자가 율법의 규례를 지키면 그 무할례를 할례와 같이 여길 것이 아니냐?" 제가 여기서 말하려는 바는, 율법이 진정으로 의미하는 것을 지킨다면 우리가 비록 이방인이라 하더라도 하나님의 진정한 백성의 일원으로 인정받을 수 있고 영원한 생명도 상속받는다는 것입니다. 곧 우리가 율법이 정말로 의도한 바를 성취한다면 영생에 들어가게 된다는 말입니다(2:7 참조).

이것이 기독교적인 것인지 아닌지에 관한 질문과 그것이 믿음으로만 의롭게 된다는 사실과 어떻게 조화를 이루는가에 대해서는 두 가지로 답하려고 합니다. 전체 문맥을 먼저 살펴본 후 로마서 8장으로 넘어가도록 하겠습니다.

27절에서 바울은 "육신에 할례를 받지 않은" 사람들이 "율법의 규례를 온전히 지키면〔말 그대로, 성취하면〕" 마지막 날에 심판을 받는 것이 아니라 심판을 내리는 자리에 서게 될 것이라는 진리를 다시금 반복하고 있습니다. 그런 다음 28절 말씀을 '무릇'(for)이라는 말로 시작합니다. 이는 바울 자신이 한 말, 즉 율법을 온전히 지키는 이방인이 진정한 유대인으로 인정받으며 마지막 때에 심판의 대상이 아니라 심판하는 위치에 서게 되리라는 말을 뒷받침하기 위해서입니다.

바울이 자신의 주장을 뒷받침하는 말 중에 특히 29절은 이방인이 율법의 진정한 의미를 성취하면 어떻게 유대인으로 인정받는가를 이해하는 데 도움을 줍니다. 28-29절입니다. "무릇 표면적 유대인이 유대인이 아니요 표면적 육신의 할례가 할례가 아니니라. 오직 이면적 유대인이 유대인이며 할례는 마음에 할지니 영에 있고 율법 조문에 있지 아니한 것이라."

29절 말씀의 핵심은 성령이야말로 할례 받지 않은 이방인의 마음에 할례를 베풀어 할례 받은 유대인으로 만드는 분이라는 사실입니다. 바울은 할례의 본질이 마음에 임하는 내적 변화이지, 생식기에 가하는 외적 변화가 아니라고 말합니다. 바울은 29절에서 율법의 "조문"(letter)과 "영"(Spirit)을 대조시키고 있는데, 이는 유대인들이 외적인 수준("조문")으로 율법을 경험했음을 의미합니다. 그러나 사실 율법은 성령으로 말미암아 가능해지는 내적 변화를 요구했습니다. 물론 율법 자체로는 그 변화를 만들어내지 못하지만 말입니다(롬 8:3 참조).

이 모든 내용은 바울이 생각하는 그리스도인에 대해 보여줍니다. 이것이 그리스도인의 회심에 관해 바울이 말한 내용이기 때문입니다. 고린도후서 3장 5-6절에서 바울이 하는 말을 예로 들겠습니다. "우리가 무슨 일이든지 우리에게서 난 것 같이 스스로 만족할 것이 아니니 우리의 만족은 오직 하나님으로부터 나느니라. 그가 또한 우리를 새 언약의 일꾼 되기에 만족하게 하셨으니 율법 조문으로 하지 아니하고 오직 영으로 함이니 율법 조문은 죽이는 것이요 영은 살리는 것이니라."

율법의 조문 — 율법의 영

다시 말해, "조문"과 "영"이라는 말 이면에는, 바울이 생각하는 ('새언약' 으로도 표현되는) 그리스도인의 삶에 대한 이해가 드러나 있습니다. 예수님이 피로 사서 주신(눅 22:20) 새 언약을 통해, 하나님은 우리의 돌같이 딱딱한 마음을 제하고 새로운 마음을 주며 성령을 우리 안에 보내셔서 율법대로 살 수 있게 하겠다고 말씀하셨습니다. 에스겔 36장 27절 말씀에 귀 기울여 봅시다. "내 영을 너희 속에 두어 너희로 내 율례를 행하게 하리니 너희가 내 규례를 지켜 행할지라"(겔 11:19-20 참조).

이 말씀은 '율법을 지키고 율법을 성취하는 것' 도 하나님이 새 언약의 충만함을 따라 그의 백성들에게 성령을 주실 때에 약속하신 것임을 보여줍니다. 따라서 "무할례자가 율법의 규례를 지키면[keeps the requirements of the Law] 그 무할례를 할례와 같이 여길 것이 아니냐?"라는 26절 말씀을 대할 때, 우리는 이것을, '성령'(Spirit)을 받고, 율법을 죽음에 이르게 하는 죽은 '조문' 으로 대하지 않는 (그리스도인이 된) 이방인으로 이해해야 합니다. 오히려 율법은 성령이 허락하신 믿음의 할례를 받고 열매 맺는 삶을 살라는 하나님의 선한 뜻을 잘 표현해 놓은 것이 되었습니다. 다시 말해 율법의 요구를 지키는 것은 성령이 값없이 주시는 선물입니다.

이것은 율법주의가 아닙니다. 행위로 얻는 구원도 아닙니다. 이것은 믿음의 순종입니다. 바울이 로마서 1장 15절에서 그의 모든 사역의 목표라고 했던 것 말입니다. "그로 말미암아 우리가 은혜와 사도의 직분을 받아 그의 이름을 위하여 모든 이방인 중에서 '믿어 순종하게' 하나니." 율법의 요구를 지킨다는 의미는 율법이 우리에게 하나님의 은혜를 신뢰하라고 가르친다는 것을 발견한다는 의미입니다. 또한 율법의 요구를 지킨다는 의미는 아무 힘도 없는 죽은 '조문' 대신 '성령'의 내주하시는 힘에 기대어 그 신뢰를 드러내는 방식으로 살도록 가르친다는 것을 발견한다는 의미입니다.

이번에는 앞의 질문(율법이 요구하는 바를 다 완수하면 진짜 유대인으로 인정한다는 것이 과연 기독교적인가?)에 대한 두 번째 답변을 해보겠습니다. 로마서 8장 3-4절을 보시기 바랍니다. "율법이 육신으로 말미암아 연약하여 할 수 없는 그것을 하나님은 하시나니 곧 죄로 말미암아 자기 아들을 죄 있는 육신의 모양으로 보내어 육신에 죄를 정하사 육신을 따르지 않고 그 영을 따라 행하는 우리에게 율법의 요구가 이루어지게〔롬 2:26-27과 동일한 개념〕 하려 하심이니라."

이 말씀은 율법을 이룬다(fulfill the Law)는 개념이 기독교적인 것이며 실제로 일어나는 일이고, 성령을 따라 사는 사람들의 삶에서 일어나는 일임을 분명하게 보여주는 말씀입니다. 그리스도는 우리를 위해 죽으셨고 성령이라는 새 언약의 복을 허락하셨습니다. 그리고 지금 성령은 우리가 하나님의 도덕법을 행하며 — 완전하게 지킨다는 것이 아니라 하나님에 대한 신뢰를 드러내기에 충분할 만큼 행하며— 살도록 우리 삶 속에서 역사하고 계십니다.

이제 로마서 2장 26절로 돌아갑시다. "그런즉 무할례자가 율법의 규례를 지키면 그 무할례를 할례와 같이 여길 것이 아니냐?" 이 구절이 의미하는 바는 그리스도가 우리를 위해 죽으셨고 새 언약이 약속한 방법으로 성령의 은사와 능력을 우리에게 주셨다는 것입니다. 우리 안에 계신 성령은 죽은 '조문' 으로서의 율법으로부터 우리를 자유롭게 하셨습니다(롬 7:6). 또한 우리 안에 계신 성령은, 율법이란 실제로는 우리에게 (죄사함과 의의 선물을 값없이 주시는) 긍휼과 은혜의 하나님을 신뢰하라는 요청이며 하나님의 도덕적 뜻을 따라 삶에서 우리의 믿음을 드러내라는 요청임을 보여주셨습니다.

따라서 우리는 이방인이고 육신에 할례를 받지도 않았으나, 그럼에도 율법을 이루고 하나님에 의해 우리의 믿음을 근거로 진정한 유대인이라는 인정을 받습니다. 이는 하나님의 도덕법에 대한 우리의 순종에 의해 확인됩니다. 여기서 바울이 말하는 것은 하나님의 도덕법(moral law)이지 의식법(ceremonial law)이 아님을 우리는 압니다. 할례를 받으라는 말을 하지 않기 때문입니다. 또한 마음을 다한(sincere) 순종을 말하고 있는 것이지 죄 한 점 없는(sinless) 순종을 말하는 게 아니라는 것도 압니다. 왜냐하면 새 언약의 중심에는 우리의 모든 죄를 덮으시는 그리스도의 보혈이 있기 때문입니다(눅 22:20, 히 8:12). 보혈 없이 회심 만으로 우리는 죄 없는 자들이 되지 못합니다.

3. 마지막 질문입니다. "내가 유대인으로 인정받든 아니든 무슨 상관입니까? 나는 아침에 일어나면서 한 번도 유대인이 되었

으면 하고 바란 적이 없습니다. 이런 이상한 내용으로 오늘 설교의 주제를 삼겠다고 생각한 이유를 모르겠습니다. 유대인이 되는 건 전혀 바라는 바가 아닙니다. 진짜 유대인이 되고 싶은 사람이 누가 있겠습니까? 왜 그런 걸 바라겠습니까?"

우리에게 주어진 시간이 다 되어서 이 부분은 다음 주에 다루겠습니다. 다만 이 자리에서는 두 가지 짧지만 매우 중요한 이유를 언급하는 것으로 만족하도록 하겠습니다.

한 가지는 우리가 진정한 유대인이라는 사실을 애써 설명하는 이가 하나님이시라는 사실입니다. 이것은 진정한 믿음을 소유할 때 우리가 어떻게 되는지에 관해 우리에게 주시는 하나님의 말씀입니다. 나는 유대인이 되든 말든 관심 없다고 말하는 것은 마치 나의 진정한 정체성을 아는 일에는 관심이 없다고 말하는 것과 같습니다. 인류의 타락 이후, 우리는 마치 심각한 트라우마를 지닌 사람들처럼 기억을 잃어 버렸습니다. 모두 기억상실증을 겪고 있는 셈입니다. 그래서 우리가 누구인지 찾으려고 온 세상을 떠돌아다닙니다.

우리가 누구인지 아는 이가 계십니다. 하나님입니다. 우리를 만드셨고 우리가 누구인지 규정하십니다. 우리의 본질이 무엇인지 알고 싶다면 하나님을 찾아가 배워야지 그 밖에는 답이 없습니다. 그러므로 우리 정체성의 본질은 믿음으로 순종을 이룰 때 진짜 유대인이 되는 거라고 하나님이 우리에게 말씀하신다면 그것은 말 그대로 큰 선물입니다. 진짜 유대인이 될 때 무슨 유익이 있는지 잘 모른다고 해서 하나님의 좋은 선물을 거절하지 마십시오. 이것이 제가 드리는 첫 번째 당부입니다. 하나님은 우리가 누구인지 말씀하고 계십니다. 주목하십시오. 선물을 받아들이십시오. 하나님보다 내가 더 잘 안다고 자만하지 마시기 바랍니다.

마지막으로 말씀드립니다. 진정한 유대인이 되기를 소망하시기 바랍니다. "구원은 유대인에게서 나기"(belongs to the Jews) 때문입니다(요 4:22). 그리고 진정한 유대인이 될 때 하나님의 모든 언약이 우리의 것이 되기 때문입니다(롬 11:17-18 참조). 정말로 놀라운 일은 신약과 구약 성경 전체가 "내 책"이 된다는 것입니다. 내가 유대인이기 때문입니다. 그래서 나의 언약이 되는 것입니다. 내 이야기도 됩니다. 그리고 그분은 나의 메시아가 되십니다. 나의 하나님이 되십니다(렘 31:33). 유대인이든 이방인이든 그리스도 예수 안에 있는 하나님의 긍휼하심을 신뢰하고 죄를 회개한다면 누구든 그렇게 말할 수 있습니다.

이제 다음 주를 기약해야 할 것 같습니다. 여러분 모두 유대인이 된 것을 기뻐하시기 바랍니다. 오늘 제가 한 일은 기초를 다지는 작업이었습니다. 다음 주는 진정한 유대인이 되는 것이 왜 그토록 놀라운 일인지 좀 더 큰 그림을 그려 보겠습니다.

36장

누가 진정한 유대인인가? (2부)

로마서 2:25-29

네가 율법을 행하면 할례가 유익하나 만일 율법을 범하면 네 할례는 무할례가 되느니라. 그런즉 무할례자가 율법의 규례를 지키면 그 무할례를 할례와 같이 여길 것이 아니냐? 또한 본래 무할례자가 율법을 온전히 지키면 율법 조문과 할례를 가지고 율법을 범하는 너를 정죄하지 아니하겠느냐? 무릇 표면적 유대인이 유대인이 아니요 표면적 육신의 할례가 할례가 아니니라. 오직 이면적 유대인이 유대인이며 할례는 마음에 할지니 영에 있고 율법 조문에 있지 아니한 것이라. 그 칭찬이 사람에게서가 아니요 다만 하나님에게서니라. _롬 2:25-29

이방인도 유대인이 될 수 있다

바울이 로마서 2장에서 의도하는 목표는 유대인에게도(그 밖에 다른 모든 사람에게도) 그리스도를 믿는 자에게 값없이 주시는 하나님의 의의 선물이 필요하다는(롬 3:20, 28, 1:16-17) 사실을 강조하는 것입니다. 이방인과 유대인 모두 죄의 지배 아래 있어서(3:9) 하나님의 아들을 믿는 모든 자에게 예비된 구원이 절대적으로 필요하다는 것입니다.

이번 본문(2:25-29)에서 바울은 유대인에게 복음이 필요하다는 사실을 강조하기 위해, 말 그대로 진짜 유대인이 된 이방인이 마지막 심판 날에 유대인을 심판하는 자리에까지 서게 된다는 점을 보여주고 있습니다. 바울이나 동료 유대인에게 있어 충격적인 개념이었습니다. 정작 유대인으로 태어난 사람들은 심판을 받아 멸망하는데, 이방인은 이스라엘에게 주신 하나님의 언약을 소유한 유대인으로 인정받는다니 말입니다.

어떻게 이런 일이 가능한가?

바울의 논제는 참으로 뛰어나서 오늘 우리에게도 풍성한 진리를 제공합니다. 오늘 본문에는 충격적인 내용이 들어 있습니다. 본문을 조금 더 잘 이해하기 위해 바울의 생각의 흐름을 잠시 따라가 보고, 시야를 넓혀 성경의 다른 구절들도 살펴보겠습니다.

놀랍게도 바울은 26절에서 하나님은 할례 받지 못한 사람(이방인)이 "율법의 요구를 지키면" 그를 할례 받은 사람(진정한 유대인)으로 여기실 것이라고 말하고 있습니다. "그런즉 무할례자가 율법의 규례를 지키면 그 무할례를 할례와 같이 여길 것이 아니냐?" 따라서 우리를 진짜 유대인으로 만드는 것은 할례가 아니라 율법의 규례를 지키는 것입니다. 즉 율법의 참 의미를 알고, 마음으로 변화되어 율법이 가르치는 바 인간에게 원하시는 하나님의 목적을 따라 살아가는 것입니다(고전 7:19 참조).

그리고 27절에서는 더욱 놀라운 말을 하고 있습니다. 심판 날이 되면 '율법을 지킨' 이방인들이 불순종한 유대인에 대해 살아 있는 정죄의 증거가 될 것이라고 말입니다. "또한 본래 무할례자〔이방인〕가 율법을 온전히 지키면 율법 조문과 할례를 가지고 율법을 범하는 너를 정죄하지 아니하겠느냐?"

따라서 바울은 26절과 27절에서 어떤 이방인들은 진정한 하나님의 백성이 되어 심판에서 건짐을 받는 반면, 태생적으로 유대인인 어떤 사람들은 마지막 심판 때에 정죄를 당하고 멸망하게 된다고 설명합니다. 이것은 유대인이 되는 자격 조건(율법 조문과 할례)을 자신들의 특권으로 여기지 말라는 강조이기도 합니다. 유대인도 다른 모든 사람들처럼 죄인이며 심판을 받게 됩니다.

유대인이면서 유대인이 아닐 수 있는가?

어떻게 그럴 수 있을까요? 바울은 어떻게 유대인으로 태어난 사람이 진짜 유대인이 되지 못하고, 할례도 받지 않은 이방인이 진정한 유대인이 될 수 있다고 말할 수 있습니까? 바울의 말대로 그게 사실이라면, 오늘날 여러분과 저 역시 진짜 유대인이 되어서 아브라함의 자손에게 약속된 모든 특권을 누리는 하나님의 백성이 될 수 있다는 말이 됩니다.

바울은 이러한 주장이 당시의 유대인과 이방인에게 큰 충격으로 받아들여질 수 있음을 알았기 때문에 28-29절에서 이를 뒷받침하는 설명을 덧붙입니다.

하지만 바울의 논의를 살펴보기에 앞서 여러분이 저를 잘 따라오는지 확인하고 싶습니다. 또한 신약의 다른 부분에서도 이와 동일한 이야기, 즉 이방인도 선택받은 이스라엘의 일부가 될 수 있다는 사실을 말하고 있음을 보여드리고 싶습니다.

에베소서 2장 11절 이하에 보다 명확하게 나와 있습니다.

> 그러므로 생각하라 너희는 그 때에 육체로는 이방인이요 손으로 육체에 행한 "할례를 받은 무리"라 칭하는 자들로부터 "할례를 받지 않은 무리"라 칭함을 받는 자들이라 〔주의하십시오! '할례를 받은 무리' 란 유대인을 말합니다. 유대인이되 진정한 유대인은 아닌 사람들에 대해 언급한 로마서 2장 25절 이하의 내용과 동일합니다〕. 그 때에 너희는 그리스도〔=유대인의 메시아〕 밖에 있었고 이스라엘 나라 밖의 사람이라 약속의 언약들에 대하여는 외인이요 세상에서 소망이 없고 하나님도 없는 자이더니, 이제는 전에 멀리 있던 너희가 그리스도 예수 안에서 그리스도의 피로 가까워졌느니라 … 그러므로 이제부터 너희는 외인도 아니요 나그네도 아니요 오직 성도들과 동일한 시민이요 하나님의 권속이라(엡 2:11-13, 19).

바울이 어떤 생각을 하고 있는지 여기서 알 수 있습니다. 그리스도와 연결된다면, 이방인도 "이스라엘 나라"의 일원이 될 수 있습니다(12절). 이방인이 '진짜 유대인' 이 되는 것입니다.

그런데 로마서 2장 28-29절에서는 바울이 이것을 어떤 식으로 설명하며 변론하고 있습니까? 이 두 구절이 특히 놀라운 이유는 어떻게 이방인이 "율법의 규례를 지키고"(26절), "율법을 온전히 지키는 것[fulfilling]"(27절, 단순히 지킨다[keeping]는 말보다 훨씬 엄격한 표현입니다)으로 진짜 유대인이 되는지에 대해 설명하고 있기 때문입니다. 26절은 할례 받지 않은 유대인이 "율법을 지키면"(keeps the law) 진정한 할례자로 인정받을 것이라고 말합니다. 그리고 27절은 할례 받지 못한 이방인이 "율법을 온전히 지키면"(fulfills the law) 율법을 어긴 자들을 심판할 것이라고 말합니다.

그런 다음에는 "율법을 지키는 것" 혹은 "율법을 온전히 지키는 것"이 어떻게 한 사람을 유대인으로 만드는지 설명하고 있습니다. 28-29절에서 바울은 이렇게 대답합니다. "무릇 표면적 유대인이 유대인이 아니요 표면적 육신의 할례가 할례가 아니니라. 오직 이면적 유대인이 유대인이며 할례는 마음에 할지니 영에 있고 율법 조문에 있지 아니한 것이라 그 칭찬이 사람에게서가 아니요 다만 하나님에게서니라."

매우 놀랍습니다. 제가 놀랍다고 하는 이유는 율법을 지키는 것(율법을 온전히 지키는 것)이 어떻게 한 인간을 진정한 유대인으로 만드는지를 보여 주기 위해 바울이 애쓰고 있는데, 그에 대한 바울의 대답은 외적인 활동이 아니라 내적인 변화에 관한 것이기 때문입니다. 사실상 바울은 율법을 지키는 것이나 온전히 지키는 것이 우리를 진정한 유대인으로 만드는 이유는 그것이 주로 외적인 것이 아니라 내적인 것이기 때문이라고 말합니다. 율법의 조문을 아는 것과는 아무 상관이 없고 오히려 율법의 중심을 깨닫는 것과 상관이 있습니다. 은밀한 중에 보시는 하나님의 칭찬과 관련이 있는 것이지 모두가 보는 데서 사람에게서 받는 칭찬과 관련이 있는 것이 아닙니다(마 6:4, 6, 18). 이것이 바로 율법이 진실로 말하는 바입니다. 그렇지 않다면 바울의 주장은 앞뒤가 맞지 않는 것이 됩니다.

본문은 이렇게 말하고 있는 것입니다. "이방인이여, 여러분이 율법을 온전히 지킨다면 하나님께 진실한 할례를 받을 수 있고 진짜 유대인으로서 하나님께 속할 수 있습니다!" 이방인들이 말합니다. "정말입니까? 어떻게 그렇게 됩니까?" 이에 바울이 대답합니다. "진실로 할례를 받는 것과 진정한 유대인이 되는 것은 마음의 문제이고 성령으로 가능한 일이기 때문입니다." "율법을 온전히 지킨다"는 말이 성령으로 마음에 변화를 받고, 내면의 변화에 일치된 삶을 사는 것이라는 의미라면 그제서야 바울의 대답은 이치에 맞게 되는 것입니다.

따라서 한 사람이 진짜 유대인이 된다는 —구속받은 하나님의 진정한 백성이 된다는— 말의 핵심은 그가 율법을 온전히 지킬 경우에만, 즉 그의 마음이 성령의 할례를 받아 하나님을 사랑하게 될 때 그렇게 된다는 것입니다. 신명기 30장 6절은 이렇게 약속했습니다. "네 하나님 여호와께서 네 마음과 네 자손의 마음에 할례를 베푸사 너로 마음을 다하며 뜻을 다하여 네 하나님 여호와를 사랑하게 하사 너로 생명을 얻게 하실 것이며." 이 말씀이 바로 여기서 바울이 말하고 있는 바입니다. 그리고 이것은 우리에게 일어날 일이므로 우리가 굳이 나면서부터 유대인이어야 할 필요가 없다는 것입니다.

하지만 대다수의 유대인에게 이런 일은 일어나지 않았고, 일부 이방인에게만 이런 일이 일어났습니다. 왜 그렇습니까?

그림 그리기

이제 저는 그림을 하나 보여드리려고 합니다. 어른들뿐 아니라 어린이들도 알기 쉬운 그림으로 그려보겠습니다.

이 그림의 제일 윗부분은 하나님입니다. 하나님은 눈에 보이는 분이 아니기 때문에 글자로 '하나님' 하고 쓰겠습니다. 그림의 아랫부분에는 마음이 있습니다. 우리 인간의 마음입니다. 그리고 하나님과 사람 사이에 책 모양의 그림이 있는데, 성경, 하나님의 율법입니다. 율법의 궁극적인 목적은 우리의 마음과 하나님을 사랑하고 신뢰하고 순종하는 사적인 관계로 이어주는 것입니다. 상점 종업원이나 택배 아저씨처럼 얼굴만 아는 그런 사이를 말하는 것이 아닙니다. 깊고 개인적인 사랑의 관계, 사랑의 교제를 뜻합니다.

하지만 실제 이 책을 소유한 사람들은 그런 관계를 누리지 못했습니다. 대다수 유대인들이 이 율법을 읽고 공부하고 규례 목록을 만들어 놓고 거의 모든 규례를 지키기도 했습니다. 그러나 바울은 말하길, 유대인들은 율법을 어겼고 그래서 할례가 아무 소용이 없게 되었으며 그들에게 전혀 도움을 주지도 못했다고 했습니다(25절).

왜 그렇습니까? 이 그림에서 무언가가 빠져 있기 때문입니다. 무엇이 빠졌습니까? 29절 말씀만을 토대로 말하겠습니다. "오직 이면적 유대인이 유대인이며 할례는 마음에 할지니 영에 있고 율법 조문에 있지 아니한 것이라 그 칭찬이 사람에게서가 아니요 다만 하나님에게서니라." 바로 성령이 빠져 있습니다.

여기에 성령을 어떻게 그려 넣을까요? 성령은 눈에 보이지 않습니다. 화살표를 사용해 봅시다. 중간에 있는 율법에서 마음이 있는 곳까지 아래로 화살표를 그려 보십시오. 성령이 율법을 우리의 마음에 새겨 넣으십니다(렘 31:33, 겔 11:19-20, 36:27). 그렇게 되면 우리가 율법을 사랑하게 되고 율법은 외부에서 오는 압력이 아니라 우리의 일부가 됩니다.

이번에는 아래에 있는 마음에서 율법을 지나서 위에 있는 하나님께로 화살표를 그려 넣으십시오. 성령은 우리의 눈을 지나 마음까지 율법을 넣어주실 뿐 아니라, 율법을 지나 하나님께 이르도록 우리를 인도하시기도 합니다. 이것이 율법의 궁극적인 목표이기도 합니다. 하나님의 말씀을 통해 살아 계신 하나님과 친밀한 사랑의 관계를 누리는 것 말입니다.

방정식 쓰기

성령이 없으면 우리는 하나님의 법을 멀리 밀어내거나 우리가 감당할 만한 수준으로 바꿔 버리고 맙니다. 그 두 가지 모두 우리에게 실(失)이 되며 율법의 정죄를 받습니다. 율법을 거부하거나 나 자신의 힘으로 지키려 애쓰면 율법을 거스르는 자가 되고 맙니다. 바울은 율법에서 성령을 빼면 '조문'에 불과하다고 말합니다. 또 성경의 다른 곳에서는 "율법 조문은 죽이는 것이요 영은 살리는 것이니라"고 말합니다(고후 3:6).

이번에는 우리가 그렸던 그림 한쪽 구석에 두 가지 방정식을 적어 보겠습니다.

율법 – 성령 = 1) (할례와 같은) 외적인 종교 의식으로 전락하고 2) 율법을 계속 지키려면 사람의 칭찬이 필요해지고 3) 죽음이 됩니다. 율법이 '조문' 이 되어 결국 사람을 죽이기 때문입니다.

율법 + 성령 = 1) 내적인 마음의 할례가 이루어지고 2) 나를 인정해 주는 사람은 없으나 하나님의 칭찬으로 만족을 얻으며 3) 생명이 됩니다. 성령이 나와 하나님을 사랑 안에서 하나가 되게 하기 때문입니다.

지금까지 다룬 이 모든 것 가운데 여러분에게 말씀 드리려는 주된 핵심은 이것입니다. 진정한 유대인이 되고 싶다면 삶 속에서 성령의 사역을 구하고 귀하게 여기십시오. 우리의 구원은 성령의 사역에 달려 있습니다. 성령의 사역이란…

1) 마음에 할례를 행하여 하나님을 사랑하게 합니다(신 30:6).
2) 우리 마음에 하나님의 율법을 새깁니다(렘 31:33).
3) 사람의 칭찬을 구하는 것으로부터 우리를 자유롭게 합니다(롬 2:29).

이 모든 것이 바로 우리를 위해 피를 흘려 새로운 언약에 인을 치신 예수 그리스도가 이루신 일입니다(히 13:20).

하지만 여전히 이런 말을 하는 사람도 있습니다. "우리의 구원을 그런 식으로 생각하는 게 정말 중요한 문제입니까? 유대인이 된다느니, 아브라함의 자손이 된다느니, 마음의 할례니 하는 걱정 없이 그냥 단순한 기독교인으로 살면 안 되나요?

참 감람나무에 접붙여진 돌 감람나무 가지

로마서 11장과 다른 본문을 하나 더 살펴보면서 우리가 그렇게 생각하는 것이 왜 그토록 중요한지 여러분 스스로 판단하실 수 있게 해드리고자 합니다. 로마서 11장 17-25절에서 바울은 진짜 이스라엘을 본래의 가지가 달린 잘 가꾼 참 감람나무에 비유하고 이방인은 돌 감람나무 가지가 달린 돌 감람나무에 비유하고 있습니다. 17절부터 읽어나가면서 몇 가지 사항을 말씀드리겠습니다.

> [17] 또한 가지 얼마가〔=날 때부터 유대인인 어떤 이들이〕 꺾이었는데 돌 감람나무〔=이방인〕인 네가 그들 중에 접붙임이 되어〔=진짜 유대인이 되어, 혹은 로마서 2:26-29 말씀대로 진정한 할례를 받아〕 참 감람나무 뿌리의 진액을 함께 받는 자가 되었은즉 〔참 감람나무 뿌리는 하나님이 아브라함 및 그의 진짜 자손들과 더불어 맺으신 언약을 말합니다. 이 뿌리의 진액을 함께 받는 자가 된다는 것은 구원의 수혜자가 된다는 것을 의미하며, 아브라함 및 그 자손과 더불어 맺은 언약은 하나님이 그들의 아버지가 되고 그들은 하나님의 백성이 된다는 것입니다. 따라서 나무에 접붙임 되면 —진짜 이스라엘의 일부가 되면— 그 언약은 우리의 것이 됩니다〕.
>
> [18] 〔너희 이방인들아〕 그 가지들〔태생적 유대인들〕을 향하여 자랑하

지 말라. 자랑할지라도 네가 뿌리를 보전하는 것이 아니요 뿌리가 너를 보전하는 것이니라. 〔기독교가 모체고 유대교가 여기서 파생된 것이라고 잘못 생각하고 왜곡할 때가 얼마나 많은지 모릅니다. 사실상 유대교가 모체이고 기독교가 여기서 파생되었습니다. 우리의 생명과 소망과 구원은 이스라엘과 맺은 언약을 지키시는 하나님께 달려 있습니다. "뿌리가 너를 보전하는 것이니라." 그 반대로 생각하면 안 됩니다.〕

[19] 그러면 네 〔이방인〕 말이 가지들이 꺾인 것은 나로 접붙임을 받게 하려 함이라 하리니 [20] 옳도다 그들은 믿지 아니하므로 꺾이고 〔따라서 2:26-27 말씀으로 보면 우리를 유대인으로 만드는 것은 믿음입니다. 즉 율법의 본질은 믿음으로 율법을 지키는 것입니다〕 너는 믿으므로 섰느니라. 〔바울이 갈라디아서 3:7에서 "믿음으로 말미암은 자들은 아브라함의 자손인 줄 알지어다"라고 말했듯이, 메시아이신 예수 그리스도를 믿을 때 우리의 하나님이 되신다고 하신 언약의 풍성한 뿌리 속으로 들어가게 됩니다. 우리는 오직 믿음으로만 설 수 있습니다. 그것이 진정한 유대인이 된다는 것의 핵심이며 하나님의 이스라엘의 일원이 된다는 것의 핵심입니다.〕 그 높은 마음을 품지 말고 도리어 두려워하라. [21] 하나님이 원 가지들도 아끼지 아니하셨은즉 〔유대인들도 믿음이 없어서 가지에서 꺾여 정죄를 받았으니〕 너도 아끼지 아니하시리라 〔성령으로 마음이 변화되지 않은 채 참 감람나무에 매달려 있기에만 힘쓴다면 진정한 유대인이 된다는 의미를 착각했던 유대인들과 똑같이 되고 말 것입니다〕.

[22] 그러므로 하나님의 인자하심과 준엄하심을 보라 넘어지는 자들
에게는 〔마음에 할례받지 못한 진짜가 아닌 유대인에게는〕 준엄하심이
있으니 너희가 〔그리스도에 대한 믿음과 하나님의 성령을 소유한 이방
인이〕 만일 하나님의 인자하심에 머물러 있으면 〔즉 성령의 능력으로
계속 믿음 안에 있으면〕 그 인자가 너희에게 있으리라. 그렇지 않으면
너도 찍히는 바 되리라 〔성령의 일하심에 따른 마음의 할례를 받아 하
나님을 사랑하는 일 없이, 그저 외적이거나 외식으로만 생명나무에 붙
어 있는 그리스도인이 얼마나 많은지 모릅니다〕. [23] 그들도 〔꺾여버린
유대인들도〕 믿지 아니하는 데 머무르지 아니하면 접붙임을 받으리
니 이는 그들을 접붙이실 능력이 하나님께 있음이라. [24] 네가 원 돌
감람나무에서 찍힘을 받고 본성을 거슬러 좋은 감람나무에 접붙임
을 받았으니 원 가지인 이 사람들이야 얼마나 더 자기 감람나무에
접붙이심을 받으랴? [25] 형제들아 너희가 스스로 지혜 있다 하면서
이 신비를 너희가 모르기를 내가 원하지 아니하노니 이 신비는 이방
인의 충만한 수가 들어오기까지 이스라엘의 더러는 우둔하게 된 것
이라 [26] 그리하여〔=그러므로〕 온 이스라엘이 구원을 받으리라.

여러분에게 참 유대인이 되는 것이 중요합니까? 구원하시는 하나님의 모든 축복은 참 감람나무의 뿌리를 통해 온 세상에 임하고, 아브라함과 이삭과 야곱과 더불어 맺은 하나님의 언약도 그렇게 임합니다. 이스라엘 밖에서는 아무런 구원이 없습니다. 바울이 로마에 있는 이방인 교회에 이 편지를 쓴 데는 그런 이유가 있습니다. 저 역시 여러분에게 이 말씀을 전하는 데는 그런 이

유가 있습니다. 저는 여러분이 참 감람나무에 접붙임 받고, 믿음에 굳게 서며, 하나님 언약의 풍성한 뿌리에서 마시고, 구원을 받기 바랍니다. 그러므로 하나님의 인자하심과 준엄하심을 생각하고(롬 11:20) 그분의 인자하심에 머물게 되길 바랍니다.

같은 주제를 다루는 관련 본문

그의 아들 이스마엘이 그의 포피를 벤 때는 십삼 세였더라. 그 날에 아브라함과 그 아들 이스마엘이 할례를 받았고(창 17:25-26).

그들이 나를 거스른 잘못으로 자기의 죄악과 그들의 조상의 죄악을 자복하고 또 그들이 내게 대항하므로 나도 그들에게 대항하여 내가 그들을 그들의 원수들의 땅으로 끌어갔음을 깨닫고 그 할례 받지 아니한 그들의 마음이 낮아져서 그들의 죄악의 형벌을 기쁘게 받으면 내가 야곱과 맺은 내 언약과 이삭과 맺은 내 언약을 기억하며 아브라함과 맺은 내 언약을 기억하고 그 땅을 기억하리라(레 26:40-42).

하늘과 모든 하늘의 하늘과 땅과 그 위의 만물은 본래 네 하나님 여호와께 속한 것이로되 여호와께서 오직 네 조상들을 기뻐하시고 그들을 사랑하사 그들의 후손인 너희를 만민 중에서 택하셨음이 오늘과 같으니라. 그러므로 너희는 마음에 할례를 행하고 다시는 목을 곧게 하지 말라. 너희의 하나님 여호와는 신 가운데 신이시며 주 가운데 주시요 크고 능하시며 두려우신 하나님이시라 사람을 외모로 보지 아니하시며 뇌물을 받지 아니하시고(신 10:14-17).

유다인과 예루살렘 주민들아 너희는 스스로 할례를 행하여 너희 마음 가죽을 베고 나 여호와께 속하라 그리하지 아니하면 너희 악행으로 말미암아 나의 분노가 불 같이 일어나 사르리니 그것을 끌 자가 없으리라(렘 4:4).

여호와께서 이와 같이 말씀하시되 "지혜로운 자는 그의 지혜를 자랑하지 말라. 용사는 그의 용맹을 자랑하지 말라 부자는 그의 부함을 자랑하지 말라. 자랑하는 자는 이것으로 자랑할지니 곧 명철하여 나를 아는 것과 나 여호와는 사랑과 정의와 공의를 땅에 행하는 자인 줄 깨닫는 것이라. 나는 이 일을 기뻐하노라. 여호와의 말씀이니라. 여호와의 말씀이니라. 보라 날이 이르면 할례 받은 자와 할례 받지 못한 자를 내가 다 벌하리니 할례를 받았어도 곧 애굽과 유다와 에돔과 암몬 자손과 모압과 및 광야에 살면서 살쩍을 깎은 자들에게라. 무릇 모든 민족은 할례를 받지 못하였고 이스라엘은 마음에 할례를 받지 못하였느니라 하셨느니라(렘 9:23-26).

예수께서 들으시고 놀랍게 여겨 따르는 자들에게 이르시되 내가 진실로 너희에게 이르노니 이스라엘 중 아무에게서도 이만한 믿음을 보지 못하였노라. 또 너희에게 이르노니 동 서로부터 많은 사람이 이르러 아브라함과 이삭과 야곱과 함께 천국에 앉으려니와 그 나라의 본 자손들은 바깥 어두운 데 쫓겨나 거기서 울며 이를 갈게 되리라(마 8:10-12).

가나안 여자 하나가 그 지경에서 나와서 소리 질러 이르되 주 다윗의 자손이여 나를 불쌍히 여기소서. 내 딸이 흉악하게 귀신 들렸나이다 하되 예수는 한 말씀도 대답하지 아니하시니 제자들이 와서 청하여 말하되 그 여자가 우리 뒤에서 소리를 지르오니 그를 보내소서. 예수께서 대답하여 이르시되 나는 이스라엘 집의 잃어버린 양 외에는 다른 데로 보내심을 받지 아니하였노라 하시니 여자가 와서 예수께 절하며 이르되 주여 저를 도우소서. 대답하여 이르시되 자녀의 떡을 취하여 개들에게 던짐이 마땅하지 아니하니라. 여자가 이르되 주여 옳소이다마는 개들도 제 주인의 상에서 떨어지는 부스러기를 먹나이다 하니. 이에 예수께서 대답하여 이르시되 여자여 네 믿음이 크도다 네 소원대로 되리라 하시니 그 때로부터 그의 딸이 나으니라(마 15:22-28).

그러나 하나님의 말씀이 폐하여진 것 같지 않도다. 이스라엘에게서 난 그들이 다 이스라엘이 아니요, 또한 아브라함의 씨가 다 그의 자녀가 아니라. 오직 이삭으로부터 난 자라야 네 씨라 불리리라 하셨으니 곧 육신의 자녀가 하나님의 자녀가 아니요 오직 약속의 자녀가 씨로 여기심을 받느니라(롬 9:6-8).

할례 받는 것도 아무 것도 아니요 할례 받지 아니하는 것도 아무 것도 아니로되 오직 하나님의 계명을 지킬 따름이니라(고전 7:19).

그리스도 예수 안에서는 할례나 무할례나 효력이 없으되 사랑으로 써 역사하는 믿음뿐이니라(갈 5:6).

할례나 무할례가 아무 것도 아니로되 오직 새로 지으심을 받는 것만이 중요하니라(갈 6:15).

끝으로 나의 형제들아 주 안에서 기뻐하라. 너희에게 같은 말을 쓰는 것이 내게는 수고로움이 없고 너희에게는 안전하니라. 개들을 삼가고 행악하는 자들을 삼가고 몸을 상해하는 일을 삼가라. 하나님의 성령으로 봉사하며 그리스도 예수로 자랑하고 육체를 신뢰하지 아니하는 우리가 곧 할례파라(빌 3:1-3).

또 그 안에서 너희가 손으로 하지 아니한 할례를 받았으니 곧 육의 몸을 벗는 것이요 그리스도의 할례니라(골 2:11).

보라 사탄의 회당 곧 자칭 유대인이라 하나 그렇지 아니하고 거짓말 하는 자들 중에서 몇을 네게 주어 그들로 와서 네 발 앞에 절하게 하고 내가 너를 사랑하는 줄을 알게 하리라(계 3:9).

내가 네 환난과 궁핍을 알거니와 실상은 네가 부요한 자니라. 자칭 유대인이라 하는 자들의 비방도 알거니와 실상은 유대인이 아니요 사탄의 회당이라(계 2:9).

37장

사람은 다 거짓되나 하나님은 참되시다

로마서 3:1-8

그런즉 유대인의 나음이 무엇이며 할례의 유익이 무엇이냐? 범사에 많으니 우선은 그들이 하나님의 말씀을 맡았음이니라. 어떤 자들이 믿지 아니하였으면 어찌하리요? 그 믿지 아니함이 하나님의 미쁘심을 폐하겠느냐? 그럴 수 없느니라. 사람은 다 거짓되되 오직 하나님은 참되시다 할지어다. 기록된 바 주께서 주의 말씀에 의롭다 함을 얻으시고 판단 받으실 때에 이기려 하심이라 함과 같으니라. 그러나 우리 불의가 하나님의 의를 드러나게 하면 무슨 말 하리요 〔내가 사람의 말하는 대로 말하노니〕 진노를 내리시는 하나님이 불의하시냐? 결코 그렇지 아니하니라. 만일 그러하면 하나님께서 어찌 세상을 심판하시리요? 그러나 나의 거짓말로 하나님의 참되심이 더 풍성하여 그의 영광이 되었다면 어찌 내가 죄인처럼 심판을 받으리요? 또는 그러면 선을 이루기 위하여 악을 행하자 하지 않겠느냐? 어떤 이들이 이렇게 비방하여 우리가 이런 말을 한다고 하니 그들은 정죄 받는 것이 마땅하니라. _롬 3:1-8

정죄 받아 마땅한 그들

오늘 본문의 마지막 구절은 "그들은 정죄 받는 것이 마땅하니라" 입니다. 누구에 대한 정죄가 마땅하다는 말인지는 앞으로 살펴보겠습니다. 뿐만 아니라 그것이 마땅한 이유도 살펴보겠습니다. 이것은 여러분과 저에게도 무척 관련이 깊은 내용입니다. 이 세상에는 장차 심판이 임할 것이기 때문입니다. 6절 말씀에 언급되어 있습니다. "만일 그러하면 하나님께서 어찌 세상을 심판하시리요?" 하나님이 세상을 심판하실 것입니다. 그리고 어떤 이들은 정죄를 받을 것이며 정죄를 받아 마땅합니다. 그들은 누구일까요? 그리고 성령의 감동을 입은 바울 사도의 무시무시한 선고가 담긴 이 말씀 속에서 그들은 무슨 일을 했을까요? 오늘 우리가 이 본문을 다루는 동안 하나님과 그분의 말씀을 귀기울여 들을 뿐 아니라 결코 무시하지 않도록 교훈을 얻게 되길 바랍니다.

바울은 3장을 시작하기 전, 로마서 2장 25절에서 하나님의 법을 따르지 않는 유대인은 그의 "할례가 무할례가 된다"고 주장한 바 있습니다. 즉 유대인이 이방인과 다를 바 없다는 말입니다. 그뿐 아니라 2장 27절에서는 하나님의 법을 따르는 이방인이 마지막 날에 율법을 한낱 조문으로 취급하고 성령으로 내적 변화를 이루지 않은 유대인을 심판하는 자리에 설 것이라고 말했습니다. 바울은 이방인뿐 아니라 유대인도 모두 죄의 권세 아래 있고 생명을 주는 복음이 필요하다는 사실을 쉽게 설명하기 위해 이 모든 내용을 언급하고 있습니다. 그래서 바울은 하나님의 의의 선물인 복음에 관해 설교했습니다(1:16-17). 복음의 선물이란, 우리가 오늘 이 자리에 얼마나 많은 죄를 안고 왔든지 상관없이(유대인이든 이방인이든) 그리스도를 믿고 그분의 죽음과 부활을 신뢰하기만 하면 하나님과 화목할 수 있음을 말합니다. 지금까지 로마서에서 다룬 요점을 정리하면, 유대인과 이방인 모두 똑같이 복음을 필요로 하며 하나님의 아들을 믿는 사람에게는 하나님께서 그분의 의를 값없이 주신다는 것입니다.

하지만 로마서 3장 1-3절에서 바울은 다소 방향을 선회하고 있습니다. 그는 앞에서 매우 도발적이고 논란을 불러일으킬 만한 이야기를 꺼냈습니다. 즉 어떤 유대인들은 진정한 유대인이 아니며 어떤 이방인들은 할례를 받지 않았다 하더라도 진정한 유대인이 될 수 있다는 것이었습니다. 문제는 이러한 언급이 하나님의 선민으로서 이스라엘의 특별한 위치에 의문을 제기하는 것처럼 보인다는 점입니다. 그렇게 되면 구약 전체에 의문을 제기하는 것으로 받아들여질 수 있습니다. 만일 바울의 복음이 정말로 그런 의문을 제기하는 거라면, 복음은 제대로 서지 못하게 됩니다.

유대인에게는 어떤 유익이 있는가?

그래서 바울은 —가상의 이의 제기자를 통해— 1절에서 질문을 던집니다. "그런즉 유대인의 나음이 무엇이며 할례의 유익이 무엇이냐?" 이미 살펴보았듯이, 바울은 앞에서 유대인이 이방인의 심판을 받고 멸망할 수 있으며 이방인은 메시아에 대한 믿음으로 마음이 변화되어 진정한 유대인이 될 수 있다고 말했습니다. 그렇다면 유대인에게 무슨 유익이 있을까요? 엄청난 특혜를 누리는 하나님의 선민으로서 유대인에게 기반을 둔 구약의 전체 구조에 대해 바울이 의문을 제기하는 것이 아닙니까?

바울은 2절에서 유대인이 되는 것에는 많은 유익이 있다고 답합니다. "범사에 많으니." 그런 다음 그 구체적인 목록을 열거하려다가(2절 후반) 한 가지만 언급합니다. "우선은 그들이 하나님의 말씀을 맡았음이니라." 바울은 여기서 멈춥니다. 나머지 목록은 나중에 마저 끝낼 생각이기 때문입니다(9:4-5). 실제로 그리스도의 사역 안에서 하나님이 이스라엘과 맺은 언약에 신실하신가에 관한 전반적인 문제는 로마서 9-11장에서 다루고 있습니다. 그래서 로마서 3장 1-8절은 로마서 9장에 이르기 전, 제기되는 비판을 비껴가기 위해 잠시 돌아가는 길인 셈입니다. 9장에서 바울은 나머지 목록을 다음과 같이 마무리 짓습니다. "그들은 이스라엘 사람이라. 그들에게는 양자됨과 영광과 언약들과 율법을 세우신 것과 예배와 약속들이 있고 조상들도 그들의 것이요 육신으로 하면 그리스도가 그들에게서 나셨으니 그는 만물 위에 계셔서 세세에 찬양을 받으실 하나님이시니라. 아멘"(9:4-5).

여기서는 한 가지 유익을 언급합니다. 그들이 구약 성경 39권에 담긴 하나님의 말씀을 맡았다고 말합니다. 그런 다음 가상의 이의 제기자를 통해, 자신이 답변할 한 가지 질문을 던집니다. "좋습니다, 바울 선생. 당신은 이스라엘이 하나님의 계획 안에서 특별한 선택의 자리를 차지하고 있다고 말합니다. 그러면서도 유대인이 믿지 않음으로 멸망하고 심지어 이방인의 심판을 받을 거라고 말씀하시는군요. 모호한 말로 들립니다. 어느 것이 맞습니까? 유대인은 언약 때문에 안전하다는 건가요, 아니면 유대인도 믿음이 없으면 심판을 받는다는 말인가요? 이 둘 중 어느 쪽입니까?" 그들은 둘 중 어느 하나만 답이어야 한다고 보았습니다.

하나님은 거짓되지 않으시며 미쁘시다

바울은 3절에서 답합니다. "어떤 자들이 믿지 아니하였으면 어찌 하리요? 그 믿지 아니함이 하나님의 미쁘심[faithfulness]을 폐하겠느냐?" 다시 말해, 바울은 어떤 유대인들이 믿지 않아서 멸망한다면 하나님이 신실하지(미쁘지) 않으신 거라는 가정을 거부하고 있습니다. 4절입니다. "그럴 수 없느니라!" 하나님이 신실하지 않다는 것은 생각조차 할 수 없습니다. 사실, (3절 말씀처럼) 단지 "어떤 자"만 믿지 않는다는 것도 생각할 수 없을 뿐 아니라, 모든 사람이 하나님 앞에 잘못한 게 드러나서 하나님께서 그들 모두를 심판하신다 하더라도 하나님이 그분의 영광과 언약에 진실하지 않으신 것도 아닙니다. 4절 중반입니다. "사람은 다 거짓되되 오직 하나님은 참되시다 할지어다." (더 자세한 내용은 다음 주에 보겠습니다. 온 우주의 중심이자 최고의 자리에 계시는 하나님을 묘사하는 참으로 놀라운 말씀입니다.)

그런 다음 모든 죄인뿐 아니라 유대인까지 심판하신다고 해도, 하나님은 거짓되지도 미쁘지 않으신 것도 아니라는 말을 뒷받침하기 위해 바울은 시편 51편 4절 말씀을 인용합니다. 시편 51편 말씀은 다윗 왕이 밧세바와 간음을 저지른 후에 고백한 내용이 담긴 시임을 기억하시기 바랍니다. 시에서 다윗이 무슨 말을 했는지 보십시오. 그는 하나님께 이렇게 말하고 있습니다. "내가 주께만 범죄하여 주의 목전에 악을 행하였사오니 주께서 말씀하실 때에 의로우시다 하고 주께서 심판하실 때에 순전하시다 하리이다"(51:4). 다시 말해, 하나님이 그를 심판하시는 것이 마땅한 이유는 그가 하나님께 죄를 지었기 때문이라고 다윗은 말합니다. 다윗의 죄가 다윗에 대한 하나님의 심판을 의롭게 만듭니다. 이것은 하나님의 본성과도 맞는 일이며 하나님의 영광에도 맞는 일입니다. 그러므로 하나님의 의는 하나님의 언약에도 어긋나지 않습니다.

지금 바울은 어떤 유대인 또는 모든 인간이 하나님을 믿지 않고 거짓되다 하더라도 하나님은 거짓되거나 미쁘지 않으신 것이 아니라는 그의 주장을 뒷받침하기 위해 이 시편 말씀을 인용하고 있습니다. 그러므로 이렇게 읽을 수 있습니다. "어떤 유대인이 믿지 않는다고 해서 하나님이 미쁘지 않으신 게 아닙니다. 심지어 모든 인간이 하나님 앞에 거짓이 드러나서 심판을 받는다고 해도 하나님은 여전히 참되고 미쁘십니다. 왜 그렇습니까? 다윗이 자기 입으로 하나님이 그를 심판하시는 것이 마땅한 이유는 자신이 죄를 저질렀기 때문이라고 고백했기 때문입니다." 다윗은 자신이 유대인이기 때문에 심판을 면할 수 있다고 주장하지 않았습니다. 다윗은 이렇게 말했습니다. "내가 주께만 범죄하여 … 주께서 말씀하실 때에 의로우시다 하고 주께서 심판하실 때에 순전하시다 하리이다"(바울은 4절 후반에 다윗의 말을 그대로 인용하고 있습니다).

따라서 지금까지 바울이 대답한 바는 이러합니다. "그렇습니다. 유대인에게는 큰 유익이 있습니다. 하나님의 말씀을 맡았다는 것만 보아도 알 수 있듯 말입니다. 하지만 그들도 믿지 않으면 심판을 받습니다. 그렇다고 해서 하나님의 신실하심이나 진실하심, 의로우심에 문제가 제기되지는 않습니다. 오히려 하나님의 심판을 받는 이들의 죄(다윗의 죄와 같이)가 심판하시는 하나님의 무고함을 증거합니다. 이스라엘의 죄가 심판하시는 하나님의 의를 극대화하는 증거 그 자체가 됩니다.

그러면 이렇게 생각하는 사람도 있을 것입니다. "바울 선생, 이제 그 이야기는 여기까지만 하시지요. 할 말은 다 하셨지 않습니까? 다시 원래 가려던 길로 돌아가서 9절 말씀을 다뤄주시지요. 모든 사람이 죄인이라서 복음이 필요하다는 말씀 말입니다. 이제 슬슬 내 마음이 멀어지려고 합니다. 너무 버겁군요. 로마 교회에는 어린 아이들도 있고 선생의 이야기를 듣기가 힘겨운 순박한 교인들이 있다는 사실을 잊으셨습니까?"

하지만 분명 바울은 그런 것들을 고려해 여기서 그만둘 생각이 없습니다. (이 부분에 대해서는 다음 주에 말씀드리겠습니다!) 계속 이런 반대 질문에 답하고 있습니다. 바울은 지금껏 이런 주제를 놓고 유대인과 이방인들과 수 없이 논쟁을 벌여왔기 때문에 이 시점에서 사람들이 무슨 말을 할지 잘 알고 있고 또 이에 관해 간단하게나마 일일이 답해 주려고 하는 것입니다. 일반적으로 사람들이 말하는 내용은 —매우 놀라운 사실입니다만— 하나님이 스스로 너무 심한 모순에 빠져 있다는 것입니다. 말도 안 되는 이야기 같지만 실제로 사람들은 자신이 오랫동안 지켜온 믿음이 산산조각났다고 생각할 때 이렇게 극단적인 생각을 하게 됩니다.

요컨대 그들은 이렇게 말하고 있습니다. "만일 우리의 죄와(다윗의 죄처럼) 우리의 불의가 우리를 심판하시는 하나님의 의로우심을 드러내고 더 크게 한다면, 우리는 죄의 도구가 아니라 하나님의 의를 드러내는 영광의 도구입니다. 따라서 하나님이 우리를 정죄하신다면 그분이 의롭지 않은 것이 됩니다. 심판하시는 하나님의 의의 영광을 더 드러낸다는 바로 그 사실 때문에 우리를 정죄하는 셈이 되는 것이니까요." 말장난 같이 들리지 않습니까? 맞습니다. 핵심을 제대로 파악하지 못해서 그런 식으로 말장난이 시작된 것입니다. 5절에서 바울은 그에게 이의를 제기하는 사람들의 반박을 표현하고 있습니다. "그러나 〔다윗의 죄 같은〕 우리 불의가 〔우리를 심판하시는〕 하나님의 의를 드러나게 하면 무슨 말하리요? 〔내가 사람의 말하는 대로 말하노니〕〔바울은 다소 당황스럽다는 듯 이렇게 덧붙이고 있습니다. 그리고 바울의 말이 옳다면 거기에 이의를 제기하는 사람들이 했을 말을 이어서 언급합니다〕 진노를 내리시는 하나님이 불의하시냐?" 이에 대해 6절에서 답하고 있습니다. "결코 그렇지 아니하니라!" 그렇습니다. 우리의 죄가 우리를 심판하시는 하나님의 의를 더 크게 한다고 하더라도 우리에게 진노를 내리시는 하나님은 불의하지 않으십니다. 그렇게 생각하는 사람들이 잘못입니다.

(아마 바울은 이렇게 말할 것입니다) "이런 식으로 (우리를 심판하시는 하나님이 불의하시다고) 주장하게 되면, 여러분의 믿음에 반하는 3가지 모순에 부딪히고 맙니다. 첫째, 하나님이 그분의 의

를 더 크게 하는 사람들을 심판하시는 것은 옳지 않은 일이 아닙니다. (바울은 6절 후반에서 이렇게 말합니다). '만일 그러하면 하나님께서 어찌 세상을 심판하시리요?' 다시 말해 여러분은 하나님이 세상을 심판하실 거라는 믿음을 소중히 간직하고 있습니다. 그 사실은 분명히 믿습니다. 하지만 여러분의 궤변이 옳다면 하나님은 세상을 심판하실 수 없습니다. 사람들의 죄가 하나님의 의를 더 크게 드러내는데 사람들을 심판하실 수 없는 것이지요. 여러분은 하나님이 세상을 심판하시리라는 사실을 잘 알고 있을 뿐 아니라 그 심판을 통해 하나님의 의가 더욱 크게 드러날 것도 알고 있습니다. 그것이 여러분의 첫 번째 모순입니다."

둘째, 바울은 그 자신을 예로 들어 생각해 보라고 말합니다. "여러분은 내가 지금 거짓말을 한다고 생각하겠지요. 내가 죄를 짓고 있다고 생각할 겁니다. 그러면 하나님이 지금 나를 심판하신다면 어떨까요? 그분은 의로우신 겁니까? 아니면 진리에 대한 나의 거짓말로 하나님의 영광스러움이 더 드러났는데, 오히려 하나님이 나를 정죄하신다면 그 하나님이 공의롭지 못한 분이 되는 것일까요?" 이것이 7절 전반부의 핵심입니다. "그러나 나의 거짓말로 하나님의 참되심이 더 풍성하여 그의 영광이 되었다면 어찌 내가 죄인처럼 심판을 받으리요?" "여러분이 말장난을 하다 빠져 버린 두 번째 함정입니다. 나의 죄가 심판 받음으로 하나님의 영광을 더한다 한들 나는 죄인이고 나를 심판하는 하나님은 의롭다고 여러분은 생각할 것입니다. 그러니 여러분은 지금 자기 주장과 맞지 않는 상황에 빠진 겁니다."

셋째로 "여러분의 이치에 맞지 않는 입장(자신들의 죄로 하나님의 의를 더 크게 한 사람들을 하나님이 심판하실 수 없다는 입장)에 근거한다면 우리는 마음대로 죄를 지어도 됩니다. 여러분이 주장하는 바의 핵심은 우리의 죄가 심판 때에 하나님의 의를 영화롭게 하기 때문에 실상 우리는 죄인이 아니라 하나님을 영화롭게 하는 자들이고 따라서 하나님의 진노에서 안전하다는 것입니다." 8절입니다. "그러면 〔사람들이 우리에게 악의를 품고 말하듯, 그리고 우리가 그런 식으로 말한다며 사람들이 주장하듯〕 선을 이루기 위하여 악을 행하자 하지 않겠느냐?" 이런 류의 혼란스럽고 간사한 궤변 신학과 말장난을 향해 바울은 이렇게 말합니다. "그들은 정죄 받는 것이 마땅하니라."

하나님의 말씀이 모순되는 것처럼 보일 때

유대인 및 이방인에 대한 정죄 그리고 하나님의 공의, 이 두 가지는 서로 모순되지 않습니다. 우리는 바로 그 사실에서 시작했습니다. 정죄 받는 것이 마땅한 그들은 누구입니까? 하나님의 말씀을 가지고 장난하는 사람들입니다. 보다 구체적으로 말하면, 그들은 하나님의 말씀에 담긴 두 가지 진실된 것을 보면서 그것을 받아들이지 못하고 거부하는 사람들입니다. 그 한 가지는 하나님은 신실하시고 하나님은 의로우시며 하나님은 진실하다는 사실이고, 또 다른 하나는 하나님이 택한 백성을 심판하시고 이방인들과 더불어 정죄하신다는 사실입니다. 그들의 눈에는 서로 조합될 수 없는 두 가지 사실입니다. 정말 그게 맞다면 유대인에게 무슨 유익이 있다는 말입니까? 그래서 그들은 그 두 가지 사실 중 하나는 거부하려고 애씁니다. 그리고 그 결과는 교묘한 논리와 말장난이라는 궤변입니다. 바울은 여기에 대해서도 이렇게 말합니다. "그들은 정죄 받는 것이 마땅하니라."

그러므로 여러분께 이렇게 권고하며 마무리 지으려고 합니다. 성경을 가지고 장난하려 하지 마십시오. 하나님의 말씀을 다룰 때는 최대한 조심해야 합니다. 그리고 두 가지 사실이 서로 조합되지 않는 듯이 보일 때는 잠시 기다리면서 기도하고 공부하며 하나님을 구하십시오. 때가 되면 이해가 될 것입니다.

38장

어려운 본문에 영감을 주신 이유

로마서 3:1-8

그런즉 유대인의 나음이 무엇이며 할례의 유익이 무엇이냐? 범사에 많으니 우선은 그들이 하나님의 말씀을 맡았음이니라. 어떤 자들이 믿지 아니하였으면 어찌하리요? 그 믿지 아니함이 하나님의 미쁘심을 폐하겠느냐? 그럴 수 없느니라. 사람은 다 거짓되되 오직 하나님은 참되시다 할지어다. 기록된 바 주께서 주의 말씀에 의롭다 함을 얻으시고 판단 받으실 때에 이기려 하심이라 함과 같으니라. 그러나 우리 불의가 하나님의 의를 드러나게 하면 무슨 말 하리요 [내가 사람의 말하는 대로 말하노니] 진노를 내리시는 하나님이 불의하시냐? 결코 그렇지 아니하니라. 만일 그러하면 하나님께서 어찌 세상을 심판하시리요? 그러나 나의 거짓말로 하나님의 참되심이 더 풍성하여 그의 영광이 되었다면 어찌 내가 죄인처럼 심판을 받으리요? 또는 그러면 선을 이루기 위하여 악을 행하자 하지 않겠느냐? 어떤 이들이 이렇게 비방하여 우리가 이런 말을 한다고 하니 그들은 정죄 받는 것이 마땅하니라. _롬 3:1-8

지난 주에는 본문을 설명하면서 바울의 논증이 어떤 식으로 흘러가는지 살펴보았습니다. 바울의 머리 속으로 들어가 그의 생각을 좇아가려고 애를 써보았습니다. 바울의 말 이면에 담긴 이의 제기자들의 말도 들어 보고 그가 어떻게 답변하는지도 들었습니다. 그리고 이 단락이 로마서 전체의 목표와 어떻게 조화를 이루는지도 살펴보았습니다. 따라서 오늘은 그것에 관해 다시 반복하지 않겠습니다.

대신 지금까지 로마서를 공부하면서 아직 다루지 못한 부분을 살펴보려고 합니다. 본문에서 잠시 한 발짝 물러나 질문을 던져 봅니다. 하나님이 우리에게 한권의 책(a Book)과 로마서 같은 본문을 주시고 그 위에 교회를 세우셨다는 사실이 우리의 삶과 문화와 역사와 예배에 던지는 의미는 무엇입니까?

책을 통해 기독교가 선포됨

다시 말해, 기독교가 단순히 예수님에 대한 믿음을 통한 죄에서의 구원을 선포할 뿐 아니라 성경이라는 한 권의 책 위에(그 성경 중에서도 로마서 같은 책과 특히 로마서 3장 1-8절 같은 본문 위에) 기독교의 메시지와 사역과 선교의 기틀을 놓았다는 사실이 이 세상에 어떤 메시지를 주고 있습니까? 하나님께서 바울에게 영감을 주어 로마서 3장 1-8절과 같은 구절을 지금과 같은 방식으로 기록하게 하셨을 때 과연 세상에 미친 개인적, 문화적, 역사적 파급 효과는 무엇이었습니까?

이렇게 질문하는 분이 계실 겁니다. "왜 여기서 그런 질문을 하십니까? 로마서의 다른 구절이나 성경의 다른 책에서 질문해도 되는 문제 아닙니까? 무엇 때문에 난데없이 여기서 그런 질문을 하시나요?" 두 가지로 답할 수 있습니다. 첫째, 본문은 로마서에 나오는 다른 어떤 구절보다도 다루기 힘든 구절이라는 사실입니다. 본문에서는 사고의 흐름을 따라가기가 매우 힘듭니다. 저는 40여 년 전 런던의 유명한 설교가 마틴 로이드 존스가 본문에 대해 설교했던 말씀을 들어보았습니다. 로이드 존스는 설교를 시작할 즈음에 본문이 로마서뿐 아니라 성경 전체에서 가장 어려운 구절 중 한 곳이라고 언급했습니다.

저는 바울이 여기서 말하려고 하는 바가 무엇인지 가늠하느라 얼마나 씨름했는지 모릅니다. 하나님이 제게 깨달음의 빛을 주셔서 실수하지 않도록 지켜 주시라고 간절히 기도하면서, 이렇게 간구할 수밖에 없었습니다. "하나님, 이렇게 어려운 단락을 당신의 말씀 속에 넣으신 뜻이 무엇입니까? 여기서 제가 깨달을 것은 무엇인가요?" 이렇게 말하는 사람이 있을 것입니다. "어려운 건 우리의 문제지 하나님의 문제가 아닙니다. 우리가 충분히 영적이고 순종하고자 한다면 하나님의 말씀이 그렇게까지 어렵게 느껴지지 않을 겁니다(여기까지는 맞는 말입니다)." 하지만 여러분 반드시 기억하십시오. 베드로 사도는 그의 두 번째 서신에서 이렇게 말했습니다. "우리가 사랑하는 형제 바울도 그 받은 지혜대로 〔오류투성이 지식이 아니라 하나님이 주신 지혜로〕 너희에게 이같이 썼고, 또 그 모든 편지에도 이런 일에 관하여 말하였으되 그 중에 알기 어려운 것이 더러 있으니 무식한 자들과 굳세지 못한 자들이 다른 성경과 같이 그것도 억지로 풀다가 스스로 멸망에 이르느니라"(벧후 3:15-16).

단순하면서도 명백한 네 가지 사실에 주목하시기 바랍니다. 1)

바울은 "그 받은" 지혜로 글을 썼습니다. 베드로는 그 지혜를 하나님이 주셨다고 말합니다(고린도전서 2:14의 내용과도 동일합니다). 2) 그래서 베드로는 바울의 글이 "다른 성경"의 범주에 들어간다고 말합니다. 사도들의 글도 영감으로 기록된 구약성경과 같은 범주에 들어갑니다. 3) 그럼에도 불구하고 바울이 쓴 글 중에는 "알기 어려운 것"이 있습니다. (모든 것에 완전하신, 그래서) 완전한 소통자인 하나님은 성경 저자들에게 무엇을 쓸지 인도하실 때 모든 것을 다 쉽게 기술하도록 하지는 않으십니다. 4) 이 말은 저 존 파이퍼 목사의 말이 아닌 사도의 말입니다. 그래서 로마서 3장 1-8절이 이해하기 어려운 구절이라고 말할 때 저의 의견에 동의하는 누군가가 있는 것이 기분이 좋습니다.

따라서 제가 한 발 물러나 본문이 세상에 어떤 영향을 미쳤는가에 대해 질문하는 첫 번째 이유는 본문이 무척 어렵기 때문이고, 사고의 흐름을 따라가기 힘든 본문 안에서도 하나님이 무엇을 하시려는지 물어야 한다고 느꼈기 때문입니다.

그리고 여기서 이런 질문을 던지는 두 번째 이유는 그에 대한 적절한 이유를 1-2절에서 발견했기 때문입니다. "그런즉 유대인의 나음이 무엇이며 할례의 유익이 무엇이냐? 범사에 많으니 우선은 그들이 하나님의 말씀을 맡았음이니라." 여기서 잠시 멈춰 생각해 보면, 2절 말씀은 하나님의 말씀을 맡은 것이(우리가 바로 그 사람들입니다!) 무슨 유익인지 생각하게 합니다. 그러므로 여기 성경에서 가장 어려운 "하나님의 말씀" 중 하나를 대하면서, (구약 성경을 유대인에게 맡기셨듯) 우리에게 하나님의 말씀을 맡기신 것이 참으로 위대한 일이라는 사실을 기억하게 됩니다. 그래서 이 본문을 대하면서 우리는 질문하지 않을 수 없습니다. "하나님께서 이런 방식으로 말씀하셔야 했다는 것은 어떤 의미가 있는가? 하나님이 성경 속에서 이 본문을 영감시켜야 하셨다면 그것은 무슨 의미가 있는가? 이와 같은 저작물을 터 삼아(엡 2:20) 그 위에 교회를 세우심으로써 하나님은 세상에 어떤 파급효과를 주고자 주셨는가?"

말씀을 터 삼아 하나님이 원하시는 것

네 가지 사항을 먼저 언급한 뒤에 복잡함이 덜한 복음으로 균형을 맞추도록 하겠습니다. 그 네 가지는 절망감(desperation), 탄원(supplication), 숙고(cogitation), 교육(education)입니다.

1. 절망감(하나님의 능력에 철저히 의지하는 감각). 고린도전서 2장 14절에서 찾아볼 수 있습니다. "육에 속한 사람은 하나님의 성령의 일들을 받지 아니하나니 이는 그것들이 그에게는 어리석게 보임이요, 또 그는 그것들을 알 수도 없나니 그러한 일은 영적으로 분별되기 때문이라." 육에 속한 사람(삶 속에서 성령의 일하심이 없는 모든 사람)은 하나님의 계시 앞에서 절망감을 느낍니다. 그에게는 하나님의 도우심이 필요합니다. 영에 속해 있으나 (저처럼) 여전히 한계가 있고 넘어지기 쉽고 죄성이 깊은 사람들 역시 마찬가지입니다. 하나님의 말씀에서 어려운 본문을 만날 때는 더욱 그렇습니다. 저는 절망감을 느낍니다. 그래서 하나님의 도우심에 간절히 매달리게 됩니다. 이것이 하나님께서 우리에게 바라시는

것입니다. 하나님께서 어려운 본문에 영감을 부으시고 우리에게 허락하신 이유입니다.

2. 탄원(하나님께 도움을 구하는 기도). 절망감 뒤에 따라옵니다. 본문의 의미를 깨달을 수 있게 하는 도움을 간절히 원한다면, 이제 도움을 바라며 부르짖게 됩니다. 시편 119편 18절에서 볼 수 있습니다. "내 눈을 열어서 주의 율법에서 놀라운 것을 보게 하소서." 시편 기자는 119편 안에서만 무려 일곱 번이나 기도합니다. "주의 율례들을 내게 가르치소서"(119:12, 26, 64, 68, 124, 135, 171). 또한 시편 25편 5절에서는 이렇게 말합니다. "주의 진리로 나를 지도하시고 교훈하소서." 이해하기 어려운 말씀에 영감을 부으심으로써 하나님은 이 세상에 절망감을 안기시고 이어 탄원으로 이끄십니다. 도움을 바라며 하나님께 부르짖게 하십니다.

3. 숙고(성경 본문에 대한 깊은 생각). 이렇게 생각하는 분도 있을 겁니다. "아니, 아니요, 존 목사님, 뭔가 혼동하시나 봅니다. 방금까지 하나님은 우리가 말씀을 이해하기 위해 도우심을 구하는 기도를 드리기 원하신다고 말씀하셨잖아요? 그 말은 곧 자기식대로 숙고하면서 해결책을 찾으라는 건 아니잖습니까?" 하지만 이런 우려에 대한 대답은 "그렇지 않다"입니다. 기도와 생각은 양자택일의 대상이 아닙니다. 저는 그 사실을 특히 디모데후서 2장 7절에서 깨달았습니다. 여기서 바울은 디모데에게 이렇게 말합니다. "내가 말하는 것을 생각해 보라 주께서 범사에 네게 총명[understanding]을 주시리라." 그렇습니다. 우리에게 이해할 수 있도록 총명을 주시는 분은 하나님입니다. 그런데 하나님은 우리

에게 이미 주신 사고와 노력과 기도를 통해 성경이 말하는 바를 깊이 생각하도록 하십니다. 따라서 하나님은 로마서 3장 1-8절과 같은 난해한 본문 말씀에 영감을 주실 때 깊은 숙고를 하도록 의도하셨습니다. 절망감과 탄원과 더불어 오는 것이 숙고입니다. 이를 통해 마지막으로 이르는 단계는 다음과 같습니다.

4. 교육(어린이와 어른들이 간절히 기도하고 성경을 제대로 읽으며 깊이 생각하도록 훈련시키는 것). 하나님이 성경에 영감을 부으시고 그 책을 기독교 신앙의 기반으로 허락하셨다면, 성경을 어떻게 읽어야 하는지를 가르치도록 하셨을 것입니다. 그리고 하나님이 이처럼 귀하고 거룩하고 하나님의 호흡이 담긴 책을 이해하기 어렵게 만드셨다면, 이 책을 읽는 법을 가르치는 것 외에도 읽은 말씀을 생각하는 방법, 즉 어려운 것을 읽는 법, 이해하는 법, 엄격한 방식으로 우리의 이성을 사용하는 법까지 가르치기를 원하실 것입니다.

바울은 디모데후서 2장 2절에서 디모데에게 다음과 같이 말했습니다. "또 네가 많은 증인 앞에서 내게 들은 바를 충성된 사람들에게 부탁하라. 그들이 또 다른 사람들을 가르칠 수 있으리라." 디모데가 다른 사람들에게 자신이 들은 바를 전하면 그들이 또 다른 사람을 가르치게 될 것이라는 말입니다. 다시 말해, 사도들이 쓴 저작물, 그 중에서도 특별히 어려운 내용들은 세대 간에 교육이 이루어지도록 만듭니다. 교육은 사람들이 이미 읽었으나 이해하지 못한 어떤 것을 이해하도록 돕는 것입니다. 좀 더 정확하게 말하면 교육이란 사람들(남녀노소 관계없이)을 도와 아직 이해하지 못한 것을 '깨닫는 방법'을 가르치는 것입니다. 교육은 사람의 마음(mind)속에 생명을 경작하는 일이며, 그렇게 해서 진정한 총명을 얻고 자라가는 방법을 배우게 하는 것입니다. 복잡한 본문이 포함된 성경에 하나님이 영감을 부으심으로써 비롯되는 파급효과입니다.

말씀의 터 위에서 실제로 이루어지는 것들

이러한 파급이 가져온 개인적이고 문화적이고 역사적인 영향은 지난 2천여 년 간 엄청났습니다. 기독교가 전파되고 성경이 전파되면 성경을 다른 언어로 번역하려는 시도가 일어납니다. 효과적으로 번역하기 위해 모든 지적인 능력을 동원합니다. 그리고 이와 더불어 새로운 번역본을 읽을 수 있도록 사람들을 문명화하려는 노력도 진행됩니다. 또한 계속 태어날 새로운 세대를 위해 아이들에게 읽는 법을 가르쳐 하나님의 말씀을 직접 접할 수 있게 하려는 시도로 이어집니다. 그러면 교회와 더불어 학교도 세우게 됩니다. 그리고 조만간 성경을 번역하고 읽는 것을 넘어서 여러 사안을 놓고 깊이 있는 사고를 한 결과로 고등 교육에 대한 필요를 절감하게 되고, 이어서 하나님의 말씀을 통해 하나님을 만나는 문화가 일어나면서 대학이 세워집니다. 그러는 가운데 더욱 어려운 사안에 대한 통찰을 기록하려는 열망이 생기면서 학문에 헌신하는 움직임도 일어납니다. 시간이 지나면 이러한 통찰의 보화들을 저장하기 위해 도서관을 세우고, 기록을 복사하고 인쇄하는 다양한 방법도 생겨납니다. 그리고 신성한 말씀을 다루고 귀한 통찰의 기록을 전수하는 일에 좀 더 정확성을 기하기 위해 수 세기에 걸쳐 기록을 정확하고 조심스럽게 다루는 규율도 생겨나게 됩니다. 그런 식으로 계속 이어집니다.

이것이 바로 로마서 3장 1-8절과 같이 어려운 말씀을 담은 성경에 영감을 부으심으로써 하나님이 세상에 남기시는 파급 효과입니다.

단순성으로 균형 잡기

앞서 저는 어려운 본문의 내용과 성경 속에 있는 복음의 보다 단순한 내용 사이에서 균형을 잡을 것이라고 말씀드렸습니다. 어떻게 그 작업을 하면 될까요? 이런 식으로 하면 도움이 될 것 같습니다. "하나님은 사랑이시라"(요일 4:8, 16)는 말씀과 "나는 하나님이라"(사 45:22, 46:9)는 말씀을 생각해 보시기 바랍니다. "나는 하나님이라"(God is God)는 진리 속에는, 하나님은 모든 영광스러운 속성을 지니시고 어느 것 하나 부족하지 않은 자족하시는(self-sufficiency) 하나님으로 계신다는 의미가 담겨 있습니다. 하지만 "하나님은 사랑이시라"는 진리 속에는 그분의 모든 영광이 우리의 영원한 즐거움을 위해 우리의 길(방법)을 움직이고 계신다는 의미가 담겨 있습니다.

이 두 가지 진리는 성경 전체에 걸쳐 매우 다른 파급 효과를 낳습니다. 혹여 기독교를 실제와 다르게 소수의 특별한 자들만의 것으로 만들지 않으려면 균형이 필요하다는 사실이 여기서 드러납니다.

"하나님은 사랑이시라"는 진리는 단순성의 효과를, "나는 하나님이라"는 진리는 복잡성의 효과를 낳습니다.

"하나님은 사랑이시라"는 진리는 접근성(accessibility)을 높이는 효과를, "나는 하나님이라"는 진리는 심오함(profundity)을 키우는 효과를 낳습니다.

"하나님은 사랑이시라"는 진리는 기본(basics)에 초점을 맞추게 하고, "나는 하나님이라"는 진리는 포괄적인 면(comprehensiveness)에 초점을 맞추게 합니다. 어떤 사람은 이렇게 말할 수 있습니다. "주 예수를 믿으라. 그리하면 너와 네 집이 구원을 받으리라"(행 16:31). 그리고 또 어떤 이는 이렇게 말할 수 있습니다. "이는 내가 꺼리지 않고 하나님의 뜻을 다 여러분에게 전하였음이라"(행 20:27).

"하나님은 사랑이시라"는 진리는, 우리로 하여금 그 진리가 모든 사람에게 가 닿을 수 있다는 확신을 갖게 만들고, "나는 하나님이라"는 진리는 우리로 하여금 모든 사람에게 가 닿은 내용이 진리라는 확신을 갖게 만듭니다.

"하나님은 사랑이시라"는 진리는 교제로 이끌고 "나는 하나님이라"는 진리는 학문으로 이끕니다.

"하나님은 사랑이시라"는 진리는 외향성(extroverts)과 복음 전도자를 만들고, "나는 하나님이라"는 진리는 내향성(introverts)과 신비주의자를 만드는 경향이 있습니다.

"하나님은 사랑이시라"는 진리는 대중 정신(folk ethos)의 함양을 돕고, "나는 하나님이라"는 진리는 순수 정신(fine ethos)의 함양을 돕습니다. 그 가운데 전자는 하나님의 친밀하심을 즐거워하며 감미로운 노래를 부르게 합니다.

은보다 더 귀하신 주님 금보다 더 귀하신 주님
금강석보다 더 아름다운 내 주님 같은 분 없네.*

그리고 후자는 하나님의 초월적 위엄을 기뻐하며 심오한 경배의 찬양을 드리게 합니다.

네 생각을 뛰어넘는 주의 계획이 드러나리라.
주의 역사가 완성될 때 헛된 두려움은 사라지리라.
하나님의 주권에 선택과 결정을 맡기라.
주신 지혜로 깨달으리.주의 손 얼마나 강한지.*

하나님의 복잡성과 단순성을 왜 구분하는가?

왜 하나님의 복잡성과 단순성을 왜 구분하느냐고 묻는 분이 있을지 모르겠습니다만, 저도 "하나님은 사랑이시라"는 진리와 "나는 하나님이라"는 진리, 대중성과 순수성, 전도자와 신비주의자, 친교와 학문, 접근성과 심오성, 단순성과 복잡성 사이를 구분하는 것을 별로 좋아하지 않습니다.

* "More Precious than Silver," Lynn deShazo, 1982, Integrity' s Hosanna! Music.
* "Give to the Winds Thy Fears", Paul Gerhardt, 1653.

제 생각에는 이것들 모두가 귀할 뿐 아니라 세상에서 하나님의 사역과 선교를 행할 때 둘 다 없어서는 안 되는 것이라고 생각하기 때문입니다.

그러므로 이번 주 저의 기도는 이것입니다. 첫째, 성도들이 기독교 안에 있는 다양한 파급성을, 특별히 성경의 어려운 내용과 단순한 내용에 하나님이 영감을 부으셨음을 깨달아서 그것들 모두를 수용할 수 있도록 기도합니다. 그러면 (우리 모두가 그렇듯) 어느 한쪽으로 치우치더라도, 그 반대편으로 치우친 다른 한쪽을 존중하고 수용할 수 있게 될 것입니다. 그리고 교회와 세상 속에서 하나님을 온전히 드러내는 일에 기뻐할 수 있게 됩니다. 그래서 하나님이 세상에서 그분의 말씀으로 드러내고자 하는 모든 것을 품을 수 있게 우리가 서로 도울 수 있을 것입니다.

마지막으로 아직 그리스도에 대한 사랑 없이 이곳을 찾으신 분들을 위해 이렇게 기도합니다. 우리가 살펴본 바를 통해 기독교와 성경에 대한 왜곡된 생각이나 고정관념을 버리고 하나님이 그리스도 안에서 여러분을 위해 예비하신 것을 볼 수 있게 되며 그분을 믿게 되기를 바랍니다.

39장

모든 유대인과 이방인이 죄 아래 있음

로마서 3:9-18

그러면 어떠하냐? 우리는 나으냐? 결코 아니라. 유대인이나 헬라인이나 다 죄 아래에 있다고 우리가 이미 선언하였느니라. 기록된 바 의인은 없나니 하나도 없으며 깨닫는 자도 없고 하나님을 찾는 자도 없고 다 치우쳐 함께 무익하게 되고 선을 행하는 자는 없나니 하나도 없도다. 그들의 목구멍은 열린 무덤이요 그 혀로는 속임을 일삼으며 그 입술에는 독사의 독이 있고 그 입에는 저주와 악독이 가득하고 그 발은 피 흘리는 데 빠른지라. 파멸과 고생이 그 길에 있어 평강의 길을 알지 못하였고 그들의 눈 앞에 하나님을 두려워함이 없느니라 함과 같으니라. _롬 3:9-18

모든 사람이 "죄 아래" 있다

우리는 이제 로마서 1장 18절에서 출발한, 인류에 대한 위대한 고발의 마지막에 도달했습니다. 오늘 본문에 이르기까지 내용 전체가 보여주는 사실은 이 땅의 모든 인간이 죄의 권세 아래에 있으며, 예수 그리스도에 대한 믿음을 통해 하나님이 허락하시는 의의 선물을 받지 못하고서는 하나님과 화목을 이룰 수 없다는 것입니다(롬 1:16-17). 여기 로마서 3장 9절 후반부에 나오는 요약 말씀을 통해 그 점을 볼 수 있습니다. "유대인이나 헬라인이나 다 죄 아래에 있다." 여기서 "유대인이나 헬라인이나"라는 말은 '모든 사람'을 뜻합니다. "헬라인"이란 많은 이들이 생각하듯 유대인이 아닌 사람들 중에 최고인 사람을 대표하기 때문입니다. 그들 모두(즉 모든 사람)가 "죄 아래" 있습니다. 죄의 권세 아래 있다는 말입니다. 가끔씩 죄를 짓는다는 말이 아니라 죄의 노예가 되었다는 뜻입니다.

현대 사회에서 기독교가 반드시 고수해야 하는 가장 중대한 진리 가운데 하나입니다. 디모데전서 3장 15절에서 바울은 살아계신 하나님의 교회를 "진리의 기둥과 터"라고 부릅니다. "모든 사람이 죄 아래 있다"는 진리는 교회가 건물을 떠받치는 기둥처럼 반드시 붙들어야 할 진리 중 하나입니다. 개인이나 조직이나 문화를 대상으로 생명을 잘못된 개념 위에 세우게 하려는 압력은 역사를 통틀어 계속되어온 일입니다. 하나님은 그분의 아들 예수 그리스도의 교회를 세상 속에서 강력한 진리의 대변자로 세우셨습니다.

이 세상에서 붙들어야 할 가장 중대한 진리 가운데 하나는 비록 하나님의 형상으로 창조된 인간이지만(창 1:27), 모든 사람이 죄의 세력으로 인해 타락했다는 사실입니다. 우리는 본질상 도덕적으로 선하지 않습니다. 본질적으로 악합니다. 에베소서 2장 3절에서 바울은 우리가 모두 "본질상 진노의 자녀"라고 말합니다. 본질적으로 우리 인간의 모든 태도와 생각과 행동은 하나님의 진노를 사기에 충분합니다. 에베소서 5장 6절에서는 우리를 "불순종의 아들들"이라고 부릅니다. '불순종'이 우리의 아버지이듯, 인간은 하나님을 거역하고 불순종하려 합니다. 단순히 죄를 짓는 것이 아니라 악한 죄성을 지녔습니다. 우리는 9절 말씀이 선언하는 것처럼 "죄의 아래" 있습니다. 죄는 마치 주인이나 왕과도 같아서 우리를 안팎으로 다스립니다. 하고 싶지 않은 것을 하도록 꾀는 것이 아니라, 하지 말아야 할 것을 하고 싶게 만듭니다. 우리는 죄에게 당한 무고한 희생자가 아닙니다. 죄와 공모하여 하나님을 거스르는 자입니다.

치료제가 있는 치명적인 진단

이 말씀은 사람들이 좋아하는 메시지가 아닙니다. 이해가 됩니다. "악성 종양이 발견됐습니다"라는 의사의 말보다도 인기가 없습니다. 하지만 그 어떤 것보다 소망을 주는 말입니다. "악성 종양이 발견됐습니다"라는 말은 희망적인 소식이 될 수도 있고 그렇지 않을 수도 있습니다. 의사에게 암을 치료할 방법이 있을 수도 없을 수도 있기 때문입니다. 하지만 "너희는 죄의 권세 아래 있으며 진노의 자식이다"라는 선고에는 늘 해결책이 따릅니다. 그것이 로마서가 말하고 있는 바이며 기독교와 성경 전체가 말하는 바이기도 합니다.

저는 인간의 죄와 우리의 악한 상태를 알리는 메시지가 소망을 주고 생명을 낳는 메시지가 되기를 진심으로 소망합니다. '나'라는 존재의 가장 깊은 곳에 있는 결함까지 —최악의 상태까지

— 잘 아는 누군가가 "그래도 너를 사랑한다. 네가 하나님과 관계를 회복하고 다른 사람들과도 잘 지낼 수 있는 방법을 알고 있단다"라고 말해 준다면 마음 깊이 만족감을 느끼지 않겠습니까? 나의 가장 깊은 곳까지 문제가 있는 걸 아는데도 내게 몇 마디 나누면서 값싼 위로를 건네는 사람보다는 그 사람이 훨씬 소망을 주지 않겠습니까? 그냥 좋게 말 한마디 던지는 것이, 너는 죄인이고 병들어 죽게 될 것이라는 말을 듣는 것보다는 훨씬 친절하고 부드럽고 사랑스럽게 들릴 수 있습니다. 하지만 치료가 가능한 단계인데도 환자를 실망시키거나 걱정시키지 않겠다는 생각에 암에 관한 진실을 말하지 않는 의사의 친절은 그야말로 치명적인 친절입니다.

따라서 본문에서 바울이 건네는 최종적이고 요약된 진단을 보면서 참으로 좋다, 참으로 선하다는 생각을 멈출 수 없습니다. 진정한 나의 상태에 관한 나쁜 소식이긴 해도 치료제가 있기 때문입니다. 그리고 그 나쁜 소식을 나에게 알려 주는 유일한 이유는 그 치료제가 무엇인지 알아내고 치료를 시행하라는 뜻입니다. 그 치료제란 그리스도를 진실로 믿는 자에게 거저 주시는 하나님의 의를 말합니다.

9-18절에서 제가 답변하려는 두 가지 질문이 제기됩니다. 첫째, 9절의 말씀뿐 아니라 구약 본문을 인용하는 10-18절 말씀을 토대로 모든 사람은 죄가 있다는 사실을 바울은 어떻게 입증하고 있습니까? 둘째, 본문에서 "죄 아래" 있는 상태에 관해 바울은 어떤 식으로 설명하고 있습니까? 또는, 바울이 죄에 관해 말하는

오늘 본문에서 우리는 죄에 대해, 우리 자신에 대해, 그리고 복음에 대해 무엇을 배울 수 있습니까?

어느 누구도 의롭지 않다

첫째, 구약 본문에서 인용된 10-18절 말씀을 토대로 모든 사람은 죄가 있다는 9절의 말씀을 바울은 어떤 식으로 입증하고 있습니까? 9절에서 바울은 유대인이 하나님 앞에서 결코 다른 사람보다 낫지 않다고 말합니다. "유대인이나 헬라인이나 다 죄 아래에 있다고 우리가 이미 선언하였느니라." 따라서 "우리가 이미 선언하였느니라"는 부분을 보면, 지금 이 구절은 앞서 1장 18절에서 3장 8절까지의 내용을 통해 바울이 "선언"했던 부분을 요약한 글임을 알 수 있습니다. 즉 바울이 지금까지 관심을 가지고 다뤄온 내용이었습니다.

그럼에도 바울은 구약 성경에서 인용한 구절로 마지막 한 가지 요약 주장을 펼치고 있습니다. 10절에서 "기록된 바"라는 말로 시작하고 있습니다. 그런 후 유대인이든 이방인이든 모두 죄 아래 있다는 9절의 요약 말씀을 뒷받침하기 위해 6곳의 구약 본문을 인용합니다. 한 예로 바울은 시편 14편 1-3절의 내용을 가져와 말하고 있습니다. "기록된 바 의인은 없나니 하나도 없으며 깨닫는 자도 없고 하나님을 찾는 자도 없고 다 치우쳐 함께 무익하게 되고 선을 행하는 자는 없나니 하나도 없도다"(롬 3:10-12).

참으로 평이해 보이는 말씀입니다만, 여기에 저를 힘들게 하는 한 가지 문제가 있습니다. "선을 행하는 자가 없으니 하나도 없도다"라는 구절을 바울이 인용한 구약의 본문을 보면 "하나님이 의인의 세대에 계심이로다"(시 14:5)라는 말씀이 나옵니다. 다시 말해, 시편 14편 초반에 나오는 구절은 하나님의 진정한 백성을 대적하는 이방인들에 관한 묘사입니다. 그런데 다윗은 하나님의 진정한 백성을 가리켜 "의인의 세대"(generation of the righteous)라고 부릅니다(7절도 참조). 따라서 저의 의문점은 이겁니다. 시편 14편의 말씀이 "유대인이든 이방인이든 모두가 죄 아래 있다"는 9절의 요약 진술을 어떻게 지지하고 있는 것일까요? 바울이 인용한 시편 말씀을 보면 모든 사람이 의롭지 않다는 의미는 아닌 것 같습니다. 5절에서 하나님의 백성을 "의인의 세대"라고 부르기 때문입니다.

이에 대한 답은 이런 것 같습니다. 바울은 구약성경 6곳에서 인용한 본문들이 제각기 "모든 사람이 죄 아래 있다"는 선고를 내린다고 보지 않고, 다만 모든 인용문을 조합해 볼 때 그렇게 선고를 내린다고 판단하는 것 같습니다. 10-12절에 처음 인용된 시편 14편 말씀을 예로 들면 이 본문은 주로 이방 세계에 대한 선고입니다. 이후에 이스라엘을 의인의 세대로 언급하기 때문입니다. 다시 말해, 하나님의 특별한 은혜가 없으면 —즉 이스라엘에게 계시하셨던 그 구원 사역을 이방인에게도 계시하지 않으신다면— 사람들은 어느 한 사람도 의로울 수 없습니다. 오로지 하나님께서 우리의 삶에 개입하셔서 예수님의 대속적 희생을 통해 믿음과 죄사함이라는 특별한 은혜를 주셔야, 우리가 하나님과 올바른 관계를 맺고 "의롭다" 칭함을 받는다는 얘기입니다. 바울은 구약 시대

성도들에게 그런 일이 있었음을 알았습니다. 로마서 4장 3절에서 창세기 15장 6절을 인용한 것으로 봐서 그 사실을 알 수 있습니다. "아브람이 여호와를 믿으니 여호와께서 이를 그의 의로 여기시고."

따라서 바울이 구약성경을 인용해 "의인은 없나니 하나도 없으며"라고 말하면서 의미한 것은 우리 인간은 하나님의 구원의 은혜가 없다면 본질상 의롭지 않은 자들이라는 것입니다.

유대인도 그러한가?

하지만 여전히 의문점은 남습니다. 시편 14편(로마서 3:10-12에 인용된 부분)이 유일하게 혹은 주로 하나님의 진정한 백성을 거스르는 이방인 세계를 언급하는 구절이라면, 로마서 3장 10-18절에 포함된 이 모든 (구약에서 인용된) 구절들이 어떻게 유대인도 이방인과 마찬가지로 불의하고 죄 아래 있음을 분명히 한다는 것일까요? 첫째, 15-17절은 이사야 59장 7-8절에서 인용된 말씀인데, 분명히 유대인들에 관해 언급하고 있습니다. 이사야 59장 2절에서 하나님은 이스라엘에게 이렇게 말씀하십니다. "오직 너희 죄악이 너희와 너희 하나님 사이를 갈라놓았고." 그런 다음 로마서 3장 15-17절에는 이사야 59장 7-8절이 인용되어 있습니다. "그 발은 행악하기에 빠르고 무죄한 피를 흘리기에 신속하며 그 생각은 악한 생각이라 황폐와 파멸이 그 길에 있으며, 그들은 평강의 길을 알지 못하며." 이 말씀은 이사야 시대의 유대인들에 대한 전반적인 언급입니다.

나머지 4개의 인용문은 유대 백성 가운데 있는 다윗 왕의 원수에 관해 언급하고 있는 것으로 보입니다. 분명하지 않습니다만, 이 구절들을 종합해본 요점은 이것입니다. 즉 구약 성경의 메시지는 유대인이 죄인이며, 이방인도 죄인이라는 것입니다(대하 6:36). 그리고 구약에서 "의롭다"고 불린 사람들은 이들이 죄인이 아니어서가 아니라 하나님이 긍휼하심으로 그들의 삶에 개입하셔서 본성적인 죄성을 극복하고 하나님과의 관계를 회복하도록 믿음과 죄사함의 은혜를 주셨기 때문이었습니다.

저는 바울이 로마서 3장 13절 전반부에 인용한 시편 5편 말씀에서 이 사실을 가장 분명하게 보았습니다. "그들의 목구멍은 열린 무덤이요." 다윗의 원수들에 대한 말씀입니다. 네, 그렇습니다. 그렇다면 그 자신에 대해서는 어떠합니까? 다윗의 목구멍도 열린 무덤일까요? "그들의 목구멍은 열린 무덤"이지만 여러분의 것은 그렇지 않다면, 모든 유대인과 이방인이 "죄 아래" 있다는 사실을 증명하는 데 그 구절이 어떻게 도움을 줍니까? 여러분도 "모든 사람"의 일부가 아닌가요?

그에 대한 답은 이렇습니다. 다윗은 자기가 죄인이 아니라고 말한 것도 아니고, 이 세상에는 구원을 받은 사람과 의로운 사람이 아무도 없다는 뜻도 아닙니다. 다만, 하나님의 강력한 은혜가 아니고서는 우리는 절대적으로 타락한 존재이며 자기 자신도 그러하다는 뜻입니다(시 51:5 참조). 한 예로, 다윗은 7, 8절에서 하나님과 자신의 관계가 회복된 것은 긍휼하심의 선물일 뿐 자신이 본성적으로 지닌 것이 아니라는 점을 말하며 시편 5편을 인용하고 있습니다. "오직 나는 주의 풍성한 사랑〔=헤세드, 자비〕을 힘입어 주의 집에 들어가 … 여호와여 나의 원수들로 말미암아 주의 의로 나를 인도하시고 주의 길을 내 목전에 곧게 하소서." 따라서 우리는 여기서 다윗의 생각을 읽을 수 있습니다. 그는 오직 주의 자비로 하나님의 집에 들어갈 수 있습니다. 왜 그렇습니까? 그 역시 다른 사람들처럼 죄인이기 때문입니다. 다윗은 자신이 어떤 식으로든 의롭게 살려면 하나님이 필히 "나를 인도하시고 주의 길을 내 목전에서 곧게 하셔야" 한다고 말합니다. 다시 말해 그는 본성적으로 의의 길로 가지 않을 것이라는 뜻입니다. 하나님만이 우리를 죄에서 건지시고 하나님과의 관계를 회복시켜 주시며 의의 길로 걷게 해주실 수 있습니다.

그것이 바로 "악한 사람뿐 아니라 의로운 사람에 대해서도 언급하는 여섯 개의 구약 인용문을 통해 바울은 모든 사람에게 죄가 있다는 9절의 말씀을 어떤 식으로 입증하고 있습니까?"라는 첫 번째 질문에 대한 답입니다. 바울은 유대인과 이방인 모두 뼛속 깊이 타락했으며 거기서 빠져나올 유일한 방법은 예수 그리스도의 대속적 희생에 근거해 하나님과 관계가 회복되는 믿음과 죄사함의 선물뿐이라는 사실을 보여줍니다.

"죄 아래"

이제 두 번째 질문을 보겠습니다. 본문 구절에서 "죄 아래" 있는 상태에 관해 바울은 어떤 식으로 설명하고 있습니까? 또는, 바울이 죄에 관해 말하는 이 구절에서 우리는 죄와 우리 자신과 복음에 관해 무엇을 배울 수 있을까요?

여기서는 세 가지로 살펴보겠습니다.

1. 하나님과의 관계가 파괴되다

"죄 아래" 있다는 것은 무엇보다도 하나님의 관계가 파괴되었음을 말합니다. 사람과의 파괴된 관계가 우선이 아닙니다. 10-18절은 바로 그것을 핵심으로 두며 시작되고 마무리됩니다. 10-11절입니다. "기록된 바 의인은 없나니 하나도 없으며 깨닫는 자도 없고 하나님을 찾는 자도 없고." 그리고 18절입니다. "그들의 눈앞에 하나님을 두려워함이 없느니라." 이 구절 사이에 나오는 내용은 인간관계 속 죄의 의미에 관한 것입니다. 하지만 시작하는 구절과 마지막 구절에서 "죄 아래" 있다는 말의 의미는 우리 안에 하나님을 두려워함이 없고 하나님을 깨닫지도 못하고 하나님을 구하지도 않는다는 것입니다. 11절입니다. "깨닫는 자도 없고 하나님을 찾는 자도 없고."

이 사실을 잘 기억하시기 바랍니다. 죄는 단순히 타인에게 나쁜 짓을 행한 상태가 아니라 하나님을 거스르는 반항의 상태입니다. 그렇기 때문에 사람들이 자신은 꽤 괜찮은 사람이라고 주장하면서 복음이 필요 없다고 말하는 것은 참으로 안타깝고 아무 의미도 없는 일인 것입니다. 그들이 주장하는 바는 다른 사람들에게 나쁜 짓을 하지 않는다는 뜻입니다. 도둑질도 하지 않고 죽이지도 않고 거짓말도 하지 않고 욕도 많이 하지 않으며, 때로 자선도 베풀었다는 말입니다. 하지만 그것은 핵심이 아닙니다. 여기서 핵심은 “당신은 마음과 목숨과 뜻과 힘을 다해 하나님을 사랑하는가? 그 아들 예수 그리스도를 사랑하는가?”입니다. 하나님은 온 우주에서 가장 중요한 분이십니다. 하나님을 사랑하지도 높이지도 열망하지도 않으면서 다른 사람을 선하게 대하는 것은 아무 가치가 없습니다.

무엇보다 죄는 하나님 안에서 기쁨을 찾기를 거부하는 것입니다. 그렇게 거부하고 나면 결국 마음이 어두워져서 진리를 억압하고 하나님을 깨닫지도 못하게 됩니다. 따라서 “죄 아래”에 있는 마음은 하나님을 구하지도 않고 알지도 못하며 하나님을 두려워하지도 않습니다. 우리가 사람들에게 무엇을 하는가는 아무런 상관이 없습니다. 우리가 온 우주의 왕을 그토록 모멸적으로 대한다면 그야말로 심각한 “죄 아래” 있음을 알 수 있습니다.

2. 사람들과의 관계가 파괴되다

“죄 아래” 있다는 말은 하나님의 일반 은총 덕분에 우리가 사람들을 최대한 나쁘게 대하지 않게 된다 하더라도 우리와 사람들과의 관계는 파괴되었음을 의미합니다. 13-14절에서 바울은 죄가 우리의 언어를 어떻게 파괴하는지 설명하고 있으며, 또한 13-14절은 죄가 우리의 행동(목구멍, 혀, 입술, 입으로 행하는 것)을 어떻게 파괴하는지도 말합니다. 13-14절입니다. “그들의 목구멍은 열린 무덤이요 그 혀로는 속임을 일삼으며 그 입술에는 독사의 독이 있고 그 입에는 저주와 악독이 가득하고.” 무덤은 죽음과 관련이 있고, 독사의 독 역시 죽음과 연관이 있습니다. 그 죽음은 속이는 것과 저주가 낳는 것입니다. 입술은 본래 생명을 주도록 만들어졌습니다. 하지만 죄가 입술을 독과 죽음이 나오는 곳으로 바꾸어 버렸습니다. 우리의 인생이 "죄 아래" 있다는 이러한 진단을 통해 우리 안에 구원의 소망이 일어나기를 소망합니다! 구원받은 혀와 입술을 통해 죽음이 아닌 생명이 퍼져나가기를 갈망하는 마음이 우리 안에 충만해지기를 소망합니다!

이후 15-17절에서는 언어 방식이 아닌 행동 양식이 "죄 아래" 있다고 말합니다. "그 발은 피 흘리는 데 빠른지라. 파멸과 고생이 그 길에 있어 평강의 길을 알지 못하였고." 이것은 인간이 하나님을 찾지 않고 알지도 못하고 높이지 않을 때 일어나는 일입니다. 만일 하나님이 인류를 붙들고 계시는 억제의 끈을 늦추신다면 온 세계는 무정부 상태가 될 것입니다. 이는 정부와 경찰과 군대가 존재하는 이유이기도 합니다. 아무런 제약이 없을 경우 인간은 본성적으로 외부의 공격에 언제나 즉각 보복을 가하고 피 흘리는 데 발 빠릅니다. 예를 들어 기반 시설이 모두 파괴된 지역에서 벌어지는 약탈 행위를 봅시다. 그곳에서 적나라한 인간의 모습을 보게 될 것입니다. 그것이 바로 "죄 아래" 있다는 의미이기 때문입니다. 인간의 관계는 파괴되었습니다.

3. "죄 아래" 있는 사람들을 위한 기쁜 소식

결국, 이것이 우리의 본성 그대로의 모습이라면(즉 로마서 1장 18절에서 말하듯이 모두가 "죄 아래" 있고 하나님의 진노 아래 있다면) 긍휼에 풍성한 하나님이 인간이 죄에서(즉 죄의 권세와 죄의 징벌로부터) 구원을 얻을 방법을 마련해 두셨다는 로마서와 성경과 기독교 전체의 핵심이야말로 최고의 소식이지 않겠습니까? 로마서 3장 21-22절입니다. "이제는 율법 외에 하나님의 한 의가 나타났으니 율법과 선지자들에게 증거를 받은 것이라. 곧 예수 그리스도를 믿음으로 말미암아 모든 믿는 자에게 미치는 하나님의 의니 차별이 없느니라."

오늘날 여러분이 예수 그리스도를 믿고 죄에서 돌이키며, 자력 구원의 모든 방법을 포기한다면, 하나님의 의가 여러분에게 선물로 주어져서 여러분의 불의함을 대신할 것입니다. 그것을 위해 그리스도가 십자가에서 고통 당하고 죽으셨기 때문입니다. 예수 그리스도의 이름으로 여러분께 간절히 부탁합니다. 하나님과 화해하십시오. 위대한 구원을 주시는 그분을 신뢰하십시오.

40장

모든 입을 막고 하나님의 심판 아래 있게 하다 (종려주일)

로마서 3:19-20

우리가 알거니와 무릇 율법이 말하는 바는 율법 아래에 있는 자들에게 말하는 것이니 이는 모든 입을 막고 온 세상으로 하나님의 심판 아래에 있게 하려 함이라. 그러므로 율법의 행위로 그의 앞에 의롭다 하심을 얻을 육체가 없나니 율법으로는 죄를 깨달음이니라. _롬 3:19-20

온 세상이 하나님의 심판 아래에 있다

인간의 보편적인 죄와 죄책에 관한 위대한 본문을 성 금요일을 앞둔 종려주일 설교로 마무리 짓는 것이 적절해 보입니다. 성 금요일은 예수님이 우리의 죄를 대신해 죽으신 날입니다. 이제까지 우리가 로마서를 공부해 오면서 살펴본 모든 내용은 그리스도가 우리를 대신해 죽으셨다는 복음이 우리에게 얼마나 절실하고 또 얼마나 놀라운지를 보여주기 위함이었습니다. 따라서 이 위대한 본문 말씀을 한 번 더 살펴보는 오늘 메시지가 여러분의 삶에 복음을 받아들일 심도 있는 준비 작업이 되길 바랍니다. 이 말씀을 통해 복음을 사랑하게 되고, 자신이 한낱 죄인이 아니라 구원받은 죄인임을 깨달아 기뻐 춤추게 되길 바랍니다. 그리고 죄용서와 소망과 기쁨의 메시지를 모든 지인들에게 전하는 복음전도자가 되길 바랍니다.

이전에 로마서 3장 9절에서 우리는 바울의 위대한 요약 진술을 발견했습니다. "그러면 어떠하냐? 우리〔유대인〕는 〔이방인보다〕 나으냐? 결코 아니라. 유대인이나 헬라인이나 다 죄 아래에 있다고 우리가 이미 선언하였느니라." 세상의 모든 사람은 죄 아래 있습니다. 모든 사람은 죄의 권세와 지배 아래 있습니다. 그리고 10-18절에는 이를 뒷받침하는 6개의 구약 본문이 인용되어 있습니다. 결론은 이것입니다. "의인은 없나니 하나도 없으며."

이제 19-20절에 최종적인 요약 진술이 나옵니다. 인간의 삶과 온 세상에 매우 중대한 의미를 담고 있습니다. 기독교에 관한 위대한 진술들 가운데 하나이기도 합니다. 기독교는 편협한 종교도 아니고 한 지역이나 한 부족에 국한된 종교도 아닙니다. 전 세계와 관련된 메시지를 선포합니다. "우리가 알거니와 무릇 율법이 말하는 바는 율법 아래에 있는 자들에게 말하는 것이니 이는 모든 입을 막고 온 세상으로 하나님의 심판 아래에 있게 하려 함이라"(19절). 율법은 유대인이라는 한 민족에게 주려고 기록되었는지 모르지만, 율법의 핵심은 모든 입을 막고 온 세상으로 하나님의 심판 아래 있게(또는 죄가 있게) 하기 위함입니다.

본문에 담긴 것들

이후에 다시 살펴보겠지만 본문이 내포하고 있는 것은 다음과 같습니다.

1) 온 세상의 모든 사람은 하나님 앞에서 죄가 있습니다. 2) 세상에 있는 어떤 입도 —원시부족에서 대학 강의실에 이르기까지— 하나님의 심판에 대해 정당한 이의를 제기할 수 없습니다. 모든 입이 닫힐 것입니다. 3) 하나님께 이의를 제기하는 입은 어느 날 침묵하고 말 것입니다. 모든 입이 닫힐 것입니다. 4) 그러므로 사람의 목소리를 두려워하지 마십시오. 사람의 비난은 모두 멈출 것입니다. 하나님을 두려워하십시오. 5) 나 자신의 마음은 죄로 물들었고 나의 입도 닫히게 될 것임을 기억하기 바랍니다. 아직 그리스도께로 돌아갈 시간이 남아 있습니다. 22절의 말씀대로 "예수 그리스도를 믿음으로 말미암아 모든 믿는 자에게 미치는 하나님의 의"를 받으시기 바랍니다. 21-22절에 나오는 큰 전환점이 보이십니까? "이제는 율법 외에 하나님의 한 의가 나타났으니 율법과 선지자들에게 증거를 받은 것이라. 곧 예수 그리스도를 믿음으로 말미암아 모든 믿는 자에게 미치는 하나님의 의니 차별이 없느니라."

바울의 단계별 논증

각 항목별로 의미를 자세히 살펴보기에 앞서 바울이 19-20절에서 자신의 생각을 어떻게 집대성하고 있는지 생각해 보겠습니다. 여기에서 언급된 죄와 율법과 칭의는 오늘날 매스컴에서 떠드는 어떤 뉴스보다도 중요한 내용입니다. 그리고 이 중요한 사실을 머릿속과 마음속에 깊이 새긴다면 강하고 견고하고 영속성이 있고 깊이 있고 행복한 그리스도인이 될 것입니다.

바울이 자신의 생각을 정리하는 과정에서 분명하게 드러나는 네 단계의 논증을 살펴보겠습니다.

1단계 — 19절 전반부: "우리가 알거니와 무릇 율법이 말하는 바는 율법 아래에 있는 자들에게 말하는 것이니." 그러므로 하나님의 율법을 최초로 그리고 우선적으로 들은 사람들은 유대인이며, 이들은 하나님의 말씀을 맡도록 부르심을 입었습니다(3:1).

2단계 — 19절 후반부: "이는 모든 입을 막고 온 세상으로 하나님의 심판 아래에 있게 하려 함이라." 선택받고 특혜를 입은 한 민족(유대인)에게 말씀하시는 목표와 기대 효과는 모든 민족의 입을 막는 것입니다.

3단계 — 20절 전반부: "그러므로 율법의 행위로 그의 앞에 의롭다 하심을 얻을 육체가 없나니." 이것이 모든 입이 닫힐 수밖에 없는 이유입니다. 이 부분에 대해서는 나중에 다시 돌아와 설명하겠습니다.

4단계 — 20절 후반부: "〔율법의 행위로 그의 앞에 의롭다 하심을 얻을 육체가 없나니〕 … 율법으로는 죄를 깨달음이니라."

율법을 통해 죄를 깨닫는다

이번에는 본문을 뒤에서부터 살펴보면서 각 논증이 어떤 역할을 하는지 보겠습니다. 먼저 4단계의 내용을 보겠습니다. "율법으로는 죄를 깨달음이니라." 이 말은 어떤 의미일까요? 이렇게 생각할 수도 있겠지요. "쉬워 보입니다. 율법이 우리에게 죄에 대해 말해 준다는 뜻 같습니다. 즉 율법은 죄가 무엇인지 가르쳐줄 뿐 아니라 우리가 어떻게 살아야 하는지 또 어떻게 살지 말아야 하는지를 보여준다는 의미입니다. 율법이 '거짓말 하지 말라 … 도적질 하지 말라 … 살인하지 말라' 고 말하는 게 그런 겁니다."

하지만 저는 그런 의미라고 생각하지 않습니다. 그런 의미라면 논증이 제대로 이어지지 못합니다. 19절 후반부는 19절 전반부에 대한 이유입니다. 한 번 붙여서 생각해 봅시다. "율법의 행위로 그의 앞에 의롭다 하심을 얻을 육체가 없나니 율법으로는 죄를 깨달음이니라. 즉 율법은 죄가 무엇인지 가르쳐주기 때문이라. 또 율법이 우리에게 도적질 하지 말라, 거짓말하지 말라, 살인하지 말라고 가르쳐 주기 때문이라." 제대로 들어맞지 않는 것 같습니다. 율법이 우리에게 죄가 무엇인지 가르쳐 준다는 사실은 우리가 율법의 행위로 의롭다함을 얻지 못하는 이유를 보여주지 못합니다. 20절 후반부에는 단순히 율법에 대한 정보 이상의 것이 따라와야 합니다.

그것이 무엇인지는 로마서 7장 7-8절에서 볼 수 있습니다. "그런즉 우리가 무슨 말을 하리요? 율법이 죄냐? 그럴 수 없느니라. 율법으로 말미암지 않고는 내가 죄를 알지 못하였으니 〔주: 여기에 로마서 3:20 후반절의 의미가 나옵니다. 율법은 죄에 대한 지식을 불러일으킵니다〕 곧 율법이 '탐내지 말라' 하지 아니하였더라면 내가 탐심을 알지 못하였으리라. 그러나 죄가 기회를 타서 계명으로 말미암아 내 속에서 온갖 탐심을 이루었나니 이는 율법이 없으면 죄가 죽은 것임이라." 즉 죄는, 대부분은 우리가 인식하지 못하는 상태로 있습니다.

율법으로는 죄를 깨닫는다고 말합니다(3:20후반). 어떻게 그런 것일까요? 율법이 거듭나지 못한 마음(즉 성령도 믿음도 없는 사람)과 만나면, 그 마음속에 있는 반항심을 드러내 줍니다. 하나님과 율법에 대한 우리의 저항감을 깨닫게 해주는 것입니다. 밖으로 불거지게 합니다. 죄는 율법 앞에서 불쑥 올라오며 그 본색을 생생히 드러냅니다.

마치 우편물을 가지러 우편함에 가는 십대 아이 같습니다. 아이는 우편물을 가져와서 식탁 위에 놓습니다. 그러곤 하나씩 살펴보다가 자기에게 온 것이 없으면 냉큼 발길을 돌립니다. 여기까지는 전혀 나쁜 마음은 없습니다. 그렇지요? 그런데 갑자기 맨 위에 있는 엽서에 적힌 문구가 눈에 확 들어옵니다. "학부모만 볼 것!" 그러면 순간 읽고 싶은 마음이 올라옵니다. 엽서에 적힌 문구 자체가 죄인가요? 그렇지 않습니다. 하지만 그 문구를 통해 죄에 대한 지식이 들어옵니다. 갑작스레 마음속에 잠자고 있던 죄가 실체를 드러내는 것이지요. 읽어서는 안 되는 것을 읽고 싶은 욕구가 생깁니다.

율법도 이와 마찬가지입니다. 성령이 다스리지 않는 마음 어디서든 반항심을 일으킵니다. 몇 주 전에 보았던 방정식을 기억해 보십시오. 율법 - 성령 = 율법의 조문. 율법 조문은 죽이는 것입니다(롬 7:6, 고후 3:6).

율법의 행위로는 의롭게 되지 못함

이번에는 바울의 세 번째 단계의 논증과 어떻게 연결되는지 살펴보겠습니다(3:20전반) "율법의 행위로 그의 앞에 의롭다 하심을 얻을 육체가 없나니." 왜 그렇습니까? 어디서든 율법이 거듭나지 않은 마음(성령이 없는 마음)과 만나면 믿음이 아니라 반항심을 일깨우기 때문입니다. 죄를 불러일으킵니다. 죄를 극복하지 못하고 도리어 죄를 드러냅니다. 죄를 널리 알립니다. "율법으로는 죄를 깨달음이니라." 따라서 율법은 칭의를 불러오지 못하고 대신 정죄를 불러옵니다. 율법은 하나님과의 관계를 회복시키지 못합니다. 그럴 수 있는 능력이 율법 안에 없기 때문입니다. 왜일까요? 왜 율법은 오직 인간의 죄를 불러일으켜 더욱 명백히 부각되게 할까요? 의를 불러일으키고 의를 줄 만한 힘이 없는 이유는 무엇일까요?

로마서 8장 3절에 그 답이 나옵니다. "율법이 육신으로 말미암아 연약하여 할 수 없는 그것을 하나님은 하시나니 곧 죄로 말미암아 자기 아들을 죄 있는 육신의 모양으로 보내어 육신에 죄를 정하사." 주의하십시오. 율법이 그 자체로 결함이 있다는 말이 아닙니다. 하지만 로마서 8장 3절은 육신 때문에 연약하다, 즉 인간의 거듭나지 못한 상황 때문에 연약하다고 말합니다. 그래서 율법의 행위로는 어떤 인간도 하나님과 화해할 수 없습니다. 성령이 없는 율법은 '조문'에 불과하며 인간을 죽입니다(고후 3:6). 율법 그 자체로는 믿음이 아닌 죄를 불러오고, 결국 생명이 아닌 죽음을 가져옵니다(롬 7:9-10). 따라서 율법은 우리를 의롭게 하지 못합니다. 그리스도가 우리의 죄를 담당하시고 성령을 우리 삶에 허락하지 않으시는 한 율법은 오직 우리를 정죄할 뿐입니다(롬 8:3-9).

4단계와 3단계를 살펴보았습니다. 율법은 육체(거듭나지 않은 마음)와 만났을 때 믿음 대신 죄를 일깨웁니다. 그러므로 율법의 행위로는 어떤 인간도 의롭다함을 받지 못합니다. 율법으로는 불가능합니다. 율법은 육신으로 말미암아 연약하기 때문입니다(롬 8:3).

율법을 통해 죄를 깨닫는다

계속 바울의 논증을 거슬러 따라가고 있습니다. 앞서 살펴보았던 두 개의 단계(3, 4단계)가 논증의 첫 두 단계인 19절을 이해하는데 어떠한 도움이 될까요? 19절에서 바울은 이렇게 말합니다. "우리가 알거니와 무릇 율법이 말하는 바는 율법 아래에 있는 자들에게 말하는 것이니 이는 모든 입을 막고 온 세상으로 하나님의 심판 아래에 있게[문자 그대로, 하나님 앞에서 유죄가 되게] 하려 함이라." 율법이 유대인에게 말한다는 사실이 왜 온 세상이 하나님 앞에 죄가 있다는 사실을 보여주는 것일까요?

유대인은 온 세상의 다른 민족들이 누리지 못한 영적인 혜택을 누리고 있었습니다. 그러므로 누군가 하나님의 율법으로부터 유익을 얻을 수 있었다면 —즉 누구든 하나님의 율법을 통해 의롭다함을 얻을 수 있었다면— 분명 유대인이었을 것입니다. 하지만 그들은 율법의 행위로 의롭다함을 얻지 못했습니다. 왜 그렇습니까? 율법을 통해서는 죄를 깨닫기 때문입니다. 즉 율법은 육체로 말미암아 연약합니다. 그래서 믿음이 아니라 죄와 반항심만 일으킬 뿐입니다(롬 8:7-8, 9:32).

최고의 혜택을 누리던 유대인에게서도 그런 일이 일어난다면, 다시 말해 유대인들이 죄가 심각해서 '거룩하고', '공의로우며', '선하고', '영적인' 하나님의 법으로 믿음이 아니라 죄와 반항심만 깨닫게 된다면(롬 7:12, 14), 세상의 다른 민족들은 더 나은 반응을 할 것이라 믿을 이유는 없는 것입니다. 따라서 하나님의 율법에 반응한 이스라엘의 모습을 통해 배울 수 있는 바는 모든 입은 닫히고 온 세계는 하나님 앞에서 유죄라는 사실입니다. 이스라엘조차 율법의 행위로 의롭게 되지 못한다면, 다른 사람도 마찬가지입니다.

본문의 의미

그것이 로마서의 위대한 본문 말씀이 마무리하는 시점에서 드러난 바울의 논증입니다. 따라서 그 의미에 한 번 더 귀를 기울여보겠습니다.

1) 온 세상 모든 사람은 하나님 앞에서 유죄입니다. 로마서 1-3장에 나오는 가장 위대한 교훈입니다. 저는 유죄입니다. 여러분도 유죄입니다. 여러분의 가족 구성원 모두 유죄입니다. 학교에 다니는 모든 사람, 일터의 모든 사람도 유죄입니다. 상점의 직원도 유죄입니다. 버스 운전사도 유죄입니다. 옆집 이웃도 유죄입니다. 유고슬라비아, 코소보, 중국, 기니, 온두라스에 사는 모든

사람도 하나님 앞에서 죄인입니다. 이 사실을 기억하면 우리 자신과 우리가 만나는 모든 사람들에 대해 진지해질 수밖에 없습니다. 학교에서 가르치는 그 어떤 것보다도 중요한 사실이건만 공교육 과정에서 언급되지 않습니다. 이 진리를 굳게 붙잡으십시오. 그러면 여러분은 하나님께로 이끄는 지혜롭고 통찰력 있는 상담가이자 가이드가 될 것입니다.

2) 원시부족에서 대학 강의실에 이르기까지 세상에 있는 어떤 입도 하나님의 심판에 대해 정당한 이의를 제기할 수 없습니다. 모든 입이 닫힐 것입니다. 하나님은 모든 인간이 유죄라는 사실을 보여주기 위해 세상 구석구석에 수많은 교재를 놓아 두셨습니다. 여기에는 세 가지 정도 찾아볼 수 있습니다.

첫째, 로마서 1장에서 말하는, 자연이라는 교재입니다. 로마서 1장 20절입니다. "창세로부터 그의 보이지 아니하는 것들 곧 그의 영원하신 능력과 신성이 그가 만드신 만물에 분명히 보여 알려졌나니 그러므로 그들이 핑계하지 못할지니라." 둘째, 로마서 2장에 나오는 양심이라는 교재입니다. 로마서 2장 15절입니다. "이런 이들은 그 양심이 증거가 되어 그 생각들이 서로 혹은 고발하며 혹은 변명하여 그 마음에 새긴 율법의 행위를 나타내느니라." 셋째, 로마서 3장에 등장하는 이스라엘이라는 교재입니다. 로마서 3장 19절입니다. "우리가 알거니와 무릇 율법이 말하는 바는 율법 아래에 있는 자들에게 말하는 것이니 이는 모든 입을 막고 온 세상으로 하나님의 심판 아래에 있게 하려 함이라."

이 세 가지 교재를 주신 목적은 모든 입이 닫히고 심판 날에 하나님의 공의에 대항하여 누구도 정당한 이의를 제기하지 못하게 하려 함입니다. 지금 당장 하나님과의 관계를 회복하시기 바랍니다. 마지막 날에 그 어떤 사람도 하나님을 비난할 수 없을 것이기 때문입니다.

3) 하나님께 이의를 제기하던 입은 어느 날 잠잠해질 것입니다. 모든 입이 말하기를 그칠 것입니다. 오늘날 작디 작은 인간들이 얼마나 큰 소리로 떠드는지 보십시오. "하나님이 어디 있어?" 라고 말합니다. 하지만 그것도 잠시일 뿐입니다. 이후에는 멸망하고 하나님을 만날 것입니다. 그리고 그 입은 말하기를 그칠 것입니다. 큰 소리의 자랑은 침묵으로 바뀔 것입니다. 이사야 2장 17절의 말씀처럼 말입니다. "그 날에 자고한 자는 굴복되며 교만한 자는 낮아지고 여호와께서 홀로 높임을 받으실 것이요."

4) 그러므로 사람의 목소리를 두려워하지 마십시오. 사람의 맹렬한 비난은 반드시 모두 끊어질 것입니다. 하나님을 두려워하십시오. 하나님이 우리에게 온전히 하나님의 눈으로만 세상을 바라볼 수 있게 해주시기를 바랍니다! 하나님을 향한 모든 위협과 조롱을 보게 될 때 '이 모든 것은 잠잠해질 것이다' 라고 선포하시기를 바랍니다. "너는 여호와를 기다릴지어다 강하고 담대하며 여호와를 기다릴지어다"(시 27:14).

5) 마지막으로 우리의 마음이 죄로 물들었고, 거듭나게 하시는 성령의 능력과 은혜가 없다면 우리 역시 세상 사람들처럼 하나님을 거역하는 자가 될 수밖에 없음을 기억하십시오. 우리의 입도 장차 닫히게 될 것을 기억하십시오. 물론 아직 그리스도께로 돌

아갈 시간은 남아 있습니다. 22절의 말씀대로 "예수 그리스도를 믿음으로 말미암아 모든 믿는 자에게 미치는 하나님의 의"를 받으시기 바랍니다.

거대한 전환점

21-22절에 나온 거대한 전환점을 보겠습니다. "이제는 율법 (거역하는 우리의 육체로 말미암아 연약해진 율법) 외에 하나님의 한 의가 나타났으니 율법과 선지자들에게 증거를 받은 것이라. 곧 예수 그리스도를 믿음으로 말미암아 모든 믿는 자에게 미치는 하나님의 의니 차별이 없느니라."

여러분의 의가 되시는 그리스도를 믿으십시오. 그분을 신뢰하십시오. 여러분 자신이 아닌 그분을 의지하십시오. 우리에게 주신 선물입니다. 우리 힘으로 얻을 수 없습니다. 그분을 신뢰하십시오.